国家社会科学基金项目（14XGL003）资助出版

农业转型
与绿色高质量发展研究

Agricultural transformation
and green high quality development

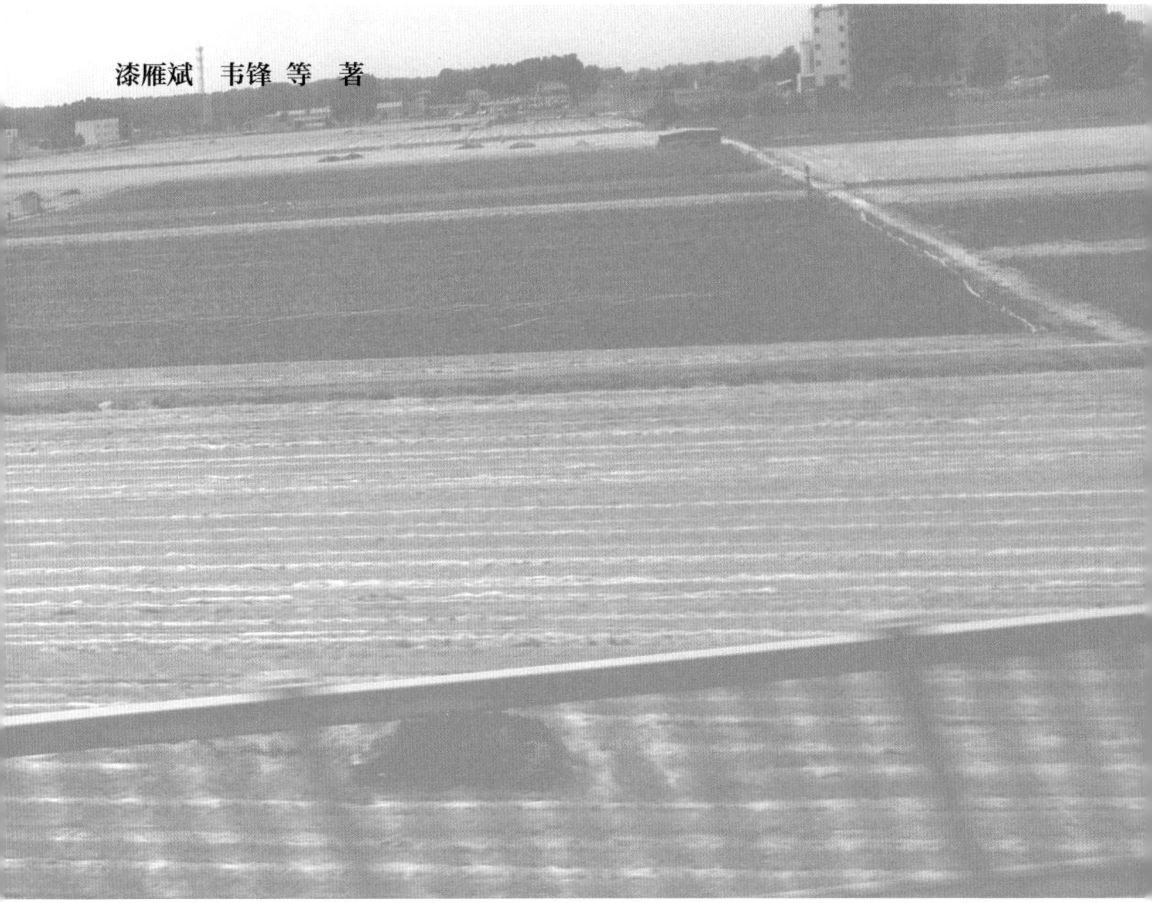

漆雁斌　韦锋　等　著

社会科学文献出版社
SOCIAL SCIENCES ACADEMIC PRESS (CHINA)

本书是四川农业大学漆雁斌教授主持的国家社会科学基金项目“农产品食品安全视阈下的农业生产模式转型问题研究（项目编号：14XGL003）”免于鉴定结项的最终成果。

本书著者*

漆雁斌　韦　锋　邓　鑫　明　辉　于伟咏
严中成　何　悦　李阳明　沈倩岭　王玉峰
杨庆先　曹正勇　刘爱珍　陈　蓉　张华泉
彭艳玲　郑　勇　申　云　张　宽　王　洁

---

* 本书著者的单位除于伟咏（四川农业大学 2018 届农业经济管理专业博士毕业生，现为贵州财经大学讲师）、何悦（四川农业大学 2019 届农业经济管理专业博士毕业生，现为长江师范学院讲师）、张宽（四川农业大学 2017 届产业经济学硕士毕业生，现为重庆大学博士生）外均为四川农业大学。

序　一

本书是国家社科基金项目的研究成果。此成果已在中共四川省委常委、省农工委负责同志的批示中得到肯定，其重要内容已被2018年四川省委1号文件采纳，并被《四川省乡村振兴战略规划》采用，3篇阶段成果先后在《四川日报》上刊登，被四川省人民政府、四川省农业农村厅等省、市、县政府或部门以及新浪网、搜狐网等数十家官网转载，同时，其研究过程中所形成的50余篇论文已被中外刊物发表。由此，全国哲学社会科学规划办公室批准该课题免于鉴定结项。凡此种种，已足以见证此成果的质量和价值。

本书的内容，不仅在质上优秀，而且在量上丰硕。在量上，它不仅完满地囊括了其课题申报时所确定的内涵，而且大大地拓展了研究的视野，扩充了研究的范围，真乃“物超所值”。

本书论述了我国农业的转型问题，指出农业转型才能促进农业高质量发展。它系统地论述了农业转型和高质量发展的基本条件，论述了农业转型和高质量发展的动力源泉，论及农业转型和高质量发展的基本方略，论述了农业转型和高质量发展的主要标准和基本目标，论及农业转型和高质量发展的保障体系和关键举措，全面、具体和深入。

本书把农业转型和高质量发展概括为农业生产体系、农业产业体系、农业经营体系、农业服务体系的全面转型和高质量发展。不仅涵盖全面，而且内容充实，论述深邃；不仅有理论阐释，而且具有实施方案；不仅有大面概说，而且有例证分析。作者花费巨大精力，通过精心搜索和整理，运用四川省和外省的多个典型案例，进行了很有价值的实证研究。真是可赞可颂。

绿色农业的全面形成，有机农产品的大额产出，是农业转型和高质量发展的不可或缺的目标，也是农业转型和高质量发展的主要衡量标准。作者花费大量功夫，专门对绿色农业问题进行重点研究，给予绿色农业深入的理论分析和精确的实证表达。这也是本书质量和价值的重要展示。

在研究方法上，本书作者运用了基于面板数据的空间计量模型进行实证分析，运用了内生转换回归模型进行效应分析。这有助于提升研究结论的科学性和准确性。这也是本研究成果的质量和价值的展现。

从本研究成果中，我个人获得了重要的启示，享有了可贵的收益。对本书的作者，我表示热烈的祝贺和虔诚的感谢!

西南财经大学　郑景骥

2019 年 11 月

序 二

农业转型发展研究的创新力作

农业和农村的现代化建设是中国现代化建设的重要基石，而中国现代化建设的重点难点也在如何实现农业和农村现代化建设的突破性进展上。党的十八届五中全会提出了五大发展理念，党的十九大提出了实施乡村振兴战略，这正是新时期从发展理念和宏观战略上进行的推进农业农村现代化建设的谋篇布局。当前我国农业发展面临着日益趋紧的资源与环境双重约束，在深化农业供给侧结构性改革的背景下，如何推动农业转型升级，不断增加绿色优质农产品和农业多种功能产品业态的有效供给，这不仅是满足人民群众日益增长的对美好生活的需要，也是推进农业绿色发展、高质量发展，进而全面促进乡村振兴的必由之路。因此，基于我国新的历史时期和新的发展需求，深入开展农业转型发展的系统研究是当前农业农村工作的重大命题，具有十分重要的理论意义和应用价值。

由四川农业大学漆雁斌教授主持研究并撰写的《农业转型与绿色高质量发展研究》一书，正是在加快推进农业绿色发展、高质量发展方面做了前沿性、创新性的理论研究和应用探索。本书基于“研究进展—概念界定—动力机制—基本路径—制度安排”的逻辑，通过构建一个农业转型发展的一般分析框架，识别出农业转型发展的动力机制，明确提出了农业转型发展的基本路径必须是加快构建现代化的农业体系，即现代农业生产体系、现代农业产业体系、现代农业经营体系和现代农业服务体系，农业转型升级的目标是以集约节约利用资源和保护生产生态环境的方式，增加安全、高效、优质、多态的农业供给，促进农业绿色高质量发展，加快推进乡村振兴。

本书开创性地提出了许多重要观点，对进一步开展现代农业发展研究和指导现代农业实践都具有非常重要的现实价值。一是界定了农业转型发展的内涵，认为农业转型需要依靠技术创新和制度创新，以优化资源配置为手段，通过市场机制和政策制度对农业生产体系、产业体系、经营体系和服务体系进行优化重构，以实现生产安全、高效、优质的农产品的目标，进而推动农业绿色高质量发展。二是挖掘了农产品高质量供给的根源，指出农产品的生产虽然主要依赖于自然资源，资源的丰裕程度将直接影响到农产品结构，但资源禀赋的相对变化将引发要素替代从而促进农产品生产结构转型。三是探索了优质农产品的空间关联性，认为我国地方无公害农产品认证数量在省级之间具有显著的正向空间溢出效应；地方地理标志保护产品认证对相邻省份的地理标志产品认证产生负面外溢效应。四是检验了我国绿色农业发展水平，强调我国地域间绿色农业发展差距有扩大趋势，且绿色农业欠发达地区尚未形成对绿色农业发达地区的追赶态势。五是明确提出要把农业社会化服务体系从农业经营体系中剥离出来，放在与农业生产体系、农业产业体系、农业经营体系同等重要的位置，进行现代农业服务体系构建，这是精准地抓住了当前农业社会化服务体系存在的问题和短板特别凸显，需要特别加大建设力度的理论与现实需求。

本书是国家社会科学基金“农产品食品安全视阈下的农业生产模式转型问题研究（项目编号：14XGL003）”的最终成果，该成果对理论研究与实践应用具有广泛影响。对理论研究贡献方面，在国内外学术期刊上发表SSCI/SCI、CSSCI收录论文数十篇，这些论文的发表和本书的出版必定能为我国现代农业发展的相关研究提供有益的借鉴和重要参考。对实践应用贡献方面，课题结项形成的《关于构建四川现代农业产业体系、生产体系、经营体系，健全农业社会化服务体系的建议》《加快推进四川农业高质量发展的建议》《综合施策加快推进四川生猪产业转型升级的建议》等研究报告紧密结合四川省情，不仅对四川相关政府部门加快推进农业绿色高质量发展、实施乡村振兴战略产生积极的重要影响，对其他省份同样具有重要的参考价值。

总之，本书从农业绿色高质量发展视角出发，深度研究我国农业转型发展的内涵、动力机制、转型路径与政策保障等内容，是漆雁斌教授及其研究团队对相关领域阶段成果的凝练和升华，本书体系完整，逻辑清晰，观点明确，定性定量研究结合，学术规范，是深入推进农业现代化研究的创新力作，理论意义和应用价值突出，相信本书的出版能够发挥重要的学术和社会影响。

四川省社会科学院　郭晓鸣

2019 年 11 月

目　录

第一章
研究背景与篇章安排

一　绿色高质量发展全视域下的农业转型发展

（一）农业转型发展的时代背景

党的十九大报告指出，当前我国经济已由高速增长阶段转向高质量发展阶段。推动现代经济体系高质量发展，不仅是践行“创新、协调、绿色、开放和共享”五大新发展理念的具体体现，更是满足人们不断增长的对美好生活向往的需要。经济高质量发展除了包含在宏观层面提升国民经济整体质量与效率，在中观层面推进产业与区域发展质量，还包括在微观层面不断增加产品和服务的质量（赵华林，2018）。为推动经济高质量发展，我国亟须构建现代化经济体系，通过优化产业布局，促进产业升级，以期提升要素配置效率，发展壮大经营主体实力，改善产品供给质量，提高新时代我国经济发展供给体系的质量与效益。农业是国民经济的基础部门，是现代经济供给体系的重要组成部分。稳固发展的现代化农业、发达的高端装备制造业，门类齐全的现代服务业均是现代化产业体系的有机构成部分，其中农业部门更是现代化经济体系“稳”的根本、“进”的基础。大力推进农业转型发展，保障农产品质量安全，提升农业供给效益，不仅关系到农业农村发展大局，更是关切到整个社会经济发展的全局。因此，推进农业供给侧结构性改革，补短板、强弱项，加快促进农业转型升级，推动农业绿色高质量发展是当前和今后一个时期我国农业农村工作的主线，也是实施乡村振兴战略的主要任务和总抓手。

近年来我国农业供给体系质量效益明显提高，主要表现在：（1）2013～2017 年粮食产量持续丰产，连续 5 年产量超过 1.2 万亿斤；（2）产品区域布局优化，产品平衡水平稳步提升；（3）优质农产品供给数量明显增多；（4）农业资源环境突出问题得到初步遏制等方面①。虽然农业供给侧结构性改革取得初步成效，但在资源环境约束和国际农产品竞争压力的双重挤压下，我国农业供给质量和效益亟待提高，农业竞争力相对偏弱，农业绿色发展仍任重而道远，具体表现为：（1）农业依靠资源消耗的经营方式尚未获得根本改变［张福锁（2018）指出当前我国农民可实现的品种产量潜力为50%到80%，仍有20%～50%的潜力待挖掘］；（2）农业生产的资源环境代价高，农业面源污染和生态退化的趋势尚未有效遏制［张福锁（2018）指出从1980年到2014年我国粮食总产量增长了90%，但是化肥消费量增长了180%，过剩氮肥的排放量同样增加了240%］；（3）农业生产的组织结构、技术结构和空间结构与农业适度规模经营、高科技农业投入、地区资源禀赋的协调发展有待提高；（4）农产品的产品结构、品质结构、品牌结构与人民日益增长对安全优质农产品的需求结构尚未有效匹配。以食品安全为例，近年我国的食品安全事件处于相对高发期。据统计，2017年国内主流舆情报道的食品安全事件共19603起，平均每天约53.7起，其中食用农产品领域发生的食品安全事件最多，共发生4031起，占20.56%（江南大学食品安全风险治理研究院，2018）。可见，农产品领域的食品安全事件发生率远高于其他类食品。频繁发生的农产品食品安全事件，不仅会危及公众健康，影响到农业生产的经营效益，更有甚者会威胁到相关产业发展和社会稳定。与此相对应的是，随着老百姓收入水平的持续增长，人们越来越关注饮食与生态，食品安全的绿色运动正在全球形成潮流，越来越多的消费者期望回归大自然、食用化学品和人工添加剂含量最少的食物。在农业资源短缺、开发过度以及农业污染加重的双重约束下，如何保障农产品质量安全，增加绿色优质农产品的有效供给，是我国当前农业转型发展面临的一个重大挑战，也是提高农业发展的质量和效益，提升农产品国际竞争力，促进农民持续增收的必由之路。

---

① 农业农村部部长韩长赋同志于2018年4月25日在第十三届全国人民代表大会常务委员会第二次会议上所做的《关于构建现代农业体系深化农业供给侧结构性改革工作情况的报告》。

农业供给侧结构性改革的核心是农业增效、转型与升级（翁鸣，2017）。其中，农业增效不仅要依托农业经营方式转变，降低农业生产经营成本，更需要提升农产品质量安全水平，增加农产品附加值；农业转型升级，一方面要按照“绿色发展”理念，大力促进生态农业，推动农业可持续发展；另一方面要推动农业经营体系、农业服务体系和市场化体系等方面全面发展，为现代农业发展提供市场、组织和服务保障。可见，加快农业结构调整，切实转变农业发展方式，促进农业绿色发展，是当前推动农业供给侧结构性改革的主要抓手。陈锡文（2010）指出农业转型就是将原有粗放型农业生产方式，转向依靠科研投入、科技进步、人力资本来提高产出效率的农业生产方式。由于现代农业体系是一个包括现代农业生产体系、产业体系、经营体系和服务体系的“四位一体”的有机整体，因此农业转型亟须以绿色发展理念为指导，以满足市场需求为导向，以提升农业供给质量和效益为目标助推农业绿色高质量发展，其转型主要体现在以下五个具体方面：（1）生产条件逐渐向科学技术转变；（2）生产方式逐渐向绿色生产转变；（3）农业劳动者逐渐向新型农民转变；（4）农业经营方式逐渐向集约经营转变（周洁红等，2015）；（5）农业发展政策由“保增产”型向“提质增效”型转变。由此可见，保障食品安全、提升农业质量效益应是农业转型的终极目标，其需要系统化的实施路径和保障措施（周洁红等，2015）。

现有研究主要将农业转型与农户的生产决策联系起来，分析了多类促进或抑制农户进行有机生产或绿色生产的因素。其中，动机因素主要包括利益的追逐、自然环境的保护、人们健康的改善、农户的社会责任感；阻碍因素主要包括政府政策（陈卫平、王笑丛，2018）、自然灾害、市场环境等方面（王笑丛，2018）。

但农业转型需要更系统化的理论体系加以支撑，才能真正解决因消费者需求多元化、区域发展差异性、农产品品种自身特征和农户生计多样化等因素所决定的农业生产转型异质性问题。尤其是随着农村各项改革的不断推进，农业生产模式的各组成要素也在改变，主要体现为农作方式的变化、土地流转和租赁市场的发展、农户的分化、农业经营主体的多样化和农业本身功能与形态的丰富化等（刘守英、王一鸽，2018）。因此，如何利用相关理论，立足农业发展现状，基于现代农业生产要素流动与分化的视角，结合现代农业发展要求，在保障食品安全的基础上，加快农业绿色转型，推进农业高质量发展，实现农业可持续发展，则成为本书关注的核心问题。

此外，值得注意的是，已有文献对农业生产转型主要侧重于研究现代农业生产要素在各类经营主体之间的配置及其配置的效率（王国敏、翟坤周，2014；冯小，2015），但鲜有现代农业生产要素在地区之间的优化配置相关研究。因此，本书另外一个视角是基于现代农业生产要素与地区资源禀赋、优质农产品供给与农产品优势生产区域相结合的视角，综合考虑区域比较优势的增长极培育、品质引领、复合驱动和产业链优化对农业转型的推动作用。

（二）农业转型发展的目标与落脚点

改革开放后，面对着“吃不饱”的短缺经济，我国长期把保障农产品尤其是粮食产量增长作为我国农业发展的一个核心战略目标。相应的我国采取了一系列“保增产”的农业发展政策（魏后凯，2017）。不过，随着农业生产方式和经营组织模式的变革，当前我国农业正处在由传统农业向现代农业的快速转型期，中国农业发展的主要矛盾已经由过去的总量不足转变为结构性矛盾。尤其是近年来，我国农产品增产明显，但难以满足人们对高品质农产品的需求，出现“低质产品供给过剩”和“高质产品供给不足”双重现象，供需结构性矛盾明显。同时，随着农药、化肥和不可降解材料的滥用以及传统小农的粗放式生产经营，使得农业产出效率低效和农村生态和环境问题越发突出，农民增收空间受限。此外，面临着国内农业成本的急剧增加和国际农产品市场竞争压力，我国农产品市场竞争力日益下降，亟须降本增效①。陈锡文指出，2015 年我国谷物价格比国际市场价格平均高出 30% 到 50%，大豆比国际市场价格高出 40% 到 50%，棉花

① 魏后凯测算发现 2005～2013 年，我国三种粮食品种（水稻、玉米、小麦）每亩生产成本年均上涨 10.6%。粮食生产成本的上涨有 2/3 以上的涨幅是由于具有刚性的人工成本和土地成本的推动。2015 年，中国稻谷单位产量总成本比美国高 46.6%，小麦单位产量总成本高 29.7%，玉米单位产量总成本高 116.4%，大豆单位产量总成本高 110.1%。

比国际市场价格高出30%到40%，糖比国际市场价格高出60%，肉类比国际市场价格高出70%到80%[①]。由此可见，绿色、高质量和可持续成为现代农业转型发展的目标所向，而为农业增效、为农民增收和为农村增绿是农业转型的落脚点。

1. 农业转型发展的目标

（1）绿色发展是农业转型的首要目标。十九大报告指出：当前我国经济社会发展进入新时期，增长速度由高速增长向中低速转变，朝着高质量发展的路径迈进，而农业和农村的发展也进入这个阶段。近年来，我国农业发展取得了新的成就，综合生产能力不断提高，供给保障能力也不断增强，但是“分散化、细碎化、粗放式”的小农生产经营主体仍广泛存在，再加上我国长期实施“保增产”的农业支持型政策，导致我国粮食的增长主要依赖农药、化肥、农膜等化学投入品的大量投入。农业部的数据显示，2016年我国化肥使用强度为359.1千克/公顷，比2000年提高了35.4%，比国际警戒线（225.0千克/公顷）高出59.6%，是世界平均使用强度水平的近3倍；我国农药使用强度为10.4千克/公顷，比2000年提高了27.5%，比国际警戒线（7.0千克/公顷）高出48.6%。由大量化肥、农药、饲料和粗放管理的投入带来的水体污染、生物多样性减少、白色垃圾和食品安全等问题严重影响人们的生产和生活；有机、绿色产品供给严重不足，难以满足人们日益增长的对优质农产品的要求；重金属、农药残留等有害物质严重损害人们的身体健康；大量固体废弃物的排放严重影响人居环境和其他物种的生存空间。因此，农业转型发展必须以绿色发展作为首要目标，实现农业增质。

（2）高质量发展是农业转型发展的重点目标。2018年中央一号文件指出：我国发展不平衡、不充分的问题在乡村尤为突出，集中表现为产品质量低、产业水平低、国际竞争力不强、产出效率低等方面。农业高质量发展是指农业生产经营以市场需求为导向，通过构建高生产效益的农业产业，形成高效完备的生产经营体系，供给高质量高标准的农产品，在不断

① 参考陈锡文于2017年9月23日在第三届复旦首席经济学家论坛所做的中国农业供给侧结构性改革问题的演讲，http://www.sohu.com/a/194850757_115479。

满足人民日益增长的对高质量、多样化、个性化的农产品需求的同时，提升我国农产品的国际竞争力，促进农业增效、农民增收。高质量农业发展的特征包括以下七个方面：①农产品质量高；②产业效益好；③生产效率高；④经营者素质高；⑤国际竞争力高；⑥农民收入高；⑦农业导向制度由“增产导向型”向“提质增效型”转变。可见，农业高质量发展既是转变我国农业发展方式的根本要求，也是实施乡村振兴战略的必由之路。因此，农业的转型发展必须以高质量发展作为重点目标，追求“产品质量要更高、产业结构要更优、产业效益要更好、生产效率要更强，经营者素质要更棒、农民收入要更多”，达到实现农业增效、农民增收的目的。

（3）可持续发展是农业转型发展的根本目标。2018 年中央一号文件指出：要积极打造人与自然和谐共生的新格局，推进我国农业的可持续发展。可持续发展是人类在地球上繁衍生息必须坚持走的发展路径，一方面要保证人与自然或其他物种之间的和谐共生，另一方面当代人不能以牺牲后代人的发展为代价。在过去的很长一段时间里，我们为了追求产量，为了实现经济效益，不断地向土地要产量，通过化肥、农药的大量投入和土地的过度利用破坏了山水林田湖综合生态系统，导致部门生物数量骤减、森林遭受破坏、土壤肥力也不断下降，这为人与自然的和谐和后代的发展造成重大压力。因此，农业的转型发展必须以可持续发展作为根本目标，实现农业绿色永续发展。

2. 农业转型发展的落脚点

（1）农业增效是农业转型发展的首要条件。农业是国民经济的基础，具有生产、生态、文化和社会保障等多种功能，没有农业的现代化，我国现代化就不完整，没有农业的增效，其他领域的增效就失去了坚实基础。长久以来，我国农业单位要素的投入和产出较发达国家具有较大差距，农业产品以初级加工为主，精深加工还极为不足，农业整体集约化和产业化水平较低，农产品供需不平衡，国际竞争力不强。为解决我国农业领域投资的低效，首先要解决的就是农业增效问题，唯有农业增效，才能为其他领域的发展提供基础条件，实现其市场、要素、生态维护、文化传承和社会保障等功能。

（2）农民增收是农业转型发展的重要要求。农民是我国公民的重要组成部分，是农业生产经营活动的最重要因素。2018 年底，我国农业户籍人口仍占 56.63%，常住人口占 40.42%，但农村居民人均可支配收入为 14617 元，为城镇居民可支配收入的 37.2%，这说明我国城乡收入差距依旧较大。同时，当前我国绝大多数的农村家庭收入的主要来源是进城务工收入，农业经营收入占比较小。农业生产率方面，2018 年农业劳动力占全国劳动力的比重仍高达 25% 以上，我国农业产值占国内生产总值的比重已降到 8% 以下，农业劳动生产率远低于第二、第三产业。农业的转型发展需要不断扩展农业的产品和服务内容，提高农业对农民增收的贡献，并改善农民的收入结构。如果农业无法对农民增收起到促进作用也就难以吸引高素质经营主体从事农业的生产经营，从而也就没有农业的转型发展。解决我国农民收入低的问题，重点突出的就是解决农民增收的问题，唯有实现农民增收，才能调动农民对农业的生产经营积极性，生产要素才能向农业领域集聚，促进农业转型升级。

（3）农村增绿是农业转型发展的有力承载。农村是农民生产生活和农业生产经营活动的空间承载，农业绿色和高质量发展，必须依托农村良好的生态环境，没有生态宜人的农村，就无法实现农业的绿色和高质量发展，也就无法实现我国农业的转型发展。长久以来，我国农村居民粗放的生产和生活方式，对农村环境保护重视不够，造成农村生态环境一定程度的破坏。其主要体现在：有毒和有害农资产品的投入，过量的使用化肥、农药、农膜，未无害化处理畜禽粪便和高密度水产养殖等活动；生活垃圾，特别是以塑料为代表的白色固体垃圾随意丢弃；城市工业废弃物或医疗器具废弃物以及高污染工业往农村地区转移；过度的放牧和毁林开荒，向山或向林要产等行为，造成农村环境极度脆弱。解决我国农村生态环境脆弱问题，着重解决的就是农村增绿问题，唯有实现农村增绿，才能进一步促进农业增效和农民增收，为农民生产生活和农业可持续发展提供良好的空间基础，实现农业的转型发展。

本书在上述目标导向之下，展开理论和实证分析，以期通过农业转型，在保障农产品食品安全的基础上，通过农业产业体系、生产体系、经营体系和服务体系转型升级，实现农业绿色永续和高质量发展的目标。具体而言，转型成功后的现代农业应具有以下显著的特征：第一，能有效实现现代农业的绿色、高质量和可持续发展，实现传统农业转型升级；第二，保证农业增效、农民增收和农村增绿，紧跟消费者需求变化的步伐和市场竞争格局变迁的趋势。

（三）推进农业绿色高质量发展应遵循的原则

1. 以市场需求为导向，循序渐进推进农业绿色高质量发展

农业绿色高质量发展需立足地区独特气候和地理条件，在适应消费者需求产品结构和品质结构不断变化的基础上，调整产品区域布局和品质结构，不断满足市场需求的变动。但在发展高质量的步伐上、力度上要走得稳一点，必须稳步推进保证质量，切忌盲目追求速度，搞成现代农业产业基地、示范园区、现代农业园区等“大跃进”。优质农产品品牌建设，既要大力发展农产品区域公用品牌，提升农产品区域整体形象，推动经营主体抱团向市场要效益，有效提升农业产业水平；又要构建“农业区域品牌+企业品牌+产品品牌+服务类品牌”的品牌矩阵，走品牌差异化发展道路。

2. 侧重发展农业多功能性，农业发展需融入乡村重构过程

包括：（1）以土地整治为重要载体，助推乡村社会、经济和空间重构，实现农村居住社区化、农村生产空间连片化、基础设施健全化和农村生态绿化，从而既能有效保障农产品质量安全，又能促进乡村有效治理；（2）以特色小镇建设为引领，实现乡村地区生产模式柔性化和产业组织小型化，通过引入现代化管理制度拓展绿色农产品的增值空间，以便在保障农产品质量安全的同时，扎实现代农业产业素养；（3）促进乡村和城镇之间以及乡村内部各生产要素的交流、互动、网络化和集聚，深化绿色农业的专业化发展，实现分工的动态演进，形成集聚和分工的良性互动机制；（4）积极挖掘乡村生态禀赋、人文底蕴和产业特色，实现“生态、生产、生活”有机融合，将文创有机融入绿色农业生产，增加农产品附加值。

3. 密切利益联结机制，促进小农户与现代农业发展的有机结合

小农户通过两种方式供给农产品，一是通过商贩、合作社或龙头企业售卖农产品；二是绕过中间商，通过“巢状市场”直接向消费者售卖农产品（叶敬忠、贺聪志，2019），这类似于一种“社区支持农业”的方式。

前者的食品安全主要依托现代农业科技，由大型批发市场、合作社或龙头企业把控，后者的食品安全主要依托传统的良好耕作制度，由“巢状市场”的联结者（如倡导有机耕作的企业、公益组织等）把控。小农户只有通过合作社、集体经济组织、龙头企业等载体，才能与现代农业有机结合，保障食品安全。龙头企业带动农户发展模式会因交换模式压制生产模式、利润率超越使用价值等，导致压榨农户、过度消耗地方自然资源、破坏农村地区社会经济抗逆性等问题的产生。

二　乡村振兴视角下的农业转型发展

党的十九大提出实施乡村振兴战略，推动农业农村优先发展。这一战略的持续发力不仅有助于重塑城乡关系，推动城乡生产要素的互通有无、优化配置，而且有助于扭转乡村凋敝、农村衰落的格局，更重要的是还能满足人民群众日益增长的对农村能提供“望得见山、看得见水、记得住乡愁”的多功能产品、多业态服务的美好生活需求。因此，走质量兴农、绿色兴农、品牌兴农道路，保障农产品质量安全，推进农业生产转型发展亦是乡村振兴的题中之义和内在要求。

（一）产业兴旺视角

市场需求因素和产业内在因素是产业增长的重要决定因素，需求结构优化引导供给质量提升，促使新旧动能转换（丁文珺、伍玥，2018）。高质量农产品生产的蓬勃发展需依赖市场需求的拉动、资源要素的推动以及产业内要素的协调。

1. 适应市场需求是农业转型的目标导向

需求规模和需求结构是产业发展的两个重要市场因素，前者决定产业发展总量，后者决定产业动能。这说明不同产业出现和发展的次序与人类需求层次的次序具有一定相关性。传统农业生产模式能否实现转型升级，主要看产品供给是否符合需求，即农村内部的产品结构是否契合居民的消费结构。目前我国优质安全农产品需求的“量”和“质”均不足，这也是影响农业经营效益，降低农民在收入分配格局中占比的主要原因之一（李世刚等，2018）。当前市场上优质农产品有效供给的量不足、供给结构失衡，主要原因在于①消费者对安全优质农产品的认知模糊，从而导致农产品市场出现“劣币驱逐良币”[①]。②优质优价是农业经营主体进行标准化、提升产品质量的重要驱动因素（王芳等，2013），实践中的优质非优价严重阻碍了农户提升产品质量[②]。由于优质农产品在销售渠道商与普通农产品销售渠道差异不大，产品销售时“优质优价”较难实现，从而降低了经营主体对优质农产品的生产积极性[③]。③“增产导向型”农业政策制约了农业经营主体转向以绿色农业为支撑、追求质量与效率的“质效型”农业（魏后凯，2017）。可见，推动农业发展由过度依赖资源消耗向绿色生态可持续发展转变，不仅要通过市场需求和价格机制对经营主体给予价格激励，也需要增强政府农业发展政策对经营主体行为的引导作用。

2. 构建农业产业价值链是推进农业转型的主要内容

价值创造是现代生产力发展、产业兴旺的内核。其主要指商品或服务的创造者，既创造了价值最大化的实现，又为目标主体提供更多使用价值。在农产品生产领域，价值创造是指依据消费者的消费特性，在创造价值体系中引进新技术、新组合、新策略、新市场、新客体等要素，以努力创造出超额价值。例如，北京高端群体消费粮油类、肉品类、蔬菜类、水

---

① 由于消费者对农产品特别是农产品质量安全水平认识的高低，无法通过购买经验的积累，形成一个正确的认知，因此大部分学者认为安全农产品是“信任品”而非“经验品”。当现有的信任提供方——第三方认证机构缺乏可信度时，消费者会建立自己的质量安全消费观。四川成都部分大型超市的调研资料显示，大部分消费者认为：认证农产品的安全可靠度存在水分，与普通农产品差异不大，但价格虚高；外观（新鲜度）、口感的关注度高于超市标识的农残检测结果，也高于农产品的生产者类型（合作社、企业或散户）。这直接导致安全优质农产品的田间收购价格优势不明显、农业经营主体缺乏生产积极性。

② 课题组对猕猴桃、生猪、蔬菜和水稻等农产品进行了研究。在控制品种因素后，得知农产品质量并非价格的决定因素；控制上市时间后，得知蔬菜的外观而非质量是价格的主要决定因素；稻谷、稻米的价格主要由经营模式而非质量决定，即同样品种、同样质量的稻米在休闲农庄里的销售价格远远高于普通价格。随后，还分别分析了各类无公害、绿色、有机农产品的田间收购价格与非认证农产品价格之间的差异，独立样本 t 检验的结果显示，认证农产品与普通农产品之间的田间收购价格差异不显著。进一步的分析表明，农产品的价格差异主要由销售渠道决定。

③ 四川猕猴桃主产区的调研资料显示，依据农产品生产地收购方收购产品数量所占比重的高低依次为：商贩、普通消费者、合作社、龙头企业、超市、网络消费者、直营店和集团消费者。总的来说，商贩收购仍是主要销售渠道。

果类、水产类产品的需求特征约96%集中在健康、卫生和营养方面，其次是新奇特、文化品位和表现个性特征等。这表明为消费者提供更多的健康、卫生和营养等方面使用价值，是现代农业进行价值创造的终极目标和重要途径。

当前我国农产品价值链的构建中，存在着诸如①农业产业链不完整，产品增值缺乏深度；②农业生产技术种类繁多，但渗透率有待提高；③产业技术体系已现雏形，但功效不甚显著；④集聚效应日益显著，但产业集群、专业市场作用尚未显现；⑤产业融合层次低、产业融合项目同质化严重，对农业多功能性挖掘不足等突出的问题，只有塑造错位竞争的市场格局，进行产业链纵向一体化整合，才能实现多方价值共赢。只有深入剖析涉农产业之间的渗透性和关联度，才能满足消费需求的多样性，拓展市场空间。

（二）生态宜居视角

相较于城市，农村具有更好的生态条件和宜居条件，城乡融合发展促使农村资源优势向价值优势、产业优势的转化。推进农业由增产转向提质，正是促进城乡融合发展的重要路径之一。

1. 乡村生态宜居建设能有效促进现代农业的可持续发展

乡村既是以从事种植业、养殖业等农业生产活动为主的人口聚居区域，又是由人、生物、水流、空气等物质和能量所构成的“山水林田湖草生命共同体”。坚持产业与生态的有效衔接，充分发挥乡村的生态优势，并以此为基础，通过提供高质量绿色产品来获取更大的经济效益，能有效保障农产品食品安全并促进乡村生态和经济的良性循环。

具体来说，乡村生态宜居建设可从以下几方面促进农产品食品安全、助推农业绿色高质量发展。一是通过识别生态破坏问题，锁定生态保护修复目标，可有效提升农业生产资源质量，夯实高品质农产品供给基础。二是以生态环境友好和资源永续利用为导向，逐步实现投入品减量化、生产清洁化、废弃物资源化和产业模式生态化，可有效保障农产品食品安全。三是农村污水垃圾处理、生活能源消费的使用设备更新等技术的实施，对改善生态环境有显著作用，有助于协同推进绿色发展，间接保障农产品食品安全。四是生态宜居建设依托现有山水脉络等独特风光，让城市融入大自然，让城镇化带动农村现代化，通过优质农产品和服务的供给，能有效推动区域协调发展，促进城乡融合。

2. 生态农业是连接农业增效和农村增绿的重要桥梁

发展生态农业，推行绿色生产方式，把农产品质量提升和生态环境改善统一起来、结合起来，可以有效推动农业农村发展由过度依赖资源消耗向追求绿色、生态、可持续发展转变。在一个小循环中，企业可通过种苗培育、GAP 示范种植、产品收购、加工后的废弃物循环利用等方式优化产业链；合作社通过种苗供应、生产标准、农资供应、产品回收、社员培训等统一的方式保证农产品质量与产量。在一个大循环中，如农业产业园内，生态农业企业主体之间可从事生态农业产业链中的不同环节，从生产、加工、销售、消费、回收、利用等形成三产融合发展的完整产业链，以便更有效地循环利用农业资源，扩大农产品或服务的增值空间，保障食品安全。

3. 农业绿色高质量发展是实现生态资源资本化的重要路径

原有的按照工业化模式改造的“产业化农业”发展面临一系列问题。产业化主体通过增加种植面积获取规模化的地租收益，将导致物化成本不断增加、劳动力被排斥、种植类型单一化引致的风险加大。另外，工业供给侧结构性带来过剩的三大资产迫切需要寻找被资本化的资源标的。通过实现乡村生态资源的价值化、资本化，能够将城市过剩资本合理引入农村，实现生态补偿制度力图解决生态保护利益关系的失衡，使不同群体在利益分化格局中既能各得其所又能和谐相处。

（三）治理有效视角

1. 保障食品安全的乡村治理体系

乡村治理有效是指在“差序格局”的中国乡村社会里，通过构建多元化的治理体系，依靠自治、德治和法治三大机制，协调和治理村落范围内家庭成员和邻里关系，协调乡村社会的社会经济秩序以促进农村经济发展。在具体实践中，乡村治理主要围绕乡村社会的公共事务，由一系列具体的集体行动事件构成。保障食品安全的乡村治理则是指，在乡村场域内构建具有共容性利益的组织以提供公共物品，保障初级农产品食品安全的活动。

保障食品安全，需建立和完善现代社会信任。与建立在熟人、亲缘关系基础上和单位制基础上的传统社会不同，在现代社会中各类组织处于社会生活的中心位置，并在一定程度上成为责任主体。传统信任结构的断裂，需要通过组织建设和有效治理进行修补。而通过跨越时空距离重新组织社会关系的“脱域机制”，亦需要组织伦理的重塑。

2. 保障食品安全的乡村治理模式

为有效治理安全优质农产品生产，需要推进市场治理、政府治理、乡村自治和产业链治理的有机融合。

（1）市场治理。

围绕农业产业化发展，各类农业经营主体通过构建组织间的利益联结机制，从而保障农产品质量安全。市场治理模式有以下几个鲜明的特征：①治理模式的构成由经营主体围绕产业链形成的上下游关系自发形成；②利益获取与分享是市场治理的主要动机；③产业化经营组织之间的竞争是保障市场治理有效性的约束机制；④市场治理的有效性还依赖于消费者对优质农产品的识别能力和产业链各环节上产品的可追溯性，从而确保食品安全事件可追责，责任可分担。不过，目前自发型市场治理模式主要存在以下几方面的问题：一是经营决策主体的有限决策力，可能会导致产业发展失败；二是由于市场行为缺乏组织、市场行动者之间关系疏离，降低了产业获得外部资源和形成更大市场的可能性；三是在缺乏有效追溯体系下，部分投机经营主体败德行为所引致的食品安全事件会导致整个行业的“集体声誉”受损（李想、石磊，2014）。

（2）政府治理。

市场经济的相关理论强调市场和政府的双重治理，在我国农业发展实践中逐渐形成了政府引领型的治理体制，即地方政府深度参与“三农”的发展。各级政府根据各地的发展状况，充分发挥自己的职能，对相关政策和体制进行修改和完善，建立与市场经营主体的合作关系。并且随着绿色农业发展战略、农产品质量提升计划的制订和推进，全国不同地区、不同层级的政府部门相继出台了一系列促进安全优质农产品生产的政策措施，亦得到各类市场主体和非市场主体的积极配合。但目前政府引领型治理体制存在如下的弊端，其主要表现为以下三点。①政府有限的决策能力，可能导致产业发展失败。②“碎片化”政策，导致引领效果降低。③“扶强扶优”对象的选取可能引发“寻租”。政府规制模式中存在管理目标、管理行为和政策工具冲突，多元治理模式以管理主体多元化、管理机制多维化、管理工具多样化和保障食品安全行为内生化为基本特征，能有效弥补政府规制的缺陷。当前，要贯彻党的十九届四中全会通过的关于坚持和完善中国特色社会主义制度、推进国家治理体系和治理能力现代化的决定，正确处理政府和市场的关系，提高农业农村治理能力。

（3）产业链治理。

新型农业经营主体对食品源头安全起着关键作用，源头监管应从“反应型监管”向“自主型监管”转变。合作组织和农业产业化龙头企业有助于监管农产品质量，其监管效率取决于产业链组织结构的优化程度。标准化和纵向协作均可有效提升农产品质量安全水平。具体来说，包括以下几类治理模式。

一是横向一体化治理模式。以土地流转带动其他要素的配置，推动农业生产技术标准、农田操纵规范和生产管理标准等生产环节实施。二是纵向一体化治理模式。以风险分析框架为基础，强调风险评估与管理职能的独立与互动。以社区支持农业模式为代表引入公众参与农产品生产过程，提升食品安全程度的方式，并不一定带来信任水平的提升。它应当建立在专家、生产者和公众在风险知识生产层面的交流互动基础上，食品安全风险评估专家应积极参与该类模式，作为独立的第三方，评估和监督生产者的食品安全风险控制行为，并与公众（消费者）积极互动。

（四）耦合协调发展视角

1. 产业发展与生态宜居的耦合协调，推动农业绿色发展

生态宜居可为产业发展提供完善设施和丰富的客源市场，聚集众多发展要素资源旅游、养老产业发展能引领、倒逼生态宜居乡村的绿色生态发展，规范、限制污染严重的农业生产经营主体。

2. 产业发展与乡风文明的耦合协调，推动农业绿色高质量发展

乡土社会和乡外主体提供的物质资源、人力资源、经营模式等并不足以构成乡村产业发展的全部条件，乡村产业发展和乡村振兴必须依托和调动一切社会资源。悠久的历史和传统的社会架构形成我国乡村社会的社会关系和行为逻辑。关系、人情、面子、人缘、差序格局等都是典型的乡村社会行为原则。旅游、养老产业本身就是一种全方位的社会活动，既能增加乡村就业机会，也能有效提高村民素质。在村民和外来游客、城市居民进行直接交流过程中，良好的行为举止、思想观念、卫生习惯、生活方式得以传递，可助推乡风文明，并进一步规范绿色农业生产行为，保障农产品食品安全。

三　基于农业供给侧结构性改革的农业转型发展

经过连续多年的发展，我国农业供给侧积累了诸如数量与质量、总量与结构、成本与效益、生产与环境等方面的突出矛盾（孔祥智，2016）。其中，农产品的低质量现状与人民群众日益升级地对优质农产品需求之间的矛盾尤为突出。国内大量低端农产品生产商恶性竞争、相互模仿，导致利润微薄、滞销问题严重；而供给者很少在国内市场提供高质量农产品，即使有，也存在质劣价高的问题。目前，中国粮食产量得到有效保障，为大力提升农业生产质量和效益，促进农业生产方式的转型，奠定了坚实的基础。

农业供给侧结构性改革包括供给侧改革和结构性改革两个方面，改革方向是提高优质农产品的供给数量和种类、增强农产品的安全性。前者强调旧体制和旧机制的改革，优化农业生产要素和资源配置，推动农业在更高层次、更高水平上发展。后者在于提高质量、品质和效应，扩大有效供给，提高产出效益与竞争力。总的来说，农业供给侧结构性问题的症结主要是资源要素的错配和扭曲，病因是政府调控制度和市场运行机制不够健全和完善。

（一）产业结构矛盾

农林牧渔业结构与居民消费需求结构不相适应。与世界平均水平相比，中国人均肉类、奶类等消费量均处于较低水平，其中奶类产业的消费差距尤为突出①。近年来，中国城乡居民收入水平不断提升，其消费能力不断增加，农业部门结构发生较大的变化，林业、牧业、渔业的产值占比出现逐渐下降的趋势。部门结构的供需失调，一方面导致城乡居民的消费需求得不到有效满足，另一方面直接影响到农户的收入水平和农业的持续发展。此外，中国农业与第二、第三产业的融合程度低，农产品加工业发展水平不高，农业生产性服务业发展缓慢。

（二）产品结构矛盾

现阶段主要农产品的结构性矛盾，表现为“阶段性的供过于求和供不应求并存”。总体而言，传统农产品、普通农产品供给较大，需求不足；而优质农产品、绿色农产品的供给远远小于需求。例如，截至2016年底，我国“三品一标”总数10.8万个，种植面积约占同类农产品种植面积的17%②。

（三）市场结构矛盾

从农产品生产体系和流通体系的市场结构来看，生产者市场接近完全竞争市场，相对于批发商的议价能力较弱；农产品同质化现象严重，初级农产品销售市场竞争激烈，在整个生产、流通产业链条中，农户获得的利润最少③。同样的现象还存在于农业投入体系和农产品生产体系的市场结构中，最终使农业产业链的价值曲线呈现出U形结构。而“农户+合作社+龙头企业”等模式，虽在理论上可通过激励相容机制保护农户利益，以实现规模化、标准化，从而提升农产品质量，但目前受制于我国农业合作社的发展现状，易出现合作社与龙头企业“合谋”骗取农户利益的情况，使部分农业合作、企业带动徒有虚名，农户重归分散经营。

---

① 数据显示，2017年中国人均奶类消费量36.9千克，平均每天100克，远未达到《中国居民膳食指南》推荐的每天300克标准，只有世界平均水平的三分之一。

② 数据来源：见吴晓薇《产品注册商标已达240余万件农企品牌建设力不断提升》，载《经济日报》2017年9月21日，http://www.ce.cn/cysc/sp/info/201709/21/t20170921_26192738.shtml。

③ 课题组在四川猕猴桃主产区的调研发现，地理标志认证的猕猴桃与普通猕猴桃的收购价相差无几，优质农产品最终利益多被流通领域获取。

（四）成本结构矛盾

降成本是农业供给侧结构性改革的重要内容。一方面，通过专业化、规模化服务，提升农业机械的使用水平，规范农业生产过程，从而节约人工成本，解决农产品价格与国际市场接轨后价格倒挂的问题。另一方面，通过农业基础设施的建设和完善，构建现代农业物流体系和数据化平台，从而不断降低农业的流通成本和营销成本。当前农业生产领域成本结构问题突出表现在这四点。①农业生产面临劳动力工资上涨的冲击，作为应对经营主体主要采用调整种植结构、要素投入结构，甚至调整就业结构等措施进行应对。这弱化了农产品供给相应市场需求的反应灵敏度（郑旭媛、徐志刚，2017）。②土地流转成本提升、交易成本增加，制约了土地市场化进城和适度规模经营（陈媛媛、傅伟，2017）。例如，陈媛媛和傅伟（2017）研究发现，土地流转成本增加会降低农业生产效率，其原因是土地流转成本增加会不利于农村劳动力流动，并降低妇女外出务工的积极性、增加土地细碎化经营。③成本分担中，政府补贴了较大部分的农产品生产成本，从而不利于市场竞争淘汰低效率的生产经营主体，也引致一部分社会工商资本涉农骗取农业补贴的现象，尤其是在农业保险、农机具购买和土地流转补贴等环节尤为明显。④农产品区域公用品牌建设的成本与收益不对称。鉴于农产品区域公用品牌具有准公共产品的属性，尤其是在缺乏有效的品牌标识管理制度下，农产品区域公用品牌的使用会出现严重的搭便车行为，从而导致品牌建设者与品牌使用者出现不对称，从而严重损害了经营主体建设农产品区域共用品牌的积极性。

鉴于此，以供给足量、安全和优质农产品为目标，推进农业转型和绿色高质量发展，不仅是满足人民日益增长的对“生态、安全、绿色”的农产品的需求的需要，而且也是实施乡村振兴战略的主要抓手，更是推进农业供给侧结构性改革的必由之路。

四　本书的结构安排

针对当前我国农业亟须从数量向质量转型的方向，基于乡村振兴和农业供给侧结构性改革背景，本书的主要篇章结构安排如下。

第二章，理论回顾与研究进展。本章首先回顾改造传统农业、契约理论和需求层次理论等相关理论，在梳理农业转型理论脉络的基础上，界定农业转型的内涵，并指出农业转型应包括产业融合、产业结构调整、产业品牌化、产业信息化等方面内容。其次，从技术、制度、市场、政策等层面剖析农业转型的内外部原因。接着，围绕农业产业转型、生产转型、经营主体转型、农业社会化服务转型和绿色生产转型等方面，系统梳理要素禀赋调整、生产方式变革、经营主体分化、经营组织模式演进、社会化服务市场培育和政府支持政策对农业转型形成的影响及其作用机制。最后，结合前面的文献综述，指出本书的边际贡献，即包括①区别于以往侧重经营主体投入环节的安全生产行为，本书侧重基于产品的视角，研究农户优质农产品认证行为及其认证行为在地区间、在同伴之间的溢出效应；②区别于以往从单一生产要素流动、生产技术变迁、政府规制强化、经营组织方式演变等方面对农业转型的影响，本书侧重于研究不同影响因素对优质农产品保障力产生影响的交互效应和协同作用；③本书充分运用地区层面的宏观数据、产业链层面的中观数据和农户、组织层面的微观数据，主要运用微观计量模型等实证方法研究农业转型的驱动力问题。

第三章，绿色高质量发展全视域下农业转型研究框架。本章第一部分首先剖析了农业绿色发展与高质量发展、农产品质量与农产品质量安全的科学内涵和现实对应，指出农业绿色发展是指以绿色理念为引领，以绿色保护为基础，以绿色科技为支撑，以绿色供给为目标，以绿色政策为保障，共同推进现代农业的永续发展。农业绿色发展既是农业发展的手段，也是农业发展的目标；农业绿色高质量发展包含农业生产端、农业产业端、农业生态系统端三个维度，通过优化农业结构布局、提升农业供给体系质量、增强农业产业发展素质，实现“农业增效、农民增收和农村增绿”的现代农业发展目标。农产品质量安全指农业生产环节中由农业经营主体生产行为所引致的可能危及人体身体健康的农产品安全属性，其中农产品“三品一标”认证品牌所形成的垂直产品差异是本书聚焦的研究对象。紧接着，细致梳理现代农业体系的内涵及其构成要素，并将研究对象定义为农业生产依靠技术创新和制度创新，以优化资源配置为手段，通过市场机制和政策制度对现代农业生产体系、产业体系、经营体系和服务体系进行改革，以实现农业绿色高质量发展的目标。接着通过构建一个优质农产品有效供给的一般分析框架，指出农产品市场和农业生产要素市场的运作机制、生产部门、家庭部门和政府部门在优质农产品供给中发挥的作用。尤为重要的是，本部分侧重关注农户对农业收入的依赖性和农户占有先进生产要素上的异质性对农业转型所发挥的作用。然后在此基础上，剖析出农业转型的四大动力机制，即资源环境约束、要素禀赋结构变迁、市场倒逼和政府产业规制。最后围绕农业转型的关键问题和核心节点进行理论分析，以期明确农业转型的方向与路径。

第四章，绿色高质量发展全视域下的农业生产要素配置与优化研究。本章基于资源禀赋的视角，研究资源禀赋结构变化和生产要素替代性调整对经营主体生产优质农产品，推进农产品生产结构转型的影响。其中，第一部分基于农业生产要素在地区间、经营主体间配置的视角，研究我国种植业中优质农产品的空间分布特征，并在此基础上研究农业生产要素的稀缺性是如何通过引发要素间的相互替代来影响农业产品结构的，并识别出这种替代主要是通过对土地的替代还是对劳动力的替代。第二部分基于要素流动的视角，以劳动力非农就业为例，研究要素流动对农户绿色生产行为所产生的影响。并在此基础上识别出该影响是否会通过土地流转行为这一中介变量发生作用，本部分的主要创新之处在于：在提质增效视角下研究农业生产要素流动引起的农业生产方式变化，应当将非农就业与土地转出行为同时纳入模型进行考虑。

第五章，构建现代农业产业体系研究。本章以保障农产品质量安全，增加优质农产品有效供给为根本出发点，从横向上产业体系供给优质农产品的时空变异，纵向上产业链产销环节纵向协作紧密度两个视角，研究优质农产品供给的影响因素。首先，基于省际空间外溢性的宏观视角，在刻画我国优质农产品空间分布特征的基础上，研究不同类型优质农产品在省际所具有的空间溢出效应；其次，基于产业链的中观视角，实证研究产销环节纵向协作类型对农产品质量安全的影响及其作用机制；再次，基于四川省农业产业化发展的具体实践，通过案例研究剖析四川由农业大省迈向农业强省过程中建设农业产业基地的主要做法、典型模式与经验借鉴；最后，以四川省为蓝本，针对其建设现代农业产业体系中存在的主要问题，以提升农产品质量安全为导向，为优化我国农业产业体系提出政策建议。

第六章，构建现代农业生产体系研究。本章立足于我国传统农业生产较多使用高毒、高残农药和投入过量化肥等化学药物，首先提出资源节约型、环境友好型农业是现代农业生产体系转型的方向，并指出处理好市场需求与供给潜力、农业经济增长和绿色发展，处理好传统农业生产与现代农业生产、现代农业生产体系多种业态之间的关系是推进农业生产体系转型的四个核心。接着，以四川省为典型案例，梳理四川农业生产体系建设的现状、主要做法、存在的主要问题及其对其他省份构建现代农业生产体系的启示作用。最后，基于全国 31 个省份 1994～2017 年的面板数据，从绿色农业生产角度测度省域经济体的绿色农业发展水平，并在此基础上利用泰尔指数分析全国三大地带的绿色农业发展水平差异，以此来揭示绿色农业发展水平的时空差异；通过构建面板模型，讨论省域绿色农业发展水平是否存在收敛性及收敛（发散）速度，以期进一步厘清以绿色农业为核心的现代农业生产体系发展脉络。

第七章，构建现代农业经营体系研究。本章首先围绕现代农业经营体系的内涵、农业家庭经营、合作经营、企业经营和集体经营的实现形式，政府参与现代农业经营体系建设的治理模式进行理论分析，进而对我国现代农业经营体系发展现状和发展过程中存在的主要问题进行探讨。接着，实证研究农业家庭经营、合作经营、企业经营、集体经营在生产要素投入环节和优质农产品认证环节对农产品质量安全所具有的差异化保障能力，以及外包对农业生产技术效率的影响。然后，结合我国农业社会化服务发展进程，以水稻种植的生产环节外包为例，运用内生转换回归模型量化生产环节外包对农户层面的农业生产技术效率的影响及其作用机制。本部分三方面的实证研究不仅有助于我们了解不同农业经营方式保障农产品质量安全的程度和渠道，而且还有助于理解社会化服务水平提升如何影响农业经营组织模式和农业生产技术效率，从而为下一步优化农业经营组织模式，密切经营主体之间的利益联结机制，推动农业社会化服务发展提供政策建议。

第八章，构建现代农业服务体系研究。本章在综合研究现代农业服务体系基本内涵、发展特征及其优化路径的基础之上，通过实证分析的方法重点研究了农业科技支持对农业绿色高质量发展的影响，同时采用案例研究的方法，专门探讨四川省农业科技人员创新创业专项改革对农业转型升级的作用，总结四川各地供销社综合改革在现代农业服务体系构建方面的举措和经验，以农机作业服务为例，探讨了农业服务规模化和农业转型发展相互关系、形成逻辑、实践举措和经验，提出了构建现代农业服务体系的政策性启示。

第九章，构建现代农业体系推进农业绿色高质量发展的政策研究。本章在第五章、第六章、第七章和第八章理论分析与实证研究的基础上，主要结合在四川的调查，从产业体系、生产体系、经营体系和服务体系四个方面提出了构建现代农业体系推进农业转型与绿色高质量发展的政策建议与制度保障。从优化农业产业布局，创新产业要素聚集方式，推动农村三产融合，引导在先进要素与经营主体相结合等方面提出优化与重构现代农业产业体系的政策建议；以推动农业供给侧结构性改革为主要抓手，通过采纳绿色生产方式，强化农业物质装备和技术支撑，培育多样化农业新业态、拓展农业新功能等方面为优化与重构农业生产体系提出建议；从实施乡村人才培育工程、创新农业经营组织模式、深化农村产权制度改革、推动农业适度规模经营发展、实施品牌兴农战略等方面提出优化与重构现代农业经营体系的政策建议；以创建高标准农田、深化供销合作社综合改革、健全农业生产全程社会化服务、优化农业科技人员政策体系和完善优化金融保险服务“三农”的政策支持等方面为构建现代农业服务体系提供政策建议。最后，本章把在调查中形成的六份政策建议放在附录部分，以便有关领导、专家学者和实际工作者参阅。

第二章
理论回顾与研究进展

一　农业转型相关理论回顾

（一）改造传统农业理论

改造传统农业已争议了几个世纪，从发达国家到发展中国家，从执政层到理论界，都出现不同的见解和思路。长期以来，很多人都认为农业是低效益的产业，是现代化建设的负担和包袱；农民是低素质的群体，对经济刺激反应滞后；农村是低效益的区域，对社会发展常常造成制约和影响，林亦平和滕秀梅（2013）对此进行了翔实剖析，指出这种观点具有严重的片面性和不符合实际的情况。舒尔茨提出了改造传统农业理论，在《改造传统农业》中指出：传统农业是一种特殊类型的经济均衡状态，是技术和产量不变的经济均衡状态。这种均衡状态具备以下特点：一是技术状况保持不变；二是持有和获得收入来源的偏好和动机状况保持不变；三是接近于零的纯储蓄达到一种均衡状态（宋茂华，2009）。而刘易斯的二元经济理论，则认为一个发展中国家的经济部门分为传统部门和现代部门，传统部门是以传统农业和手工业为代表的，现代部门是以现代化的资本主义工业化生产为代表的。舒尔茨指出改造传统农业，即提高农民素质，投资人力资本，通过劳动力素质提升，使农业各生产要素合理配置，进而促进经济发展。到了20世纪50年代，帕金斯在舒尔茨理论基础上提出，传统农业也可能出现“技术停滞中的产量增长”（叶茂等，1993）。

改造传统农业即指传统农业向现代农业技术的转变和创新，受制于传统农业技术落后、资源受限、生产效率低下等问题，现代农业提出了新要求和新内涵。董欢和郭晓鸣（2014）提出传统农业转型到现代农业，应至少包括经营手段的变革、经营目的的变革、经营规模的变革和经营主体的变革。本研究提出改造传统农业主要转型旨在产业转型、生产转型、经营主体转型和社会化服务转型，并且转型以绿色为导向，实现我国农业生产绿色转型和高质量发展。

（二）契约理论

契约理论分析主要表现在以下几个方面。一是农户契约选择的诱因。大多研究从交易成本视角出发，认为节约交易成本是农户选择关系紧密型契约的重要诱因（应瑞瑶、王瑜，2009）。也有学者认为规避风险也是影响农户契约选择的重要原因。二是不同模式下农户契约选择的影响因素。蔡荣、蔡书凯（2013）分析了“公司＋农户”模式下风险转移制度对农户契约选择的影响。三是违约风险。李彬（2009）提出违约风险的根源来自契约的非完全性，而规范契约应是防范违约风险的重要途径。有的认为必须提高违约成本，降低违约效益；有的认为应进行信誉与合作、专用性资产投资；有的认为问题的关键在于风险分担机制的设计；有的认为其核心在于契约安排是否满足其偏好（朋文欢、黄祖辉，2017）。四是增强履约能力。姚文、祁春节（2016）研究发现农户对高的相对收益、技术及服务可得性、交易公平合理性、满意度、风险共担关系的感知越强烈，越把交易伙伴视为朋友，农户履行协议可能性越高。商品契约与要素契约行为，周立群和曹利群（2002）认为商品契约和要素契约选择不唯一，但商品契约优于要素契约。

农业契约对农业生产的影响主要包括以下几个方面。①最优农业契约与农业产业化模式选择。聂辉华（2012）在一个统一的关系契约分析框架下，比较了单期和多期条件下“农户＋市场”“龙头企业＋农户”和“龙头企业＋农场”三种主要的农业产业化模式及其衍生模式的生产效率，并分析了产权、声誉、抵押和风险态度对最优农业契约的影响。②订单农业的契约行为。提高订单履约率，防范订单农业风险，不仅要从契约外部入手，更要从契约内部治理机制入手，契约内部五大治理机制的完善和运行，能在很大程度上保证契约的履行，防范契约的风险（李彬，2013）。郭晓鸣和廖祖君等（2006）认为契约主体之间博弈能力悬殊所导致的理性经济行为，要从制度上对订单农业进行改进和完善。违约成本低是导致订单农业违约风险高的根本原因（杨明洪等，2009）。③委托－代理的契约行为。A Levy 和 T Vukina（2002）研究后发现，在一个简单的委托－代理框架下，若不考虑交易成本的因素，委托人（龙头企业）和代理人（农户）间的最优线性契约将由一系列独立契约组成。浦徐进和吴林海（2010）基于一个新的委托－代理视角来研究农户或农户合作经济组织与龙头企业相互博弈的过程和产生增收效应的机制。④信贷融资契约行为。韦克游（2013）认为在市场治理结构下，我国农民专业合作社贷款交易治理成本较高，信用能力不足，债务履约机制缺失，同时隐含着贷款交易合约的非完全性与风险性。

农产品安全下契约行为主要保障的一是农产品质量安全。赵立泉和徐娜（2009）研究指出，在特定的生产契约条件下，面对同等收益和损失时获得的心理效用不同，是政府的“边际奖罚”政策无法实现预期效果的重要原因。契约可以提前披露农产品灾害信息，达到提前预防的目的（Hennessy，et al.，2018）。二是供给的安全。赵德起（2013）研究了中国农村经济中农地流转、农民合作、农产品流通、农业生产和农村金融服务五方面与农业供给均衡的适应度。三是决策权配置对生产安全的影响。蔡荣（2012）认为物质资产专用性越强或成立时间越久的合作社对农业生产决策权控制程度越高。

（三）需求层次理论

在市场销售和消费中参考和引进的需求层次理论包括马斯洛的五层次需求理论、恩格斯对消费资料划分的三层次需求论及需求二层次（HM）理论。其中 HM 理论认为消费者需求看重质量好、性能佳、价格低的产品，同时加上一些促进因素。马斯洛需求层次理论将人类需求分为低层次和高层次，低层次需求是人类作为动物本能的生理和安全需求，是赖以生存的基本物质需求，通过外部条件获得满足；高层次需求是人类发展过程中逐渐形成的，包括归属与爱、尊重需求以及自我实现需求等，属于精神和情感领域的范畴，往往通过内部因素来满足。马斯洛需求层次理论以健康人为研究对象，以人为本，从个人的心理需求和价值实现出发，反映了人类行为和心理活动的普遍规律。人类需求随着收入水平、社会地位和周围环境的变化而动态发展，不同时期迫切程度不同，在外部带来满足和内部满足之间转换，同时各层次之间相互存在和重叠。

根据马斯洛需求层次理论，当人们基本生理需求得到充分满足后，开始出现安全需求的激励效应，注重消费农产品对人体健康、生态环境的影响，农药残留便成为重点关注的安全信号。营养健康与环保支持两类动机影响安全农产品的消费意愿，自然安全、营养健康、时尚潮流与品质保证均对安全农产品消费行为产生影响，并且安全农产品消费意愿与消费行为存在高度一致性（唐学玉等，2010）。消费者在做出购买决策时，会充分考虑与健康和安全方面的生产特征（K G Grunert et al.，2018），大部分的消费者对动物福利或环保标签的牛肉感兴趣并愿意支付（Y Sonoda et al.，2018）。我国市场上主要以“三品一标”（有机农产品、绿色食品、无公害食品和农产品地理标志）为代表的产品认证和以 HACCP、GAP 为代表的过程管理认证，为消费者对于农产品安全质量的认证提供参考依据（尹世久等，2017），多重认证能显著增强消费者对食品质量安全的信赖程度和额外的支付意愿，这也印证生产主体的质量安全多重认证更是受市场激励和主体内在责任的影响（周洁红、幸家刚等，2015），其多重认证行为与受教育程度、风险偏好和获利期望等显著相关（王小楠等，2019）。当市场中对安全农产品需求规模越大、层次越高，对安全溢价支付意愿也越强，生产者剩余增加会驱动农户生产安全农产品，促进其采取农药安全施用行为。

另外市场需求结构与质量安全结构互为影响。消费者作为信息接收者和处理者，他们会搜寻和评价某些产品和销售渠道信息，尽力做出满意的决策（希夫曼，2011），消费者在 C2C 模式下对质量保证信号的信任程度相对较高，服务质量信号次之，产品信息信号和声誉信号的信任程度相对较低（岳柳青等，2017）。在安全食品购买决策中，对安全食品的认知起到决定作用，但对安全食品的分辨能力不足则会阻碍安全食品的消费（Roitner-Schobesberger B et al.，2008），也会影响农业企业的经营决策，譬如古川和罗峦（2016）的研究发现当质量不能被识别时，价格敏感时可能形成低质低价的局面，相反质量能被识别时，有利于高质高价的形成。古川等（2017）研究发现高安全农产品偏向于现代流通渠道选择，从认知角度，具备高认知的消费者，不会更加信任认证农产品，对待产品安全性的态度也更加中性，但更偏向于选择直销渠道，也愿意尝试网络购买。

二　农业产业转型的相关研究

社会经济发展的表现之一就是产业的转型和升级（黄颖，2011），产业转型升级是一个动态变化的过程，可以看作产业结构高级化的过程，具体而言，主要包括以下几个部分：第一，产业附加值不断由低向高转型；第二，产业发展不断由粗放型向集约型转型；第三，产业生产不断由高消耗高污染高排放向低消耗低污染低排放转型（杨颖，2010）。谭明交等（2018）认为产业转型升级是指通过"四低"（低成本、低消耗、低污染、低排放）来调整产业结构，以此来促进社会经济的可持续发展。传统农业"高投入、高消耗、高污染"的生产方式，一方面对农村生态环境造成严重的污染，另一方面也导致农产品质量安全问题的激增。在我国实施乡村振兴战略的背景下，在农业供给侧结构性改革的策略下，在农业资源短缺、开发过度以及农业污染加重的双重约束下，迫使农业产业的转型发展。

（一）农业产业转型的原因研究

赫克－俄林师徒二人提出的要素禀赋理论为早期产业转型升级问题的研究奠定了基础，该理论认为由于不同国家和地区在资源禀赋上存在差异，使各国或地区在不同产品上具有比较优势，因此需要该国家和地区参与到分工的过程中，进而促使产业的转型和升级。学者们主要从外部环境和内部环境两个方面分析了我国产业转型的根本原因。从外部环境来看，全球正在进行以互联网、物联网等高新技术为核心的新一轮产业革命，这将促使产业生产方式、组织方式和管理方式等发生较大的变化（霍鹏、魏修建，2017），而且我国产业的发展受到后发国家工业化和发达国家工业化的双重挤压（杜朝晖，2017）。从内部环境来看，一方面我国人口红利的消失，生产要素成本的快速上升导致我国以廉价劳动力为基础的粗放型增长模式难以维持（张雅，2017）；另一方面资源的锐减、环境的破坏使我国“高消耗、高排放、高污染”的生产方式备受争议（赵丽娜、吕擎，2016）。除此之外，随着我国社会经济的快速发展，人们的收入水平也在不断提升，收入的提高拉动消费水平的升级、消费结构的调整（李广瑜等，2017），对产业的转型和升级提出新的要求。因此，面对我国经济下行压力不断增加、传统比较优势不断减弱、结构性矛盾不断加剧等现实问题，在我国供给侧结构性改革的背景下，必须加快促进产业的转型和升级（费洪平，2017）。

农业是我国的基础产业，农业的发展直接影响到第二、第三产业的发展速度与水平。关于农业产业转型的研究，学者们主要集中在以下几个方面。第一，消费者需求的转变促使农业产业的转型。伴随我国经济的快速发展，人们的收入水平大幅提高，从而引起消费者消费结构的巨大变化（杨朝慧、文晓巍，2017）。王恩胡、李录堂（2007）研究发现我国消费者对粮食的消费数量不断下降，但是肉、奶、蛋、蔬菜和水果等产品的消费量却在不断提升。不同地区的消费者由于地域特征和收入水平等方面的差异，导致其消费结构存在较大的不同（Cai Y & Liu X，2013；吴林海、郭娟，2010；胡冰川、周竹君，2015）。这里的消费结构不仅是指各类食品消费在食品总消费中所占的比例，还包括无公害、绿色、有机的“三品”农产品的消费比例（王德章、王甲樑，2010）。目前我国市场中优质农产品的供给数量和供给质量都有待提升，无法满足消费者对优质农产品日益增长的需求，需要农业产业转型，提高农产品质量水平。第二，资源环境的压力推动农业产业的转型。我国传统农业“高投入、高消耗、高污染”的生产方式虽然促使农业产业得到迅速发展，农产品产量得到快速增长，但多年来粗放式的发展方式使生态环境和自然资源都亮起了“红灯”（杜运伟、景杰，2019），农业的发展是以环境破坏、资源浪费为代价的。我国化肥使用量从 1993 年的 4766.2 万吨增长到 2017 年的 5859.4 万吨，化肥施用强度从 306 千克/公顷增长到 352 千克/公顷[①]。史常亮等（2016）研究指出我国小麦和水稻生产过程中均存在过量施肥的现象，其程度分别达

① 数据来源于《中国农村统计年鉴 2018》。

27.26%和24.67%。我国农药施用量从1993年的146万吨增长到2017年的165.5万吨，农药施用强度从9.4千克/公顷增长到10千克/公顷①。资源和环境的持续增压，农业的可持续发展需要农业的产业转型。第三，农产品安全事件的激增促使农业产业的转型。文晓巍等（2012）研究指出食品供应链是我国食品安全发生的重要来源，我国近70%的食品安全事件都受其影响。农产品的质量和安全不仅直接关系到国民的身体健康、农业产业的持续发展，还会影响到社会的和谐和稳定（刘成、方向明，2018）。而且在国际贸易中，农产品的质量与国家国际形象紧密联系着，农产品质量安全问题会直接影响政府的公信力（董银果、黄俊闻，2018）。国内外环境的变化对农业产业的转型发展提出新的要求。

（二）农业产业转型的影响因素研究

关于农业产业转型的影响因素，国内外学者从不同的视角进行分析和研究，成果颇丰。通过对已有文献的整理，学者们主要从技术层面、制度层面、市场层面和其他层面等方面进行分析。

1. 技术因素与农业产业转型

技术是农业转型发展的重要影响因素，技术的进步可以正向促进农业产业的转型（Baker M J，2005；Otsuka K，et al.，2010），是农业可持续发展的重要引擎。Ito H（2000）认为通过技术对环境进行监测，对其影响进行评估，有利于促进农业绿色化转型。姜长云（2015）认为世界各个国家农业转型发展的动力已经从要素驱动、投资驱动向创新驱动转变，而科学技术是创新驱动的第一支撑力。陈义媛（2019）基于占取主义/替代主义理论对中国农业转型发展进行分析，认为农业资本化不一定会促使土地流转和规模化，也可以通过技术的进步对农业进行改造和重组。另外，有学者从微观视角出发，分析具体科学技术运用对农业转型发展的影响。葛继红等（2010）、郑鑫（2010）、王思琪等（2018）这些学者研究发现施用有机肥、采用测土配方施肥技术等环境友好型技术可以有效缓解农业面源污染，减少过量施肥对环境所造成的影响。王秀丽和王士海（2018）、陈欢

① 数据来源于《中国农村统计年鉴2018》。

等（2018）的学者认为高效低毒农药技术、病虫害防治技术等能降低农业生产中农药的施用量，提高农产品的质量，保障农产品质量安全。

2. 制度因素与农业产业转型

农业产业转型可以看作产业革命，它是一个动态的过程，需要分阶段分任务有序推进（严立东等，2010），在这个过程中，政府是重要的角色，其政策制度的走向会直接影响农业产业转型发展。已有文献中学者们主要从土地制度、户籍制度、金融制度等方面分析制度因素与农业产业转型的影响。在土地制度方面，袁国龙等（2013）通过实证方法分析农业土地制度对我国农业转型的影响，黄英和江艳军（2019）基于隐性形态的视角分析耕地利用转型对农业产业结构转型的影响，研究表明耕地利用转型显著影响农业产业结构转型，而且在我国东、中、西部地区存在较大的差异。陈林和龙自云（2010）研究认为通过土地流转实现规模化生产是我国农业产业转型的必经之路，但我国土地产权制度的不完善已经成为我国农业产业转型的主要障碍（何磊，2010）。在户籍制度方面，孟奎（2013）认为户籍制度的不完善会影响农户向非农产业转移的成本，从而增加了农业转型的阻碍。在金融制度方面，学者们认为金融资本是农业产业转型发展的重要保障（谭亮，2018）。刘刚和肖璐熠（2014）从农业补贴政策进行分析，认为我国现有农业补贴目标、范围、力度和方式等方面的不足，不利于农业产业的转型发展。梁红艳等（2018）认为“资本下乡”会带来社会、经济和管理结构的变化，进而引起农业的产业转型。

3. 综合因素与农业产业转型

已有研究不仅从单一视角分析农业产业转型的影响因素，部分学者也从综合的视角，全面分析农业产业转型的动力机制。赵素燕和武婷（2019）认为“三农”问题是一个大系统，农业产业的转型发展需要从内部发力，然后通过内外联动不断推动。赵大伟（2012）从内部动力和外部动力分析绿色农业发展的动力机制，其中政府政策、市场需求、技术创新水平等因素属于外部动力，而生产单位的目标、认知以及效益分配机制等方面属于内部动力。邓心安、刘江（2016）对农业形态演变与农业变革的动力机制进行深入探讨，农业的变革仍需要内外的合力，而科学技术是农业演变和变革的内生动力，社会可持续发展的需求、自然资料的有效利用、农业功能多样化、农产品安全等多方面的需求成为推动农业形态演变的外生动力。

（三）农业产业转型的路径研究

由于农业产业转型覆盖范围较广，包含内容较多，关于农业产业转型发展的路径或策略并没有统一的说法，因此，学者们从不同的视角进行研究，主要包括产业融合、产业结构调整、产业品牌化、产业信息化等方面。关于产业融合的研究，王志刚和于滨铜（2019）从产业融合的视角，重新定义农业产业化联合体的概念，认为农业产业化联合体是当前我国农村第一、第二、第三产业融合最前沿的成果。李明贤和刘宸璠（2019）从利益联结机制的视角促进农业第一、第二、第三产业的融合，延长农业的产业链和提升农业的价值链，以此来解决三农问题。关于产业结构调整的研究，学者们认为我国普遍存在供需不匹配、环资不匹配等结构失衡的问题（陈锡文，2016），需要进行农业供给侧结构性改革。农业产业结构调整是农业供给侧结构性改革的重要内容（孔祥智，2016），农业产业结构调整是农业产业可持续发展的重要途径，而乡村绿色可持续发展和农村环境的改善是农业产业结构优化的原则和条件（张永华，2019）。有学者也认为在进行供给侧结构性改革中不能只重视结构的调整，而忽略相应制度的建设，只有结构调整和制度建设相结合才能更为有效地推动农业的改革发展（黄祖辉，2016）。关于产业品牌化的研究，Bianco A（2016）认为可以通过“三品一标”农产品认证、品牌注册等方式，规范和引导农户的生产行为，促进农业的可持续发展。张俊飚和赵博唯（2017）基于绿色发展的视角，提出产业品牌培育等方式，以此推动绿色农产品的转型发展，是农业供给侧结构性改革的重要途径。关于产业信息化的研究，学者们认为农业信息化的发展，一方面能够优化资源的配置，进而提高农业生产效率；另一方面可以提高农产品的质量，提升市场的竞争力（杨艺等，2019）。吴小伟等（2013）也认为无限通信技术、传感技术、GIS 等信息技术能够促使农业机械化更好地发展，从而提供农业的积极效益。精准农业是信息化在农业产业发展运用中的代表，通过“3S”技术，实时采集农情信息（丁克奎、钟凯文，2015），可以高效利用有效的资源以获得最大的效益（Auernhammer，2001），精准农业是农业信息化的重要途径（彭望禄等，2001），也是农业产业转型的必经之路。

三　农业生产转型的相关研究

（一）要素配置与农业生产转型研究

当前农业生产面临要素成本“地板”和产品价格“天花板”双重挤压，农产品安全问题越发突出，农业生产转型亟须转变，农业生产转型的根本是要素升级和优化配置，提高要素安全性和配置效率，而安全是现代农业转型的目标，实现农业机械化和信息化。有研究指出家庭资源禀赋会主要影响消费型农户农地投入，农业生产要素市场、农产品市场和农业政策主要影响利润型农户农地投入（吕美晔、王凯，2008；徐玉婷、杨钢桥，2011）。农户的要素禀赋特征对农户生产行为选择和实施影响的研究，主要集中在土地、劳动力、技术、资本等方面。

土地对农业绿色转型的影响研究。一是土地规模对农业安全生产的影响方向存在两面性。积极观点是种植规模能够促进农药安全使用行为。张云华等（2004）、唐博文等（2010）、纪龙等（2018）的实证研究对此加以论证。因为农地规模经营集中将会提高劳动禀赋的利用率（倪国华、蔡昉，2015），并且可以提高追溯技术的实施力度。同时规模扩大可以提高农户生产技术效率（刘天军、蔡起华，2013；姜宇博、李爽，2017），Ahmad 等（2002）和 Chen A Z 等（2003）的研究都验证了此观点。而梁流涛等（2016）通过研究发现虽然农地经营规模扩大能够对农业环境产生正面影响，但现实中普遍存在的小规模化经营和土地细碎化抵消了正面影响。消极观点是种植面积与安全施药行为呈负相关。田云等（2015）研究发现农户实际经营耕地面积越大，选择低于标准和按标准利用化肥和农药的可能性越小，龙云和任力（2018）认为转入地规模化种植方式，会使转入地农药化肥使用量增加，从而总体面源污染水平更高。由于细化管理难度大，为节省劳动力投入而加大用药频数和剂量。王晓兵等（2011）研究发现农户拥有的土地规模越大，越有可能延长农业工作时间，很有可能造成技术效率降低。二是土地对农业安全生产影响根本路径是对土地投资力度。从地权稳定性角度，有研究指出地权的不稳定性和对土地交易的限制对土地产出率产生负面影响，其影响途径是降低要素配置效率和减少农户对土地的投资（姚洋，1998；魏欣等，2012），龙云和任力（2018）的研究同样证实了农地流转的地权稳定性效应会导致农户增加中长期投资减少短期投资。从土地经营规模角度，农地规模对农户投资的影响呈负向，屈艳芳和郭敏（2002）的研究也证明此观点，并将原因归于我国农户收入水平低和人均耕地面积少；而刘承芳等（2002）研究表明适度规模经营有利于农户进行生产性投资，特别是固定资产投资。三是土地规模对农业安全生产影响程度存在临界点。代云云等（2015）基于省际动态面板数据，对经营规模进行划分后，发现在生产面积尚未达到大规模经营的拐点之前，经营规模与农产品质量安全之间为负相关关系。

劳动力对农业绿色转型的影响研究。劳动力对农业安全生产转型的影响研究主要集中在以下几个方面。一是劳动力数量对农业安全生产的影响存在差异性。一方面，贺振华（2015）通过研究发现劳动力外出周期越明显，导致农户对土地长期投资越少，进而影响农户安全生产的意愿；另一方面，樊翔等（2017）通过研究发现农户家庭人口数负向影响着农户安全生产意愿。二是劳动力质量提升能否促进农业安全生产并不明确。虽然大部分文献认为受教育程度对农户采用少耕技术（Rahm M R，et al.，1984）、新技术（AtanaSaha，et al.，1994）、“两型农业”技术（霍瑜等，2016）呈显著性的正向影响；但韩海彬基于1993~2010年中国农村面板数据总量研究发现人力资本阻碍了农业技术创新，而且总量人力资本的农业技术模仿效应也不显著，因此并不能促进农业环境全要素生产率的增长。三是性别对农业安全生产存在差异化。性别差异影响农户对土地、延伸服务等资源的获得，从而影响其农用化学品的施用行为（Morris，et al.，1999）。田云等（2015）认为这主要是因为相比于女性户主，男性户主更具开拓精神与冒险精神，为了降低物质成本，他们更愿意在化肥和农药利用上选择农业安全生产行为。刘芳等（2017）和李波、梅倩（2017）实证研究也证明男性比女性更倾向于进行农业安全生产。在巴西，男性更愿意了解农药基础知识以确保农药使用效果（Nicol，2003）。Wang等（2017）通过研究发现男性农民更了解农药的使用，并且更加了解相关的农药使用风险。正确使用杀虫剂和处理杀虫剂容器的男性多于女性，但使用杀虫剂时女性使用保护措施或行为的人数却更多。四是劳动力年龄对农业安全生产的影响存在差异。一方面，田云等（2015）认为户主务农年限越长，他们的农业生产经验通常会越丰富，越能更好地把握化肥和农药的用量。同时部分研究发现农户年龄越大越会使用可持续农业技术（D'Souza，et al.，1993）。另一方面，霍瑜等（2016）和邝佛缘等（2018）通过研究发现30岁以下的青年农民对学习农业科技的需求较高，50岁以上的老年农民对于学习农业科技的需求较低。而处于中间阶段的中年农民对于学习农业科技的需求最高，因此会更倾向于采用对环境更友好的生产行为。

技术对农业绿色转型的影响研究。技术是农户决定是否进行农业安全生产的关键性因素，而影响技术选择和使用的因素包括区域间自然条件差异、生产习惯差异、个体认知差异、技术条件差异、政策规制差异等。一是自然条件差异对农业绿色转型的影响研究。地理位置不同，由于病虫害发生种类、概率和程度不同，导致农药使用量不同（Saphores J-D，et al.，2011），例如，热带地区农作物农药平均施用量明显高于同一经济水平的温带地区，非洲男性更偏向于使用优良品种；时节不同，农药使用量也存在差异，邢新丽等（2009）根据地形和季节变化，研究有机氯农药污染分布特征，发现平原区土壤中有机氯农药含量高于丘陵区，平原区秋季高于春季，丘陵区春季高于秋季。

二是个体认知差异对农业绿色转型的影响研究。大量研究显示，因认知偏差而导致的农业生产者农药施用行为对农产品质量具有较强的负面影响（张云华等，2004；王建华等，2015；曾伟等，2016）。刘芳等（2017）通过研究发现农户是否喷洒农药具有一定的选择性，如果是自家吃的蔬菜、农作物，就尽量不喷洒农药；而以销售为主的果蔬和作物必须喷洒农药，造成了农药残留以及环境的污染。农民对农药残留的认知程度与农药残留形成密切相关，特别是在欠发达国家，如泰国、巴西等地农民大多采用传统施药机械喷施农药，效率低且容易造成残留。另外农户的受教育程度会影响其对农药的认知水平从而对其农药使用行为产生重要影响（Kumari，et al.，2013；王建华等，2015；邝佛缘等，2018），由此产生过量施药、不合理配药等现象时常发生（Abhilash，et al.，2009）。

三是技术条件差异对农业绿色转型的影响研究。当前农民科技需求较多，而专业技术培训不足，相对农产品安全，农户更加注重经济安全，致使生产操作不够规范（李俏等，2015；乔慧，2017）。国内外相关研究则表明，培训、教育可以在一定程度上促进农户改善生产经营行为，有利于农产品质量安全水平的提升（Goodhue，2010；陈丽华等，2016；曾伟等，2016）。赵建欣等（2008）对山东蔬菜种植户调查发现，生产模式会显著影响农户的施药行为。种植经验越久技术禀赋越高，进而促进农业安全生产。

四是技术使用政策差异对农业绿色转型的影响研究。为规范农药施用行为，我国相继颁布了《农药管理条例》《农药限制使用管理规定》等一系列法律法规，但目前我国农业生产面临分散化、规模小、素质不高等问题，相关政策实施效果不好，往往存在过量施药、不规范施药的现象。黄祖辉等（2016）研究表明，强令禁止高毒农药，对违反农产品安全生产进行处罚以及收购的农产品进行检测等命令控制政策对农户是否过量施用农药的行为具有较强的规范效应；农药施用技术培训、农产品安全生产宣传教育等宣传培训政策能有效规范农户在施药前阅读标签说明；以市场为基础的激励政策对农户过量施用农药、阅读标签说明以及遵守间隔期均有显著的规范效果。乔金杰等（2016）和沈雪等（2018）提出，政府补贴对农户低碳技术采用具有显著的促进作用；而陈儒等（2018）通过研究发现政府主导的低碳农业生态补偿机制呈现出弱激励特性，主要原因在于农户进行低碳生产努力的经济价值未能显化，以及现行生态补偿机制所呈现的刚性特征。Lutz 等（1992）指出污染者付费政策、财政政策对农药施用行为影响较大。Goodhue 等（2010）、Jacquet 等（2011）都指出教育培训政策可有效降低农药施用量，而农药配额政策能显著减少高毒农药使用量（Therdoros，et al.，2012）。

资本对安全导向下农业转型的影响研究。农户家庭收入水平、收入结构会影响农户的安全生产投入。一是收入水平对农业安全生产转型的影响。Hubbell Bryan J（1997）的研究指出收入水平会影响农户的农药使用行为。朱萌等（2016）、曾伟等（2017）和陈儒等（2018）的研究发现家庭收入水平较高的农户会更愿意尝试那些具有一定风险性的新事物，即会更倾向于采用安全生产行为；但邝佛缘等（2018）对广西农户抽样调查得出家庭年收入对农户环保行为的影响呈现波动起伏，3.33 万元和 8.33 万元是转折点，而家庭收入处于中间段的农户，在更为多元的信息源的影响下，更了解传统从重使用农药化肥的弊端，更愿意尝试采用环保行为决策。二是收入结构对农业安全生产转型的影响。吴伟伟等（2017）研究结果表明非农收入对农户化肥和农药的投入均产生了显著的促进作用；周峰等（2008）对南京市无公害蔬菜生产者的施药行为进行调研，发现生产者经济来源是影响其施药行为的主要因素。农业收入占家庭总收入比重会影响农户对农药新技术的采用，占比越高的农户越偏向于规范施药行为（何可等，2014；王建华等，2015；朱萌等，2016；曾伟等，2017；刘芳等，2017）。

（二）生产方式与农业生产转型研究

马克思主义经典作家将人类历史上的农业生产方式分为小农生产方式、资本主义农业生产方式和社会主义农业生产方式三种形式。根本上是农户要素禀赋结构变化诱致了农业生产方式转变，主要表现为农户非自有生产要素（机械、化肥、农药等）投入在增长加快，产出弹性提高，生产贡献变大，其对农户自由生产要素的替代弹性远大于 1，在农业收益中的贡献份额上升，而农户自有生产要素（土地、劳动力等）的产出弹性和贡献份额下降（赵文、程杰，2014）。在非自有要素成本逐年上升情况下，即使农产品价格上涨，但由于农户在其中分得的收益份额越来越小，价格上涨对农户的经济激励效果降低，增长乏力，而价格累年循环上涨，不安全要素使用风险增加，致使农业生产方式亟须转变。舒尔茨（1987）也指出在没有新技术供给的情况下，农民根据长期生产经验已经将边际产出很低的生产要素做到最佳配置，因而不会再增加农业投资。农业技术创新带来了“诱致性技术变迁”，促进农业生产方式发生转变，进而重新优化要素配置（Hayami Y and Ruttan V，1985）。同样中国农业生产方式也因要素禀赋变化发生改变，包括农业劳动力减少、化学要素增加，提高农业生产效率的同时，增加了不安全因素，农产品价格上涨未带来对农业生产的充分刺激，价格杠杆对农户的经济激励并不明显（陈飞等，2010），并且消费者对农产品特别是安全健康农产品的需求矛盾日益突出。为解决这一问题，我国实施了农业税费减免和直接补贴政策，但补贴对农户的经济激励效果并没有达到预期高度，反而增加了农业生产成本，造成畸形的“剪刀差”和新的供需矛盾。

农业生产方式影响农业安全生产的过程也是农户安全认知到行为选择的过程，研究者们对生产者“心理认知—行为意愿”的发展机制做了研究。农户生产安全农产品意愿在生产认知与生产行为之间起中介作用（谭翔等，2017）。研究发现影响农户生产行为的主要因素可以概括为农户认知、农户特征和环境因素，对农产品质量安全认知意识越高，对残留认知越高，生产方式越偏向于安全（杨天和，2006；傅新红、宋汶庭，2010；Hou N，et al.，2016）。

自新中国成立以来，我国的农业生产方式经历了三个发展阶段：农户经营制（1949～1952 年）、农业集体经营制（1952～1978 年）、农户家庭分散经营与集体统一经营相结合的双层经营体制（1978 年至今）。当前实行的家庭联产承包经营制的生产方式也存在一些弊端，主要包括家庭联产承包责任制下土地分散经营，农民分散决策，供求分散对接，同时集体经济优势并未得到体现，小农生产方式的落后性仍然十分明显（周绍东，2016）。农业经营模式出现了家庭农场、农民专业合作社、种植大户、企业等多种形式，同时“互联网＋农业”或“农业＋互联网”的新型生产方式弥补和有效解决了传统农业生产中的信息不对称、供需结构性矛盾等问题。农业生产方式不断转型优化，生产效率得到较大提高，但对于农产品质量安全问题的解决依然不足，也产生了一些新问题。比如因安全问题产生的“一家两制”生产方式。因化肥、农药、激素和添加剂可以有效提高农产品产量和降低单位成本，市场对产品又难以有效识别，消费者又更偏向于注重农产品的颜色、大小、形状、新鲜程度等搜寻品特征，而农药残留、激素使用无法有效识别，为追求高额利润，农户选择不规范、不安全使用化肥、农药等化学资料，而农户作为消费者，随着经济条件改善和健康饮食的重视，对自己食用农产品不使用化学资料，形成了“一家两制”现象。为规避“一家两制”现象，倪国华和郑风田（2014）指出可通过国内消费者为终端的“纵向整合”来解决。

四　经营主体转型的相关研究

（一）横向组织与农业转型研究

经营主体横向合作经营主要是为了实现规模化和标准化。一是横向合作经营实现规模化生产。我国整体是小农占主体，单个主体经营规模偏低，规模化生产能力不足。申云和贾晋（2016）以四川崇州“农业共营制”为例，分析土地股份合作社在粮食生产方面的积极作用，构建了“农户—农民职业经理人—合作社”为体系的利益联结机制。同时农民合作社通过规模扩张来提高抵御市场风险的能力（向德平、刘风，2017）。农民专业合作社还可以通过再联合实现规模再扩张。张琛等（2019）提出通过整合资源，成立联合社充分发挥合作社的规模收益，降低交易成本。在农业生产转型中，合作社能推动小农户与现代农业发展的有机衔接（崔宝玉，2019）。李明贤和刘宸璠（2019）认为农民专业合作社为引领农村第一、第二、第三产业融合利益联结要从增强合作社实力、建立促进农民持续增收的保障机制、提升农民素质水平和加强互联网运用四个方面带动农民持续增收。

二是横向合作经营实现标准化生产。我国农村存在着农户将喷洒农药和化肥的农产品销往城市，而自留土地种植“土菜”“笨果”食用现象，究其缘由，农户对于口粮型与利润型农产品的关注点不同：口粮型农产品更多的是满足自身食用的安全效用，而利润型农产品更多关注于市场利润。稻农在“吃”的目标下的绿色农产品生产动机可以认为是自发产生的（傅新红、宋汶庭，2010）。黄炎忠、罗小锋（2018）研究发现农户的口粮生产动机促进其生物农药的使用，口粮型农户的生物农药施用比例高于利润型农户，这一研究结果丰富了该论证。

农业产业链组织演化可以促进标准化生产、契约合作和利益联结（范太胜、潘津，2018）。农户参与合作社的程度越深、与合作社关系越紧密，越倾向于安全生产（袁雪霈等，2018），确保农产品的质量。合作社通过一系列手段和措施，如对生产决策的控制、惩罚机制、为农户提供技术指导等（M'hand Fares，Luis Qrozco，2014；Enrique Fatas，2010；Naziri et al.，2014）。除了政府设置强制性的农产品质量安全监管机制之外，生产者的数量、投入规模、技术运用、资金实力等体现生产模式差异的因素对农产品质量安全有着显著的影响（邹传彪、王秀清，2004；张云华等，2004；周洁红，2006）；基于计划行为理论，农户行为态度、主观规范和控制认知对其生产质量安全行为有着重要影响（程琳、郑军，2014；代云云等，2015），张蓓等（2019）基于结构方程从价值认同、社会信念、能力认知三方面分析果蔬农户质量安全控制行为。

（二）纵向组织与农业转型研究

经营主体纵向组织对农业安全转型影响的研究。通常情况下，当行业危机来临时，块状经济内产业集群主体会加强合作，特别是垂直化合作程度提高，以渡过难关；其次是农企的双边纵向协作，农业企业为农户提供技术指导和销售渠道，而农户为达到高质高价的目的，主动控制农产品质量安全（肖欢，2014）。研究表明交易的紧密程度、次级市场的数量、契约的完整性等体现交易模式差异的因素亦对农产品质量安全具有显著的影响（Hennessy，1996；王瑜、应瑞瑶，2008；赵建欣、张晓凤，2008；Young and Hobbs，2002）。

纵向组织提升农产品质量安全的作用渠道如下。渠道之一，在于降低交易方机会主义行为和客观环境的不确定引发农产品供应安全问题。当农产品供应商机会主义行为不确定较高时，食品加工商可以通过中间混合治理模式或纵向一体化投资来缔结紧密的关系，以此来降低其采取机会主义的可能性，从而保障农产品质量安全（陈梅、茅宁，2015）。Pouliot 等（2008）研究发现可追溯系统使营销公司或者农场对食品安全造成的损失承担的可能性增加，增加了改善食品安全的努力。渠道之二，其通过生产者福利增进和剩余所有权共享从而控制和激励农户提供优质农产品。农户与公司合办合作社，企业能够以所有者兼经营管理者的角色参与并控制农户的整个生产经营过程，从而保障了产品的质量安全，与此同时，农户也具有双重属性即生产者与经营者，基于自身利益最大化也愿意保障产品的质量安全（苑鹏，2013）。但其与双方缔结关系的紧密程度高度相关，纵向协作程度越紧密，价值链向其延伸的环节越多，收益越明显（钟真等，2017）。

五　农业社会化服务转型的相关研究

社会化服务对农业生产转型具有重要作用，也是生产转型的主要目标之一，究其缘由，社会化服务将农业生产环节纵向拆分，农户通过自身的比较优势而从事农业生产的某些环节，将不具有优势的生产环节交由专业化服务组织来完成，提高生产环节效率（刘晗，2017；杨彩艳等，2018），以便规模化经营。改革开放以来，我国的农业社会化服务体系逐步健全和完善，大致经历了三个发展阶段，即“社会化服务”内涵拓展阶段（1978～1989年）、“社会化服务体系”逐渐完善阶段（1990～2007年）和“新型农业社会化服务体系”发展阶段（2008年至今）（高强、孔祥智，2013）。但仍存在供需结构性矛盾，制度衔接机制不完善，发展相对滞后，人才缺失等问题（张颖熙、夏杰长，2010；高强、孔祥智，2013；胡亦琴、王洪远，2014；罗明忠等，2019），并且需求主体对农业社会化服务的需求种类、强度和经营主体也有差别（Klerkx，et al.，2008；Juscinski，et al.，2009；王钊等，2015；李荣耀，2015；李容容等，2015）。在农业经营中因资金短缺（Ahearn，2012；Kachova，2010）、劳动力外流（Miluka，2010）与结构失衡（秦天等，2018）等带来的农业经营代际传递问题（Lange，et al.，2011）和产业间进退选择问题（Kuehne G，2013）的情况下，农业生产对农业社会化服务需求越来越强，呈现出多元化、专业化、标准化趋势（李俏、张波，2011）。

安全相关的社会化服务能有效促进农产品安全提升。国外一些研究发现，农户由于缺乏农药施用知识的正确引导而倾向依靠大剂量施用农药来控制病虫害（Epstein L，et al.，2003），这也正是导致发展中国家绝大多数农户施用高毒农药的根本原因（Mekonnen Y，et al.，2005）。研究发现农技人员、农药经销商、大众传媒、亲友邻居等多种类型的农药施用知识与技能培训对于减少农户施药量均具有正向影响（王建华等，2014；周洁红，2006；吴林海、郭娟，2011），更有助于采取质量安全的生产技术

（薛宝飞、郑少锋，2019）。明辉等（2019）研究发现主动获取农业技术支持对田间管理规范性、用药规范性有着正向影响，对农产品质量有显著的提升。

六 政府支持与农业绿色转型的相关研究

（一）激励政策对农业绿色生产的影响研究

激励政策主要为农业补贴政策，目前中国国家层面涉及农产品质量安全的农业支持政策主要包括农资综合补贴、良种补贴、测土配方施肥补助政策、化肥、农药零增长支持政策、耕地保护与质量提升补助政策、农产品追溯体系建设支持政策、农产品质量安全县创建支持政策（周应恒等，2009），地方层面则部分地区试点有“三品一标”认证补助等政策。而关于中国农业补贴政策的演进，学者们从不同的角度进行了划分。鲁礼新（2007）将1978年以来中国的农业补贴划分为农业生产资料和城镇居民的粮食补贴（1979～1992年）、粮食保护价收购（1993～2002年），以及种粮直补和农业税减免（2003～2005）三个阶段。王思舒等（2011）对我国农业补贴政策划分为三个阶段，即补贴消费者阶段（1960～1992年）、粮食保护价阶段（1993～2003年）、直接补贴粮食生产者阶段（2004年至今）。不同阶段对农业生产影响程度不同，尤其在安全生产方面，主要集中在以下几个方面。

（1）农业补贴对粮食产量、播种面积和资本投入都有显著的正向影响（王鸥、杨进，2014；于晓华等，2017；王亚芬等，2017）。一是扩大了种植面积。顾和军和纪月清（2008）基于2001～2006年江苏句容157个农户的跟踪调查研究，发现农业税减免对小麦、晚粳稻、油菜种植面积和化肥施用量都有正向影响。洪燕真和冯亮明（2017）通过对木本粮油补贴政策实际效果研究，发现主要种植地区木本粮油种植面积大幅度增加；王文信等（2017）基于河北省黄骅的调查研究发现实施与播种面积挂钩的苜蓿种植补贴既能有效增加苜蓿种植面积，又能显著增加经济效益。二是农业补贴保障农产品结构安全。农资综合补贴能够改变生产要素的相对价格和投入品结构。在减少生产成本的同时增加使农业生产者以相对低的成本和较高的积极性应用先进的农业机械改善农业生产条件，提高农业综合生产能力（王亚芬等，2017）。三是农业补贴对农产品质量安全。农药补贴、测土配方补贴、有机肥补贴等都会对生产安全农产品具有明显促进作用，如李世杰等（2013）研究表明农药补贴对农户安全农产品生产用药意愿具有重要影响，在得到农药补贴以后，农户的安全农产品生产用药意愿增强；高鸣等（2018）研究表明欧盟也是采用补贴奖励与集中管理等手段保障其农产品质量安全。四是农业补贴保证农产品价格安全。农业生产资料补贴、最低收购价政策目的之一都是保障农产品市场价格稳定，降低价格风险。

（2）农业补贴对环境的影响。农业补贴对环境影响存在双面性，一方面生产性补贴会造成农户扩大生产面积、降低生产成本、增加生产资料施用量，最终造成对环境的污染；另一方面，环境改善补贴又会对农田修复治理、面源污染治理、食品安全保障方面给予支持。但目前前者补贴在逐渐完善和提高，而后者补贴体系仍不完善，执行力度不足，大多是自愿参与行为，不足以保证环境安全和农产品安全。

农业作为准公共物品，外部性较强，对环境污染行为更容易发生。对环境的影响主要包括对土壤的污染、对地下水的污染、农产品残留等途径，我国也是世界上农业面源污染非常严重的国家之一（魏后凯，2017）。罗必良、温思美（1996）认为，导致农业环境问题产生的原因有三：一是农村土地所有权主体模糊、使用权不稳定；二是产权外部性；三是农村大量公有资源和共有资源的存在。由此，导致了市场失灵、政策失灵，或者两者同时失灵。农业发展面源污染的原因主要包括粗放的农业经济增长方式、人口压力、城乡环境管理的二元化、市场失灵与政策失灵。补贴或税收政策工具主要通过调整相对价格，消除由污染损害造成的私人成本与社会成本之间的差距。

（3）农业补贴改善了福利水平。近年来农产品安全问题频发的深层次原因主要有：公众对农产品的要求从数量型开始向质量型转变；传统农业已与现代社会格格不入；政府相关部门在食品安全问题中的缺位和检测标准有待完善；农产品生产－消费市场的不成熟，农产品不具备可追溯；缺少食品安全风险分析和危机处理体系。一是增加农户福利水平。周彬（2016）的研究发现农业补贴增加了农民收入，相应地增加了生产者的福利水平。二是提高消费者福利水平。肖国安（2005）认为粮食消费者从粮食直接补贴政策中的获利多于粮食生产者。三是补贴方式产生的效应差别化。钟春平等（2013）研究表明农业补贴以收入效应为主，可提高农户的福利水平，而替代效应和产出效应不明显。罗超平等（2017）通过对13个粮食主产区调查研究发现，农业补贴收入效应对于增加农户福利具有十分显著的作用，而替代效应没有发挥应有的作用，这也说明粮食生产性补贴没能或者很少弥补生产资料的上涨。四是农产品、食品安全对传统农业发展机制的冲击。沈宇丹等（2012）指出农产品、食品安全标准实施对传统农业发展机制的转换效应包括外部性内在化效应、信息协调效应、合约完全化。五是农产品、食品安全标准化实施的短期和长期效应。短期效应包括各种创新资源向链上聚集、农业生产者分化、契约稳定性改变、中间企业的发育、品种规模和区域集中；长期效应包括农业产业创新核心竞争力形成、生态环境得到持续改善、促进农村区域发展和新型城乡关系形成。

（二）政府规制对农业绿色生产的影响研究

农产品安全状况关系到人们的健康和生命安全，政府需要从公共利益出发，制定和实施一系列规制措施保障农产品质量安全。学者们从不同层面对政府规制作用于农产品安全的影响进行研究。一是操作层面视角。自上而下的规制模式在风险议题形成、安全标准制定、风险评估、风险信息沟通和风险管理等方面面临全面挑战。二是公共利益理论视角。政府规制对食品安全具有必要性（王芳等，2008）。解决信息不对称问题，强化安全信息有效传递。王可山（2012）指出深化食品安全信息传递的有效性及激励约束机制研究，以准确把握食品安全供给需求的经济利益选择问题，不断推进食品安全的源头治理和全程控制。三是从法规视角。依法规范农产品安全生产和经营行为，更有效维护生产者、经营者和消费者权益（夏英、宋佰生，2001）。四是公共品外部性视角。Dou L等（2015）研究发现，进口市场中受管制农药数量的增加成为中国蔬菜出口的主要障碍，但是文献最后的结果证实了出口国对其贸易的严格监管会对本国出口起到促进作用，因此需要重构我国食品安全问题政府规制。五是生产地环境保护视角。曾寅初和全世文（2013）认为生鲜农产品食品安全必须从流通环节入手，严格监控产地准出环节，与现代流通体系发展相结合。因此，政府规制行为能够促进农产品安全生产与供给。

尽管政府监管能有效解决农产品质量安全问题，解决“市场失灵”，但同时也存在“监管失灵”。郑风田和胡文静（2005）、李长健和江晓华（2006）、赵学刚（2009）认为分段监管的分权体制是导致我国食品安全问题频发的制度性因素。特别是监管机构重叠、人浮于事现象严重，许多监管工作形同虚设（郑风田、赵阳，2003）。为解决这一问题，以北美为例，他们建立了一个由政府和企业协调配合、共同行动的联合监管系统（Garcia et al.，2007），而欧盟成员国是通过以零售商为主导的竞争性私营部门来监管食品安全生产（Marsden，2018），国内学者也指出政府定位应立足于协调市场准入秩序，理顺管理体制，完善监管手段，完善监管制度，创新监管手段，建立综合考评奖惩机制，划清权力边界，提高监管效率（陈彦彦，2008；李长健、干静，2011；刘任重，2011；李静、陈永杰，2013）。通过强补贴和强鉴别的政策组合来提高农产品质量水平（杨晓明，2009）。Zhao 等（2018）在对江苏、山东和安徽省蔬菜种植户进行调查的基础上发现，与政府监管的影响相比，市场激励因素更有效地影响菜农对农药施用的行为。然而，政府监管影响了与农产品质量和安全相关的认知水平，即政府监管为市场激励提供了更好的环境。因此，必须创造政府规制和市场激励的协同效应，以规范菜农对农药施用的行为。

（三）贸易壁垒对农业绿色生产的影响研究

不考虑贸易壁垒对农产品出口障碍因素外，贸易壁垒对农产品安全生产存在促进作用。全球化过程中，贸易壁垒问题日益突出，理论和实践都显示技术性贸易壁垒（TBT）和卫生和治污检疫措施（SPS）对我国农产品出口贸易具有双重影响（张小蒂、李晓钟，2004），且持续的负面影响会随着时间推移而逐渐缩小（詹晶、叶静，2013），从而促进我国农产品质量安全快速提升。Chen 等（2008）的研究表明食品安全标准的贸易影响远远大于进口关税，进口国实施的食品安全标准对中国农产品出口产生负面显著影响；Asfaw 等（2009）对肯尼亚小规模蔬菜生产者的研究结果表明，为国内市场生产蔬菜的农民使用的农药数量明显低于出口农民，而且出口农民采用标准对农药使用总量没有任何重大影响，但是采用者使用更安全的农药对蔬菜生产收入产生了积极而重大的影响；更严格的农药残留标准对发展中国家的贸易产生严重的负面影响，导致发展中国家的粮食和农产品出口大幅减少（Yue et al.，2010）。因此，从中长期看，贸易壁垒有助于我国农产品标准体系和监控体系的完善，提升企业规范化生产经营（何安华，2013）。

七　农业绿色生产转型的对策研究

为实现农业绿色生产转型，除了外部监督，更重要的是消除产业内部阻碍因素，加快安全视角下农业生产转型，需要实现规模化、标准化生产，集中在以下几个方面研究。

第一，从要素投入角度出发，应将要素市场改革作为社会经济转型升级的出路和突破口（吴玉鸣，2010）。一是合理提高土地规模化程度。田传浩、方丽（2013）提出强化地权稳定性，激励农户增加投入。二是强化技术培训和提升。包括强化培训频率和质量（丰雷等，2013；Mandal et al.，2003；Bhalla et al.，2008），以及产品召回行动。三是提升劳动力素质。可通过安全生产技术培训，规范标示标签制度（Dabbene et al.，2006）等做法，提升农产品安全生产水平。四是加强对农业安全生产扶持力度。包括继续实施测土配方补贴、土地改良补贴、无公害农药补贴等措施。

第二，强化组织化程度。组织化松散与紧密程度影响着农业生产行为，组织化程度越紧密，农户越倾向于规范生产。包括实施“农户＋企业”“农户＋合作社＋企业”等模式，更能保障农产品安全生产，同时引入合同约束。从全产业链角度出发，交易的紧密程度、次级市场的数量、契约的完整性等体现产业链条和交易模式差异的因素也对农产品质量安全产生显著影响（Hennessy，1996；王瑜、应瑞瑶，2008；朱文涛、孔祥智，2008；赵建欣、张晓凤，2008；Young et al.，2002）

第三，从外部管控角度出发。提高质量安全准入标准，完善质量安全评价体系，规范标识标签制度，强化抽检力度，建立可追溯系统，加强立法和惩罚力度等（Chambers et al.，1992；胡定寰等，2006；Starbird et al.，2005；Pouliot et al.，2008；周德翼、杨海娟，2002；万俊毅、罗必良，2011）。显然，这些措施体现的是“堵”的思想，而非“疏”的原则，即解决农产品质量安全问题的驱动来自产业外部的监管压力，而非产业内部的结构调整，这些措施短期内见效快，但失效也快，容易发生“政策失灵”。而以社会监督为核心的信息揭示也是提高食品安全的有效途径（龚强等，2013）。

第四，强化政策支持力度，解决道德风险。完善食品安全预警制度，提高食品经营者的违法成本，促进食品安全行业自律和相互监督，推动多方监管力量的合作（文晓巍、李慧良，2012），强化舆论宣传作用（倪国华、郑风田，2014）。总之，需要政府增加农业政策和财政投入，因为各项农业政策对粮食生产均具有正向激励作用。

八　评述与小结

综上所述，已有关于农业转型目标、农业转型内涵、农业转型的影响因素和驱动力的研究已经取得丰硕的成果，并在部分领域达成一致的共识，这对于推动传统农业向绿色高质量发展的现代农业转型有积极的促进意义。例如，关于农业转型的驱动力，已有文献所取得的一个共同认识是，农业转型发展需要从要素禀赋、经营组织等方面的内部发力，同时与资源环境倒逼、市场需求变化、生产技术变革、政府支持调整等外力形成合力，通过内外联动不断推动传统农业向绿色高质量发展农业转型。关于农业转型的内涵，学界的共识性在于农业转型不仅包括经营手段、经营目标、经营规模、经营主体四方面的转型，更包括推动农业产业转型、农业生产转型、农业经营主体转型、农业服务体系转型和农业支持制度转型等方面。现代农业转型亟须立足地区独特气候和地理条件，通过调整产品区域布局、优化农产品品质结构，推动要素质量升级和优化要素合理配置，不断提高农产业供给质量和供给效益，实现现代农业“为农民增收、为农业增效、为农村增绿”的目标。

特别是在保障农产品质量安全方面，基于微观主体的视角对促进经营主体采纳安全生产行为等方面的文献尤为丰富。大部分文献认为生产经营主体的生产动机、要素禀赋与要素配置、农业经营模式、社会化服务水平、政府支持与规制等因素均对经营主体采纳安全生产行为产生显著的影响。因此，推动农业转型的微观举措可以从激励与规制农业生产经营主体的安全生产行为着手，通过改善生产条件、变革生产方式、培育新型职业农民、转变农业经营方式、完善农业发展政策确保农产品安全生产出来。

上述关于农业转型目标、内涵、驱动力和农户安全生产行为影响因素的研究，对本研究界定现代农业以绿色高质量发展为转型方向，对构架现代农业转型囊括农业生产体系、产业体系、经营体系和服务体系四方面的全方位、系统性的变革提供支撑，对制定激励和约束微观农业生产经营主体的安全生产行为的政策提供实证依据。但系统梳理文献，仍发现已有研究存在以下有待完善的地方。

一是研究视角方面，关于农业转型以往文献侧重于研究农业生产要素在各类经营主体之间的配置及其配置的效率，但鲜有现代农业生产要素在地区之间的优化配置和地区间竞争效应相关研究。因此，本研究的一个独特视角是基于现代农业生产要素与地区资源禀赋、优质农产品供给与农产品优势生产区域相结合，综合考虑区域比较优势、区域优质农产品竞争效应对农产品有效供给和农业转型有推动作用。例如，第五章第一部分基于空间溢出效应的视角，研究省际优质农产品供给结构的时空演变，刻画农业产品供给在不同资源禀赋和要素禀赋的地区间的分工格局；并在此基础上识别优质农产品品牌认证在省际的溢出效应，从而有助于识别优质农产品地区间扩散的作用机制——是地区间的竞争效应占主导，还是地区间基于技术溢出的学习效应占主导?

二是研究内容方面，已有研究主要侧重研究农业生产经营主体在投入环节的安全生产行为，而基于产成品视角的优质农产品认证行为，及其认证行为在地区间，在同伴之间的溢出效应有待进行深入研究。因此，本书后面的第四章第一部分、第五章的第一部分、第七章第三部分着重研究农业生产经营主体在优质农产品认证行为上面的影响因素，从而为走“质量兴农、绿色兴农、品牌强农”发展战略提供实证依据。此外，已有研究主要侧重单一要素对农户安全生产行为的影响，例如，从生产要素流动、生产技术变迁、政府规制强化、经营组织方式演变等视角进行分析，但尚缺乏不同影响因素对优质农产品保障能力产生影响所具有的交互效应或者协同作用。本书尝试在这方面进行探索，例如，第四章第二部分第一小节侧重于研究资源禀赋与要素替代能力交互对农业生产转型的影响；第四章第二部分第二小节着重分析非农就业与土地流转对农户绿色生产行为的调节和中介效应；第五章第二部分剖析生产环节纵向协作与销售环节纵向协作对优质农产品认证等级的差异化影响；第七章第三部分量化了不同经营方式（家庭经营、合作经营、企业经营和集体经营）对优质农产品认证及其认证等级的差异化影响；第七章第四部分量化生产环节外包对水稻生产技术效率所产生的影响及其影响机制。鉴于此，本书研究视角更为细致，尤为侧重各影响因素之间的交互影响。

三是研究方法上，与以往文献类似，本书充分利用地区层面的宏观数据、产业链层面的中观数据和农户、组织层面的微观数据，主要运用微观计量模型等实证方法研究农业生产模式转型中的农户优质农产品认证行为、地区绿色生产水平收敛问题，针对农产品省际溢出性问题，本书主要运用基于面板数据的空间计量模型进行实证分析。此外，在第七章第四部分识别生产环节外包对水稻生产技术效率所产生的影响中，为了刻画农户外包行为的内生性，该部分选择运用内生转换回归模型来估计外包组与非外包组的总体平均处理效应。上述微观计量模型的运用，可以有效提升实证结果的科学性和准确性。

四是研究素材上，结合我国现代农业生产与经营实践，尤其是立足于四川这一农业大省改革实践，本书研究运用四川省各地供销社系统体制改革、四川省激励农业科技人员创新创业专项改革试点等新颖鲜活的改革素材进行案例研究，这有助于把握我国农村领域改革实践，探索农业安全生产的前沿领域。

第三章
绿色高质量发展全视域下农业转型研究框架

一　概念剖析

（一）农业绿色发展与高质量发展

1. 农业绿色发展

农业绿色发展是指以绿色理念为引领，在农业及农村发展中坚持资源节约、环境友好、生态保育和质量安全等基本原则，通过推动农业空间布局、资源利用方式、生产管理方式、居民消费方式、绿色制度体系的变革，践行“绿水青山就是金山银山”的核心价值观，实现现代农业可持续发展。可见，农业绿色发展包含三个层次的内涵：一是生产领域农业绿色发展关注农业结构、生产布局和经营方式的深层次变革，以期构建与资源环境承载力相匹配，与生产生活生态相协调的农业发展格局；二是消费领域农业绿色发展通过推进行为模式、消费模式的绿色革命，以期提升全社会对绿色农产品的认知水平，扩大绿色消费需求，畅通绿色农产品的消费渠道，繁荣绿色消费市场；三是制度保障领域农业绿色发展需要构建支撑农业绿色发展的科技创新体系、健全资源生态环境管理制度、完善农业生态补贴制度等绿色政策体系，为农业绿色发展提供制度保障。

农业绿色发展既是农业发展的手段，也是农业发展的目标（于法稳，2018）。农业绿色发展一方面要针对我国耕地资源不足、耕地质量下降、水资源相对短缺等突出问题，采取有力措施保护水土资源的数量，提升水土资源的质量；另一方面需采纳绿色生产方式、创新农业发展模式和业态，变革居民消费理念、增加绿色约束与激励机制供给，统筹兼顾农业生产的经济、生态和社会三方面效益。

2. 农业绿色高质量发展

绿色高质量发展是指能够更好满足人民群众不断增长的对美好生活需求的经济发展方式、结构和动力状态（金碚，2018）。农业绿色高质量发展是指农业生产要以各种有效和可持续方式，不断满足人们日益增长的对农业农村供给优质农产品、绿色生态产品和乡村特色文化产品等农业多功能业态的需求。狭义的农业质量主要是针对农产品质量而言的，而广义的农业质量还包括农业供给体系质量、农业生产空间布局、农业产业效益、农业生态效益等方面（钟钰，2018）。因此，本书界定的农业质量包含但不仅限于以下三个维度：

一是农业生产端，农业高质量发展不仅要求农业供给系统产出的农产品本身须安全、健康、优质，还要求其附加值高、个性化强，能精准对接市场需求；

二是农业产业端，农业绿色高质量发展既要求推进农产品标准化生产与质量监管，又要求强化现代要素集成运用，提高创新力、竞争力和全要素生产率；

三是生态系统端，农业绿色高质量发展不但要根据地区资源禀赋、自然环境约束来确定农业生产布局，而且要注重保护山水林田湖草这个生命共同体，能协调好生产资源、生态资源在不同代际间的分配，促进社会可持续发展。

当前评价农业发展质量指标的标准包含三个方面：一是农业经营效益高，二是农民增收多，三是农村生态环境美。因此要促进农业提质增效，引导农业由增产导向型向提质导向型转变，需要加快推进农业向绿色化、优质化、特色化、品牌化发展转型发展。

（二）质量安全与农产品质量安全

农业绿色高质量发展的题中之义是以市场为导向，通过农业供给端生产安全优质农产品，促进农业增效，推进农民增收，并实现农村增绿。本节将界定农产品质量与农产品质量安全的科学内涵和现实对应。

1. 农产品质量

农产品质量是指由农产品生物特性和消费者主观偏好所同时决定的产品效用、意愿和价值等特性（Kohls et al.，1998）。其中，由农产品生物特性所构成的不同质量等级称为农产品垂直产品差异，而由消费者主观偏好不同引致产品差异即为农产品水平差异（于冷，2004）。各国通常根据农产品可观测的质量特征对不同质量农产品进行分级、归类，形成农产品质量分级。这不仅有利于降低农产品流通成本、增加消费者福利，更能指导农业经营主体进行标准化生产实践（赵卓、于冷，2009）。当前我国推进的以“调结构、提品质”为主要内容的农业供给侧结构性改革，就是以增加优质农产品的有效供给来满足国内消费者的新需求。因此，狭义农业转型的目标是增加绿色优质农产品的有效供给，即本章界定的农产品质量是指具有垂直差异的不同质量等级的农产品。

2. 农产品质量安全

农产品质量安全是指农产品所具有的安全、营养、品质、外观等内在品质与外在属性对人体健康的影响状况（Caswell et al.，1998）。部分学者将质量安全细化为“安全”和“品质”两个维度。其中，将农产品中可能危及人身体健康的属性定义为“质量安全”，将农产品中不会直接危及人身体健康，但构成其使用价值的非安全属性界定为“品质”（Antle，2000；钟真、孔祥智，2012）。可见，前者强调对人体无害，后者强调是否满足人体对于营养元素的需求。从这两个维度彼此间的关系上看，农产品“质量安全”是食品“品质”的前提和保障，而“品质”是农产品“质量安全”属性延伸，并有助于其实现经济价值。因此，增加绿色优质农产品的有效供给，首先需要确保农产品是“安全”的。农产品质量安全问题根源于生产、贮运、加工、销售等农产品供应链管理的各个环节，其中更多体现为生产源头的管理问题（彭建仿，2011；钟真、陈淑芬，2014）。例如，吴仲斌（2011）指出，从根本上说，农产品质量安全是生产经营者“产出来”的，而不是政府部门监管出来的。因此，推进农业供给侧结构性改革，增加优质农产品供给，需要加快转变农业生产模式，从源头上保障食品安全。基于上述分析，农产品质量安全主要指在生产环节中由农业经营主体生产行为所引致的可能危及人体安全的属性。

无公害农产品、绿色食品、有机农产品和农产品地理标志（以下简称“三品一标”）是由政府主导的安全优质农产品认证品牌，其品牌认证工作有规范的生产技术标准化规程，有严格的审核、检测和质量控制规范。“三品一标”农产品的认证不仅能够提升老百姓消费优质农产品的信心，而且还能有效带动我国各种优质农产品认证体系的建设和发展。因此，本书侧重于研究如何增加以“三品一标”农产品作为代表的优质农产品的有效供给，提高农产品质量和食品安全水平，切实推进农业绿色高质量发展。

（三）现代农业体系内涵及组成要素

党的十九大报告首次提出“建设现代化经济体系”，现代化经济体系囊括了产业体系、创新体系、协调体系、开放体系和体制机制五个子系统，集中反映经济系统在发展总量和速度、发展水平和质量、体制机制运行、开放发展程度等诸多方面的现代化水平和状态。现代农业是现代化经济体系的基础，农业农村现代化为推进现代化经济体系建设发挥“压舱石”和“稳定器”作用。针对目前农业现代化仍是“四化同步”短腿的现实，坚持农业农村优先发展，实施乡村振兴战略，需要在科学剖析现代农业体系内涵的基础上，着力构建现代农业产业体系、生产体系、经营体系和服务体系，推动农业转型升级，加快农业绿色高质量发展。

1. 现代农业体系内涵

现代农业体系是指农业生产经营主体立足于自然资源禀赋、农业要素禀赋结构，依托特定的生产技术条件，以特定的经营组织形式为载体，因地制宜地从事生产经营活动，提供动植物产品和服务的要素组合形式。根据各个阶段农业要素投入结构的差异，农业生产模式的演进路径依次是：传统农业—工业化农业（石油农业）—生态农业/绿色有机农业（陈明仁，1986）。其中，生态农业以生态学理论为指导，依托循环经济模式，以解决生态环境和农产品质量安全两个突出问题为抓手，推动农业发展向绿色有机生态化转型，以期实现农业经济效益、生态效益和社会效益的有机统一（刘兴、王启云，2009）。生态农业是现代农业发展的主要特征之一，是农业转型发展的必由之路。已有研究发现，农业转型会显著影响收益分配格局。例如，赵文、程杰（2014）分别测度了1980～2010年我国农户自有生产要素（土地、劳动力和牲畜等）和现代生产要素（农业科技、机械、农资、品牌、管理才能等）的投入产出弹性，研究发现相比于农户自有生产要素，现代生产要素投入产出弹性较大，对生产贡献大，相应的其在农业收益分配中占有较多的比重。另外，从时间趋势上看，1980年至2010年，农户自有生产要素的产出弹性下降了0.14%，但现代生产要素对农户自有要素的要素替代弹性在逐年增加，导致农户在农产品价格上涨中获得的收益分成日益下降。因此推动农业生产模式向生态农业转型，一方面可以满足人民日益增长的对优质农产品需求，助推农业生产方式转型，促进农村农业绿色发展；另一方面，更有助于优化农业生产要素投入结构，扭转农户自有生产要素投入产出弹性日益下降的格局，通过增加农户自有生产要素的投入，改善农业收益分配的格局，促进农民持续增收。

鉴于当前农业生态环境和农产品质量安全问题日益突出，本书界定的绿色高质量发展全视域下农业转型是指农业生产依靠技术创新和制度创新，以优化资源配置为手段，通过市场机制和政策制度对现代农业生产体系、产业体系、经营体系和服务体系进行变革，通过供给安全、高效、绿色、优质的农产品，不断满足人民群众对美好生活的新期待，从而实现“农业增效、农民增收和农村增绿”的最终目标（见图3－1）。

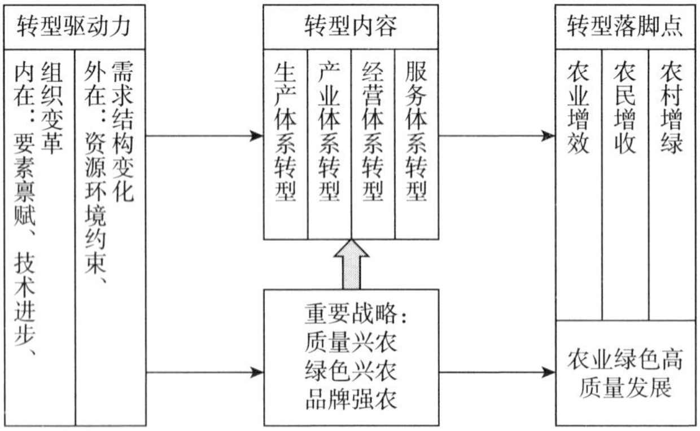

图3－1　绿色高质量发展全视域下农业转型发展分析框架

（1）农业转型的直接目标是生产高产、安全、高效、绿色和优质的农产品。高产主要是解决优质农产品供给和社会有效需求之间的数量结构问题，安全和优质拟解决农产品品质结构问题，绿色侧重于解决农业生产资源环境友好与可持续发展问题，而高效侧重于解决农民通过供给优质农产品实现增收问题。

（2）农业转型的主要内容是对现代农业体系进行全方位、系统性的变革，其中生产体系的转型发展要突出生产方式的绿色化和生态化；产业体系的转型强调产业功能的多元化和产业融合发展；经营体系的转型发展既要培养农业新型经营主体，又要在经营主体间构建多元化、密切的利益联结机制；服务体系的转型突出分类经营和市场化运作。

（3）农业转型的诱因主要包括内因和外因，其中外因包括资源环境约束、市场需求结构变化与外部市场冲击，而内因主要是要素禀赋结构变动、农业生产技术发展和组织形式变革等因素。

（4）农业转型将以农业技术创新、农业生产组织创新和政府制度创新等为主要抓手，通过实施质量兴农、绿色兴农、品牌强农三大战略，助推农业发展质量变革、效率变革、动力变革。

（5）农业转型需依托地区的地理资源条件、要素禀赋结构和地区市场化水平的发展，要因地适宜、适时地推进农业转型，同时推动农业发展政策从“增产型”向“质效型”政策转变。

2. 现代农业体系的组成要素

现代农业体系本质上是各类农业生产要素的优化组合，因此农业转型一方面要丰富化、多样化和高级化各类生产要素；另一方面要创新农业组织模式，优化农业生产要素的组合形式，提高生产要素的配置效率。要推进农业转型就是在确保国家粮食安全的基础上，优化农业产业体系、生产体系、经营体系和服务体系，着力提高农业供给能力、供给水平、供给质量。

一是现代农业生产体系。现代农业生产体系是指以市场需求为生产导向，以资源节约和环境友好为基本要求，通过转变农业发展方式、优化农业区域布局、提高生产要素质量、优化生产要素组合、推动生产要素向优势产区集聚等措施切实保障和提高农产品质量安全。现代农业生产体系是农业生产各个环节的有机统一，包括产品结构体系、投入体系、过程体系、产出体系、监管体系等，其发展趋势具有区域布局集聚化、合理化，生产结构多元化、科学化，生产方式循环化、绿色化，产品品质优质化、差异化，质量监管可视化、全程化等特征。

二是现代农业产业体系。构建现代农业产业体系，其出发点是以市场需求为导向，在立足地区比较优势、突出区域特色的基础上，通过供给高产、高效、高质、安全和生态农产品，从而提高农业产业的整体竞争力，促进农民持续增收。在现代农业产业体系中，农产品产业体系是核心，反映土地、劳动力、资本等农业生产要素的配置效率；农业多功能体系要求实现农业功能横向拓展，既要发挥农业作为第一产业的产品供给职能，又要拓展农业非商品性功能，实现农村“望得见山、看得见水、记得起乡愁”的职能；三次产业融合发展体系是农业产业链延伸、产业范围拓展，是提升农产品附加值、多元化农业发展业态的主要抓手。

三是现代农业经营体系。该体系是指在各类产品生产的各环节中所形成的、稳定的利益联结机制，是包括传统农户与现代大市场衔接的方式总和。现代农业经营体系至少应包括主体体系、市场体系、组织体系、规模体系、服务体系和监管体系。推动现代农业经营体系转型，既要对传统农业经营体系进行要素重组和现代化改造，也可按现代农业发展的要求，重新培育崭新的农业经营体系。

四是现代农业服务体系。该体系以市场为导向，以服务农户和新型农业生产经营主体为目标，以公共服务机构和电商物流新业态平台为依托，以合作经济组织为基础，以新型农业经营主体为骨干，其他社会力量为补充的，覆盖农业生产经营全过程和三产融合发展全领域、公益性服务与经营性服务相结合、专项服务与综合服务相协调的多元服务组织体系，发展趋势上具有服务体系多元化、服务内容多样化、服务性质社会化、服务形式灵活化等特征。在绿色发展新理念下，培育壮大支撑生态农业建设的服务主体是当前推进农业绿色发展的重要任务，开展农业废弃物综合利用、农业面源污染综合防治是农业服务体系的重要构成。

二　农业转型发展的动力机制

近年来，随着农业生产环境日益恶化及农业化学药品投入量日益增加，生态环境和农产品质量安全问题越来越成为现代农业发展的突出问题。面临着不断趋紧的资源环境“紧箍咒”，要实现农业生产的可持续发展，需要转变农业生产方式、经营方式、资源利用方式，践行农业绿色发展理念，走具有中国特色的绿色、高效、安全、可持续的农业现代化发展道路。本节拟结合农业生产－消费全过程，通过构建一个农业生产转型的一般分析框架，在剖析优质农产品有效供给机制的基础上，识别出现代农业转型的动力机制和相配套的保障制度，从而为后面的章节打下理论基础。

（一）优质农产品有效供给的一般性分析框架

图 3－2 刻画了优质农产品有效供给的一般框架。图 3－2 中，假设有两个市场（农产品交易市场、农业生产要素市场），三个经济主体（生产部门、政府和家庭部门）。在农产品交易市场上，家庭部门做出购买决策，通过价格机制传递其农产品需求的产品结构和品质结构，而农业生产部门在竞争机制的作用下根据市场需求信息和价格信号适时调整其种植结构和品质结构，不断满足消费者对优质农产品的需求。在生产要素市场上，一方面生产部门作为要素的需求者根据要素相对价格选择最优要素投入组合进行生产；另一方面家庭部门作为要素的供给者通过出让生产要素获得相应的报酬，形成其收入的主要来源。值得注意的是，随着农业技术不断进步和资源环境约束的日益趋紧，农业生产要素的类型、数量和要素之间的替代性将会发展变化，资源禀赋结构的这些变化会通过改变要素相对价格进而影响农业生产部门的最优要素投入组合。

鉴于农产品是经验品或者信任品①，农产品的质量信息在产品交易双

① 部分学者根据产品市场上产品质量信息的不对称程度，将产品分为搜寻品、经验品和信任品（Nelson，1970；Darby and Karni，1973；王永钦等，2011），搜寻品是指产品质量信息真假在事前很容易验证；信任品是指即使消费者消费后也很难确定产品质量，信息真假很难验证；经验品是指在消费之后才知道产品的质量，信息验证的难度介于中间。

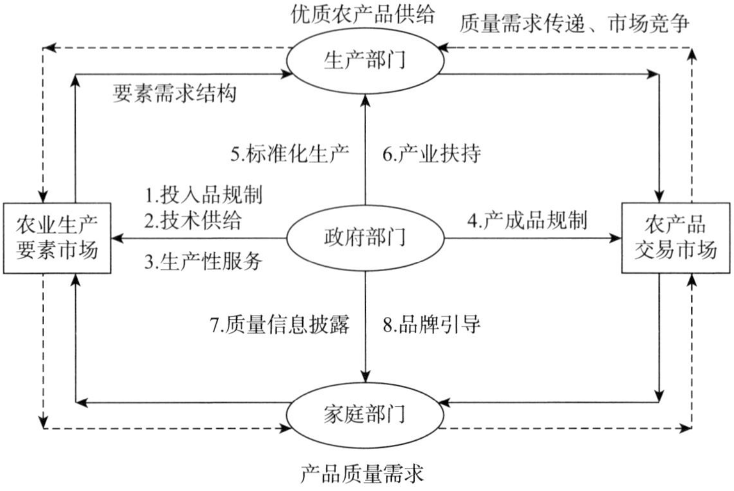

图 3－2　优质农产品有效供给的一般分析框架

方之间存在严重的不对称信息，因此需要政府对产成品市场进行规制，并通过最低质量标准、标准化生产规程技术和相应产业扶持政策对生产部门进行约束和引导（李勇等，2004；李功奎、应瑞瑶，2004；Verbeke，2005；李想，2011）。在需求端，政府通过农产品质量信息强制性披露、构建农产品质量追溯系统和建设区域性共用品牌等措施，缓解消费者处在拥有优质农产品质量信息的劣势地位，提升其消费优质农产品的信心，增强优质农产品整个行业的集体声誉（李想，2012）。此外，由于农业提供全体社会成员所需的农产品，具有准公共产品的属性，尤其是农业生产要素市场上的农业生产技术供给、区域公共品牌建设和公益性生产服务等方面，因此政府需要构建多元社会化服务组织体系，有效解决生产要素市场上现代生产要素有效供给不足问题。

从图 3－2 优质农产品有效供给的一般分析框架上可以看出，①生产部门是优质农产品的供给主体。其根据产品市场的需求数量、需求的品质结构决定生产什么、生产多少；并根据要素市场上各类农业生产要素的相对价格选择最优要素投入组合进行生产。②价格机制是配置优质农产品的手段，而竞争机制是优质农产品有效供给的保障。③政府在优质农产品供给中发挥引导市场消费行为、规范经营主体生产行为，并提供具有准公共产品的公益性农业生产服务的职能。④优质农产品的供给受到地理条件、自然资源、要素禀赋结构和农业生产技术等外生因素的制约。

值得注意的是，上述分析框架抽象掉了生产部门、生产要素之间的异质性。新近一些文献开始关注农户分化与农业发展方式转型。农户分化主要体现在以下两个方面：一是农户对农业生产的依赖性上；二是农业经营主体所拥有的先进生产要素（资金、技术、品牌、市场营销、社会资本等）丰裕程度上。其中，李宪宝、高强（2013）注意到，改革开放以来我国农户分化主要呈现出纯农户比重下降、兼业农户及非农户比重上升的态势。这一分化态势直接影响农户土地流转行为、种植结构变动和要素投入等行为，进而影响农业发展方式转型（廖洪乐，2012；苏群等，2016；赵丹丹、周宏，2018；牛晓冬等，2017）。此外，工商资本下乡、技术支撑主体嵌入、社会关系网络、新型农业经营主体的示范与辐射作用也会极大改变农业生产经营模式（冯小，2014；李博伟、徐翔，2018；张建雷、席莹，2018；王雨濛等，2018；阮荣平等，2017）。因此，农业转型动力既来源于市场动力与国家干预，还来自农户分化与异质性经营主体相互之间的竞争、学习、模仿与演化。

（二）农业转型发展的主要驱动力

根据前面的分析，我们可以总结出优质农产品的有效供给受到要素禀赋结构、消费者需求层次、市场主体间竞争和政府规制四方面力量的影响。因此，农业转型发展的四大驱动力分别是资源环境约束、要素禀赋结构、市场倒逼和政府规制。

1. 资源环境约束与农业转型发展

当前我国面临日益严重的资源和环境的双重约束，其中资源方面的约束主要体现在刚性约束的耕地资源和水资源[①]、软性约束的农业社会资源

---

① 《2016 中国国土资源公报》数据显示，2016 年末，全国耕地面积为 20.24 亿亩，年内减少耕地面积 65.25 万亩，全国耕地面积相对 1950 年的 16.20 亿亩，增加了 24.94%。但人均耕地面积 2016 年仅为 1.46 亩/人，不足世界人均耕地面积的一半，耕地资源数量有限、优质耕地资源匮乏、耕地后备资源紧缺是目前我国耕地资源面临的现状，在人均耕地面积不断下降的情况下，要严守耕地红线，确保粮食供给安全。

（包括农业资金、农村劳动力和国际市场）、边际报酬递减约束的农业现代要素投入（化肥和农药）；环境方面的约束主要表现为土壤污染、农业面源污染、农村人居环境污染三个方面（何安华等，2012）。资源和环境双重约束下我国传统“高投入、高消耗、高污染的”农业生产模式越发不可持续，我国农业全要素增长率受到显著的拖累（潘丹、应瑞瑶，2013；韩海彬、赵丽芬，2013）。韩海彬和赵丽芬（2013）将水资源和农业面源污染因素纳入传统的农业全要素生产率分析框架测算 1998～2009 年我国各省的农业全要素生产率。测算结果显示，资源环境约束下我国全国范围的农业全要素生产率比不考虑资源环境约束的农业全要素生产率低 0.88%。其中，中部和东部地区的农业全要素生产率下降最为明显，分别下降 1.71% 和 2.35%。此外，资源环境约束的加剧也显著影响农民增收与收入结构的改善（韦鸿，2003）。因此为促进农业可持续发展需推动农业生产模式转型。

2. 要素禀赋结构变化与农业转型

要素禀赋结构是农业转型的逻辑起点。当前随着城镇化快速推进、户籍制度深刻变革与外部环境的急剧变化，导致我国农业要素禀赋结构出现时空异质性变迁（魏金义、祁春节，2015）。农业生产要素禀赋结构的变化主要体现在要素投入产出弹性、要素相对价格、要素流动性和要素替代弹性等方面在时间和空间两维度上出现变化。农业要素禀赋结构一方面通过改变地区生产的比较优势推动农业生产模式转型，另一方面还会影响要素投入结构、适度经营规模面积、农业技术采纳和对外贸易方式等渠道并深刻影响农业生产模式转型的方向与速度（罗浩轩，2016）。此外，要素禀赋结构还会通过影响农业收益在先进生产要素和农户自有生产要素之间的分配，从而影响收入分配格局间接促进农业生产模式转型发展（赵文、程杰，2014）。值得注意的是，要素禀赋结构并不是外生的，其会受到农村产权制度变革的深刻影响，尤其是农地产权的稳定性。仇童伟、罗必良（2018）研究发现农地产权稳定性的改善，一方面会激励务农收入占比高的纯农户为提高务农收入而倾向于多种植经济作物，另一方面会导致兼业农户出于务农成本最小化的动机更倾向于生产粮食作物，从而改变农业种植结构。此外，农地产权制度还会改变农户信贷可得性、推动农业规模经营、增加人力资本和农业科技投入等渠道显著影响农业生产经营方式的选择。例如，米运生等（2018）研究发现农地流转依次促进农业生产从自给自足向商品化生产转型，从细琐化向规模化经营转型，种植品种以消费为主的大宗农产品升级为利润导向的经济作物，同时也加快了资本对劳动力的替代。可见，推进农村产权制度改革，变革资源禀赋约束条件，会显著影响农业生产要素的配置和农业转型升级进程。

3. 市场倒逼与农业生产模式转型发展

随着人们生活水平不断提高，消费者对安全农产品的需求数量日益增加、需求层次不断提高，而现有农产品供给的结构性问题，导致升级的消费需求无法获得有效供给①。农产品安全、营养、环保是消费者消费安全农产品的主要动机（唐学玉等，2010），且对安全农产品消费存在规模效应（欧阳峣等，2016）。市场倒逼对农业生产模式转型的主要影响是通过需求能力、价格溢出、交易方式、市场竞争四个渠道导致生产部门的经营主体调整产品结构、品质结构和采用绿色生产行为。一是需求能力包括市场需求容量和消费者购买能力，反映了城乡居民对安全农产品的消费能力，并且市场将农产品根据安全性进行分类和定价，当消费能力越强，安全农产品份额越高，进而倒逼农户改善施药行为。二是价格溢出测度农产品安全价值溢出效应，若信息对称、交易成本低且不存在以次充好现象，市场选择和分类效应能够突出安全价格，实现供给优质农产品的经营主体优胜劣汰。三是交易方式主要包括销售方式选择和合约稳定性。优质农产品生产通常采用密切的产销环节纵向协作，这样有助于保障销售渠道稳定，合约稳定，从而增加适度规模经营、参与纵向协作组织的农业经营主体的市场竞争力。四是市场竞争渠道。市场竞争不仅体现在优质农产品市场上的竞争，而且还体现在要素市场上对先进生产要素的竞争。可见，为推进农业供给侧结构性改革，增加优质农产品有效供给，首先要甄别消费者的需求结构和需求层次，然后在市场配置机制和政府结构性导向下引导生产经营主体转变农业生产模式，从而保证农产品供给“足

① 李国祥（2015）指出我国粮食的供给数量充足，但结构和品质有问题。优质的农产品不足，这部分需要提升；低端劣质的农产品过剩，这部分要降下来。

量、优质、高效”。

4. 政府规制与农业转型发展

由于产品质量信息不对称，农产品质量规制是优质农产品市场有效运转的不可或缺的先决条件（Marette，2007；龚强等，2013）。目前国内规制主要有：市场准入、品牌认证、标准体系、检验检测、法律法规、政府管理六个体系（张利国，2011）。已有研究发现政府规制主要是通过影响重塑农户生产行为、重构行业集体声誉、区域集体声誉、促进产业集聚与升级、规范市场竞争秩序等渠道推进农业生产模式转型发展（和丽芬、赵建欣，2017）。当前农产品质量规制的研究主要集中在以下两方面。①市场准入环节[①]，关于食品最低质量标准的经济福利争议最为明显。基于集体声誉的视角，部分学者建议采纳最低质量标准，并倾向于实施严格的最低质量标准；基于进入壁垒和成本转嫁的视角，部分学者不支持最低质量标准，或者反对严格的最低质量标准[②]。②产品认证环节，自愿性认证和强制性产品认证体系的适用性是研究的焦点。目前，我国农产品质量认证采用自愿性认证，而美国政府在农业产业链各环节均实施强制性认证[③]。那么为增加优质农产品有效供给，我国政府是否有必要采用强制性产品认证？可见，政府规制是产业发展的重要保障，尤其是第一产业（张喜才、张利庠，2019）。

三　农业转型发展路径的理论思考

农产品质量安全既是“产出来”的，也是“管出来”的。要切实保障农产品质量安全，一方面要加快转变农业发展方式，从源头上保障食品安全；另一方面政府要依法严管、全程监管，实现“从田头到餐桌”可追溯[④]。本节围绕农业式转型的关键问题和核心节点进行理论分析，以期明

① 冯忠泽（2007）对市场准入环节的政府规制进行了较为详细的综述。

② 龚强和成酩（2014）对两派对立的观点进行对标；Trienekens 和 Zuurbier（2008）对最低产品质量标准的研究脉络进行详细的梳理。

③ 樊红平等（2007）对自愿性产品认证和强制性产品认证进行综述。

④ 韩长赋：《农产品质量安全既是产出来的也是管出来的》，《人民日报》2014 年 3 月 6 日。

晰农业转型的方向与路径。

（一）优化重构现代农业生产体系的理论思考

1. 现代农业生产体系的典型特征

现代农业生产体系是农业生产产前、产中、产后各个环节的有机统一。其中，农业产品结构体系是基础，反映农业区域布局和决定产品特色；投入体系是指农业生产要素的有机组合与资源有效配置实现的过程；过程体系是现代农业生产手段和现代农业生产技术在生产环节的体现；产出体系则是农产品的差异化表现过程；监管体系则是保障农产品质量安全的重要环节。为支撑规模化、集约化的现代农业发展，现代农业生产体系具有如下鲜明的特征。

一是区域布局集聚化、合理化。现代农业是与大市场相适应、产业链较长的农业，农产品区域布局不仅是因地制宜，更强调农业集聚。为提升农业竞争力需推进农业生产集聚、产品布局合理，从而使更多生产利润留在产品产地各个产业中，依托提升农产品核心竞争力，保障促农增收基础。

二是生产结构多元化、科学化。长期以来，由于对大饥荒的恐慌，注重粮食生产。随着市场变化，需求结构不断升级。消费者对畜牧产品的需求不断增加，尤其偏好优质的畜牧产品。然而饲草品质决定了畜牧产品质量，因此现代农业生产体系必然要求通过调整粮经饲比重，促进生产结构更趋多元化、科学化。通过生产结构的多元化和科学化调整，适应和满足市场结构变化和升级。

三是生产方式循环化、绿色化。绿色化是指现代农业生产体系生产方式转型的方向必然是资源节约、环境友好。因而在生产体系的优化重构过程中，应当在生产方式上确保资源循环利用和绿色环保。

四是产品结构高质化、系列化。农产品结构高质化是指提升农产品平均品质，以满足消费者的基本要求；农产品结构系列化是指不断开发农产品不同形态，按照不同规格、不同标准生产的农产品，以满足消费者的差异化需求。

五是质量监管可视化、全程化。现代农业注重产品品质，让消费者吃得放心、吃得舒心是生产体系的基本要求。质量监管是确保这一目标实现的桥梁。对生产体系实施可视化的质量监管是指消费者能够通过互联网等媒介直观了解产品的生产过程及工艺，确保各生产环节质量得到保证。

2. 构建现代农业生产体系把握的四个重点

构建现代农业生产体系要把握的重点。一是处理好市场需求与供给潜力的关系。二是处理好农业经济增长和绿色发展的关系。三是处理好传统农业生产与现代农业生产的关系。四是处理好现代农业生产体系多种业态之间的关系。现代农业生产体系以绿色发展为标准，其实践模式有循环农业、生态农业、有机农业、集约农业、精准农业等不同农业形态。随着农业科技不断进步和信息技术、通信技术等现代技术在农业生产中的运用，农业生产体系的实践模式将会更加多元化和丰富化。因此，各地要因地制宜，选择适合本地比较优势、因地适宜选择农业生产形态。

（二）优化重构现代农业产业体系的理论思考

1. 现代农业产业体系的典型特征

区别于传统农业产业体系，现代农业产业体系具有鲜明的“现代特征”，其中主要表现在以下四个方面。

一是产业组织的专业化、社会化。现代农业以市场需求为导向，通过专业化分工，推进小农与现代大市场衔接。因此现代农业产业体系需实现专业化分工和市场组织协调相结合，一方面需要提高农产品商品化率；另一方面要通过专业分工和适度规模经营，提高产业链环节分工的社会化。

二是产业要素的高级化、集成化。农业产业化不仅要激活“人、钱、地”三类传统的农业生产要素，而且要优化配置“新农人”①。除此之外，还要集成现代科技、农村金融、农业信息化和农业经营管理等高级生产要素。因此，现代农业产业体系需要在综合为农服务平台上配置现代农业生产要素。

三是产业功能的多元化、复合化。当前人们对农产品的消费需求日益

① 新农人是指新型职业农民、农业经纪人、农业科技人员、新乡贤、企业家等现代农业生产经营者等乡村振兴的主要人才队伍。

提高，从之前的温饱型向质量安全型转变，此外还在文化、生态、环境等方面提出新的需求。因此农业生产模式转型需扩展农业产业发展的空间，以期能满足人们日益增长的对优质农产品、生态产品、旅游产品和文化产品的需求。

四是产业利益分配的市场化、契约化。协调现代农业产业体系内部各产业组织之间的关系，需构建起健全的要素市场和产品市场，通过多样化的产业化经营组织模式，密切生产经营主体间的利益联结机制，从而促进产业体系正常、稳定、持续发展。

2. 构建现代农业产业体系的三个关键点

结合现代农业产业发展趋势，我们认为构建现代农业产业体系需要抓住以下三个关键点：第一，在横向上优化农业产业结构和区域布局，推动农业产业发展与市场需求相适应，与资源禀赋相匹配；第二，在纵向上推动农业产业链条向产前、产后延伸，并创新农业产业新业态，拓展农业多功能体系，提升农业产业化发展的价值链和产业链；第三，在空间上促进农业产业集聚和农村三产融合发展，提升农业产业发展的整体竞争力和农业生产经营效益。

当前要抓住构建现代农业产业体系的三个关键点，实践上主要的抓手就是以建设现代农业产业基地为载体，发挥其示范、引领和辐射作用。现代农业产业基地是现代农业发展要素的聚集区、先进技术的示范区，同时也是农业全产业链发展的样板间，是承载农业产业集聚发展、农村三次产业融合发展的主要承接载体。此外，现代农业示范园对周边农业产业化发展具有典型示范和辐射带动作用。因此，抓住现代农业产业体系建设的“牛鼻子”就是以建设现代农业产业基地为载体，充分发挥现代农业示范园区的示范和辐射作用。

（三）优化重构现代农业经营体系的理论思考

1. 现代农业经营体系的典型特征

一是经营专业化。经营专业化是指农业生产经营的各个环节均由专门化的经营组织从事，并形成密切的利益联结机制围绕农业产业链进行分工协作。其专业化主要表现在：一是经营主体的专业化，即相比于兼业化农户来说，新型农业经营主体从事专业的农业生产经营，农业经营所得在其收入中占主导；二是经营产品和生产工艺的专业化，即某一生产主体负责产业链的某一环节，并通过市场契约形成有序分工；三是利益联结机制密切化，即产业链上各经营主体形成生产经营联盟，形成密切的“风险共担、利益共享”机制。现代农业经营体系的专业化，一方面有助于发挥各农业生产经营主体的比较优势，通过专业化分工，提高生产效率；另一方面有利于农业生产规模化、集约化，这样不仅有效分散了农业风险，而且有助于采用先进的生产工具和农业技术，提升农业经营管理水平。

二是治理组织化。现代农业经营体系一个突出的任务是要解决传统农户与大市场的有效衔接问题，因此治理组织化是现代农业经营体系的典型特征。相比于传统农户的分散经营，采用合作社及其合作社联盟、家庭农场及其家庭农场联盟等横向经营主体组织等经营方式，可以有效克服传统农户分散生产组织化程度低、农民家庭经营过于分散和弱小等问题。此外，农业生产经营治理的组织化还有助于降低市场交易成本，提升农业生产经营决策的科学化和农产品生产的标准化。

三是服务社会化。经营服务社会化是指与农业相关的经济组织，围绕农业生产、农产品加工销售、农业品牌推广和农业要素流通等核心内容，为各类农业生产经营主体提供各类市场化服务。农业经营服务的社会化主要包括：一是经营服务的市场化，即经营服务的内容均可以通过服务外包、市场购买、关系契约等方式实现经营服务的生产与消费。与此同时，政府为培育和发展经营服务市场，多倾向于采用政府购买服务等方式推进经营服务的市场化进程。二是提供农业经营服务主体的多元化和专业化，其中，多元化是指经营服务主体既包括营利性的市场化经济组织，也包括非营利性的政府经济组织；专业性不仅包括经营服务主体以提供服务为主要收入来源，也包括中介服务市场的专业化，例如，农村资源产权交易市场、农业职业经理人市场、农业品牌推广市场等中介的市场化运营与专业化运作。三是经营服务内容的完备化。即经营服务内容覆盖产前、产中、产后的生产环节，为各类经营主体和经营组织提供包括品牌营销、电子商务、运营方案策划、融资服务、风险分担、人员培训等一揽子经营服务内容。

2. 构建现代农业经营体系的三个关键点

第一个关键点是如何实现传统农户与现代市场的衔接问题。传统农户的家庭经营，虽然有利于克服劳动生产难以监督而导致的道德风险的问题，但是家庭经营往往面临经营规模小、抗风险能力弱，市场风险程度高等困难，尤其是在农业供给侧结构性改革的背景下，家庭经营的农产品缺乏标准化、品牌化，从而导致其生产经营的农产品难以满足人民日益增长的对生态、绿色、优质的农产品需求。因此，构建现代农业经营体系，最核心的是构建现代农业经营组织模式衔接传统农户与现代市场。具体的表现为以下几点。一是围绕农业产业链构建密切型的纵向产业经营组织，一方面将市场需求信息传递至生产的第一车间——田间地头；另一方面将产业链增值的附加值在农户、流通中介、加工商和销售上之间分享，从而构建“风险共担、利益共享”的产业组织联盟。二是在培育和发展各类新型农业经营主体的基础上，围绕农业生产、加工、销售的某一环节通过构建合作社及其合作社联盟、家庭农场及其家庭农场联盟等横向经营主体组织等经营方式，在实现适度规模经营的同时，通过批量生产和批量采购，实现农业生产的标准化和规范化，从而降低农业生产成本，提高农产品品质，助推农业供给侧结构性改革。三是构建经营服务的要素流动市场，促进要素需求者和要素供给者有效匹配。农业经营主体的培育和发展，离不开一个具有专业化、产业化和市场化的农业服务体系。通过构建经营服务的要素流通市场，引导品牌、技术、资金、管理人才等先进要素与农业生产经营主体有机结合，优化各类要素在各类经营服务主体之间的有效配置，这样有助于各类经营主体规模化、集约化和专业化发展。

第二个关键点是构建家庭经营、合作经营、企业经营和集体经营有机结合的多元化经营组织方式。四大经营方式中，家庭经营既表现为传统散户和兼业农户，又包括家庭农场和专业大户（黄祖辉，2013）。家庭经营体制是我国现代农业经营体系的基础。合作经营是指家庭经营主体基于要素共享、风险共担、合作发展为原则，围绕专业生产所组成的农业家庭经营者（包括家庭农场主、专业大户、兼业农户）的联合体。合作社内部通过优化资源配置、共享技术知识与专业化培训、降低交易成本、分担市场风险等途径促进农产品质量安全提升。企业经营是指借鉴企业经营管理方式从事农业生产（朱素蓉、熊健，2008）。相比于家庭经营和合作经营，企业经营通过紧密的垂直协作、严格的要素投入管控、密切的利益联结机制、健全的企业声誉机制等机制保障农产品质量安全。集体经营基于农村集体财产的清晰产权，以集体经济组织为载体，通过创新集体股份经济合作社、农村集体资产管理有限公司等新型业态实现家庭经营和集体经营有效结合，是家庭经营和集体经营统分结合的双层经营体制的实现方式。

第三个关键点是合理构建指标体系，有效引导适度规模经营。农业适度规模经营是相对的、多元的。农业适度规模经营需要综合考虑地区资源、要素等禀赋约束下的地方比较优势，同时也需要考虑到农业生产的规模特征与技术特性①，此外更重要的是要结合生产经营主体的发展水平和农业社会化服务市场发展进程，考虑规模经营的经济效益。

3. 关于农业适度规模经营标准的理论探索

目前学术界关于适度规模经营标准的制定，主要从收入结构（务农收入务工结构）、收入对比（务农收入与城镇居民收入之比）、经营相对规模（农场经营规模与当地农户平均经营规模区别）三个角度进行界定（孔祥智等，2017）。

学术界已围绕适度规模经营标准展开研究，主要观点包括：①适度规模的最小单位为家庭经营，目前主要研究对象集中于家庭农场。要素价格、非农就业、农业收入、技术进步、土壤质量、土地制度、市场状况、政府支持和管理因素等是家庭农场规模的主要决定因素。②收入均等化测算方法尚待优化。③适度规模是一个最优化的状态，但它并没有统一的模

① 黄祖辉（2013）指出，根据不同农业产品的规模属性和技术特性，区分轻重缓急。农业总体上可以分为三大类型：第一类是偏向于土地密集型的农业，主要以粮棉油等大宗农产品为代表；第二类是偏向于资本密集型的农业，主要以畜禽、水产等产品为代表；第三类是偏向于劳动密集型的农业，主要以蔬菜、水果、花卉等产品为代表。其中，第一类土地密集型应该在土地流转基础上扩大农业经营规模，这是一个趋势。然而，资金密集型和劳动密集型的农业发展并非完全依赖于土地的经营规模，它更取决于集约化的程度和专业化分工基础上的规模化服务。通过农业合作社发展中的专业化分工和多元服务体系建构，走生产小规模、服务大规模的路子恐怕是我国资金密集型和劳动密集型农业规模化道路的一个重要方向。

式，从不同的价值立场出发就有不同的目标函数和最优化结果。④收入指标为主、效率指标为辅。⑤就粮食适度规模而言，不仅要从经济角度考量，还应从粮食安全、社会稳定、经营体系演变的长期性等更多视角考量。⑥就某一具体地区、具体产业、具体生产模式，可在相关数据资料的基础上，利用模型从效率最优角度获得最佳的种养规模。

针对上述农业适度规模标准的探讨，亟须构建农业适度规模经营评价指标体系来量化。农业适度规模经营是相对的、多元的、具体的，正如前所述，由于农业总体上可以划分为土地密集型、资本密集型和劳动密集型三种，每种类型又可以依据生产技术体系进一步细分，比如可将蔬菜分为露天蔬菜种植类、大棚蔬菜种植类、设施蔬菜种植类，因而，从理论上讲，农业适度规模经营的评价指标体系也应该是多角度、全方位的，但从实践上看这样做的运行成本是很高的，目前似乎不具有可行性。但从政府政策支持引导视角看，我们可以对农业规模经营的适度性进行综合评价，这也是我们面对复杂现实问题经常采用的比较可行的方法。具体来讲，可以构建如下指标体系对适度规模经营进行综合评价。

第一，经营效率评价指标：①生产产品（提供服务）总量指标，用一个生产周期的产量衡量；②生产效率指标，用单产衡量；③劳动效率指标，用家庭成员人均年收入、长期雇工人员工资衡量；④固定资产利用效率指标，用资产产出率衡量；⑤技术水平指标，用技术水平等级衡量。

第二，经营效益评价指标：①商品化率；②销售利润率；③投资回收期；④贷款利润率；⑥成本利润率。

第三，结构合理性评价指标：①前向联结指标，用带动农户数量衡量；②后向联结指标，用所处产业链的完整程度衡量；③关键生产技术适用指标，根据具体农产品生产技术的关键评价指标进行确定。

指标体系中指标的权重和单个指标的得分可由评价小组确定，不管采用什么方法获得权重和得分，都应体现以下原则：①择优性，综合分值高的农业经营单位应具有较强发展能力或潜力；②动态性，权重与得分应定期进行修正；③相对性，是当地的适度规模，至少是高于平均水平的适度规模，家庭成员、员工收入的评分应与当地城镇居民或城镇从业人员的平均工资相对比。

（四）优化重构现代农业服务体系的理论思考

1. 现代农业服务体系的典型特征

一是服务体系多元化。包括公益性、准公益性和经营性服务体系，其中公益性、准公益性为经营性农业服务体系提供基础性、社会性、战略性的生产经营服务，其不以经济效益作为出发点；而经营性服务通过提供经营性服务，追求经济效益。三者相互依存，相互补充，其中前两者是经营性服务体系的发展基础，经营体系反过来为公益性和准公益性服务体系的发展提供有效支撑。目前虽然我国多元化的农业服务体系正在不断形成，但是服务结构主体仍有待优化，主要表现在以政府主导为主，市场化、社会化服务组织仍相对缺乏①。

二是服务内容多样化。随着农业产业链加快延伸、三产融合深化、新产业新业态涌现、新型农业经营主体快速培育壮大，农业生产经营对农业服务的需求呈现出多样化特征，主要表现为由单纯的农业生产环节逐渐向高标准农田水利设施建设、优质新型农资购买、实用高新技术指导、经营管理技能培训、产品加工营销物流、新型金融保险供给、农业环境保护与治理等综合性领域拓展，形成了包括基础设施建设、农资供应与农机服务、生产、技术、贮藏、加工、营销、物流、金融、保险、信息等服务在内的现代农业服务体系，服务范围涵盖了农业生产全过程、三产融合发展全领域。

三是服务性质社会化。服务性质的社会化主要体现在两方面，第一是服务内容的市场化，即农业全过程服务的需求者和供给者通过服务市场的中介实现匹配；第二是服务目标实现农业生产目标和服务供给主体的规模效应和综合效应，从而实现服务市场的可持续发展。例如，在农业面源污

① 黄祖辉和傅琳琳（2015）研究发现：目前，中国多元化的农业服务体系正在逐步形成中，具体表现为：政府主导的农业服务已从过去的政府统包统揽的单一服务方式，逐步转变为政府直接提供服务、政府购买公共服务、政府退出由市场提供服务等多种方式。市场主导的农业服务在服务产品和服务领域方面已不断扩大。社会组织（如高校、科研机构和社会公益组织）主导的农业服务在服务体制和方式上取得了积极的进展。尤为突出的是，随着农业合作化与组织化程度的不断提高，农业合作主导和农业行业组织主导的服务正在显示着强劲的发展势头。

染治理方面，四川省崇州市通过 PPP 模式引入社会资本为农业经营主体提供综合服务，能实现多方的规模效应和综合效应。

2. 构建农业社会化服务体系需把握的重点

一是围绕新型农业经营主体，构建与其相互促进、共生发展的社会化服务体系；二是推进农业社会化服务专业分工的同时，积极引导农业核心企业围绕产业链关键环节实现内部化服务与社会化服务有效融合；三是把握好政府在农业社会化服务市场中的定位，兼顾农业公共服务的公平与效率；四是以服务农业环境污染治理为构建农业绿色发展服务体系的抓手，实现农业绿色发展与农业社会化服务效益的有序发展。

四　本章小结

本章第一节首先剖析了农业绿色发展与高质量发展的科学内涵与现实对应，接着梳理狭义农业高质量发展——农产品质量与农产品质量安全的内涵。研究指出农产品质量安全指农业生产环节中由农业经营主体生产行为所引致的可能危及人身体健康的农产品安全属性，其中农产品“三品一标”认证品牌所形成的垂直产品差异是本研究聚焦的对象。紧接着，细致梳理农业转型的内涵及其构成要素，并将本课题的研究对象——绿色高质量发展全视域下农业转型发展定义为农业生产依靠技术创新和制度创新，以优化资源配置为手段，通过市场机制和政策制度对现代农业生产体系、产业体系、经营体系和服务体系进行变革，以实现“农业增效、农民增收、农村增绿”的三个目标。其中，①农业生产转型的目标是通过供给高产、安全、高效和优质的农产品，实现“农业增效、农民增收、农村增绿”。②农业生产转型的主要内容是对现代农业生产体系、产业体系、经营体系和服务体系进行全方位、系统性的变革。③农业生产转型的诱因主要包括内因和外因，其中外因包括资源环境约束、市场需求结构变化与外部市场冲击，而内因主要是要素禀赋结构变动、农业生产技术发展和组织形式变革等因素。④农业生产转型将以农业技术创新、农业生产组织创新和政府制度创新等为主要抓手。⑤农业生产的转型需依托地区的地理资源条件、要素禀赋结构和地区市场化水平的发展。

第二节通过构建一个优质农产品有效供给的一般分析框架，指出农产品市场和农业生产要素市场的运作机制，并分析出生产部门、家庭部门和政府部门在优质农产品供给中发挥的作用。然后在此基础上，剖析出农业生产模式转型的四大动力机制。一是资源环境约束，其通过拖累农业全要素增长率、抑制农民增收和收入结构改善等渠道增加农业模式转型的外在压力；二是要素禀赋结构变迁，其通过改变地区生产比较优势、影响农业收益分配格局、改变要素相对价格、影响适度经营规模面积、农业技术采纳等渠道作用于农业生产转型；三是市场引导，其主要通过影响需求能力、价格溢出、交易方式、市场竞争四个渠道导致生产部门的经营主体调整产品结构、品质结构和采用绿色生产行为。四是政府产业规制，政府规制主要是通过影响重塑农户生产行为，重构行业集体声誉、区域集体声誉，促进产业集聚与升级，规范市场竞争秩序等渠道推进农业模式转型发展。

第三节研判农业体系发展趋势的典型特征分析，围绕农业生产转型的关键问题和核心节点进行理论分析，以期明确农业生产模式转型的方向与路径。

第四章 绿色高质量发展全视域下的农业生产要素配置与优化研究

我国农业已经从片面追求产量转向绿色高质量发展阶段。在这个阶段，农业产出供给能力稳步提升，农业总产出能够满足国内需求。随着社会经济不断发展，人们对农业产品的需求呈现多元化的特征，最明显的特征是从单纯追求温饱向注重质量转变，这是人民群众对美好生活的需要在农产品需求上的最新体现，农业只有走绿色高质量发展之路，才能更好满足这种美好需要。因此，资源高消耗、化学品高投入的传统生产要素投入模式已难以持续，亟待从绿色高质量发展导向切入，重新思考农业生产要素的配置与优化。

本章基于资源禀赋的视角，研究资源禀赋结构变化和生产要素替代性调整对经营主体生产优质农产品、推进农产品生产结构转型的影响。一是基于农业生产要素在地区间、经营主体间配置的视角，研究我国种植业中优质农产品的空间分布特征，并在此基础上研究农业生产要素的稀缺性是如何通过引发要素间的相互替代来影响农业产品结构的，并识别出这种替代主要是通过对土地的替代还是对劳动力的替代。二是基于要素流动的视角，以劳动力非农就业为例，研究要素流动对农户绿色生产行为所产生的影响，进而识别出该影响是否会通过土地流转行为这一中介变量发生作用。本部分的主要创新在于：在绿色高质量发展视角下研究农业生产要素流动引起的农业生产方式变化，应当将非农就业与土地流转行为同时纳入模型进行考虑。

一 农业生产要素配置转型升级研究

新中国成立以来，伴随着农业生产要素配置转型升级，我国粮食生产效率不断提高。以土地经营制度为例，粮食生产效率伴随着土地经营权制度改革稳步提升。具体而言，如图 4－1 所示，在这 60 多年的时间里，我国土地经营权制度经历了三次较为重大的转变，相应地，以粮食生产效率表征的要素综合配置效率也随之变化。第一阶段，1949～1957 年，农户享有农地经营权，经营权可以转让，政府既不鼓励也不限制，农户普遍自我经营小块土地，这一时期粮食生产效率从 1029.33kg/hm^2 上升至 1459.55kg/hm^2，年均增长率 4.46%。第二阶段，1958～1983 年，集体享有农地经营权，农地经营权禁止转让，这一时期粮食生产效率先降后升，从 1958 年的 1548.92kg/hm^2 先下降至 1961 年的 1124.06kg/hm^2，然后又上升至 1983 年的 3395.74kg/hm^2，年均增长率 3.19%。第三阶段，1984～2017 年，农地经营权归属农民，经营权可以转让，并且政府出台了一系列政策鼓励土地经营权流转，该阶段粮食生产效率从 3608.18kg/hm^2 上升至 5607.36kg/hm^2，年均增长率 1.34%。总体而言，图 4－1 中的拟合线斜率在第二阶段是最为陡峭的，这一阶段也是我国通过政策方式强制劳动力留在农村，组建紧

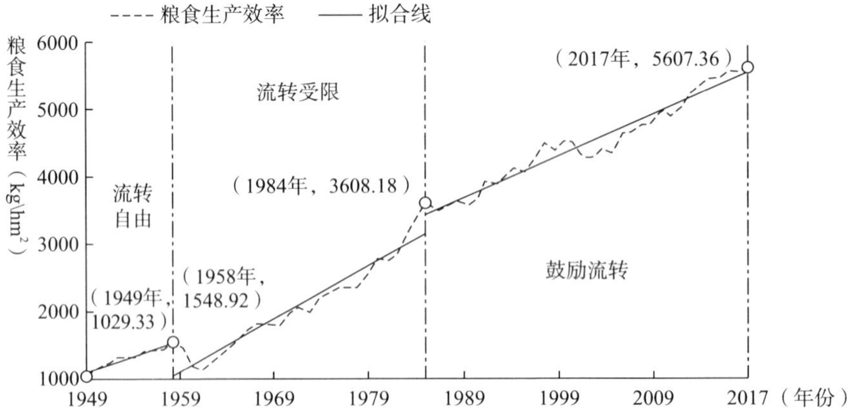

图 4－1 土地经营制度变迁与粮食生产效率变化

资料来源：1949～2017 年国家统计局数据。

密的合作组织，实行大规模农业生产的阶段。然而，随着我国进入新的历史阶段，中国经济体制已经由计划经济体制转向社会主义市场经济体制，需要通过市场来实现资源的有效配置。即为了通过优化资源配置以促进农业绿色高质量发展，需要通过一定的引导机制促进生产要素向高生产效率者集中，也需要新的要素不断投入，进一步升级农业生产要素配置。

我国社会的主要矛盾已经发生变化，这对我国经济发展的方方面面都提出了较高的要求。于农业生产而言，如何提供优质的农产品？这就要求在数量安全保障前提下，更要实现农产品的质量安全。农业生产要素的结构变迁，不仅会对农业生产效率产生影响，更会对农业产品质量安全产生影响。因此，在农产品质量安全的前提下，农业生产要素的结构变迁将怎样影响配置效率呢？

（一）农业生产要素结构与配置效率研究——基于质量的视角

中国的耕地面积仅占世界耕地总面积的9%，却养活了约占世界总人口20%的中国人民（Zhang，2011）。在未来，中国农业不能局限于保障数量安全，更应该注重农产品的质量。改革开放40多年来，我国经济增长率持续多年保持着6%以上甚至两位数的增长，中国从一个积贫积弱的国家，发展为一个牢固树立世界第二大经济体地位的国家，落后的生产能力得到了本质的改变。因此，从供给端讲，中国已经不是“生产力落后的国家”。与此同时，以恩格尔系数（食品消费支出比例）来表征民众消费变化，城镇居民恩格尔系数已经从1985年的52%下降至2013年的35%，与此同时，医疗保健支出比例从1985年的2.5%上升至2013年的12.7%，足见居民消费从追求数量为主转变为追求品质为主（聂辉华，2018）。因此，从需求侧来讲，这表明民众的偏好开始从低端消费转向中高端消费。供给端的实际情况与需求侧的现实要求，也倒逼着农业生产的转型升级。因此，农业生产不能再只关注数量与产出效率，而应该把农产品质量也放在同等重要的位置。

在此背景之下，我国“三品一标”农产品安全生产认证体系逐步完善。应特别注意的是，无公害农产品是最基本的市场准入条件。因此，将高毒、高残、高污染的传统农业生产方式转向无公害农业生产方式是最为基础、最为广泛的转型模式。那么，我国的无公害农产品生产现状又具有怎样的空间格局呢？

考虑到中国是一个地理空间分布差异很大的国家，不同的省份间的无公害生产现状可能存在巨大差异。表4-1是中国东部、中部、西部的无公害农产品[①]产量占农产品[②]总产量的比重描述性统计；图4-2反映了以省份为单位的无公害农产品产量占农产品总产量的比重的空间分布特征。从表4-1和图4-2来看，无公害农产品生产分布的区域差异明显，主要集中在东部地区，从表4-1和图4-2看出，东部地区的无公害农产品产量已经占到农产品总产量的15.95%，而中部地区仅为3.52%，西部地区仅为5.79%。以比重值排序，前10个省份中位于东部地区的省份达到了6个（上海、辽宁、黑龙江、江苏、北京、浙江），西部有3个（宁夏、甘肃、贵州），而中部仅有1个（山西）。在这些东部省份中，上海市和辽宁省无公害农产品产量占农产品总产量的比重已经超过50%。无公害生产在空间上表现出地区聚集，并主要位于经济发展较好的地区，如东部沿海地区。表4-1和图4-2也表明，以地理分区统计和分省空间统计，各地的无公害农产品生产现状存在较大的差异，这反映出各地的无公害农业发展不平衡。从地理学上讲，邻近事物之间具有相关关系，越近这种相关关系越明显（Tobler，1970）。上述空间分布特征仅能反映各省的无公害农产品生产的表面分布，无法反映各省的无公害产品生产分布具有怎样的空间相关关系。在后续的分析中，将引入空间计量分析方法探索各省无公害农产品生产分布可能存在的相关关系。

① 由于无法直接获取各地区无公害农产品生产产量，此处用各地区无公害农产品认证产量表征各地区的无公害农产品生产产量。此外，本研究主要关注农业种植业，因此本部分的数据仅统计了种植业的认证产量，并对不同的农作物认证产量进行了简单数量加总。无公害农产品认证产量数据来源：http://wgh.agri.gov.cn/orderLogoProduc/middleCertificateInfoProd。

② 农产品种类众多，粮食和蔬菜在农产品生产中最为普遍且产量巨大，此处用粮食产量和蔬菜产量之和表征农产品总产量，该数据来源于国家统计局官网，由于2017年的数据暂未公布，本处使用2016年数据做分析。

表 4－1　无公害农产品产量占农产品总产量比重的地理分区统计

单位：%

地区	均值	标准差	最小值	最大值
东部	15.95	19.06	0.23	52.31
中部	3.52	4.42	0.70	12.43
西部	5.79	3.48	1.74	11.74
全国	9.61	13.55	0.23	52.31

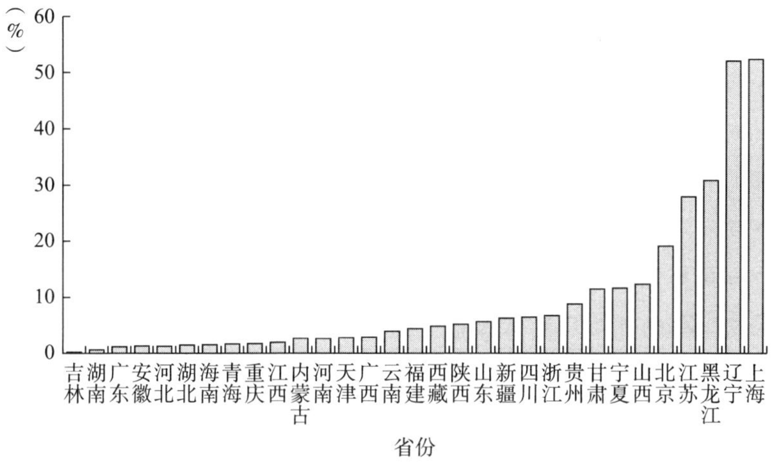

图 4－2　2017 年无公害农产品产量占农产品总产量的比例

数据来源：无公害农产品产量（http://wgh.agri.gov.cn/orderLogoProduc/middleCertificateInfoProd）。

农产品总产量（http://data.stats.gov.cn）。

无公害农产品的生产方式是农业生产方式最基本的转型升级方向，也是实现农业可持续发展的必由之路。如何实现农业的可持续增长已逐渐成为学界研究热点与政府政策目标焦点（Jiao et al.，2018）。中国政府已经连续多年发布“中央一号”文件聚焦农业生产。从数量安全到质量安全，质量兴农优于数量强农。部分农产品数量不够，部分农产品供给过剩，供给侧结构性失衡，尤其是优质农产品在总的农产品中供给不足。表 4－1 和图 4－2 表明从生产分布的角度而言，各地区间的无公害农产品生产分布不均匀，甚至在地区内省份间的生产分布也是不平衡的。这些分布特征说明我国农业可持续生产布局还需要进一步调整和优化，使生产分布在地区间达到平衡，在地区内省份间得到优化。那么，什么因素导致了这些生产现状差异呢？一方面，资源禀赋差异导致了农业生产基础条件的不同（郑旭媛，2015）；另一方面，生产要素间的相互替代导致农业生产要素结构变迁（邓鑫等，2016；邓鑫等，2017；张宽等，2017），两方面因素对农业生产方式都有着重要的影响。

资源，一直以来都被认为是经济增长中不可或缺的重要因素。资源禀赋也称要素禀赋，指一个国家或地区在一定时期内拥有的各种生产要素，包括劳动力、资本、土地、技术和管理等的富集程度（Heckscher et al.，1991；Ohlin，1993）。对于农业生产而言，这些自然资源禀赋的相对富集程度变化会引起生产方式的改变。威廉·佩第认为劳动力和土地是产生财富的基本要素。以农村劳动力为例，农村劳动力的规模变化对农业生产产生了巨大的影响。围绕农村劳动力资源变化对农业生产影响的讨论一直都是新迁移经济学的热点。争论的焦点在于，农村劳动力迁移是否会引起农业生产方式变化以及变化的方向。一类文献认为非农就业能够促进农业生产性投入。Zhao（2002）认为农户非农就业促进了农户投资农机，从而引发现代生产要素进入农业生产；Taylor 等（2010）认为随着非农收入的增长，农户会增加农药化肥的投入。另一类文献则认为非农就业并不能促进农业生产性投入。Huang 等（2009）发现农户对农业的投入并没有随着收入的增长而增加。非农就业所得的收入更多地被用于农户住房投资和子女教育（Zhu et al.，2014）。同时，农药化肥的投入增加还导致了一系列问题（Jiao et al.，2018）。

自 20 世纪 70 年代改革开放以来，中国经济进入快速增长阶段。与之相对应的是我国城镇化进程不断提速，农村劳动力在经济利益的驱使下，逐渐从农业部门转移到非农部门就业（Xu et al.，2015），由此形成了数量庞大的农民工群体。截至 2018 年底，我国农民工群体数量达到 28836 万人，占农村常住人口的 51.13%[①]，农户家庭收入也因此表现出多样性（Cao et al.，2016；Xu et al.，2017）。但是，非农就业数量的日益增长，也导致了农村劳动力的大量流失，农村留守务农人员文化程度低、年龄偏

① 国家统计局：《2018 年农民工监测调查报告》。

大、性别失衡（Song et al.，2010；彭代彦、文乐，2016；邓鑫等，2018），农村户均劳动力工时投入从1991年的3528工时下降到2009年的1399工时（De Brauw et al.，2013）。劳动力的相对短缺，引发了以机械为代表的劳动节约型技术直接替代劳动力和以化肥为代表的土地节约型技术间接替代劳动力（Lin，1991）。

1984年以来，中国的农村户籍制度逐渐放宽，大量劳动力进入城镇部门从事非农工作，农业生产中的劳动力相对短缺，促使农业生产者采用现代农业生产要素来替代传统农业生产要素（Hayami et al.，1971）。这些现代农业生产要素主要是以机械为代表的劳动节约型技术和以化肥为代表的土地节约型技术。图4－3表示我国土地节约型技术①与劳动节约型技术②的应用水平趋势。从图4－3可以看出，改革开放以来，两种技术应用水平都有逐渐上涨的趋势。具体而言，土地节约型技术应用水平从1978年的3.93千克/亩上升至2017年的23.48千克/亩，年均增长率为4.69%；劳动节约型技术应用水平从1978年的3.84百瓦/人上升至2017年的28.08百瓦/人，年均增长率为5.23%。然而，以增加化肥投入来确保粮食产量的农业生产方式，逐渐暴露了许多问题。

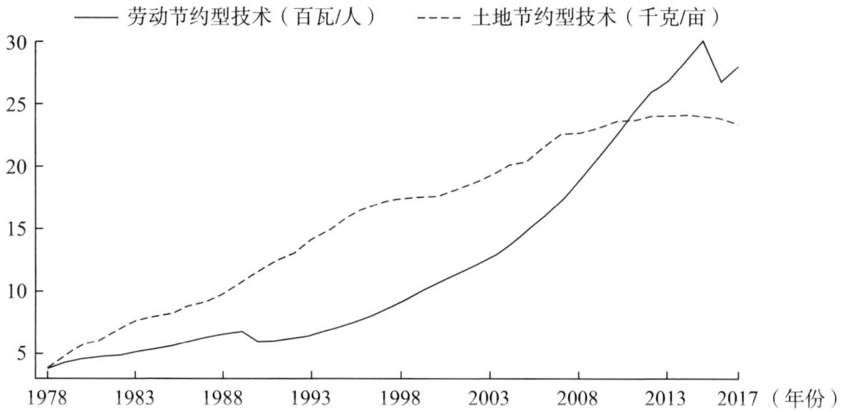

图4－3　土地节约型技术与劳动节约型技术的应用水平趋势（1978～2017年）

---

① 土地节约型技术应用量＝农用化肥施用折纯量/农作物总播种面积（千克/亩）。

② 劳动节约型技术应用量＝农业机械总动力/乡村就业人员（百瓦/人）。

为了保障粮食产量安全，大量的化肥资源被投入农业生产中（Vitousek et al.，2009；Jiao et al.，2016）。在过去10年间，中国每年的粮食产量大约占全世界的19%，但每年消耗的化肥量达到了全球化肥消耗量的30%（West et al.，2014）。农业生产中过度依赖化肥投入来维持产出的做法带来了严重的后果，例如，水体污染、富营养化和较高的NO_3，尤其是对地下水和空气影响明显（Carpenter，2008；Liu et al.，2013；Norse et al.，2015）。由农村劳动力迁移引起的农业生产要素投入结构变化，导致了一系列替代劳动力的现代农业生产要素的进入。一方面，现代农业生产要素（化肥、机械）等的投入使家庭劳动力得以从土地的束缚中释放出来，有利于加快城市化进程；另一方面，这些现代农业生产要素的进入，在保障粮食数量安全的同时，也对保障质量安全造成了一定的威胁。

综合而言，我国种植业中优质农产品的空间分布是极不均匀的，农业生产要素的相对富集程度也在不断变化。中国幅员辽阔、地形地貌复杂，空间差异度明显，生产分布的水平差异是否存在空间关联性尚待进一步考察。在本节的第二小节，将基于经济地理学相关理论，检验各省无公害农产品产量在空间上是否存在相互依赖性。与此同时，当前中国农村的劳动力正在加速向城市转移，并进入非农部门稳定就业，农业生产逐渐老龄化、妇女化和低学历化。不仅如此，农业生产投入也在逐渐多元化和现代化，农业生产机械化正在逐步推广，采用程度也在逐步加深；农用化肥和农药也被广泛使用。农村劳动力迁移所引起的生产要素富集程度变化，是否影响农业生产结构向优质方向转型也尚待进一步考察。在本节的第三小节，将以四川为例，将资源禀赋、要素替代与农产品生产结构纳入同一体系进行分析。

（二）优质种植业发展空间分布特征分析——以无公害农产品为例

农业绿色高质量发展的重要内容是生产绿色高质量农产品。高质量农业集聚对于高质量农业产业化至关重要，弄清优质种植业发展空间分布有利于优化农业布局。然而，中国幅员辽阔、地形地貌复杂，农业集聚在区域间存在差异。为了了解这一差异，本小节将基于经济地理学相关理论，以高质量农业生产中的无公害农产品生产为例，从省级尺度探索无公害农产品在空间上是否存在相互关联关系。具体而言，主要通过莫兰指数进行空间分布特征分析。

1. 莫兰指数方法

农业生产并不是相互独立的，尤其是同一地区内的不同省份间存在农产品贸易和相互的技术学习。以往的研究往往假设影响各省农业生产方式选择的变量是独立的，但是各省在农业生产上存在着技术扩散，生产方式选择上存在着广泛联系，而且相互之间的距离（经济距离、地理距离）越近联系越发紧密。“地理学第一定律”指出所有事物都与其他事物相关联，但较近的事物比较远的事物关联度更大（Tobler，1970）。基于空间分析的前提是各变量之间在空间上表现出相互依赖性，即空间依赖性（陈强，2014），也可以称为空间相关，其中一个重要的相关指标是空间自相关。空间自相关表示位置相邻或相近的空间区域会呈现相似的特征。如果高值与高值聚集在一起，低值与低值聚集在一起，则在空间上表现为正的自相关；反之，则在空间上表现为负的自相关。如果高值与低值完全随机地分布，则不存在空间自相关。为了探索无公害农产品生产行为在空间上是否存在相互间的依赖关系，本小节将采用目前较为流行的“莫兰指数 I”（Moran's I）（Moran，1950）来探索无公害农产品生产的空间自相关性，为了保证结果的准确性，还同时测算了“吉尔里指数 C”（Geary's C）（Geary，1954）和“Getis-Ord 指数 G”（Getis et al.，1992）来辅助探索无公害农产品生产的空间自相关。莫兰指数的构造过程见方程（4－1）：

$$Moran's\ I = \frac{n}{\sum_{i=1}^{n}(x_i - \bar{x})^2}\frac{\sum_{i=1}^{n}\sum_{j=1}^{n}Weight_{ij}(x_i - \bar{x})(x_j - \bar{x})}{\sum_{i=1}^{n}\sum_{j=1}^{n}Weight_{ij}} \tag{4-1}$$

其中，空间权重矩阵以 $Weight_{ij}$ 表示，空间单元数目用 n 表示，省份 i 和省份 j 的无公害农产品产量比重分别用 x_i、x_j 表示，无公害农产品产量比重的平均值用 $\bar{x} = (\sum_{i=1}^{n} x_i)/n$ 表示。此外，-1 到 1 是全局 $Moran's\ I$ 的取值区间，如果 $Moran's\ I = 1$，则表示空间特征是完全正向相关；如果 $Moran's\ I = 0$，则表示空间特征不存在。测算出 $Moran's\ I$ 取值后，要对其显著性进行相关检验，检验的公式设定见方程（4－2）：

$$I^{*} \equiv \frac{1 - E(I)}{\sqrt{Var(I)}} \tag{4-2}$$

其中，E（I）为莫兰指数 I 的期望值；Var（I）为莫兰指数 I 的方差。

上述的莫兰指数又可以称为全局莫兰指数 I，它表征的是无公害农产品产量的全局空间相关性。除此之外，本书还将考察无公害农产品产量的内部空间分布特征。具体而言，本书将采用局部莫兰指数 I（*Local Moran's I*）探索内部空间分布特征。通过局部莫兰指数 I 可以绘制局部散点图，进一步展示无公害农产品产量比重的空间相关性。局部莫兰指数 I 的表达式见方程（4－3）：

$$Local\ Moran's\ I = \frac{n^2}{\sum_{i=1}^{n}(x_i - \bar{x})^2} \frac{(x_i - \bar{x})\sum_{i=1}^{n}\sum_{j=1}^{n}W_{ij}(x_j - \bar{x})}{\sum_{i=1}^{n}\sum_{j=1}^{n}W_{ij}} \tag{4-3}$$

辅助测算无公害农产品空间分布特征相关性的“吉尔里指数 C”和“Getis-Ord 指数 G”，此处不再展开，其公式设定可以参考陈强（2014：579）的研究。

2. 无公害农产品产量比重空间分布特征相关性分析

通过 StataMP14.0 软件，空间权重矩阵被设定为按是否在相邻的空间相邻矩阵①，测算全局莫兰指数，以及吉尔里指数和 Getis-Ord 指数，具体结果见表 4－2。从表 4－2 可以看出，全局莫兰指数统计值为 0.035，P 值为 0.246，通过了 30% 水平上的显著性检验。由于全局莫兰指数的原假设为“无空间自相关”，故测算结果显示，能够在 30% 水平上显著地拒绝原假设，即认为无公害农产品产量比重在空间上表现出较强的正相关特征性，可见邻近省份的无公害农产品的生产情况是影响本省无公害农产品生产情况的重要因素。无公害农产品生产在空间分布上呈现出空间集聚，并不是随机的。也就是说相似无公害农产品产量比重的省份表现出显著的空

① 空间相邻矩阵是指：如果两个省份之间存在边界重叠则定义为相邻，赋值为 1；不相邻赋值为 0。需要指出的是，海南与任何陆地省份都不相邻，但在实际操作上借鉴前人研究成果将其与广东的关系处理为相邻。

间集群特征。基于此，在研究无公害农产品产量比重分布及影响因素时应当充分重视省份间可能存在的空间相关性。

表 4－2　无公害农产品产量比重空间相关性结果

指数名称	统计值	E	SD	Z 值	P 值
Moran's I	0.035*	－0.033	0.099	0.688	0.246
Geary's C	0.611***	1.000	0.212	－1.831	0.034
Getis-Ord	0.095**	0.148	0.042	－1.264	0.103

注：省级面板数据尺度较大，因此放宽显著性水平上下限，本部分定义 *、**、*** 分别表示在 30%、20%、10% 的显著性水平上显著。

图 4－4 给出了中国 31 个省份 2016 年的无公害农产品产量占总的农产品产量比重的局部散点图，可以看出各省无公害农产品产量占农产品总产量的比重表现为较强的空间相似性。其中高－高（High-High）象限是指那些无公害农产品产量占农产品总产量比重较高的省份，同时周围邻近省份的无公害农产品产量所占比重也是比较高的区域，即第一象限。主要包括江苏和上海，占全部统计单元的 6.45%；低－高（Low-High）象限是指那些无公害农产品产量占农产品总产量比重较低的省份，同时周围邻近省份的无公害农产品产量所占比重是比较高的区域，即第二象限。主要包括内蒙古、天津、吉林等 8 个省份，在所有统计单元中占比为 25.81%；低－低（Low-Low）象限是指那些无公害农产品产量占农产品总产量比重较低的区域，同时周围邻近省份的无公害农产品产量所占比重也是比较低的区域，即第三象限。主要包括重庆、西藏、云南等 15 个省份，在所有统计单元中占比为 48.39%；高－低（High-Low）象限是指那些无公害农产品产量占农产品总产量比重较高的省份，同时周围邻近省份的无公害农产品产量所占比重是比较高的省份，即第四象限。主要包括宁夏、甘肃、山西、北京、黑龙江、辽宁 6 个省份，占全部统计单元的 19.35%。值得注意的是，我国的无公害农产品生产在空间上主要表现为低－低集聚，在一定程度上表明，无公害农产品生产的整体水平还有待提升。在区域内缺乏水平较高的省份承担领头羊角色，可能是导致无公害农产品生产呈现低－低集聚表现的主要原因。由此可见，我国无公害农产品生产的空

间分布，不仅表现出空间上存在一定的依赖性，还在空间上表现出一定的异质性。

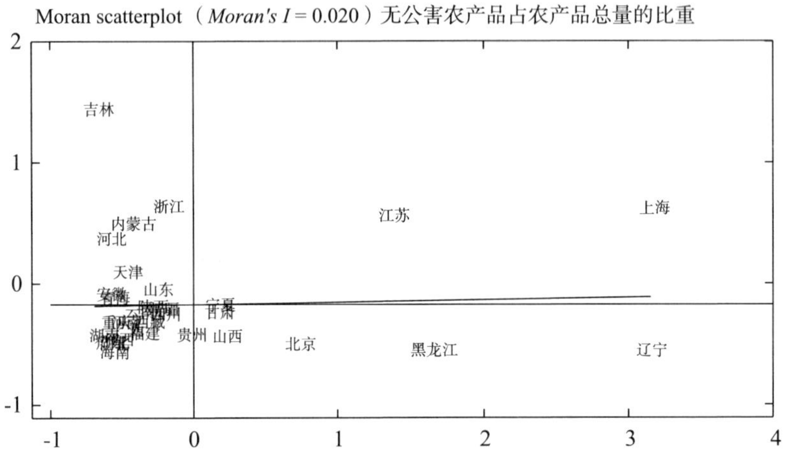

图 4-4　2016 年我国无公害农产品产量比重的局部散点图（LISA）

3. 对空间分布特征结果的讨论

以各省份是否相邻为空间权重矩阵，考察无公害农产品产量占各省农产品总产量比重的空间分布特征，基于全局莫兰指数和局部莫兰指数得出：从产量视角来看，各省无公害农产品生产的空间分布存在一定的空间依赖性。这种依赖性主要是表现为正的空间依赖，即在空间上，无公害农产品产量低的省份彼此聚集（低-低型）与无公害农产品产量高的省份彼此聚集（高-高型）相并存，但主要表现出低-低型（此类省份占到了全国大陆省份的 48.39%，接近一半的省份），高-高型的省份主要集中沿海经济发达地区，低-低型的省份主要集中在经济欠发达的地区（中部地区，尤其是西部地区），这在一定程度上表明地区经济发展与农业生产方式转型之间存在一定的联系，这可能与地区的消费能力有关，无公害农产品的价格普遍高于普通农产品的价格，经济发达地区的消费强度更大，倒逼生产端供给越来越多。基于此点出发，在分析农产品生产结构转型的影响因素时，应当控制住地区的经济发展水平。

（三）资源禀赋、要素替代与农产品生产结构转型——以四川省为例

改革开放以来，中国农村地区优质劳动力迅速向城镇集中，大部分进入非农部门稳定就业，农业生产逐渐表现为老龄化、妇女化和低学历化。与此同时，农业生产要素投入也由劳动力为主转变为劳动力与多种现代生产要素相结合。例如，农业生产投入逐渐多元化和现代化，农业生产机械化正在逐步推广，农户采用程度也在逐渐深入，农用化肥和农药也被广泛使用。也就是说，农村劳动力迁移导致了生产要素富集程度发生变化。然而，这一变化是否影响农业生产结构向优质方向转型也尚待深入研究。本小节以四川为例，将资源禀赋、要素替代与农产品生产结构纳入同一体系进行分析，以厘清上述问题。

1. 引言

在农业生产中，某种要素的稀缺程度变化会引起要素价格的相对变化，诱发廉价且相对丰裕要素替代昂贵且相对稀缺要素投入，从而引起技术变革（Hayami et al.，1971）。然而，要素替代和诱致性技术变迁的实现都将受到基础资源禀赋的制约（郑旭媛、徐志刚，2017）。因此，资源禀赋应当作为一个关键因素引入分析农产品生产结构影响因素的研究中。自20世纪90年代，学界曾提出了“资源诅咒”假说①，丰富的资源并不意味能够促进经济呈现健康的增长。于农业生产而言，农业资源丰裕程度是否会影响农业生产方式转型呢？

农业资源的稀缺程度主要通过影响农业技术创新来影响农业生产方式转型（蔡键、唐忠，2013），从而决定农业产出结构。首先，土地资源的丰裕程度将直接影响农户的农业投资行为（柳凌韵、周宏，2017），家庭实际经营的土地面积规模每增加1%，农户对农业机械的投资会相应增加4.8%（钱龙，2017）；家庭资金的丰裕程度也会直接影响农户的农业投资行为，非农收入的增加会直接提高农户的农机投入（李明艳等，2010）。劳动力的丰裕程度也会直接影响农业投资行为，非农就业人数越多，农业

① “资源诅咒”的内涵为：资源丰富的国家或地区往往有一个较低的经济增长率。

机械服务的支出就越大（苏卫良等，2016）。可见，上述文献从农户家庭视角出发，得到了农户家庭某种生产要素（土地、资金、劳动力）的变化所引起的农业投资的变化，这些变化最终将影响农户生产行为及农业产出（蔡键、唐忠，2013）。这些结论很好地支持了要素禀赋的稀缺性变化将引起农业生产行为及农业产出变化。但仍需注意的是，从微观视角讨论要素禀赋对农业产出的影响，可能具有一定的局限性，需要放大到县级层面，在宏观层面考察要素禀赋对农业产品结构变化的影响。

此外，从上述微观研究的结论来看，要素稀缺性变化主要通过引发要素间的相互替代来影响农业产品结构，因此，本章还将在宏观层面验证，要素禀赋是否通过引发要素替代来影响产业结构。在农业生产中，存在两种替代行为：一种是对土地的替代，另一种是对劳动力的替代。这两种替代主要通过增加化肥投入节约土地和增加机械投入节约劳动力来实现（Lin，1991）。如前文图 4 -3 所示，土地节约型技术和劳动节约型技术在过去的 40 年里迅速增加。在本小节的余下部分，将从宏观层面出发，构造计量模型，讨论要素禀赋是否通过引发要素替代影响农产品生产结构升级。

2. 模型构建、变量设定及数据来源

（1）模型构建。

由于本节讨论的是要素禀赋是否通过引发要素替代来影响农产品生产结构转型升级，借鉴要素禀赋对经济增长影响的文献，如 Sachs&Warner（Sachs et al.，1995）构建基准计量模型方程（4 -4）：

$$
\begin{aligned}
Structure_i = \beta_0 + \beta_1 Resource_i + \beta_2 Land\_save_i + \beta_3 Labor\_save_i + \\
\beta_4 Resource_i \times Land\_save_i + \beta_5 Resource_i \times Labor\_save_i + \delta X + \varepsilon_i
\end{aligned}
\tag{4-4}
$$

其中，$Structure_i$ 表示 i 县的农产品生产结构；$Resource_i$ 表示 i 省的农业资源禀赋；$Land\_save_i$ 表示 i 县的土地节约技术投入情况；$Labor\_save_i$ 表示 i 县的劳动力节约技术投入情况；X 表示一系列控制变量；β 和 δ 表示待估参数；ε 为随机误差项。

（2）变量设定。

农产品生产结构（Structure）。在前文分析中得出现代农业生产的方向，是为人类提供优质农产品，这一目标最为基本的要求是：为消费者提供的农产品是对人无害的且对环境而言是无污染的。因此，符合这一基本要求的农业生产方式是无公害农业生产方式，农产品生产结构转型的方向也应该是向无公害农业生产方式转型，其结果表现为无公害农产品在农产品总量中所占的比重。由于无法直接获取无公害农产品产量数据，以中国农产品质量安全网[①]公布的无公害农产品认证产量代替，由于本研究主要涉及种植业，因此，无公害农产品产量主要是种植业的无公害农产品认证产量[②]，并加总至县级层面，记为 *Product_wgh*；同时，由于各县农作物中主要产品是蔬菜和粮食，因此，各县农产品总产量以蔬菜和粮食产量加总而成，记为 *Product_total*。综上，农产品生产结构获取如方程（4－5）：

$$Structure_i = \frac{Product\_wgh_i}{Product\_total_i} \times 100\% \tag{4-5}$$

资源禀赋（Resource）。在微观机制的研究中，学者们主要基于某一类农业资源展开（如土地、劳动力、资本），由此讨论这种资源的相对稀缺程度对农业生产行为及产出的影响。然而，将这种微观机制放到宏观层面讨论的研究却很少，本节试图从宏观视角去讨论农业资源禀赋对优质农产品生产的影响。在国外的相关经验研究中称资源禀赋为资源丰度（Resource Abundance），并将其定义为一国或一地区初级产品产值在生产总值中的比重（Sachs et al.，1997）。如 Sachs 等（1995）用基础资源产出占 GDP 的比重来衡量自然资源丰度；Sachs 等（1999）用燃料及初级材料的价值占 GDP 的比重来衡量自然资源丰度；Papyrakis 等（2007）以农业、林业、渔业、矿业产品产值占州总产值的比重来衡量一个州的自然资源丰度。这些研究主要讨论的是总的自然资源禀赋对整体经济增长的影响，因此，在讨论农业资源禀赋对经济增长的影响时，田苗等（2013）提出用农业产值总产值占国民生产总值的比重来衡量农业资源丰度（禀赋）。借鉴

① 见 http://wgh.agri.gov.cn/orderLogoProduc/middleCertificateInfoProd。

② 值得一提的是，无公害农产品的申报与认证并不是短时间就能完成的，在申报前期也需要进行大量的准备工作，因此，我们将数据库中 2017 年的无公害认证产量数据与 2015 年县级层面农产品产量数据匹配，并依此类推。

这些研究成果，并结合本节研究思路，将资源禀赋定义为农业产值①占地区 GDP 的比重，综上，资源禀赋获取如方程（4－6）：

$$Resource_i = \frac{Agriculture_i}{GDP_i} \times 100\% \tag{4-6}$$

其中，$Agriculture_i$ 为 i 县的农业产值；GDP_i 为 i 县的总产值。

土地节约技术（Land_save）与劳动力节约技术（Labor_save）。Lin 指出现代农业生产要素主要分为两种，一种是对土地的节约，另一种是对劳动力的节约（Lin，1991）。对土地的节约，意味着提高土地单位产出，以替代土地的投入，主要依靠的是化肥的投入；对劳动力的节约，意味着提高劳动生产效率，以替代劳动力投入，主要依靠的是机械的投入（张宽等，2017）。从要素替代的视角出发，二者分别是指单位土地的化肥投入与农村人均所拥有的机械总动力，综上，土地节约技术与劳动力节约技术构造分别如方程（4－7）、方程（4－8）：

$$Land\_save_i = \frac{Fertilizer_i}{Seed\_area_i} \tag{4-7}$$

$$Labor\_save_i = \frac{Machinery_i}{Population_i} \tag{4-8}$$

其中，$Fertilizer_i$ 表示 i 县的化肥投入折纯；$Seed\_area_i$ 表示 i 县的农作物播种面积；$Machinery_i$ 表示 i 县的农业机械总动力；$Population_i$ 表示 i 县的农村人口数量。

其他控制变量。为了保证讨论资源禀赋是否通过要素替代影响农产品生产结构转型的结论稳健性，主要还控制了城市效应（地级市虚拟变量：成都市、德阳市、绵阳市、乐山市、眉山市、资阳市、遂宁市、雅安市、自贡市、泸州市、内江市、宜宾市、广元市、南充市、广安市、巴中市、达州市、攀枝花市、凉山州、甘孜州和阿坝州）、经济区划效应（成都平原经济区、川南经济区、川东北经济区、攀西经济区、川西北生态经济区）和时间效应。各变量的描述统计见表 4－3。

① 由于本文主要关注的是种植业，因此仅考虑农、林、牧、渔业中的农业产值。

表 4－3　变量含义及描述统计

变量名	表达式	观察值	均值	标准差
农产品生产结构	*Structure*	549	7.18	23.13
资源禀赋	*Resource*	549	26.86	16.04
土地节约技术	*Land_save*	549	33.38	25.46
劳动节约技术	*Labor_save*	549	15.93	19.38

（3）数据来源。

本部分主要探索资源禀赋是否通过要素替代影响农产品生产结构转型。为最大限度地拓宽研究区间，保证能够同时获取农产品生产结构，并尽可能地规避政策差异引起的干扰，本部分选择的研究样本时间维度为2013～2015年，并包含四川省183个县级单位。本部分所涉及的数据主要来源于四川省农村统计年鉴和中国农产品质量安全网。

3. 模型估计结果分析

（1）基准结果。

表4－4反映了资源禀赋影响农产品生产结构转型的基准结果，从结果来看，在不添加控制变量时，资源禀赋对农产品生产结构的影响为正，但不显著（没能在最低10%的水平上通过检验）；在控制了城市效应、地区经济效应以及时间效应后，资源禀赋对农产品生产结构的影响仍然为正，且显著（通过了最低10%的显著性水平检验）。同时模型还拒绝了个体差异为零的原假设，表明采用固定效应模型由于优于混合回归。

表 4－4　资源禀赋对农产品生产结构转型的影响

变量	（1）	（2）
资源禀赋	0.665 （0.961）	1.657* （1.937）
经济区划效应	未控制	已控制
城市效应	未控制	已控制
年份效应	未控制	已控制
F	9.408***	10.773***

续表

变量	(1)	(2)
R^2	0.002	0.083
观察值（个）	549	549

注：本表所有被解释变量为农产品生产结构；资源禀赋变量取对数；括号内为 t 值；＊＊＊、＊＊、＊分别表示在 1%、5%、10% 的水平上显著。

（2）影响机制。

学界认为资源禀赋之所以会对经济增长产生影响，主要是在一定时期内引起了要素间的相对稀缺程度变化，从而通过要素替代引发生产结构变化，导致产出结构变化。对于农业生产而言，农业资源禀赋与农产品生产结构的影响是否也符合上述逻辑？表 4－5 是资源禀赋与土地节约技术、劳动节约技术对农产品生产结构转型的影响机制分析结果。模型 A 表示在加入了控制变量后只纳入了资源禀赋、土地节约型技术及二者的交互项；模型 B 表示在加入了控制变量后只纳入了资源禀赋、劳动节约型技术及二者的交互项；模型 C 表示在加入了控制变量后同时纳入了资源禀赋、土地节约型技术、劳动节约型技术及资源禀赋与两类要素替代的交互项。结果表明，资源禀赋对农产品生产结构的影响方向为正，但仅在模型 A 中显著；两类技术中仅劳动节约型技术能够正向显著促进农产品生产结构转型；从交互效应来看，资源禀赋与土地节约型技术的交互项为负但不显著，资源禀赋与劳动节约型技术的交互项为正且非常显著。此外，模型还拒绝了个体差异为零的原假设，表明采用固定效应模型优于混合回归。

表 4－5　资源禀赋对农产品生产结构转型的影响机制

变量	A	B	C
资源禀赋	1.762＊ (1.854)	2.064 (1.377)	2.527 (1.420)
土地节约技术	0.297 (0.175)		0.753 (0.406)
资源禀赋 × 土地节约技术	－0.006 (－0.266)		－0.011 (－0.456)

续表

变量	A	B	C
劳动节约技术		0.322 *** (3.216)	0.336 *** (3.216)
资源禀赋×劳动节约技术		0.056 *** (3.021)	0.054 *** (2.838)
经济区划效应	已控制	已控制	已控制
城市效应	已控制	已控制	已控制
年份效应	已控制	已控制	已控制
F（ui_0 =0）	8.940 ***	12.125 ***	10.287 ***
R^2	0.083	0.106	0.106
观察值（个）	549	549	549

注：本表所有被解释变量为农产品生产结构；资源禀赋、土地节约技术变量取对数；t 值被表示在括号内；*** 表示显著性水平为 1%，** 表示显著性水平为 5%，* 表示显著性水平为 10%。

4. 估计结果讨论

本小节通过构建资源禀赋对农产品生产结构转型影响的计量经济学模型，以四川省 183 个县 2013 ~2015 年的短面板数据为分析基础，实证检验了资源禀赋与农产品生产结构转型之间的关系，并进一步分析了二者之间的影响机制。结果表明，县级层面的资源禀赋显著促进了农产品生产结构转型，并主要通过引发劳动要素替代作用于农业生产方式转型。尽管，土地节约型技术的影响机制不明显，但仍然表现出了阻碍效应。导致上述结果的可能原因是：农产品的生产主要还是依赖于自然资源，资源的丰裕程度将直接影响农产品结构。同时，资源禀赋的相对变化也将引发要素替代从而导致农产品生产结构转型。在过去几十年里，以化肥投入为代表的对土地要素的替代，引发了一系列的环境污染问题（Jiao et al.，2018），农业的可持续发展道路不能再以损害自然资源为代价，因此，以优质农产品为农产品生产结构转型方向时，以化肥为代表的土地节约型技术将阻碍资源禀赋在农产品生产结构转型中发挥积极的影响。农业机械是现代农业生产的重要物质保障（张桃林，2012），有助于改善农业生产中劳动力结构性短缺的现状。因此，以优质农产品为农产品生产结构转型方向时，以机械为代表的劳动节约型技术将促进资源禀赋在农产品生产结构转型中发挥积极的影响。

（四）政策性启示

十九大报告提出实施乡村振兴战略，对传统农业生产转型与现代农业生产升级都有着深远影响。长期以来，土地、劳动力、资金等基本农业生产要素持续大规模由乡到城单向流动，然而，充足的生产要素投入是农业生产中不可或缺的环节。一方面，快速的城镇化导致肥沃的良田被吞噬，在保障粮食安全的高压态势下，以化肥为代表的土地节约型技术被大量采纳；另一方面，素质相对较高的青壮年劳动力大量外流，农业生产劳动力青黄不接，在应对劳动力结构严重失衡的情形下，以农业机械为代表的劳动节约型技术被大面积推广。从本文章节的研究来看，土地节约技术与劳动节约技术在一定程度上保障了农产品数量安全，但质量安全的影响仍然值得关注。结合本章节实证结果，为进一步依托资源禀赋提升农产品质量安全提供一些政策参考。①深度推进农药化肥零增长行动。不论是实证结果还是相关研究结论都指出农药化肥虽然有助于农产品产量产出，但也带来了农村面源污染和增加了农产品不安全的风险。应当加快制定更为详细的政策，遏制高毒高残农药，低效化肥投入，从源头上杜绝不合格农资产品进入市场。同时，在农村地区建立农业生产性服务机构，为农民提供施肥施药技术指导，从而降低人为操作不当导致食品安全问题发生的概率。②依托市场机制促进生产要素在城乡之间公平流动。当前农村劳动力单向流动到城市，少部分劳动力回流农村。应当依托政府政策并发挥好市场机制作用，促进劳动力要素在城乡之间公平流动。但是，在现代农业生产要素配置中政府的边界作用应当有所界定，即不能因为乡村振兴和现代农业生产需要，人为强制农民回乡和资本下乡。

二　农业生产要素流动优化研究

党的十九大报告指出“确保国家粮食安全，把中国人的饭碗牢牢端在自己手中”。要确保粮食安全，就要确保农业生产要素的健康投入。然而，自 1984 年来，一系列的农村户籍制度改革与农村土地制度改革使农户家庭农业生产要素发生了显著性的变化——这主要表现为要素非农化。城市化进程不断提速，虽然粗放的土地城市化有所遏制但矛盾依然突出，城市化导致大量的优质而肥沃的良田被侵占，高质量土地供给结构性失衡；快速的城市化，也使农业收益相较于非农收益的比较劣势凸显，经济利益驱使下农村青壮年劳动力大量外出，优质农业生产劳动力结构性失衡。为了保障粮食安全，提高土地利用效率，推进土地确权工作，实现土地适度规模经营。从20世纪80年代中期开始，中国政府就制定了一系列土地政策来促使土地合理流转。比如，1984年的中央一号文件，明确提出鼓励土地逐步向种田能手集中。2001年，明确提出鼓励放活农村土地租赁市场。虽然此阶段国家出台了相应的土地流转激励政策，然而农户的土地流转率却相当低。据统计，1999年中国土地流转率仅2.53%，远低于同时期的美国（43%）和乌干达（36%）等国家（Deininger，2003）。这种状态一直持续到党的十七大的召开。2007年，党的十七大首次提出要建立农村土地承包经营权流转市场；2008年，中国共产党第十七届三中全会对土地流转的方向和基本原则做了进一步的阐述；2014年，提出了农户土地所有权、承包权和经营权“三权分置”的思想和办法；2017年，十二届全国人大常委会第三十次会议审核通过《中国土地承包法修正案草案》，草案决定再次延长耕地承包期；2017年，十九大提出“乡村振兴战略”，其实施的关键之一在于盘活“人才、资金、土地”三种要素，促进这些要素在城乡间双向流动。以上政策进一步盘活了农村土地资源，提高了土地流转率。据统计，2010年，中国的土地流转率仅为12.0%，然而到2016年，土地流转率达到35.1%，提高了23.1%。土地流转能够有效提升农业生产效率（Deininger et al.，2005），在保障粮食数量安全方面发挥了关键性作用。与此同时，我国农村优质劳动力大量外流，非农就业与土地流转间存在什么关系，它们是否有助于提升粮食质量安全呢？

图4－5反映了2009～2016年以来，以上年为基期的外出农民工数量、土地流转发生率及化肥数量增长情况。从图4－5可以看出外出务工农民增长率、土地流转发生率增长率与化肥增长率都出现了下降趋势，具体而言，外出务工农民增长率从2009年的3.5%下降至2016年的0.3%，增长率年均下降0.46个百分点；土地流转发生率增长率从2009的3.1%下降

至2016年的1.8%，增长率年均下降0.19个百分点；化肥增长率从2009年的3.2%下降至2016年的-0.6%，增长率年均下降0.54个百分点。从全国层面的数据而言，化肥的投入量与外出农民工数量和土地流转有着同样的变化趋势，但是在外出农民工数量和土地流转发生率都增长下滑的情况下，化肥的投入量增长下滑速度更快。这也表明，外出农民工和土地流转对农业生产中的化肥投入产生了一定的影响。但具体存在怎样的影响，需要进一步通过梳理文献和使用计量方法进行定量研究。

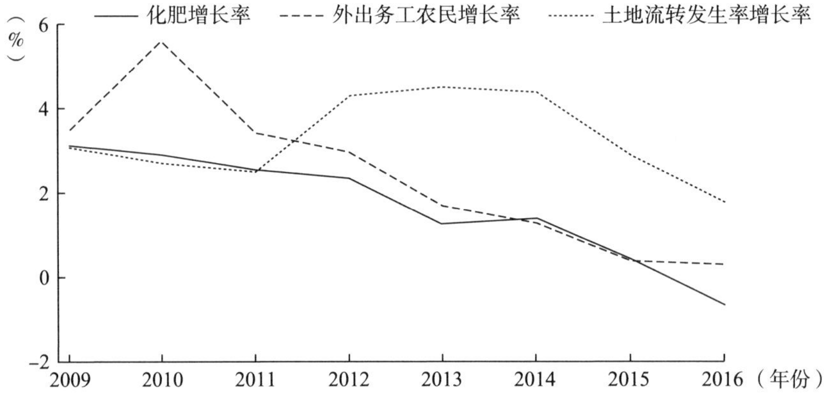

图4-5　增长率变化趋势

资料来源：化肥数据源于国家统计局；外出务工农民数据源于《农民工监测调查报告》；土地流转数据源于《论中国农村全面转型——挑战及应对》（魏后凯、刘同山，2017）。

（一）提质增效视角下农业生产要素流动优化研究

随着经济的不断发展，农民普遍外出务工。由此，也增加了留守儿童和老人参与到农业生产中的劳动供给（Chang et al.，2011），尤其是农业生产逐渐女性化。然而，李旻、赵连阁（2009）利用辽宁省2003~2006年4年的固定农户跟踪调查数据，分析得出农业生产的“女性化”并不利于中国农业生产的长期发展（李旻、赵连阁，2009）。截止到2017年底，我国农民工群体已经达到28836万人，占农村总人口的51.13%[①]。非农就

① 数据来源：国家统计局发布的《2018年农民工监测调查报告》。

业到底对我国农业生产产生了怎样的影响？新迁移经济学认为，非农就业所导致的原本属于农业生产的劳动力流动到非农部门就业，本质上是对家庭劳动力的再配置（Stark et al.，1985），劳动力的再配置会引起土地资源的再配置（盖庆恩等，2017），进而导致农业生产资料投入的结构发生改变。然而，一个关键的问题在于，非农就业群体的增多是否有效刺激了土地要素市场的发育？但有一点是可以确定的，土地要素市场的发育的优点很多。第一，土地要素市场的发育有助于提高农业生产效率。Deininger 等（2005）认为要素市场发育能够帮助土地从低生产效率的农户集中到高生产效率的农户手中。第二，土地要素市场的发育有助于降低土地细碎化。Jietal（2016）指出土地流转有助于推动土地的适度规模经营。对于转出户来说，通过土地流转能够获得一定的经济补偿，对于转入户来说，提高经营规模有助于实现规模经济，对卷入土地要素市场的双方而言，其福利水平都将得到改善。

非农就业是否促进了土地流转呢？一方面，当前出租土地能够获得一定的经济或者人情利益，农村家庭在劳动力与土地面积相对比例发生变化时，会将家庭土地出租（换取经济利益）或无偿借与他人（换取人情利益），即再配置土地资源（Carter et al.，2002）。Ji 等（2018）发现非农就业人数占总劳动力数比例每提高 1%，农户土地转出概率将提高 8.4%，土地转入概率将降低 4.9%；Huang 等（2012）发现外出劳动力每增加 1 人，农户土地转出概率将提高 4.0%，同时劳动力外出对农户土地转入并无显著影响。另一方面，农地所具有的社会保障属性（Burgess R.，2001）与土地权利的不稳定性（Cheng et al.，2017），导致了土地市场发育远不及劳动力市场发育。例如，根据魏后凯、刘同山（2017）的研究表明，截止到 2016 年底，我国的农村土地流转面积占农村耕地面积的 35.1%，然而，《农民工监测调查报告》数据显示，截至 2016 年底，我国农民工群体已经达到 16884 万人，占农村总人口的比例超过 28.71%。也就表明，非农就业并没有显著地促进农村土地流转。较新的解释认为，通过土地流转实现规模经营并不是唯一途径（孔祥智、穆娜娜，2018），非农就业后农户还可以通过购买农业社会服务维持原有的农业生产规模（Yang et al.，2013）。这些表明，非农就业不但可以通过影响土地资源配置影响农业生产，还可能直接通过引入新要素直接影响农业生产。

非农就业如何影响农业生产呢？孔祥智、穆娜娜（2018）指出我国农业所面临的主要问题是小规模农户与现代农业发展之间的矛盾，我国特殊的国情决定了，要在小农基础实现农业现代化，必须依靠完善的农业社会化服务体系。非农就业是否引起了现代农业生产要素的进入呢？Zhao（2002）基于我国6省份的调研数据经过实证检验指出非农就业促进了农户购买农业机械；Taylor等（2010）指出外出务工促进了农户在农业生产中投入更多的肥料；郑黎义（2010）通过江西省4个县的调查数据分析得出非农收入有助于增加农户在水稻生产中投入更多的化肥和农药。但是，也有研究表明，非农就业并不能增加农户对农业的投资，非农就业所获得的收入更多地被用于子女教育或者购买住房（Zhu et al.，2014）。Adams等（2010）的研究表明农户的非农收入被主要用来购买家庭生活和耐用消费品。

上述两类研究，没能很好地将农户非农就业与土地流转结合起来研究二者对农业生产行为的影响。钱龙（2017）指出现有从收入视角讨论非农就业对农户生产行为的研究，没有考虑非农就业会通过其他路径来影响农户的投资行为（钱龙，2017）。在家庭内部，非农就业与土地流转并没有被完全割裂（Gray et al.，2014；Xu et al.，2017）。非农就业与土地流转的共同作用会对农业生产产生怎样的影响？黄祖辉等（2014）使用江西省2011年325户稻农783块水稻地块的投入产出调查数据得出非农就业有助于农地流转，农地流转的农户水稻生产技术效率较高；钱龙、洪名勇（2016）使用北京大学中国家庭动态跟踪调查数据，将非农就业与土地流转同时纳入模型中，发现非农就业不利于农业生产效率改进，土地转入能够提升农业生产效率。然而，这些研究从整体出发，讨论了非农就业与土地流转对农业生产效率的影响，仍然强调的是非农就业行为与土地流转决策对农业生产产量的影响，关注的是农产品的数量安全，没有注重考查非农就业行为与土地流转决策对农业生产行为，尤其是农业绿色生产行为。本章节研究认为，现代农业生产不仅应该关注农产品产量（即农业生产效率），也应当对农业绿色生产行为予以足够的关注。

（二）非农就业、土地流转与水稻绿色生产行为——基于四川农户的调查

无论是非农就业对农业生产的直接影响，还是非农就业通过影响农地流转行为间接影响农业生产效率，都为我们探究非农就业行为与农地流转决策共同影响农业绿色生产行为的机制提供了丰富的理论基础。在农业生产提质增效的背景下，讨论要素流动对农业生产行为的影响，有助于明晰要素投入高级化和无害化的重要作用。本小节基于四川农户调查数据，探索非农就业、土地流转与水稻绿色生产行为之间的关系，为上述问题提供经验证据。

1. 引言

2000 年以后，中国农业生产环境发生了巨大的变化（黄祖辉等，2014）。城镇化率不断提高，农村劳动力在经济利益驱使下，大量从事非农工作（Xu et al.，2017），导致农民工群体不断壮大，截至 2017 年底，农民工群体达到 28836 万人，占农村总人口的 51.13%[①]。劳动力的大量外流，导致农业生产劳动供给下降，农村户均劳动力工时投入从 1991 年的 3528 工时下降到 2009 年的 1399 工时（De Brauw et al.，2013），这将不利于农业生产（Yue et al.，2012），尤其是对农业绿色生产行为将产生直接的影响。例如，胡浩、杨泳冰（2015）通过全国固定观察点的数据分析得出随着非农就业时间的增加，不论是小麦、玉米还是水稻种植户，在种植过程中都会增加化肥的投入；仇焕广等（2014）利用“全国玉米主产区玉米种植户调查”数据指出化肥过量施用家庭的比例随着家庭成员中外出务工人员的比例增加而增加。然而，化肥的投入虽然能够提高土地产出效率（Lin，1991），但是也导致了严重的环境污染问题（Jiao et al.，2018）。农业生产中过度依赖化肥投入来维持产出的做法带来了严重的后果，例如，水体污染、富营养化和较高的 NO_3，尤其是对地下水和空气影响明显（Carpenter，2008；Liu et al.，2013；Norse et al.，2015）。仇焕广等（2014）认为非农就业导致农户过量施肥的原因在于，出于劳动力成本节约的考虑，农户可能会减少化肥的施用次数，同时为了确保化肥对农作物

① 国家统计局：《2018 年农民工监测调查报告》。

的促进作用，农户会增加化肥每次施用量，最终导致化肥施用总量偏高。然而，这里面暗含一个非常重要的假设，农户经营的土地规模没有发生变化。农户家庭结构相对稳定的情况下，劳动力转移引起的农业劳动力与土地规模的相对变化，可以通过租出土地来达到均衡。如图 4－6、图 4－7 所示，土地规模越大，化肥施用强度（每次用量）越大；劳动力数量越大，土地规模越大，化肥施用强度（每次用量）越小。即土地规模越大施一次肥耗时越长，农户可能倾向去减少施肥次数而增加每次施用肥料量；同理，劳动力越多施一次肥耗时越短，农户可能倾向增加施肥次数而减少每次施用肥料量。然而，上述结果是在劳动力发生变化，而土地规模不变

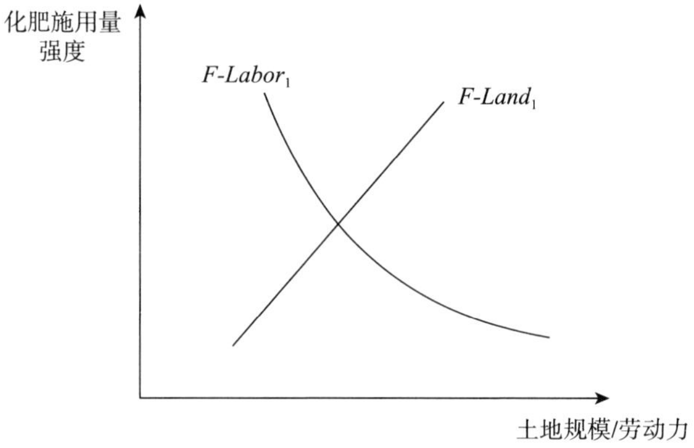

图 4－6　化肥施用量强度与家庭土地－劳动力结构变化（期初）

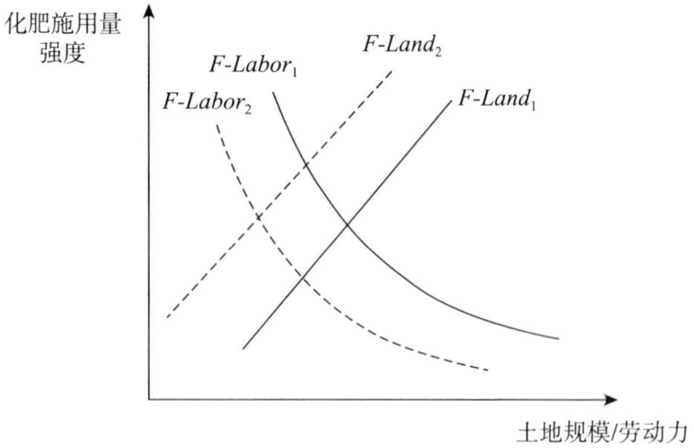

图 4－7　化肥施用量强度与家庭土地－劳动力结构变化（变化 1）

的情况下得到的。农户家庭劳动力数量发生变化时，也可能通过出租土地，导致土地与劳动力的比值保持相对不变，仍然如图4－6所示；也可能通过出租土地，导致土地与劳动力的比值变小，如图4－8所示。因此，在提质增效视角下研究农业生产要素流动引起的农业生产方式变化，应当将非农就业与土地转出行为同时纳入模型进行考虑。

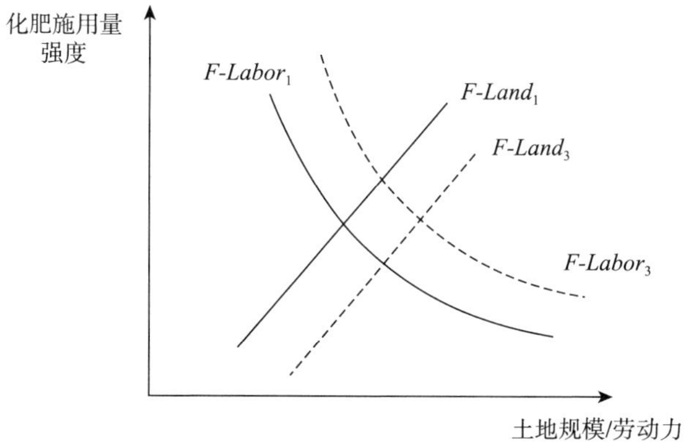

图4－8　化肥施用量强度与家庭土地－劳动力结构变化（变化2）

现实中，非农就业会引起农户卷入土地流转市场（Carter et al.，2002），非农就业会引起农户出租土地，Deininger等（2005）的研究表明非农就业人数占家庭总人口的比例每增加1%，土地转出的面积将增加3.16亩；Che（2016）的研究表明非农就业人数每增加1人，土地转出的面积将增加7.036亩；Ji等（2018）的研究表明非农就业人数占家庭劳动力（aged between 16 and 65 years）的比例每提高1%，土地转出率将提高8.4%。劳动力迁移所引起的家庭土地变化，势必改变每个农业劳动力所经营的土地规模（变大、变小或者不变），因此，化肥施用强度也会发生变化。同时，每个家庭农业劳动力所经营的土地规模如果变小，农户可能会采取更加精细的生产方式，从而采用绿色的农业生产行为。

上述分析得出，农户家庭劳动力发生变化时，如果重新配置土地资源，将使农业生产行为发生变化。以往的研究关注了对施肥行为的影响，较少的研究关注农户家庭劳动力变化与土地配置变化共同作用对施肥的影响，尤其是对有机肥——这一绿色生产要素投入的影响。因此，本小节将重点关注农户家庭劳动力非农就业后，是否会通过重新配置土地资源，调整劳动力人均经营土地面积，来转变农业生产方式，特别是，是否会转向采用更加绿色生态的农业生产方式。本部分将通过构建计量经济学模型，关注农户家庭劳动力非农就业比例对绿色生产行为的影响，同时通过非农就业与土地转出面积的交互项，考察农户是否通过重新配置土地资源，来影响绿色生产行为采纳。

2. 模型构建、变量设定及数据来源

（1）模型构建。

本研究的目标是探究非农就业对采纳绿色生产行为的影响。本文的绿色生产行为表示为水稻种植户是否施用有机肥。因此，农户的绿色生产行为有两类结果：在水稻种植过程中施用有机肥和在水稻种植过程中未施用有机肥，施用有机肥表示为1，未施用有机肥表示为0，被解释变量为一个二分类变量，研究拟采用二元 Probit 模型进行分析。同时，我们想探究非农就业是否通过转出土地来调整农业劳动力人均经营土地面积，进而影响农户绿色生产行为。故而，在模型中还纳入了非农就业比例与是否转出土地的交互项（$Ratio \times Rent$）来刻画上述机制。构建计量经济模型公式如下：

$$Organic = \beta_0 + \beta_1 Ratio + \beta_2 Rent + \beta_3 Ratio \times Rent + \delta X + \varepsilon \qquad (4-9)$$

其中，$Organic$ 表示水稻种植户在水稻种植过程中是否施用有机肥，1 表示农户施用有机肥，0 表示农户不施用有机肥；$Ratio$ 表示农户家庭非农就业劳动力占家庭总人口的比例；$Rent$ 表示农户是否租出水田，1 表示农户租出水田，0 表示农户不租出水田；$Ratio \times Rent$ 表示非农就业比例与是否租出水田的交互项；X 表示一系列控制变量，包括户主个人特征、家庭特征及城市虚拟变量；β_0、β_1、β_2、β_3 和 δ 分别表示待估参数；ε 表示随机误差项。

（2）变量设定。

被解释变量：是否施用有机肥（Organic）。小节选取水稻种植户种植水稻过程是否施用有机肥来衡量农户是否采纳绿色生产行为。选择水稻种植户，原因在于：①在我国，水稻是绝大部分人的主食，种植面积广；②水稻种植环节，施肥于水，如果施用过多化肥极易引发水体污染。

选择是否施用有机肥作为绿色生产方式，原因在于：①我国农业部于2015年出台了《到2020年化肥使用量零增长行动方案》，要求减少农业化肥施用量；②有机肥易于测度。例如，经过发酵的人畜粪便等。如果农户在水稻种植过程中施用了有机肥，则被赋值为1；如果全程没有施用有机肥则被赋值为0。

主要解释变量：非农就业比例（Ratio）。本文采用非农就业劳动力占总人口的比例来衡量非农就业比例。家庭劳动力非农就业所引起的劳动力资源再配置（Stark et al.，1985），将直接影响到家庭土地资源配置（盖庆恩等，2014；Huang et al.，2012）。因此，本研究从家庭劳动力配置视角出发，参考Xu D等（2017）的研究，将农户家庭中年满16~64周岁、外出务工且长期居住在外的成员定义为非农就业劳动力。因此，本研究的主要解释变量是非农就业，即非农劳动力占家庭总人口的比例。

主要解释变量：土地租出（Rent）。土地，对于中国农民而言，有着特殊的地位（Burgess，2001）。一方面，大多数人生活在农村地区，主要靠农业为生（Pingali，2007；Xu et al.，2015）。另一方面，一些非农就业家庭成员依靠土地来获得足够的食物（Stark et al.，1985）。因此，土地在农民家庭的社会保障中起着基础性作用（Burgess，2001）。更进一步，农户不会轻易转出土地。但是，土地转出对我国农业生产有着非常重要的作用。本研究参照其他研究，例如，Huang等（2012）、Xu等（2017）、Ji等（2018），将农户土地是否转出与转出面积作为被解释变量。

其他控制变量。为了保证讨论非农就业是否通过土地转出影响农户绿色生产行为的结论稳健性，主要还控制了户主特征（年龄、性别、教育情况、是否村干部）、家庭特征（水田面积、家庭总规模）和城市效应（地级市虚拟变量）。变量的描述统计见表4-5。

（3）数据来源。

中国的水稻种植历史已经有7000多年的历史，经过长期的演变过程，水稻及其制成品成为大部分中国人的主食。2016年，稻谷播种面积达到3017.824万公顷，占粮食总播种面积（11303.448万公顷）的26.70%[①]。

① 数据来源：http://data.stats.gov.cn/easyquery.htm?cn=C01。

四川省既是劳动力外出务工大省，也是水稻种植面积靠前的省份，2016年，稻谷播种面积为199.00万公顷，全国排名第7[①]。因此，本文选择四川省水稻种植户作为研究对象（“水稻种植户调查问卷”见本章附录）。按照水稻种植面积排序，样本区通过分层随机抽样获取，入户调研采用地址编码随机起点等距抽样，共获取780份数据，经过逻辑审查与缺失值筛选，剔除掉26份无效问卷，参与研究的样本为754份。调研执行时间为2016年7月至2016年9月。

从表4-6可以看出，样本中52%的农户选择了施用有机肥；家庭非农就业的比例达到22.02%；10%的农户参与了土地转出；5%的户主拥有高中及以上的学历；户主的平均年龄为56.64岁；7%的户主担任村干部；家庭所拥有的水田面积平均值为2.71亩；家庭总人口平均约为4人。

表4-6 变量含义及描述性统计

变量	符号	样本量	均值	标准差
是否施用有机肥（1=是；0=否）	Organic	754	0.52	0.50
非农就业劳动力占总人口的比例（%）	Ratio	754	22.02	21.21
是否转出土地（1=是；0=否）	Rent	754	0.10	0.30
户主教育（1=高中及以上学历；0=其他）	Education	754	0.05	0.21
户主年龄（岁）	Age	754	56.64	9.94
户主性别（1=男；0=女）	Gender	754	0.63	0.48
户主是否为村干部（1=是；0=否）	Cadre	754	0.07	0.26
家庭水田面积（亩）	Area_rice	753	2.71	2.63
家庭总人口（人）	Family_size	754	4.40	1.76

3. 模型估计结果分析

表4-7反映了非农就业对农户采纳绿色生产技术的影响，在控制了城市效应的基础上，模型A至模型C分别表示只引入非农就业变量、只引入是否出租土地变量、同时引入非农就业、是否出租土地变量及二者交互项，模型D是在模型C的基础上进一步控制了农户家庭特征及户主特征等

① 数据来源：http://data.stats.gov.cn/easyquery.htm? cn=E0103。

控制变量。模型 A、模型 C、模型 D 的估计结果表明，非农就业显著地促进农户采纳绿色生产技术；模型 B、模型 C、模型 D 的估计结果表明，出租土地的农户较没有出租土地的农户而言，有着更高的采纳绿色生产技术的倾向；模型 C 和模型 D 的估计结果表明，非农就业的家庭且同时出租土地具有更高的可能性去采纳绿色生产技术。

表 4－7　模型估计结果

	A	B	C	D
Ratio	0.040* (1.653)		0.034** (2.365)	0.028** (1.970)
Rent		0.141** (1.966)	0.030** (0.228)	0.037** (2.156)
Ratio × *Rent*			0.053* (1.932)	0.066* (1.765)
城市效应	Yes	Yes	Yes	Yes
控制变量	No	No	No	Yes
观察值	754	754	754	754

注：本表所有被解释变量为水稻种植环节是否施用有机肥；括号内为 t 值；***、**、*分别表示在 1%、5%、10% 水平上显著。

4. 估计结果的讨论

本小节采纳四川省 754 份水稻种植户水稻生产数据，通过构建 Probit 模型分析了稻农家庭非农就业、出租土地行为及二者交互项对农户采纳绿色生产技术的影响。基于实证结果得到如下结论。①非农就业能够显著促进农户采纳绿色生产技术。这与新迁移劳动经济学的观点是一致的：非农就业的汇款能够帮助留守在农村务农的家庭成员改善生产条件（Stark et al.，1985）。本章节的结论或许与郑黎义（2010）的研究结论不同，郑黎义（2010）认为非农就业的汇款虽然改善了农户生产条件，但增加的是化肥、农药等为代表的非绿色生产技术的采纳。对此，有两个可能的原因：其一，种植目的的改变。农户的水稻种植行为已经不再是商品化种植，更多的是自给自足，满足自家口粮需要，全部依赖化肥、农药投入不能满足家庭对绿色无公害食品的需要；其二，降低种植成本的需要，近几年化肥、农药等农资价格走强，农户人力下降，增加了收割环节成本，农户在生产过程中出于降低种植的考虑，会施用农家肥（绿色生产投入）替代化肥。②参与土地转出能够刺激转出户采纳绿色生产行为。农户家庭部分成员参与非农就业后，家庭务农人口相对不足，但农户转出部分土地，农户经营土地的数量下降，对于经营转出土地后剩余的耕地而言，剩余务农人口能够满足甚至富余，此时，农户出于节约生产成本出发，会自发地减少对化肥的依赖，而施用农家肥。③土地转出与非农就业能够互相刺激农户采纳绿色生产技术。即参与非农就业又转出土地，一方面非农就业的汇款能够帮助农户改善生产条件，另一方面转出土地又使农户家庭的经营土地的务农人员相对富足，双重作用提高了农户采纳绿色生产技术。

（三）政策性启示

十九大报告指出我国的主要矛盾已经发生变化，人们期待生产端能够提供更多的优质农产品。传统的资源高消耗、化学品高投入型生产要素配置模式，已经无法满足人们日益增长的农业高质量产品需要。这倒逼传统农业生产要素配置向着符合绿色高质量发展要求转变。本小节从农业生产要素的优化出发，探讨了提质增效视角下的农业生产要素优化，以及要素流动对水稻绿色生产的影响。基于实证分析结果，可以得到如下政策性启示：①有序促进农户非农就业，尤其是应该在稳定进城务工人员的社会福利水平，能够激发非农务工人员逐步留在城市，分享城市发展的红利，降低对土地养老的依赖（徐志刚等，2018），能够激发农户采纳绿色生产技术；②全面落实中央土地政策，加快培育和完善土地流转市场，进一步促进土地转出，能够有效调节家庭人口结构，改善农业生产条件。

三　本章小结

农业绿色高质量发展依赖于传统农业生产要素配置向现代农业生产要素配置转型与优化。随着我国进入新的历史阶段，中国经济体制已经由计划经济体制转向社会主义市场经济体制，需要通过市场来实现资源的有效配置。即为了通过优化资源配置以促进农业绿色高质量发展，需要通过一定的引导机制促进生产要素向高生产效率者集中，也需要新的要素不断投入，进一步升级农业生产要素配置。特别是我国地域广阔，空间分异度大，由此，种植业中优质农产品种植的空间分布极不均匀，农业生产要素的相对富集程度也在不断变化。因此，通过理论分析与实证检验相结合，本章研究有助于从农业生产要素配置视角理顺农业高质量发展脉络。

第一，从质量视角理论分析农业生产要素结构与配置效率，提出了我国的无公害农产品生产现状又具有怎样的空间格局、农业生产要素结构变化对农业高质量发展起着怎样的作用这两个相关问题。我国用占全球约9%的耕地养活了约占全球总人口20%的人口。时至今日，“中国人自己端牢自己的饭碗”仍然是中国人面临的一个突出问题，然而，随着中国经济不断发展，“端牢饭碗”的问题演变成“端牢饭碗与饭碗要盛好产品并存”的问题。在此背景之下，我国“三品一标”农产品安全生产认证体系逐步完善。应特别注意的是，无公害农产品是最基本的市场准入条件。因此，将高毒、高残、高污染的传统农业生产方式转向无公害农业生产方式是最基础、最广泛的转型模型。那么，我国的无公害农产品生产现状又具有怎样的空间格局呢？资源，一直以来都被认为是经济增长中不可或缺的重要因素。资源禀赋也称要素禀赋，指一个国家或地区在一定时期内拥有的各种生产要素，包括劳动力、资本、土地、技术和管理等的富集程度。对于农业生产而言，这些自然资源禀赋的相对富集程度变化会引起生产方式的改变。随着经济的不断发展，乡村处于动态重构之中，乡村新旧要素处于替换过程而呈现此消彼长。那么，农业生产要素结构变化对农业高质量发展起着怎样的作用？

第二，以无公害农产品为例，通过空间计量模型探索优质种植业发展空间分布特征。无公害农产品是最为基础、最为广泛存在的安全农产品，也是农业高质量发展的基本特征之一。高质量农业集聚对于高质量农业产业化发展至关重要。中国空间分异度较大，农业集聚在区间存在着显著差异。通过构建空间莫兰指数能够有效地分析我国优质种植业发展空间分布特征。一是从“地理第一定律”出发，假定各省在农业生产布局上并不是相互独立的，而是存在空间依赖性。因此，以本章研究对象为例构建莫兰指数，探索无公害农产品生产的空间自相关性。二是通过 Python 等软件从中国绿色食品发展中心网站（http://wgh.agri.gov.cn/orderLogoProduc/middleCertificateInfoProd）抓取相关数据，构建优质种植业分布数据库。三是计算莫兰指数并进行相关分析。本节发现，从产量视角来看，各省无公害农产品生产的空间分布存在一定的空间依赖性。这种依赖性主要表现为正的空间依赖，即在空间上，无公害农产品产量低的省份彼此聚集（低-低型）与无公害农产品产量高的省份彼此聚集（高-高型）相并存，但主要表现出低-低型（此类省份占到了全国大陆省份的48.39%，接近一半的省份），高-高型的省份主要集中沿海经济发达地区，低-低型的省份主要集中在经济欠发达的地区（中西部地区，尤其是西部地区），这在一定程度上表明地区经济发展与农业生产方式转型之间存在一定的联系，这可能与地区的消费能力有关，无公害农产品的价格普遍高于普通农产品的价格，经济发达地区的消费强度更大，倒逼生产端供给增多。基于此点出发，在分析农产品生产结构转型的影响因素时，应当控制住地区的经济发展水平。

第三，以四川县级数据为例，探索资源禀赋、要素替代与农产品生产结构转型的相关关系。在农业生产中，某种要素的稀缺程度变化会引起要素价格的相对变化，诱发廉价且相对丰裕要素替代昂贵且相对稀缺要素的投入，从而引起引致技术变革。然而，要素替代和诱致性技术变迁的实现都将受到基础资源禀赋的制约。因此，资源禀赋应当作为一个关键因素引入分析农产品生产结构影响因素的研究中。20世纪90年代，学界曾提出了“资源诅咒”假说，丰富的资源并不意味能够促进经济呈现健康的增长。于农业生产而言，农业资源丰裕程度是否会影响到农产品生产结构转型？结果表明，县级层面的资源禀赋显著促进了农产品生产结构转型，并主要通过引发劳动要素替代作用于农产品生产结构转型。尽管，土地节约型技术的影响机制不明显，但仍然表现出了阻碍效应。本节认为，农产品的生产主要还是依赖于自然资源，资源的丰裕程度将直接影响农产品结构。同时，资源禀赋的相对变化也将引发要素替代从而导致农产品生产结构转型。在过去几十年里，以化肥投入为代表的对土地要素的替代，引发了一系列的环境污染问题，农业的可持续发展道路不能再以损害自然资源为代价，因此，以优质农产品为农产品生产结构的转型方向时，以化肥为代表的土地节约型技术将阻碍资源禀赋在农产品生产结构转型中发挥积极的影响。农业机械是现代农业生产的重要物质保障，有助于改善农业生产中劳动力结构性短缺的现状。因此，以优质农产品为农产品生产结构的转型方向时，以机械为代表的劳动节约型技术将促进资源禀赋在农产品生产结构转型中发挥积极的影响。

第四，以四川农户数据为例，探索非农就业、土地流转与水稻绿色生产行为的相关关系。改革开放以来，特别是户籍制度改革、农业税费改革、土地产权制度等一系列农村制度改革，进而引发乡村要素处于动态更替、不断优化重构，最为突出的表现是劳动力非农就业与土地经营权流转。乡村要素的不断优化重构如何影响农户生产行为？一是通过理论分析可知，土地规模越大，化肥施用强度（每次用量）越大；劳动力数量越大，土地规模越大，化肥施用强度（每次用量）越小。即土地规模越大施一次肥耗时越长，农户可能倾向去减少施肥次数而增加每次施用肥料量；同理，劳动力越多施一次肥耗时越短，农户可能倾向增加施肥次数而减少每次施用肥料量。然而，上述分析假定每户土地规模保持不变，实际上农户有可能参与土地流转而改变土地经营规模，现实情况可能更加复杂。二是在提质增效视角下研究农业生产要素流动引起的农业生产方式变化，将非农就业与土地转出行为同时纳入实证模型进行考虑，结果显示：①非农就业能够显著促进农户采纳绿色生产技术。②参与土地转出能够刺激转出户采纳绿色生产行为。③土地转出与非农就业能够互相刺激农户采纳绿色生产技术。结果表明：参与非农就业又转出土地，一方面非农就业的汇款能够帮助农户改善生产条件，另一方面转出土地又使农户家庭的经营土地的务农人员相对富足，双重作用提高了农户采纳绿色生产技术。在发展高质量农业过程中应当注重土地流转市场和农村金融市场建设，实现土地高效流转与汇款及时到达。

第五，本章的分析结果也能够为发展高质量农业提供一些政策启示。一是深度推进农药化肥零增长行动。不论是实证结果还是相关研究结论都指出农药化肥虽然有助于农产品产量产出，但也带来了农村面源污染和增加了农产品不安全的风险。应当加快制定更为详细的政策，遏制高毒高残农药，低效化肥投入，从源头上杜绝不合格农资产品进入市场。同时，在农村地区建立农业生产性服务机构，为农民提供施肥施药技术指导，从而降低人为操作不当导致食品安全问题发生的概率。二是依托市场机制促进生产要素在城乡之间公平流动。当前农村劳动力单向流动到城市，少部分劳动力回流农村。应当依托政府政策并发挥好市场机制作用，促进劳动力要素在城乡之间公平流动。但是，在现代农业生产要素配置中政府的边界作用应当有所界定，即不能因为乡村振兴和现代农业生产需要，人为强制农民回乡和资本下乡。三是有序促进农户非农就业，尤其是应该稳定进城务工人员的社会福利水平，能够激发非农务工人员逐步留在城市，分享城市发展的红利，降低对土地养老的依赖，能够激发农户采纳绿色生产技术。四是全面落实中央土地政策，加快培育和完善土地流转市场，进一步促进土地转出，能够有效调节家庭人口结构，改善农业生产条件。

本章附录

水稻种植户调查问卷

A1 访员姓名：________，问卷编号：________，调研时间：______月______日

A2 受访者姓名：________，电话号码：________

A3 生产所在地：________省________市县（市、区）________镇________村________小组

A4 经营主体类型：□1 = 散户；□2 = 家庭农场；□3 = 专业大户；□4 = 其他。

A5 是否是示范性经营主体：□1 = 否；□2 = 县级；□3 = 市级；□4 = 省级；□5 = 国家级。

A6 示范了________年（如果上述勾选了 2 ~ 5 填）

A7 轮作模式：水稻收获之后田种，其产量________斤，单价________元/斤。

一　家庭土地

B1 家庭经营田地________亩，________块。

B2 水稻种________亩，________块。其中本村转入________亩，租金________元/亩；外村转入________亩，租金________元/亩。

B3 谁来组织的流转？□1 = 村集体；□2 = 乡镇政府；□3 = 私人协商；□4 = 其他。

B4 租地是否签订了合同？□0 = 否；□2 = 口头约定，最大一块剩余________年；□3 = 书面合同，最大一块剩余________年。

注：如果租金为实物，租金则填每亩给多少斤干谷。并将单位手动改为斤/亩。

B5 稻谷是否具有如下特征？

□1 = 普通；□2 = 无公害（年获得）；□3 = 绿色（年获得）；□4 = 有机（年获得）。

□5 = 地理标志（年获得）；□6 = 公共品牌（年获得）；□7 = 自有品牌（年获得）。

□8 = 优特农产品（年获得）；□9 = 放心农产品（年获得）。

如果仅选 1 则问：

B6 您是否了解 B7 中除 1 以外的事项？□0 = 否→问 B7；□1 = 了解，填哪几类（　）→问 B8。

B7 不了解原因？□1 = 本身不关心；□2 = 获取信息渠道单一；□3 = 其他原因。

B8 如果了解程度？□1 = 完全了解；□2 = 比较了解；□3 = 基本了解；□4 = 不太了解。

二　农业生产

（一）总体农资情况

变量名称	种子费	育秧费	整地费	化肥使用费	灌溉费	农药费	收获费	人工费
单位	元/亩	元/亩	元/亩	元/亩	元/亩	元/亩	元/亩	元/亩
问题编码	C1	C2	C3	C4	C5	C6	C7	C8

（二）种子

		自我育秧					非自我育秧（买秧苗的）				
		亩均用种量	单价	种植面积	种子来源	亩产	亩均用种量	单价	种植面积	秧苗来源	亩产
		斤/亩	元/斤	亩	—	斤/亩	把/亩	元/把	亩	—	斤/亩
		C9	C10	C11	C12	C13	C14	C15	C16	C17	C18
普通稻种	a										
优质稻种	b										

注：①种子（秧苗）来源：1 = 自留种；2 = 政府部门；3 = 科研单位；4 = 农民专业技术协会；5 = 农业企业；6 = 种子公司；7 = 农资商店。

（三）育秧、整地及移栽环节

D1 秧田面积亩；投工量________天，一天________人。

D2 育秧方式：□1 = 旱育秧；□2 = 工厂化育秧；□3 = 湿润育秧；□4 = 其他，请说明。

D3 整地自投工________人________天，油电费________元/亩，租牛费用________元/天；临时雇工整地________元/亩。

D4 插秧自投工________人________天，油电费________元/亩；{临时雇工插秧________元/亩} →有雇工才填。

D5 施肥自投工________人________天，油电费________元/亩；{临时雇工施肥________元/亩} →有雇工才填。

D6 施药自投工________人________天，油电费________元/亩；{临时雇工施药________元/亩} →有雇工才填。

D7 灌溉费用________元/亩。灌溉用水来源：□1 = 雨水；□2 = 自来水；□3 = 地下水；□4 = 其他，请说明。

D8 如果上述有短期雇工，请问短期雇工来源？□1 = 个人；□2 = 互助组；□3 = 合作社；□4 = 专业化公司；□5 = 其他，请说明（按重要性排序，常雇佣的在前，不常雇佣的在最后）。

D9 被雇佣人来源？□1 = 本地；□2 = 外地

化肥使用量 D10

		总体情况					用量最多的		价格最贵的	
		用量	成本	市场价	施用环节	来源	单价	占比	单价	占比
种类		斤/亩	元/亩	元/斤			元/斤	%	元/斤	%
化肥	a									
复合肥	b									
有机复合肥	c									
有机肥	d									

注：①施用环节：1 = 基肥；2 = 分蘖肥；3 = 穗粒肥；4 = 其他。②来源：1 = 农技站；2 = 科研单位；3 = 农民专业技术协会；4 = 农业企业；5 = 化肥公司；6 = 农资商店；7 = 其他，请说明。

农药使用量 D11

		总体使用情况			主要来源	—		—	
		用量	成本	市场价		—	—	—	—
种类		个/亩	元/个	元/个		—	—	—	—
黄板	a					—	—	—	—
灭虫灯	b					用量最多的		价格最贵的	
		用量	成本	市场价		单价	占总施用量	单价	占总施用量
		斤/亩	元/亩	元/斤		元/斤	%	元/斤	%
除草剂	c								
杀虫剂	d								

注：主要来源：1 = 农资商店；2 = 政府；3 = 科研单位；4 = 农民专业技术协会；5 = 龙头企业；6 = 合作社；7 = 农资企业；8 = 其他（请注明）。

化肥及农药使用技术

测土配方施肥情况	0 = 没有；{1 = 免费型；2 = 有偿性（填推广面积、单价）} → F2 - F3	F1	
谁来测	1 = 自己；2 = 合作社；3 = 肥料生产企业；4 = 政府部门；5 = 农资商；6 = 其他	F2	
测土配方频率	一年测几次	F3	
施用比例	占总施肥量的比例；填数字，单位:%	F4	
病虫害防治模式	1 = 单户分散化防治；(2 = 专业化统治统防）→F7 ~ F8	F6	

续表

专业统治统防服务供给主体	1 = 政府植保部门；2 = 专业化公司；3 = 专业合作社；4 = 农药生产商；5 = 农药经销商，5 = 其他	F7	
选药偏好	1 = 品牌；2 = 药效；3 = 价格；4 = 毒性与安全；6 = 是否提供技术指导（多选）	F8	
用药培训强度	次/年	F9	
喜欢哪类人办培训	1 = 知名专家；2 = 种植能手；3 = 合作社；4 = 植保部门；5 = 农药公司组织，6 = 其他	F10	
施药依据	1 = 经验；2 = 农资店指导；3 = 政府培训；4 = 合作社培训；5 = 邻里影响；5 = 其他	F13	

三　收获

	干谷				湿谷				稻米		
	粮站		非粮站		粮站		非粮站				
	数量	收购价	数量	单价	数量	收购价	数量	单价	数量	单价	副产品值
	斤	元/斤	斤	元/斤	斤	元/斤	斤	元/斤	斤	元/斤	元
	G1	G2	G3	G4	G5	G6	G7	G8	G9	G10	G11
普通稻											
优质稻											

注：如果农户回答交粮站是按每亩定额收购的，询问交粮标准，并记录（××斤/亩）。

稻谷晾晒环境	G12	□1 = 水泥地；□2 = 沥青路；□3 = 烘干，数量____斤，成本____元/斤
稻谷贮藏环境	1 = 一品一仓；2 = 多品同仓；3 = 随意堆放	G 13
收获后秸秆是否还田？	G 14	□1 = 还田，采用腐熟剂____元/亩（没用填0）；□0 = 未还田

四　经营方式、雇工及追溯体系

销售方式	1 = 直接销给消费者，占%；2 = 通过中间商销出，占%	H1	
销售行为是否固定	1 = 是；2 = 否	H2	
是否存在销售合同	1 = 无合同；2 = 口头约定；3 = 书面合同→H4	H3	
合同类型	1 = 生产合同；2 = 销售合同；3 = 其他	H4	
经营方式	1 = 自家经营；2 = 合作社 + 农户；3 = 农业企业 + 农户；4 = 龙头企业 + 合作社 + 农户；5 = 龙头企业 + 基地 + 农户；6 = 其他，如果选择 2 - 6→H6	H5	

续表

合作方式	1 = 统一品种；2 = 统一机具配置；3 = 统一农资供应；4 = 统一技术标准；5 = 统一防治病虫；6 = 统一收割储藏（多选）		H6	
合作年限	填数字，单位：年		H7	
生产环节是否记录	H7	□0 = 没有；□1 = 秧田管理；□2 = 整地；□3 = 移栽；□4 = 施肥；□5 = 施药；□6 = 灌溉；□7 = 收获（多选）		
您对灌溉的水质满意吗？	H8	1 = 完全满意；2 = 比较满意；3 = 基本满意；4 = 不太满意；5 = 不满意		
您对饮用的水质满意吗？	H9	1 = 完全满意；2 = 比较满意；3 = 基本满意；4 = 不太满意；5 = 不满意		

五　安全认知（未认证农户不填）

谁推动认证	1 = 市场；2 = 家庭农场；3 = 合作社；4 = 企业；5 = 政府；6 = 其他→具体组织名称；政府要说明哪级哪个部门	I1	
认证前单产	斤/亩	I2	
对认证后所获得的利润是否满意？	1 = 完全满意；2 = 比较满意；3 = 基本满意；4 = 不太满意；5 = 不满意	I3	
您对水稻生产过程还有哪些建议，以保证水稻质量安全？	I4		

六　农业生产决策者

性别	1 = 男；2 = 女	J1	
年龄	填数字，单位：岁	J2	
受教育程度	1 = 不识字；2 = 小学；3 = 初中；4 = 高中/中专；5 = 大专；6 = 本科；7 = 研究生	J3	
政治面貌	1 = 党员；2 = 民主党派；3 = 共青团员；4 = 群众	J4	
健康状况	1 = 健康；2 = 偶尔生病；3 = 经常生病；4 = 丧失劳动能力	J5	
生产经验	从事水稻种植多少年	J6	
职业证书	1 = 取得新型职业农民证书；2 = 未取得职业农民证书	J7	
雇佣职业经理人个数	J8	高级____个，中级____个，初级____个	
如果是家庭农场，则请回答 J9 – J13			
注册情况	1 = 已经注册；0 = 否	J9	
雇工情况	填数字，单位：人	J10	

续表

其中： 长期雇工	填数字，单位：人	J11	
临时雇工	填数字，单位：人	J12	
为其他经营主体提供哪些服务？	0 = 否；2 = 代购农资；3 = 帮助生产 4 = 提供贮藏 5 = 提供加工 6 = 提供运输；7 = 协助销售；8 = 其他（可多选）	J13	

七 家庭信息

干部数量	填数字，单位：个（村干及以上），没有填 0	K1	
最高干部级别	1 = 村干部；2 = 乡干部；3 = 县级干部；4 = 地市级干部	K2	
家庭总人口	填数字，个	K3	
劳动力人口	统一为 16 ~ 60 岁，单位：个	K4	
常年外出打工人数	填数字，单位：人	K5	
离村主干道距离	填数字，单位：公里	K6	
加入了几个合作社	填数字，单位：个→此处数字大于 0 时填做 K8 - K9	K7	
合作社的服务包括	1 = 农资合作；2 = 农机合作；3 = 技术指导；4 = 销售合作；5 = 土地合作	K8	
最大合作社规模	填数字，单位：户	K9	
对亲戚推荐工作的接受程度	1 = 完全接受；2 = 比较接受；3 = 基本接受；4 = 不太接受；5 = 不接受	K10	
对邻居推荐工作的接受程度	1 = 完全接受；2 = 比较接受；3 = 基本接受；4 = 不太接受；5 = 不接受	K11	
对村干部推荐工作的接受程度	1 = 完全接受；2 = 比较接受；3 = 基本接受；4 = 不太接受；5 = 不接受	K12	

人情收入	K13	元	人情支出	K14	元	
K15	2015 年家庭总收入________元/年；其中农业收入占比%；水稻收入占农业收入比例%					
K16	2015 年家庭总支出________元/年；其中农业支出占比%					

第五章
构建现代农业产业体系研究

现代农业产业体系着重解决农产品供给效率和农业生产效益问题，它是构建现代农业体系的核心，引领现代农业发展方向。在深入推进农业供给侧结构性改革的背景下，以农产品质量安全为导向，通过“建基地、创品牌、搞加工、促融合”，积极“延伸产业链，提升价值链，拓展生态链”，大力构建具有中国特色的现代农业产业体系，不仅有利于调整我国农业种植结构、品质结构，增加优质农产品有效供给，而且有助于培育农业农村发展新动能，促进农民增收。

本章以保障农产品质量安全，增加优质农产品有效供给为根本出发点，首先基于省际空间外溢性的宏观视角，在刻画我国优质农产品空间分布特征的基础上，研究不同类型优质农产品在省际所具有的空间溢出效应；其次基于产业链的中观视角，实证研究产销环节纵向协作类型对农产品质量安全的影响及其作用机制；再次基于四川省农业产业化发展的具体实践，通过案例研究剖析四川由农业大省迈向农业强省过程中建设农业产业基地的主要做法、典型模式与经验借鉴；最后以四川省为蓝本，针对其建设现代农业产业体系中存在的主要问题，以提升农产品质量安全为导向，为构建我国现代农业产业体系提出对策建议。

一　省际优质农产品空间分布与空间溢出效应研究

现代农业产业体系是指以市场需求为导向，在立足地区比较优势、突出区域特色的基础上，通过优化农业区域布局，调整农产品供给结构，拓展农业多功能体系，促进三次产业融合发展等，提升农产品的附加值，提高农业产业的整体竞争力，促进农民持续增收。现代农业体系包含农产品产业体系，农业多功能体系和三次产业融合发展体系三个方面，其中农产品产业体系是核心，反映土地、劳动力、资本等农业生产要素的配置效率；农业多功能体系体现农业功能横向拓展；三次产业融合发展体系是农业产业链延伸、产业范围拓展。构建现代农业产业体系，既要立足于地理气候等自然资源禀赋，与现代农业生产体系形成有效的匹配与衔接，又要嵌入地区产业分工，形成分工合理、协调有效、特色鲜明的农业产业体系。本部分基于空间溢出效应的视角，研究省际优质农产品供给结构的时空演变，刻画农业产品供给在不同资源禀赋和要素禀赋的地区间的分工格局。并在此基础上识别优质农产品品牌认证在省际的溢出效应，从而有助于区分农产品产业体系变革的动力主要是基于地区间的竞争效应还是以技术溢出的学习效应。通过识别农产品产业体系在地区间的演进规律与驱动力量，有助于地区间在开展“建基地、搞加工、创品牌、促融合”工作时进行有序分工，形成差异化发展、高效合作的局面。

（一）引言

近年来，我国各地政府在农业农村工作中积极采取各项措施“调结构、补短板、提品质、促融合”，不断推进农业供给侧结构性改革。其中，农产品质量安全和农业品牌化建设是当前各地推动农业产业化发展的主要抓手。以四川省为例，2018 年该省全面推进质量兴农、品牌强农战略，要求牢牢抓好农产品质量安全和品牌建设两项重点工作，以期更好地满足人民日益增长的优质农产品需求。农业品牌，尤其是认证“三品一标”为代表的农产品质量安全品牌对实现农业提档升级，促进农业增效和农民增收都具有重要意义①。

截至 2016 年底，我国“三品一标”认证数量近 10.8 万个，比 2012 年增加了 44.7%，种植面积约 3000 万公顷，占同类农产品种植面积的 17% 左右。2015 年市场消费者对“三品一标”的综合认知度超过 80%，使用标志的无公害农产品和地理标志农产品平均售价显著高出 5% ~30%②。虽

① 农产品“三品一标”是指无公害农产品、绿色食品、有机农产品和农产品地理标志。

② 数据来源：见农业部农产品质量安全中心《2016 年全国“三品一标”工作会议工作报告》。

然我国农产品“三品一标”在认证数量、生产面积和市场认知度等方面取得显著成效，但目前认证工作仍存在以下三方面的突出问题：①“重认证，轻管理”，尤其是缺乏认证产品质量追溯、品牌标识管理，部分认证农产品标识管理混乱、质量参差不齐；②一些地区认证工作冒进，甚至将部分认证指标摊派给下级地方政府，出现假冒认证和虚假认证；③部分地区认证农产品品牌多、规模小、结构不合理，尤其是缺乏区域公用品牌，但无公害农产品认证数量多。针对上述这些现象与问题，在各地农产品“三品一标”品牌化建设如火如荼开展中，当前我国优质农产品区域布局和区域开发呈现出怎样的态势？区域农产品品牌化建设在区域间是否形成集聚的规模优势和效益优势？这些成效在不同类型农产品品牌之间、不同地区间是否存在显著的差异？这些问题都是我国继续推进农产品质量安全品牌化建设中亟待解决的重要问题。

农产品“三品一标”等质量安全品牌具有典型的行业内传染型外溢性和地区间空间溢出效应，尤其是对区域公用品牌的地理标志产品来说（青平等，2013；周小梅、范鸿飞，2017；Shi et al.，2018）。对于这类具有外溢性的地方公共产品，已有研究主要关注公共产品有效供给不足的问题。程杰贤和郑少锋（2018）发现农产品区域公用品牌使用出现农户搭便车行为。王长宇等（2015）运用博弈论分析地方外溢性公共产品供给不足的经济机制，研究发现地方外溢性公共产品由于提供之后其收益范围会跨出本地区，惠及区外，基于成本收益的考虑，地方政府对这类公共产品往往缺乏有效供给。尹恒和徐琰超（2011）考察中国地级市地区基本建设支出的空间依赖关系，指出地区间基本建设支出的空间依赖关系取决于溢出效应和竞争效应。采用空间计量模型对2002～2005年地级市面板数据的实证研究发现，对于不同省内但地理相邻的地区，地区间基本建设支出负向溢出，而省内行政相邻地区，由于存在官员晋升锦标赛，地区间的基本建设支出空间依赖上正相关。这为外溢效应和竞争效应提供了有利的证据支撑。针对地方政府环保支出，李香菊和赵娜（2017）发现由于地方政府存在税收竞争，外溢性污染物存在显著的空间溢出效应，尤其是税收竞争强度越大，外溢性污染物的溢出效应更明显。可见，针对农产品“三品一标”这类具有外溢性的农产品区域公用品牌，研究其地区间的外溢性对于理解地方政府的竞争行为，并在此基础上指导地方政府制定农产品产业化发展政策具有一定的指导意义。

值得注意的是，另外一部分文献关注溢出效应在空间上的异质性（骆永民、樊丽明，2012；郭峰、胡军，2016；Tong et al.，2013）。其中，Boarnet（1998）较早注意到地方不同类型公共交通基础设施对地方总产出有异质性的溢出效应。Tong 等（2013）、胡煜和李红昌（2015）以美国、中国城市交通枢纽空间溢出效应。实证结果显示，不同等级城市交通枢纽在东部、中部和西部具有不同的空间溢出效应，其中中部地区，不同等级城市交通枢纽的空间溢出效应差异不明显，而西部地区只有区域性交通枢纽有显著正的空间溢出效应。冯伟和徐康宁（2014）外商直接投资对地区发展存在着溢出效应，不过这种溢出效应具有空间异质性的特征，具体表现在技术进步上的溢出效应主要来源于东、中部地区，而对于全要素生产率来说主要源于东部地区。孙斌栋和丁嵩（2016）发现不同等级的大城市对小城市经济增长外溢性具有显著的异质性。上述研究为本文进一步的研究具有启示意义，即可以考察无公害农产品、绿色食品、有机农产品和地理标志保护产品的空间溢出效应否存在地区差异？尤其是“一标”与“三品”之间存在显著性公共产品属性差别的情况下（徐成龙、杨建辉，2017）。

本文以地理标志保护产品和无公害农产品为例，基于 2011～2017 年省级面板数据，在刻画省际优质农产品空间分布特征的基础上，运用面板空间计量模型，实证研究优质农产品品牌认证数量在省际的空间溢出效应。实证结果显示：①地方无公害农产品认证数量在省际具有显著的正向空间溢出效应，平均来看，邻近省份无公害农产品认证数量每增加 1 个，会引致本省份无公害农产品认证数量相应增加 0.351 个；②地方地理标志保护产品认证对相邻省份的地理标志产品认证产生负向外溢效应，平均来看，相邻省份地理标志产品认证数量每增加 1 个单位，相应的本省份地理标志产品认证数量会减少 0.230 个单位。无公害农产品和地理标志保护产品具有的差异化的空间溢出效应表现，可能反映出在缺乏有效认证标识管理制度下，基于产地保护原则的地理标志保护产品具有准公共产品的属性，其容易被邻近地区免费搭便车；而基于农业经营主体的无公害农产品认证，具有较强的排他性和竞争性，为此农业经营主体之间、地方政府之间为认证无公害农产品展开竞争、相互模仿，导致省际无公害农产品认证具有正向溢出效应。本文的边际贡献主要在于首次发现无公害农产品和地理标志保护产品具有差异化的空间溢出效应，并在此基础上，对“三品一标”优质农产品品牌化发展提出了具有针对性的对策建议。

本节余下部分的安排如下：第二部分是刻画我国地理标志保护产品和无公害农产品的空间分布特征，并在此基础上进行省际优质农产品空间相关性检验；第三部分介绍数据来源、变量设计和实证回归模型；第四部分实证分析，利用基于面板数据的空间计量模型量化地理标志保护产品和无公害农产品在省际的空间溢出效应；第五部分是稳健性检验及本节结论。

（二）我国各省优质农产品空间分布与空间相关性分析

1. 我国优质农产品总量与时间变化趋势

中国绿色食品发展中心统计的数据显示，截至 2017 年底，我国地理标志保护产品共计 2240 个，分布在 31 个省份，涉及粮食类产品、果品、蛋类产品、蔬菜、肉类产品等品类。无公害农产品方面，中国绿色食品发展中心统计公示的数据显示（见表 5 - 1），截至 2017 年底我国无公害农产品认证数量 89520 个，总量 2.34 亿吨，涉及种植业、畜牧业和渔业三大类，其中种植业认证数量 66745 个，占 74.56%，认证产品产量 2.11×10^8 吨；渔业认证数量 12316 个占 13.76%，认证产品产量 1.68×10^7 吨；畜牧业认证数量 10459 个，占 11.68%，认证产品产量 6461408 吨。

表 5 - 1　我国无公害农产品认证数量和认证产量数据（截至 2017 年底）

类别	认证数量（个）	数量占比（%）	认证产量（吨）	产量占比（%）
种植业	66745	74.56	211000000	90.07
渔业	12316	13.76	16800000	7.17
畜牧业	10459	11.68	6461408	2.76
合计	89520	100.00	234261408	100.00

资料来源：中国绿色食品发展中心。

时间维度上，近年来我国无公害农产品认证数量和认证产品均有明显的增长趋势。尤其是2017年，随着我国农业供给侧结构性改革持续深入推进，当年无公害农产品认证数量增加61.84%，认证产量增加48.28%。地理标志保护产品认证方面，“十二五”期间，我国地理标志保护产品认证数量年均250个左右，其中以2013年增幅最为明显，当年地理标志产品增加54.72%，但冲高后回落。“十三五”开局两年，地理标志产品保持小幅增长态势，2016年和2017年这两年年均增幅8%左右。具体增长趋势，如表5－3所示。

表5－2　我国无公害农产品认证数量和认证产量时间趋势

年份	认证数量（个）	增长幅度（%）	认证产量（吨）	增长幅度（%）
2015	20271	—	61600000	—
2016	26447	30.47	69461408	12.76
2017	42802	61.84	103000000	48.28
合计	89520	—	234061408	—

资料来源：中国绿色食品发展中心。

表5－3　我国地理标志保护产品认证数量时间变化趋势

年份	认证数量（个）	增长幅度（%）	年份	认证数量（个）	增长幅度（%）
2010	333	—	2014	213	－35.06
2011	300	－9.91	2015	204	－4.23
2012	212	－29.33	2016	212	3.92
2013	328	54.72	2017	238	12.26

资料来源：中国绿色食品发展中心。

2. 省际优质农产品空间分布

区域空间分布方面，截至2017年底，我国地理标志保护产品主要分布在华东地区（28.04%）、中南地区（17.46%）和西北地区（16.88%），其中华东地区的山东省共认证地理保护产品323个，居全国首位，占到全国总量的13.18%，其次是四川省，认证数量166个，占6.78%。无公害农产品方面，其主要分布在华东地区（49.98%）。华东地区的江苏省无公害农产品认证数量17284个，居全国第一位，其次是华东西区的山东（7138个）、浙江（7133个）和上海市（6331个），可见华东地区以无公害为代表的优质农产品区域集聚效应明显。

表5-4 我国优质农产品空间分布情况（截至2017年底）

区域	地理标志保护产品（2008～2017）		无公害农产品（2015～2017）	
	认证数量（个）	占比（%）	认证数量（个）	占比（%）
东北	216	9.64	8917	9.96
华北	276	12.32	10770	12.03
华东	628	28.04	44740	49.98
中南	391	17.46	10303	11.51
西南	351	15.67	9916	11.08
西北	378	16.88	4874	5.44
合计	2240	100	89520	100

资料来源：中国绿色食品发展中心。

省际分布上看，如表5-5所示，截至2017年，我国各个省份中认证地理标志农产品的数量属于第一梯队的省份包括山东、四川、山西、湖北、黑龙江、新疆和广西；第二梯队的省份包括内蒙古、辽宁、河南、陕西、江西、甘肃、云南和福建；第三梯队的省份包括江苏、青海、宁夏、贵州、浙江、湖南、重庆和安徽；认证数量最少的省份有北京、天津、上海等地。无公害农产品方面，认证数量属于第一梯队的省份为江苏、山东、浙江、上海、北京、四川等省份；第二梯队包含河南、贵州、辽宁、重庆、陕西等省份；最后一个梯队主要有西藏、宁夏、青海、海南等省份。

表5-5 我国优质农产品空间分布情况（截至2017年）

梯队	地理标志保护产品		梯队	无公害农产品	
	省份	认证数量		省份	认证数量
第一	山东、四川、山西、湖北、黑龙江、新疆、广西	>94	第一	江苏、山东、浙江、北京、上海、黑龙江、四川	>1407
第二	内蒙古、辽宁、河南、陕西、江西、甘肃、云南、福建	[56，94]	第二	河南、贵州、辽宁、重庆、陕西、湖北、江西、山西	[1008，1407]

续表

梯队	地理标志保护产品		梯队	无公害农产品	
	省份	认证数量		省份	认证数量
第三	江苏、青海、宁夏、贵州、浙江、湖南、重庆、安徽	[32, 55]	第三	福建、广东、湖南、安徽、吉林、内蒙古、天津、广西	[535, 1007]
第四	河北、广东、海南、吉林、西藏、北京、上海、天津	<32	第四	河北、云南、新疆、甘肃、海南、青海、宁夏、西藏	<535

注：梯队等级划分标准：对截至 2017 年各省份优质农产品认证数量进行四等份划分。

资料来源：中国绿色食品发展中心。

从省际优质农产品的动态变化上看，以地理标志保护产品为例，如表 5－6 所示，2009 年至 2017 年我国地理标志保持产品在动态变化上具有如下规律：第一，地理标志保护强省狠抓品牌建设，一直保持在品牌认证的第一梯队，例如山东、黑龙江、四川等省份。第二，部分省份地理标志产品品牌建设工作取得了长足的进步，实现了飞跃。其中以广西最为明显。2009 年，广西认证的地理标志保护产品仅为 1 个，排在最后一梯队，而到 2017 年，广西认证的数量增加至 108 个，排在全国第一梯队。第三，部分省份地理标志产品建设工作滞后，其中以陕西、宁夏、吉林地理标志产品认证工作退步明显，河北、广东、海南等省份品牌认证与建设工作停滞不前。

表 5－6　2009 年与 2017 年我国地理标志保护产品认证数量分档情况对比

2009		2017	
梯队	省份	梯队	省份
第一	山东、四川、黑龙江、宁夏、陕西、内蒙古	第一	山东、四川、山西、湖北、黑龙江、新疆、广西
第二	湖北、山西、重庆、湖南、吉林、江苏、福建、辽宁、河南	第二	内蒙古、辽宁、河南、陕西、河南、江西、甘肃、云南、福建
第三	云南、甘肃、新疆、北京、安徽、西藏	第三	江苏、青海、宁夏、贵州、浙江、湖南、重庆、安徽
第四	广西、贵州、浙江、江西、青海、河北、广东、海南、上海、天津	第四	河北、广东、海南、吉林、西藏、北京、上海、天津

注：梯队等级划分标准：分别对 2009 年、2017 年底各省份地理标志产品认证数量进行四等份划分。

资料来源：中国绿色食品发展中心。

3. 省际优质农产品空间相关性分析

为了考察省际优质农产品是否存在空间相关性，参考潘文卿（2012），本节使用 Moran's I 指数进行检验。通常来说，Moran's I 指数的计算公式如下：

$$Moran's\ I = \frac{N}{\sum_i \sum_j Wij} * \frac{(Y_i - \overline{Y}) * (Y_j - \overline{Y})}{\sum_i (Y_i - \overline{Y})^2} \quad (5-1)$$

其中，N 是地理单元空间，在本文中 $N=31$，意味着有 31 个省（自治区、直辖市）；w_{ij}表示空间权重矩阵，在本节我们先采用是否相邻来定义空间权重矩阵 W，然后采用省际距离倒数作为空间权重矩阵 M 作为稳健性检验。Y_i（Y_j）表示 i（j）省份某一年优质农产品认证数量，$\overline{Y}$表示某一年所有省份优质农产品认证数量的均值。通常 Moran's I 指数取值区间为［-1，1］，如果 Moran's I 指数大于零，表明空间正相关，其正值越大，说明地区间的空间正向依赖性越加明显；反过来，若 Moran's I 指数小于零，表明区域间的空间依赖性负相关，其取值越小，区域间空间的差异性越大。如果 Moran's I 指数等于零，说明彼此不存在空间依赖性，空间呈现随机性。

表 5-7 给出了基于空间权重矩阵 W 计算的全局 Moran's I 指数，以期测度出全国范围内各省际的空间相关性检验。从表 5-7 可以看出，2011～2017 年我国地理标志保护产品的全局 Moran's I 指数均为负值，说明区域间地理标志保护产品认证数量在省际负相关，并且随时间推移，地理标志产品省际的负向依赖关系越发显著。例如，2017 年地理标志保护产品的全局 Moran's I 指数等于 -0.105，p 值为 0.045，在 5% 的显著性水平下通过显著性检验，而 2011 年该产品认证数量的 Moran's I 指数虽然为负，但没有通过显著性检验。此外，省际无公害农产品认证数量的全局 Moran's I 指数均为正，这意味着省际无公害农产品的认证具有正向的溢出效应，而且均在 10% 的显著性水平下显著。可见，全局 Moran's I 指数的检验结果表明，中国省域层面上看省际无公害农产品认证的空间依赖性呈现出正向弱相关，而地区间地理标志产品的认证数量则负相关，而且负相关越来越明显。

表 5－7　我国优质农产品空间相关性检验（全局 Moran's I 指数）

地理标志保护产品（2011～2017）			无公害农产品（2015～2017）		
年份	Moran's I 指数（W）	p-value	年份	Moran's I 指数（W）	p-value
2011	－0.059	0.184	2015	0.152	0.064
2014	－0.074	0.096	2016	0.096	0.102
2017	－0.105	0.045	2017	0.166	0.052

注：W 为空间权重矩阵，定义为 31×31 阶的是否相邻矩阵。

资料来源：中国绿色食品发展中心。

为了更加细致考虑省际空间相关关系在不同区域间的差异性，参考 Anselin（2010），接下来我们使用空间关联局域指标（LISA）来分析空间关联的局域特性。图 5－1 为我们绘制优质农产品 Moran's I 指数的散点图，其中无公害农产品认证数量的 Moran's I 指数见图 5－1，地理标志保护产品认证数量的 Moran's I 指数见图 5－2。Moran's I 指数散点图分为四个象限，其中右上角和左下角，表明区域间空间正相关；而左上角和右下角表明区域内空间负相关。从图 5－1、图 5－2 Moran's I 指数散点图的线性拟合线上，可以看出各地无公害农产品认证的空间上正相关，而地区间地理标志产品的认证数量则负相关。这进一步印证了全局 Moran's I 指数检验的结果。

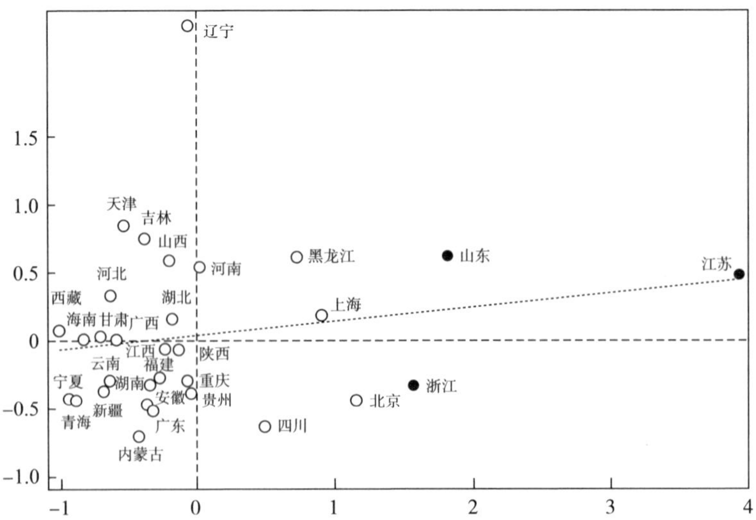

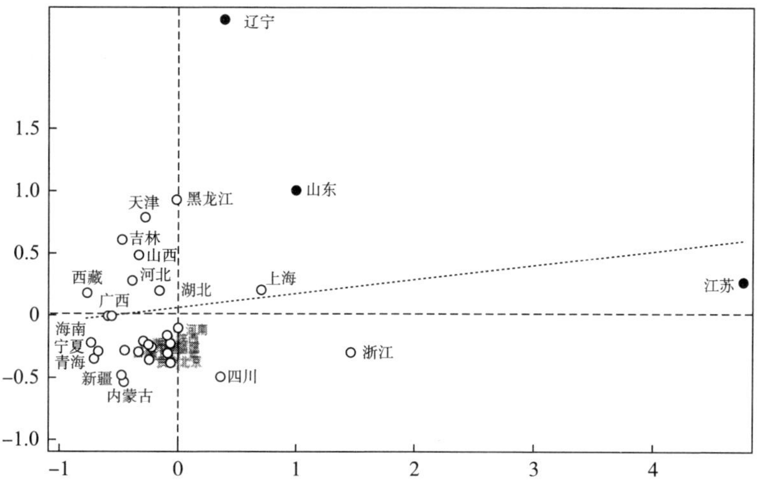

图 5－1　2015～2017 年我国无公害农产品认证数量的 Moran's I 指数

上述通过对区域间全局 Moran's I 指数和局部 Moran's I 指数的检验表明我国各地区间的优质农产品存在空间相关性。为了进一步量化优质农产品的空间溢出效应，我们将在余下的部分利用空间计量模型进行实证分析。

（三）省际优质农产品空间溢出效应的实证设计

1. 数据来源

为了量化和识别无公害农产品和地理标志保护产品的空间溢出效应，首先，搜集省级层面的优质农产品认证数量数据。鉴于各省没有统一的部门以统一口径统计本省认证的无公害农产品、地理标志保护产品数量，本节利用 Python 软件对中国绿色食品发展中心无公害农产品获证产品目录动态查询系统和全国农产品地理标志查询系统进行文本分析，然后将每一条产品认证信息匹配到省级层面。由于中国绿色食品发展中心公示的无公害农产品认证信息最早可追溯至 2015 年，因此无公害农产品数据的时间窗口为 2015～2017 年。而地理标志保护产品可追溯至 2011 年，因此采用 2011～2017 年的地理标志产品数据。其次，本文主要的控制变量来源于 2010～2016 年的各省统计年鉴，互联网普及率的数据来自中国互联网络信息中心（CNNIC）发布的历年《中国互联网络发展状况统计报告》。由于优质农产品认证通常需要走流程，其申报过程周期通常为半年。因此，控制变量的选取均采用滞后一期处理。

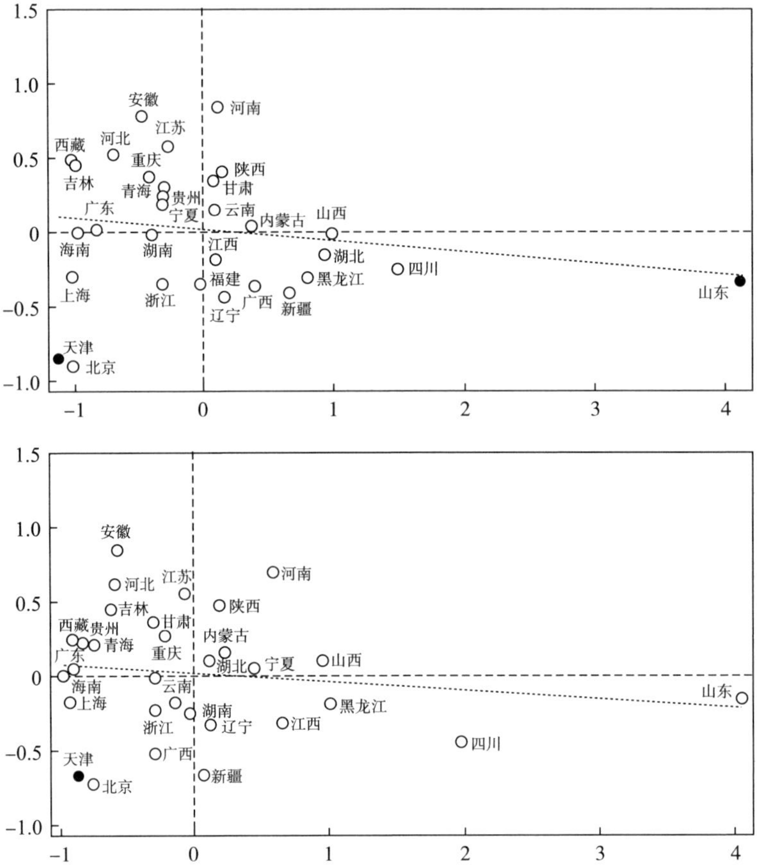

图 5－2　2011～2017 年我国地理标志保护产品认证数量的 Moran's I 指数

2. 变量设定与统计描述

各省优质农产品认证数量不仅会受到临近地区的影响，同时还受到需求因素、供给因素和政府政策等方面的影响。为了控制影响的其他因素，在需求端上，拟控制人均 GDP、城镇化率、地区社会消费总水平、外贸依存度和互联网普及率；在供给端上，农业增加值、地方产业结构、种植结构、农户平均种植经营规模、农业信息化等因素可能会影响优质农产品的认证数量，因此需要加进来做控制变量；政府政策层面，地方政府财政支农力度将会是一个重要的控制变量。此外，各省在文化习俗、资源禀赋等方面可能会存在差异，为了控制这些不可观测但不随时间变化的省份固定效应会回归结果的干扰，我们将利用基于面板数据的固定效用回归模型进行实证分析。变量含义如表 5－8 所示。

表 5－8 变量含义

变量类型	变量名称	变量定义/来源
被解释变量	无公害农产品认证数量	来源：中国绿色食品发展中心无公害农产品获证产品目录动态查询系统
	地理标志保护产品认证数量	来源：全国农产品地理标志查询系统
核心解释变量	临近省份无公害农产品认证数量	来源：中国绿色食品发展中心无公害农产品获证产品目录动态查询系统
	临近省份地理标志保护产品认证数量	来源：全国农产品地理标志查询系统
控制变量	农业增加值	单位：亿元
	农业增加值占 GDP 比值	单位：%
	经济作物种植面积占比	经济作物种植面积占比 =（1 － 粮食作物播种面积占比）×100，单位：%
	人均 GDP	单位：元/年
	互联网普及率	互联网普及率 =［网民数量/（乡村总人口 + 城镇总人口）］×100，单位：%
	人均农地经营规模	定义：=（年末耕地 ×15 ×1000）/（乡村总人口 ×10000），单位：亩/人
	城镇化率	定义：=［城镇总人口/（乡村总人口 + 城镇总人口）］×100，单位：%
	外贸依存度	外贸依存度 =［进出口额_折算/（总产值 ×10000）］×100，单位：%
	政府财政支农力度	政府财政支农力度 =（农林水事务支出/地方财政总支出）×100，单位：%
	社会消费品零售总额	单位：亿元
	农村电视覆盖率	单位：%

表 5－9 列示了上述变量的描述性统计结果，从中可以看出 2015～2017 年各省无公害农产品认证的平均数约是 962 个，其中每年有效的无公害农产品中继续认证的比例达 41.54%。各省年人均 GDP 为 53530.93 元，

农业增加值达3455.63亿元，农业增加值占GDP的比重为17.12%，其中经济作物种植面积占到耕地面积的41.25%，人均农地经营面积为3.89亩。平均上看，各省城镇化率为56.68%，外贸依存度达到25.17%，社会消费总水平19374.59亿元。此外，农村信息化建设相对较高，其中农村电视覆盖率98.19%，互联网普及率50.69%。

表5-9　无公害农产品主要变量描述性统计结果（2015~2017年）

变量名称	样本均值	标准差	最小值	最大值
无公害农产品认证数量	962.58	1154.78	22	6642
无公害农产品继续认证率	41.54	19.91	7.302534	100
农业增加值	3455.63	2395.26	138.72	9549.63
农业增加值占GDP比值	17.12	8.36	1.011723	36.27776
经济作物种植面积占比	41.25	14.66	4.564667	65.03442
人均GDP	53530.93	23623.92	26165	118198
互联网普及率	50.69	10.98	33.97182	77.77267
人均农地经营规模	3.89	3.26	9521739	15.34268
城镇化率	56.68	12.84	25.78616	89.60825
外贸依存度	25.17	27.65	3.214693	121.5647
政府财政支农力度	11.65	3.17	4.109728	18.9663
社会消费总水平	19374.59	8809.12	7205	49617
农村电视覆盖率	98.19	1.42	93.9	100

注：样本量为93个。

表5-10汇报了2011~2017年地理标志保护产品研究涉及的主要变量及其描述性统计结果。数据显示，2011~2017年各省地理标志保护产品认证数量年均46~47个，其中每个省年均增加8个左右。对比表5-9各省在2015~2017年三年间的数据，可以发现控制变量的各个指标在表5-10均有不同程度的下降，这可能说明控制变量具有不同程度逐年递增的时间趋势。

表 5－10　地理标志保护产品变量描述性统计结果（2011～2017 年）

变量名称	样本均值	标准差	最小值	最大值
地理标志保护产品认证数量	46.46	46.74	0	294
新增地理标志保护产品	7.91	8.38	0	54
农业增加值	3167.34	2248.50	109.37	9549.63
农业增加值占 GDP 比值	17.38	8.28	1.011723	39.73385
经济作物种植面积占比	40.85	14.19	4.564667	65.72556
人均 GDP	48469.53	22369.98	16413	118198
互联网普及率	46.51	12.27	24.21447	77.77267
人均农地经营规模	3.56	2.82	.63125	15.34268
城镇化率	55.02	13.54	22.72727	89.60825
外贸依存度	28.22	32.54	3.214693	154.8163
政府财政支农力度	11.38	2.98	4.109728	18.9663
社会消费总水平	16853.12	8264.73	4730	49617
农村电视覆盖率	97.73	1.85	91.4	100

注：样本量为 186 个。

3. 实证模型设定

前述基于区域间全局 Moran's I 指数和局部 Moran's I 指数的检验已表明我国各地区间的优质农产品存在空间相关性。为了识别省际优质农产品的空间溢出效应，本节拟采用基于省级面板数据的空间自回归模型（SAR）和带空间自回归误差项的空间自回归模型（SARAR）进行实证分析。模型的具体设定如下：

$$Y_t = \alpha + \rho W Y_t + X_t \beta + \mu + t + u_t \tag{5-2}$$

$$u_t = \theta W u_t + \varepsilon_t \tag{5-3}$$

在回归方程（5－2）中，Y_t 是 t 年被解释变量（地理标志保护产品认证数量、无公害农产品认证数量）的列向量，是 α 常数项，W 是空间权重矩阵，X_t 是随时间变化的控制变量，包括需求因素、供给因素和政府政策支持等变量，μ 是省份固定效应，刻画不随时间变化的省份固体效应的影响，t 是年份固定效应，u_t 是随机扰动项，刻画天气、市场波动、价格预期等因素对优质农产品认证数量的影响。由于天气因素、区域市场、价格波动的影响可能会波及至邻近的省份，因此我们先采用空间自回归模型（SAR）进行估计，然后在此基础上利用带空间自回归误差项的空间自回归模型（SARAR）——既考虑优质农产品认证在空间上的溢出效应，又在时间维度上考虑区域天气因素、地方性市场因素波动对跨期优质农产品认证所产生的影响。在模型估计上将采用极大自然估计法（MLE）。

（四）省际优质农产品空间溢出效应的实证结果与解释

1. 无公害农产品的空间效应分析

表5-11报告了利用对实证回归模型式（5-2）、式（5-3）采用不同估计方法的实证回归结果。其中，第（1）列没有采用空间计量模型，仅使用用面板数据的双向固定效应模型；第（2）、第（3）列分别汇报了以是否相邻为空间权重矩阵（W）采用SAR和SARAR所实现的实证结果；第（4）、第（5）列则分别是利用空间权重矩阵（M）做稳健性检验。其中，估计参数中，ρ 和 θ 是我们最关注的系数。第（2）、第（3）列的实证结果中，ρ 的估计系数均为正，这表明无公害农产品在省际具有正向的空间溢出效应，不过在没有控制随机扰动项 u_t 的空间自相关性时，其没有通过显著性检验。而一旦控制住区域天气因素、地方性市场因素波动对跨期优质农产品认证所产生的影响后，无公害农产品在省际具有正向的空间溢出效应从0.119提升至0.351，而且在10%的显著性水平下通过显著性检验。因此，如果遗漏掉随机扰动项 u_t 的空间自相关性，无公害农产品的正向外溢性将显著被低估。此外，θ 的估计系数显著为负，这说明跨期间天气因素、市场波动因素不仅影响所在后期优质农产品认证的数量，而且对临近地区下一期优质农产品认证也产生挤出的效应。

在其他控制变量方面，如第（3）、第（5）列的实证结果显示，农业增加值高、经济作物种植面积占比大、人均农地经营规模大、社会消费品零售总额高的省份，其无公害农产品认证数量会显著增加。此外，人均GDP水平、外贸依存度对优质农产品认证具有正向影响，但影响效果不显著。值得注意的是，政府财政支农力度的估计系数在26~41区间，数值较大，但在任何一个显著水平上均不显著。这可能跟政府财政支农资金主要投入到农田水利等基础设施有关，而在农产品品牌建设方面力度有待加强。

最后，采用空间权重矩阵（M）做稳健性检验的结果显示，第（5）列中，核心解释变量 ρ 和 θ 是估计系数的正负号均没有发生变化，而且显著性水平均比第（3）列有显著提高。这说明实证结果较为稳健的。

表 5－11　无公害农产品空间效应实证结果（2015～2017 年）

被解释变量	被解释变量				
	(1)	(2)	(3)	(4)	(5)
	FE	SAR	SARAR	SAR	SARAR
ρ		0.119 (0.182)	0.351* (0.186)	0.193 (0.256)	0.621*** (0.132)
θ			－0.560** (0.254)		－3.528*** (0.529)
农业增加值	0.512 (0.348)	0.479 (0.312)	0.641** (0.278)	0.512* (0.308)	0.569** (0.268)
农业增加值占 GDP 比值	－44.109 (85.457)	－51.877 (76.529)	－63.363 (73.403)	－50.462 (76.022)	－22.875 (70.741)
经济作物种植面积占比	6.012 (63.227)	4.722 (55.966)	12.132 (52.786)	14.069 (56.911)	140.687*** (46.247)
人均 GDP	－0.004 (0.028)	－0.004 (0.025)	－0.007 (0.022)	－0.003 (0.025)	0.016 (0.020)
互联网普及率	－23.135 (45.345)	－26.536 (40.451)	－45.435 (38.905)	－22.732 (40.094)	－11.727 (37.450)
人均农地经营规模	1529.827* (779.914)	1532.749** (689.943)	1627.929** (732.592)	1581.342** (692.908)	1785.470*** (595.281)
城镇化率	－78.696 (85.322)	－86.362 (76.386)	－86.206 (69.344)	－78.564 (75.434)	－179.763** (71.351)
外贸依存度	1.959 (14.176)	0.727 (12.682)	1.266 (11.633)	3.439 (12.686)	11.798 (7.419)
政府财政支农力度	33.092 (77.845)	29.650 (69.065)	42.048 (61.056)	26.465 (69.383)	41.788 (59.776)
社会消费总水平	0.174*** (0.058)	0.167*** (0.053)	0.182*** (0.048)	0.179*** (0.052)	0.144*** (0.052)

续表

被解释变量	被解释变量				
	（1）	（2）	（3）	（4）	（5）
	FE	SAR	SARAR	SAR	SARAR
农村电视覆盖率	-316.759 (270.920)	-303.630 (240.504)	-313.111 (222.982)	-365.539 (248.107)	-282.162 (255.556)
常数项	2.7e+04 (2.5e+04)	291.649 *** (26.230)	270.113 *** (26.578)	291.480 *** (26.185)	237.043 *** (21.670)
空间权重矩阵	无	W	W	M	M
年份固定效应	Yes	Yes	Yes	Yes	Yes
样本量（个）	93	93	93	93	93
调整拟合优度	0.421	0.100	0.130	0.114	0.115

注：*、**、*** 分别表示在10%、5%、1%水平上差异显著；括号内数据为稳健标准误；空间权重矩阵 W 是根据省份是否相邻定义的 31×31 阶的矩阵；空间权重矩阵 M 是根据省会间距离倒数定义的 31×31 阶的矩阵。

2. 地理标志保护产品的空间效应分析

同理，表5-12报告了地理标志保护产品空间溢出效应的空间计量回归模型结果。其中，第（2）列和第（4）列均采用 SAR 模型进行估计，区别在于两者采用的空间权重矩阵不同，其中前者采用空间权重矩阵 W，后者采用空间权重矩阵 M。不过，实证结果显示，ρ 的估计系数均在1%的显著性水平条件下显著为负，这意味着保持其他变量不变，某省份地理标志产品越多，周边临近省份的地理标志产品认证数量越少。其中，一个可能的解释是，在缺乏有效认证标识管理制度下，基于产地保护原则的地理标志保护产品具有准公共产品的属性，其容易被邻近地区免费搭便车。利用 SARAR 模型，考虑天气因素、市场波动因素对跨期间地理标志产品认证的影响后，第（3）列和第（5）列中 ρ 的估计系数数值相对减少，但是数值符号的显著性水平依然不变，这表明考虑到随机扰动项的空间自回归效应后，实证结果仍然是稳健的。与表5-11实证结果一致，θ 显著为负。说明天气因素、市场波动因素不仅对本地区跨区间的认证有挤出效应，而且对周边省份也产生负向的外溢作用。

其他控制变量方面，农业大省（农业增加值大）、社会需求规模大

（社会零食品消费总额大）的省份，其地理标志产品认证积极性相对较高。不过，人均 GDP、城镇化率对地理标志产品具有显著的负向影响。这很可能是因为城镇化挤出了农业发展，再加上现代商贸业的发达，人均 GDP 提高不一定消费本地农产品，从而导致其对优质农产品产生挤出效应。

表 5－12　地理标志产品空间效应实证结果（2011～2017 年）

被解释变量	被解释变量				
	（1）	（2）	（3）	（4）	（5）
	FE	SAR	SARAR	SAR	SARAR
ρ		-0.340*** (0.108)	-0.295*** (0.104)	-1.050*** (0.229)	-0.769*** (0.196)
θ			-1.259*** (0.111)		-1.726*** (0.255)
农业增加值	0.026*** (0.004)	0.028*** (0.004)	0.022*** (0.003)	0.026*** (0.004)	0.021*** (0.004)
农业增加值占 GDP 比值	-2.171** (1.080)	-2.465** (0.981)	-0.959 (0.709)	-2.223** (0.937)	-1.359 (0.896)
经济作物种植面积占比	-0.706 (0.585)	-0.411 (0.537)	0.530 (0.449)	-0.648 (0.508)	-1.501*** (0.516)
人均 GDP	-0.001*** (0.000)	-0.001*** (0.000)	-0.000 (0.000)	-0.001*** (0.000)	-0.001*** (0.000)
互联网普及率	0.025 (0.971)	-0.361 (0.887)	-0.935 (0.575)	-0.151 (0.843)	0.068 (0.782)
人均农地经营规模	0.522 (2.045)	-0.295 (1.867)	0.228 (1.382)	-1.017 (1.806)	-0.899 (1.591)
城镇化率	-0.269 (1.390)	-0.416 (1.258)	-0.803 (0.843)	0.472 (1.217)	2.129* (1.152)
外贸依存度	0.041 (0.204)	-0.014 (0.185)	0.176 (0.119)	0.124 (0.178)	0.122 (0.149)
政府财政支农力度	1.662 (1.274)	1.502 (1.153)	-0.495 (0.896)	1.715 (1.106)	2.283** (1.004)
社会消费总水平	0.002** (0.001)	0.002** (0.001)	0.001* (0.001)	0.003*** (0.001)	0.003*** (0.001)

续表

被解释变量	被解释变量				
	(1)	(2)	(3)	(4)	(5)
	FE	SAR	SARAR	SAR	SARAR
农村电视覆盖率	2.226 (1.906)	2.210 (1.723)	2.347 (1.448)	2.433 (1.654)	1.712 (1.608)
常数项	-185.158	9.504***	7.267***	9.120***	8.092***
	(149.947)	(0.544)	(0.530)	(0.525)	(0.486)
空间权重矩阵	无	W	W	M	M
年份固定效应	Yes	Yes	Yes	Yes	Yes
样本量	186	186	186	186	186
调整拟合优度	0.627	0.402	0.165	0.361	0.277

注：*、**、***分别表示在10%、5%、1%水平上差异显著；括号内数据为稳健标准误；空间权重矩阵W是根据省份是否相邻定义的31×31阶的矩阵；空间权重矩阵M是根据省会间距离倒数定义的31×31阶的矩阵。

（五）结论与政策性启示

近年来，各地积极落实措施“补短板、调结构、提品质、促融合”，奋力推进农业供给侧结构性改革。其中“创基地、搞加工、创品牌”是推进农业产业化发展的主要抓手。那么在农业产业化发展中，如何促进农业附加值增加，保障优质农产品有效供给？当前各地都在力推农业品牌化建设，以发展“三品一标”优质农产品作为提升农产品质量安全的主要抓手。那么在“三品一标”如火如荼发展过程中，我国优质农产品区域布局和区域开发呈现出怎样的态势？区域农产品品牌化建设在区域间是否形成集聚的规模优势和效益优势？本文以地理标志保护产品和无公害农产品为例，基于2011～2017年省级面板数据，在刻画省际优质农产品空间分布特征的基础上，运用面板空间计量模型，实证研究不同类型优质农产品品牌建设在省际的空间溢出效应。

本节主要得出了如下结论。

（1）在控制住省份间市场需求层面、农产品供给层面和政府政策层面的因素之后，我们发现，地方无公害农产品认证数量在省际具有显著的正向空间溢出效应，平均来看，邻近省份无公害农产品认证数量增加

1 个，会引致本省份的无公害农产品认证数量相应的增加 0.351 个；与之相反，地方地理标志保护产品认证数量与相邻省份的地理标志产品认证数量在空间依赖上显著为负，平均来看，相邻省份的地理标志产品认证数量增加 1 个单位，相应的本省份的认证数量会减少 0.230 个单位。无公害农产品和地理标志保护产品具有的差异化的空间溢出效应表现，可能反映出在缺乏有效认证标识管理制度下，基于产地保护原则的地理标志保护产品具有准公共产品的属性，其容易被邻近地区免费搭便车；而基于农业经营主体的无公害农产品认证，具有较强的排他性和竞争性，为此农业经营主体之间、地方政府之间为认证无公害农产品展开竞争、相互模仿，导致省际无公害农产品认证具有正向溢出效应。因此，为了增强优质农产品在区域间的正向溢出效应，需要国家有关部门对优质农产品进行有效监督和管理。尤其是针对地理保护产品需要严格规范标志使用的许可和规范。

（2）区域的气候、天气和市场波动，不仅会影响本地跨期间优质农产品认证行为的选择，而且还会对临近地区下一期优质农产品认证也产生明显的挤出效应。这种挤出效应可能是通过影响价格预期、影响生产要素的成本等渠道发生作用。因此，构建区域优质农产品价格信息平台、农资价格监测平台和农业气象信息资讯平台，可以有效润滑农产品、农资的价格波动，有助于农业生产经营主体形成好的生产收益预期，从而更好规划农事生产活动。

（3）农业增加值、人均农地经营规模、社会消费品零售市场规模等因素对优质农产品供给具有显著的提升作用。因此，在接下来的农村农业综合改革中，需要不断推进产权制度改革，确权颁证，推进土地、资金等要素市场发展，发展适度规模经营。值得注意的是，政府财政支农对优质农产品供给的影响不显著，这可能与政府财政支农资金使用的方向有关。下一步，要深化涉农资金使用的专项改革，在不影响农田水利等基础设施投入的基础上，适当向农产品品牌建设方面增加倾斜的力度，助推农业品牌化建设和农业产业化发展。

二 产销环节纵向协作与农产品质量安全

构建现代农业产业体系，要以市场需求为导向，在立足地区比较优势、突出区域特色的基础上，通过供给高产、高效、高质、安全和生态农产品，从而提高农业产业的整体竞争力，促进农民持续增收。由于农产品质量安全涉及生产、加工、运输、包装、仓储和流通等环节，因此保障农产品质量安全需要农业产业链条上的各类经营主体形成“协作有序、利益共享、风险共担”的紧密型纵向产业协作关系。本部分基于生产环节和销售环节纵向协作的视角，量化生产环节紧密型纵向协作、销售环节紧密型纵向协作对产业链上各类涉农经营主体保障农产品质量安全所具有的差异化影响。通过识别生产环节纵向协作和销售环节纵向协作保障农产品质量安全所具有的差异化作用机制，从而为下一步制定差异化的农产品质量监管制度和有针对性的产业支持政策提供政策建议。

（一）引言

近年来，随着农业生产环境日益恶化及农业化学药品投入量日益增加，农产品存在不同程度的农残、重金属超标等质量安全问题。再加上，“镉大米”“染色橙”等一系列食品安全事件的曝光，农产品质量安全成为现阶段重要的社会问题之一。当前我国农产品质量安全最突出的问题主要表现在绿色农产品有效供给不足（倪学志，2012）。农业部数据显示，截至2016年底，我国“三品一标”总数近10.8万个，其中无公害农产品7.8万个，占总数量的72%；绿色食品2.4万个，占22%，有机食品0.3844万个，占3.6%。虽然2016年我国“三品一标”总数量比2010年提高了38.9%，但是“三品一标”涉及的种植业生产面积约4.5亿亩，占到全国耕地面积的25%，产量近4亿吨，仅占全国种植业总产量的37.55%[①]。可见，我国“三品一标”认证数量、覆盖面积和产量占比还有待进一步提升。

① 数据来源于农业部农产品质量安全监管局，《关于政协十二届全国委员会第五次会议第0733号（农业水利类078号）提案答复的函》，2017年10月22日。

如何转变传统农业生产模式，增加优质农产品的有效供给？已有文献分别从消费者需求层面、生产经营者特征、产业经营组织模式和政府政策等方面进行研究（Grunert，2005；Gale et al.，2007）。消费者需求层面，Loureiro 和 Mc Cluskey（2000）指出消费者偏好的重要性，聂文静等（2016）以苹果为例，指出消费者对农产品质量安全的偏好会影响优质农产品需求，并最终影响到优质农产品的认证，其中消费者对安全属性最为偏好，然后依次是品质、价格、感官等属性；韩青（2011）、王志刚等（2013）研究发现消费者对农产品安全认证标识的认知水平会影响其对认证农产品的信任度。此外，古川和罗峦（2016）利用应用 Stackelberg 博弈模型研究消费者对农产品质量的识别对其产品质量选择和定价策略的影响。研究发现，当消费者可识别农产品质量时，厂商供给会形成优质优价的局面，反之，针对价格敏感的不可识别农产品质量的消费者，低质低价是供给厂商最优的策略。生产经营者特征层面，部分研究发现农户对优质农产品的认知、学历等个人特征以及家庭层面的种植面积、种植收益等方面对企农产品认证行为影响显著（徐玲玲等，2011）。部分学者还关注到了纵向协作对农产品质量安全的影响。已有大部分的研究发现纵向协作和一体化不仅可以通过健全产业经营组织内部的监督机制降低机会主义行为，而且还可以降低交易费用、促进规模经济效应等方面促进优质农产品的生产和认证（Hennessy，1996；Boehlje，1999；Young et al.，2002；任国元、葛永元，2008；刘英华、吕志轩，2011；汪普庆等，2015）。此外，学者们还进一步探讨了不同类型纵向协作对农产品质量安全产生的差异化影响。例如，吴学兵等（2013）研究发现相比于市场化交易、生产合同、合作社形式，纵向一体化形式对生猪养猪环节的质量控制更高，但该模式应用需要上游加工企业具有较为雄厚的经济实力。韩杨等（2011）以蔬菜加工业为例，同样发现纵向一体化是企业实施质量追溯体系最理想的纵向协作形式。

政府政策层面，倪学志（2016）指出虽然我国已架构起无公害农产品、绿色食品、有机食品的农业“三品”认证体系，但缺乏质量管控使无公害农产品和绿色食品认证对农户减少使用化学投入品的激励不足，因此建议政府取消无公害农产品和绿色食品认证，单独推广有机食品认证。王建华等（2016）构建政府与生产者的安全监管博弈模型，刻画政府主导型监管和参与型监管两种治理模式下农产品生产者的最优策略过程。和丽芬和赵建欣（2010）则从政府规制出发，指出相比于有关农产品质量安全的法律法规，市场监测、投入品检查、农产品认证标准化等规制措施对农户安全优质农产品供给行为影响明显。

从现有研究来看，目前影响农户对优质农产品认证行为的研究较为充分，尤其是涉及纵向协作对农产品质量安全的影响及其作用渠道等方面。但受限于农业生产环节可追溯性和产业链核心企业的经济实力，纵向一体化虽然是最理想的纵向协作形式但其应用面相对有限。因此，一个比较现实的问题是，在纵向一体化纵向协作形式受限的情况下，农户既可以选择在生产环节与合作社、龙头企业进行纵向协作，又可以在销售环节通过订单农业、统一销售、集团客户销售等模式开展纵向协作。如果以提升农产品质量、保障农产品质量安全为导向，是生产环节的纵向合作还是销售环节的纵向协作更有助于保障农产品质量安全？另外，上述产销环节的纵向协作提升优质农产品认证的作用机制是什么？上述两个问题在已有文献中没有得到很好的回答。

本文利用四川省猕猴桃主产区种植经营户的调查数据，运用计量回归模型实证研究经营户生产环节、销售环节纵向协作形式对农产品质量安全的影响及其作用机制。实证结果表明，生产环节的纵向协作能显著增加种植户认证优质农产品的概率，而销售环节的纵向协作对农户认证优质农产品的促进作用不明显。此外，生产环节纵向协作对农产品质量安全的提升作用主要通过提升农产品商品化率、增加农产品销售价格进而保障农产品亩均收入的渠道实现，但其对农产品亩均产量的提升作用不显著。据此，发展中介服务组织、增加农产品信息服务平台可以增强经营户之间进行纵向协作，保障农产品质量安全。

本节余下部分的安排如下：第二部分是研究设计，介绍数据来源、变量设计和实证回归模型；第三部分是实证结果与分析，先是量化生产环节纵向协作、销售环节纵向协作对农户优质农产品认证行为的影响，然后识别不同环节纵向协作影响农产品质量安全的作用机制，之后是稳健性检验；最后是本节结论。

（二）研究设计

1. 数据来源

为了量化产销环节纵向协作对优质农产品认证的影响，本章采用基于四川省猕猴桃主产区的猕猴桃种植经营户的微观调查数据。《中国猕猴桃产业发展报告2017》显示，作为全国猕猴桃五大产区之一的四川省其产量居全国前三，仅次于陕西、河南，经过多年产业化发展和规模化种植现已形成以广元市苍溪县、成都市都江堰、彭州市及蒲江县为产业发展中心，龙门山脉沿线、邛崃山脉沿线、秦巴山区为核心的猕猴桃产业经济带。品牌建设方面，为提升猕猴桃品牌影响力，四川省主要通过鼓励“三品一标”、农业品牌创建及登记，强化证后监管，建立退出机制，增强品牌公信力。据统计，四川省通过GAP、EGAP、“三品一标”的认证面积达16万亩。具体措施上看，在省级层面，四川省倾力打造猕猴桃产业提档升级及创新发展的平台——猕猴桃产业联盟①，通过创建省级公共品牌以实现产业良性运转机制。产区层面，鼓励创立区域公共品牌以实现产区健康稳定发展，注册的猕猴桃商标有十多个，比如以“苍溪红心猕猴桃”“都江堰猕猴桃”“蒲江猕猴桃”等为代表的一大批区域公共品牌，其中，“苍溪红心猕猴桃”“都江堰猕猴桃”“蒲江猕猴桃”品牌价值达13亿元以上②；生产经营者层面，通过鼓励其申请安全优质农产品品牌，以巩固四川省猕猴桃品牌。

本文对四川省猕猴桃种植户采用分层随机抽样，其抽样过程是：首先，基于龙门山脉沿线、邛崃山脉沿线、秦巴山区为核心的猕猴桃产业经济带，结合猕猴桃主产区等级，选取蒲江县、都江堰市、彭州市、安州区、彭山区及芦山县作为调研县；其次，通过咨询当地县农业局，根据当地猕猴桃种植情况以及生产主体不同的种植规模、产品特征，再结合每个县选择猕猴桃种植园区（龙头企业）、合作社以及家庭农场分布情况，选

① 四川省猕猴桃产业联盟是四川省内猕猴桃企业、专业合作社、科研单位及社会团体等自愿联合组成的，非营利、非法人的社会组织。

② 数据来源：见“2015年中国农产品区域公用品牌价值评估报告”。

取62个行政村作为样本地区。最后，在62个行政村中随机抽取猕猴桃种植经营户进行调研，根据研究选取的变量设计，剔除关键信息缺失样本后，得到有效问卷358份。具体的调研样本分布情况，如表5－13所示。

表5－13　调研样本分布情况

项目	安州	彭山	彭州	芦山	苍溪	蒲江	都江堰
数量（个）	44	19	15	39	63	74	104
占比（%）	12.29	5.31	4.19	10.89	17.60	20.67	29.05

2. 变量设计与统计描述

为刻画猕猴桃种植经营户在生产环节的纵向协作，问卷（见本章附录）设计中首先识别其经营主体的类型，如果该生产经营主体是合作社成员或者企业基地农户，那么继续追问其在生产环节享受到的统一服务包括哪些？如果其享受的统一服务有种苗、技术培训、肥料、病虫害防疫方法和田间管理，那么我们将其定义为紧密型的生产环节纵向协作形式。因此，核心解释变量 $plant\_cooperate=1$，表明该农户采用“农户＋合作社”“农户＋龙头企业”的纵向协作组织，且其享受到五类统一的生产服务，在生产环节是紧密型的纵向协作，否则 $plant\_cooperate=0$。如表5－15所示，样本中在生产环节采用紧密型纵向协作形式的农户占全部样本的21%。

同理，销售环节的纵向协作变量设定上，同样显示农户是否为合作社成员或者龙头企业的基地农户，并在此基础上进一步询问农户是否经纵向合作组织统一销售农产品。此外，为了进一步确认农户实际上通过合作社、龙头企业等纵向合作组织统一销售，在主营品种的销售环节，只有在销售渠道中合作社收购、企业收购占比不为0，这才说明农户实际上采用统一销售。因此，核心解释变量 $sale\_cooperate=1$，表明该农户采用“农户＋合作社”“农户＋龙头企业”的纵向协作组织，并且采用统一渠道销售。反之，$sale\_cooperate=0$。样本中，在销售环节采用紧密型纵向协作形式的农户占27%。

农产品质量安全是指从农业生产环境、生产环节、加工过程及包装销售等方面均依据相关规定和标准进行组织生产，而且该产品能够满足消费者的营养需求能达到保障人的健康安全的目的。无公害农产品、绿色食品、有机农产品是国家安全优质农产品公共品牌，其中无公害农产品认证是保障消费者对质量安全农产品最基本的需求，主要通过对产地、产品认证将有毒有害物质控制在安全允许的范围内以达到保障消费者身体健康的目标。而有机农产品、绿色食品的质量标准均高于无公害农产品，因此为刻画农产品质量安全，本文采用农户是否认证有无公害农产品、绿色食品、有机农产品三类优质农产品。被解释变量 $saft\_good=1$，表明该农户至少认证无公害农产品、绿色食品、有机农产品三类优质农产品中的一种，否则，$saft\_good=0$。如表 5－15 所示，样本中认证优质农产品的农户占 27% 左右。

此外，已有的文献发现农业生产决策者的个体特征（年龄、性别、生产经验）、家庭资源禀赋（劳动力人数、非农收入占比、耕地面积、家庭收入情况等）、产业化组织和政府规制等因素均对农户优质农产品认证行为产生影响。例如黄祖辉等（2016）研究发展政府通过合理运用补贴方式、税收政策及相关合约机制，在一定程度上起到促进农户采纳安全生产行为，从而达到保障农产品质量安全的目的。周洁红等（2015）指出合作社为了提升其农产品竞争力，同时缓解消费者对具有“经验品”特征农产品的信息不对称，其有较强烈的动机申请第三方认证（如“三品一标”），从而获得较为满意的收益。因此，为了研究产销环节纵向协作形式对优质农产品认证行为的影响，本文分别控制了生产决策者的年龄、学历和种植经验，猕猴桃种植面积，猕猴桃销售范围，从事猕猴桃种植劳动力占家庭人口比重、非农业收入占比、猕猴桃收入占农业收入比重等家庭禀赋特征，以及是否是新型农业经营主体、是否为农产品质量安全监管示范县等地区特征。具体的变量定义如表 5－14 所示。

表 5－14　变量含义

变量类型	变量名称	变量定义
被解释变量	优质农产品认证	种植户至少认证有无公害农产品、绿色食品、有机农产品三类优质农产品中的一种，赋值为 1，否则为 0
核心解释变量	生产环节 紧密型纵向协作	种植户是合作社社员或基地农户，而且在生产环节统一种苗、技术培训、肥料、病虫害防疫方法和田间管理，赋值为 1，否则为 0
	销售环节 紧密型纵向协作	种植户是合作社社员或基地农户，而且在销售环节采取统一销售，赋值为 1，否则为 0

续表

变量类型	变量名称	变量定义
控制变量	受教育等级	1 = 初中及以下，2 = 高中，3 = 大专，4 = 本科及以上
	年龄	实际周岁（岁）
	工作经验	种植猕猴桃实际年限（年）
	家庭中从事猕猴桃种植劳动力数	实际统计人数（个）
	非农收入占比	非农收入在家庭总收入中的占比（%）
	猕猴桃收入占比	猕猴桃收入在农业总收入中的占比（%）
	猕猴桃种植面积	猕猴桃种植面积（hm^2）
	销售范围	1 = 国外，2 = 国内，3 = 省内
	是否是新型农业经营主体	新型经营主体（合作社社员、家庭农场主、龙头企业、专业大户），赋值为 1，否则为 0

表 5-15 主要变量描述性统计结果

变量名称	样本均值	标准差	最小值	中位数	最大值
优质农产品认证	0.27	0.44	0	0	1
生产环节　紧密型纵向协作	0.21	0.41	0	0	1
销售环节　紧密型纵向协作	0.27	0.45	0	0	1
商品化率	98.49	5.25	50	100	100
销售价格	13.36	17.03	0.255	4.428	49.65
亩均收入	7156.26	2425.43	333.33	8064	11264
亩均产量	2559.97	2357.67	7.272	1512.9	6000
年龄	47.47	6.24	27	47.5	64
种植经验	8.65	2.91	4	8	19
学历	1.73	0.70	1	2	4
是否是党员	0.28	0.49	0	0	1
猕猴桃种植面积	89.36	242.30	5	10	2200
家庭中从事猕猴桃种植劳动力数	2.23	1.06	1	2	8

续表

变量名称	样本均值	标准差	最小值	中位数	最大值
非农收入占比	38.84	26.71	0	40	100
猕猴桃收入占比	77.22	26.10	10	90	100

注：样本量为358个。

表5－15列示了变量的描述性统计结果，从中可以看出猕猴桃种植经营户个人特征方面，样本农户年龄47岁左右，种植经验为8年左右，学历以高中以下居多，28%的农户具有党员身份。家庭资源禀赋方面，猕猴桃种植面积中位数为10亩/户，从事猕猴桃种植的劳动力为1～2人，农业收入占61.16%，其中猕猴桃种植收入又占到农业收入的77.22%。这表明猕猴桃种植户的专业化程度较高，其猕猴桃种植收入是家里的主要经济来源。猕猴桃的种植收益方面，猕猴桃亩均产量2500斤左右，销售价格中位数为4.428元，亩均收入7000元左右，猕猴桃商品化率为98.49%。

表5－16显示了生产环节紧密型纵向协作农户和其他农户在猕猴桃种植经营上的特征差异。均值t检验的结果表明，相比于其他农户，生产环节紧密型纵向协作的农户优质农产品认证率高出14.8%，虽然猕猴桃亩均产量减少了600斤左右，但是猕猴桃商品化率提高了1.444个百分点，猕猴桃销售价格高出约8.5元/斤，亩均收入增加约670元，而且两者均值差异均在1%、5%的显著性水平上通过显著性检验。

表5－16　生产环节紧密型纵向协作与农产品质量均值t检验

变量名称	非生产环节紧密型纵向协作		生产环节紧密型纵向协作		均值差异	均值差异t统计量
	样本量（个）	均值	样本量（个）	均值		
优质农产品认证	282	0.234	76	0.382	－0.148***	－2.603
商品化率	282	98.188	76	99.632	－1.444**	－2.138
销售价格	282	11.558	76	20.060	－8.502***	－3.941
亩均收入	282	7014.130	76	7683.624	－669.494**	－2.146
亩均产量	282	2688.101	76	2084.552	603.549**	1.989

注：***、**、*分别表示在1%、5%、10%水平上显著。

表 5－17 显示了销售环节紧密型纵向协作农户与非紧密型协作农户在种植经营特征上所具有的差异性。描述性统计的结果表明，销售环节紧密型协作有助于农户获得较高的销售价格，猕猴桃销售单价比其他农户显著的高出 6.463 元，但是其亩均产量比其他农户显著减少了 1049.050 斤/亩。综合上看，销售环节紧密型的农户虽然获得了较高的单价，但产量较低，因而抵销了其收入的增加。此外，两类农户在优质农产品认证率、商品化率上均没有显著的区别，即组间均值差异均没有在任何显著性水平上通过显著性检验。

表 5－17　销售环节紧密型协作与农产品质量均值 t 检验

变量名称	无销售环节紧密型纵向协作		销售环节紧密型纵向协作		均值差异	均值差异 t 统计量
	样本量（个）	均值	样本量（个）	均值		
优质农产品认证	261	0.264	97	0.268	－0.004	－0.070
商品化率	261	98.644	97	98.093	0.551	0.882
销售价格	261	11.612	97	18.075	－6.463***	－3.234
亩均收入	261	7210.444	97	7010.455	199.989	0.693
亩均产量	261	2844.213	97	1795.163	1049.050***	3.812

注：***、**、*分别表示在 1%、5%、10% 水平上显著。

3. 实证模型设计

为了量化生产环节、销售环节纵向协作形式对猕猴桃种植经营户优质农产品认证所产生的影响，本文采用 probit 模型。

$$Pr(y_i = 1 \mid X_i) = \Phi(\lambda + \gamma \times x1_i + \theta \times x2_i + \sum_{k=1}^{m} \beta_k \times Control_i) + \varepsilon_i > 0 \quad (5-4)$$

其中回归模型（5－4）中被解释变量 y_i 表示被调研种植户 i 的优质农产品认证行为，$y_i = 1$ 表示被调研种植户 i 至少认证无公害农产品、绿色食品、有机食品中的一种，$y_i = 0$ 表示被调研种植户 i 未认证优质农产品；核心解释变量 $x1$、$x2$ 分别是农户是否参与生产环节紧密型纵向协作、是否参与销售环节紧密型纵向协作。*Control* 表示影响猕猴桃种植户优质农产品认证行为的其他控制变量，具体包括农业生产决策者的个体特征（年龄、性别、生产经验、政治面貌）、家庭资源禀赋（从事猕猴桃种植的劳动力数量、非农收入占比、猕猴桃种植收入占比、种植面积、是否是新型经营主体等）。此外，还控制猕猴桃种植品种、地区哑变量等因素。其中，重点关注待估参数 γ 和 θ 的估计系数。如果生产环节和销售环节的纵向协作能显著促进优质农产品认证，那么 γ 和 θ 的估计系数将显著为正。

（三）实证结果与分析

1. 产销环节纵向协作对农产品质量安全影响的实证结果

表5－18分别汇报了利用线性概率模型和probit模型对回归模型（5－4）的实证结果。表5－18第（1）列至第（4）列的实证结果显示，生产环节紧密型纵向协作的系数均为正，并且均在5%或者10%的显著性水平上显著为正，其经济学含义是：保持其他变量不变，生产环节的纵向协作能显著增加猕猴桃种植经营户的优质农产品认证。以probit模型第（4）列的实证结果显示为例，在控制住农户个体特征、家庭禀赋特征、产品特征和地区特征之后，参加生产环节纵向协作会导致猕猴桃种植户认证优质农产品的倾向平均会增加35.9%。销售环节紧密型纵向协作估计系数均为负，但是没有在可接受的显著性水平下通过显著性检验，这表明销售环节的纵向协作对农户认证优质农产品的促进作用不明显。控制变量方面，种植面积越大、是农业新型经营主体的农户，其优质农产品的认证倾向会显著增加。此外，富有种植经验、受教育程度高、非农收入低、以猕猴桃种植作为主要收入来源的农户，其认证优质农产品的积极性会提高，但在可接受的水平上均不显著。家庭中从事猕猴桃的劳动力数的估计系数为负，虽然没有通过显著性检验，但与我们预期的符号恰好相反。一个可能的解释是，家中从事猕猴桃种植经营的劳动力大部分是兼业，或者是缺乏技能、缺乏强劳动力而无法转移到其他部门就业或去外面打工，通过自选择从事猕猴桃种植的劳动力多半劳动技能相对缺乏、生产知识相对有限，或者多半将猕猴桃种植作为兼业，因此在缺乏生产环节紧密的纵向协作下其优质农产品认证积极性不高。

表 5-18 产销环节纵向协作对农产品质量安全影响的实证结果

解释变量	被解释变量：优质农产品认证			
	(1)	(2)	(3)	(4)
	OLS	OLS	Probit	Probit
生产环节紧密型纵向协作	0.150** (0.06)	0.102* (0.06)	0.434** (0.17)	0.359* (0.22)
销售环节紧密型纵向协作	-0.016 (0.05)	-0.072 (0.06)	-0.058 (0.16)	-0.260 (0.21)
年龄		0.004 (0.00)		0.014 (0.01)
种植经验		0.006 (0.01)		0.015 (0.03)
受教育程度		0.021 (0.03)		0.076 (0.14)
是否是党员		-0.033 (0.05)		-0.125 (0.17)
种植面积		0.001*** (0.00)		0.002*** (0.00)
家庭中种植猕猴桃劳动力数		-0.009 (0.02)		-0.044 (0.08)
非农收入占比		-0.001 (0.00)		-0.005 (0.00)
猕猴桃收入占比		0.001 (0.00)		0.003 (0.00)
是否是新型经营主体		0.100 (0.06)		0.381* (0.23)
猕猴桃品种哑变量	No	Yes	No	Yes
县份哑变量	No	Yes	No	Yes
常数项	0.238*** (0.03)	-0.123 (0.23)	-0.712*** (0.09)	-1.832** (0.89)
样本数量	358	358	358	358
调整拟合优度	0.013	0.203		
伪拟合优度			0.02	0.22

注：*、**、***分别表示在10%、5%、1%水平上差异显著；括号内数据为异方差稳健标准误；第（3）列、第（4）列汇报了probit模型的平均边际效应（Average marginal effects）。

2. 产销环节纵向协作影响农产品质量安全的作用机制分析

上述实证结果表明，相比于销售环节紧密协作，生产环节紧密型纵向协作能显著促进优质农产品认证。那么生产环节紧密纵向协作发挥作用的机制是什么呢？徐家鹏（2011）基于我国蔬菜种植户的调查数据，实证研究发现生产合作协作方式有助于提升蔬菜种植户用药、施肥和采后处理行为，但市场交易形式对种植户用药行为有显著的负向影响，对农户施肥、采后处理行为有负向影响但不显著。其中紧密型纵向协作不仅有助于解决因信息不对称导致的逆向选择行为，发挥质量信号传递的职能，解决“小生产”与“大市场”的对接问题（邹传彪、王秀清，2004；朱烈夫、王图展，2014），而且可以克服由于成员异质性和资产专用性导致的农业专用资产投入不足的问题，从而降低农业生产风险和市场交易成本（郭晓鸣、廖祖君，2010）。另外，钟真等（2017）基于农民专业合作社的内部视角，研究发现纵向协作不仅会影响合作社的总体收益，而且还会影响合作社成员的利益分配，从而影响合作社成员产前投入和内部生产的积极性，尤其是专用性资产的投入一方将会在收益分配机制中处于劣势。综上所述，纵向协作影响农产品质量安全的渠道主要包括：传递产品质量信息，对接“小生产”和“大市场”；缓解由资产专用性导致的生产投入不足问题；有助于降低交易成本，增加内部监督和质量约束，协调生产管理各个环节，增加组织成员收益等方面。针对产销环节纵向协作发挥作用的渠道，我们提出如下假设。

假设 1：如果生产环节、销售环节的纵向协作主要传递产品质量信息，对接“小生产”和“大市场”促进农产品质量安全，那么产销环节的纵向协作将会显著提高农产品商品化率和销售价格。

假设 2：如果生产环节、销售环节的纵向协作通过增加专用性资产投入，增加内部成员间的生产与协作，那么产销环节纵向协作将显著增加农产品的产量和产品销售收益。

本文拟构建如下实证回归模型对上述的假设进行实证检验：

$$y_i = \beta_0 + \beta_1 \times x1_i + \beta_2 \times x2_i + \sum_{k=1}^{m} \lambda_k \times Control_i + \varepsilon_i \tag{5-5}$$

其中，y_i是猕猴桃种植户的生产经营特征变量，主要包括猕猴桃商品化率、销售价格、亩均收入和亩均产量等变量，核心解释变量 $x1$、$x2$ 分别是农户是否参与生产环节紧密型纵向协作、是否参与销售环节紧密型纵向协作。*Control* 表示影响被解释变量的其他控制变量，具体包括农业生产决策者的个体特征（年龄、性别、生产经验、政治面貌）、家庭资源禀赋（从事猕猴桃种植的劳动力数量、非农收入占比、猕猴桃种植收入占比、种植面积、是否是新型经营主体等）。此外，还控制猕猴桃种植的品种、种植地块到县城的距离和县份哑变量等因素。其中，β_1 和 β_2 是我们关注的主要待估参数，如果假设 1 和假设 2 成立，那么 β_1 和 β_2 将显著为正。

表 5－19　产销环节纵向协作影响农产品质量安全的作用机制

解释变量	被解释变量			
	商品化率	销售价格	亩均收入	亩均产量
	(1)	(2)	(3)	(4)
生产环节紧密型纵向协作	1.284*** (0.39)	3.422* (1.99)	541.636** (254.65)	－445.485 (319.10)
销售环节紧密型纵向协作	－0.917 (0.61)	2.785 (1.96)	－395.038 (260.32)	－221.832 (272.82)
种植面积	0.003*** (0.00)	0.042*** (0.01)	0.656 (0.67)	－3.391*** (0.82)
年龄	0.120* (0.07)	－0.197 (0.13)	42.440 (25.97)	27.530 (20.12)
种植经验	－0.098 (0.16)	0.461* (0.27)	－30.202 (51.95)	－64.666 (40.97)
受教育程度	1.518*** (0.49)	－0.885 (1.12)	130.193 (186.01)	248.700 (169.87)
是否是党员	－0.516 (0.62)	－0.390 (1.53)	－384.594 (261.08)	206.607 (230.24)
到县城距离	－0.062*** (0.02)	－0.100 (0.15)	－25.808* (13.87)	24.919 (21.68)
是否是新型经营主体	5.245*** (1.36)	11.085*** (2.15)	351.959 (287.10)	－1322.782*** (257.33)
常数项	89.452*** (3.92)	19.006*** (7.07)	5681.057*** (1230.21)	1077.769 (1147.11)
县份哑变量	Yes	Yes	Yes	Yes

续表

解释变量	被解释变量			
	商品化率	销售价格	亩均收入	亩均产量
	(1)	(2)	(3)	(4)
品种哑变量	Yes	Yes	Yes	Yes
样本数量	358	358	358	358
调整拟合优度	0.069	0.401	0.065	0.301

注：*、**、***分别表示在10%、5%、1%水平上差异显著；括号内数据为异方差稳健标准误。

表5-19第（1）列至第（4）列报告了实证回归模型（5-5）的主要实证结果。表5-19第（1）列汇报了产销环节纵向协作对猕猴桃商品化率的影响。其中，生产环节紧密型纵向协作的回归系数为正，在1%水平上显著。这表明，保持其他变量不变，农户参与生产环节的纵向协作会提升其猕猴桃商品化率1.284个百分点。而销售环节紧密型纵向协作的估计系数为负，但未通过显著性检验。回归结果说明，参与销售纵向协作对提升猕猴桃商品化率并无显著性的影响。一个可能的解释是销售纵向协作较为松散，在缺乏双方约束机制和履约成本较高的情况下，统一销售合约通常流于形式。其他控制变量方面，种植规模越大、距离县城越近的新型农业经营主体，其猕猴桃商品化率较高；个人特征方面，年龄越大、受教育程度越高的农户猕猴桃商品化率高。表5-19第（2）~（4）列分别汇报了产销环节纵向协作对猕猴桃销售价格、亩均收入和亩均产量的影响。回归结果显示，生产环节紧密型纵向协作会导致猕猴桃销售价格显著增加约3.4元/斤，亩均收入会提高541元左右，但其对产量提升具有负向影响，不过没有通过显著性检验。因此，上述实证结果表明，产销环节纵向协作对农产品质量安全的影响，主要是通过生产环节的纵向协作发挥作用的。其他控制变量方面，相比于散户，新型经营主体猕猴桃的产量较低，但是其销售价格高、商品化率高，亩均收入多出350元左右。此外，种植面积大的农户，虽然其亩均产量低，但其猕猴桃商品化率高、销售单价贵，两者相互抵销其亩均收入的增收效果不明显。

3. 稳健性检验

为了考察研究的稳健性，我们将进一步考虑农户在产销环节参与的是农民合作社还是龙头企业，即纵向协作形式是“农户+合作社”还是“农户+龙头企业”。在前面的定义中，我们没有区分生产经营主体是合作社成员或者企业基地农户，为此我们定义 *join_ firm* =1，表示种植户 i 是龙头企业的基地农户，即其参与“农户+龙头企业”的纵向协作组织形式，*join_ firm* =0，表示该种植户的纵向组织形式为“农户+合作社”。为了刻画加入不同纵向协作形式对农户优质农产品认证行为的影响，在回归方程（5-4）中我们分别加入生产环节紧密型纵向协作与企业基地农户的交叉项、销售环节紧密型纵向协作与企业基地农户的交叉项。如果加入不同纵向协作组织对农产品质量安全存在差异化的影响，那么可以预测交叉项的系数将显著不为0。

表5-20第（1）至第（4）列分别汇报了对回归方程（5-5）进行稳健性检验的实证结果。第（2）、第（4）列的实证结果显示，无论采用线性概率模型估计还是 probit 模型估计，生产环节紧密型纵向协作的估计系数均显著为正，生产环节紧密型纵向协作×企业基地农户也为正，但没有通过显著性检验，这说明采用紧密型纵向协作能明显促进农户认证优质农产品，但无论是采用“农户+农民专业合作社”，还是采用“农户+龙头企业”，不同纵向协作组织对农产品质量安全的影响均不存在显著的差异性。不过，相比于表5-18第（2）、第（4）列的实证结果，表5-20中销售环节紧密型纵向协作估计系数为负，不过其未通过显著性检验，但是销售环节紧密型纵向协作×企业基地农户显著为正，这意味着在销售环节如果农户成为龙头企业的基地农户，并将猕猴桃统一销售给龙头企业，那么其认证优质农产品的倾向将会显著提高。可见，在销售环节，相比于合作社的统一销售，通过订单合约由龙头企业统一销售，农户认证优质农产品的积极性将显著提高。这可能是由于龙头企业的订单合同更有效降低市场价格波动，稳定农户收入预期，因此其生产安全农产品的积极性会提高。此外，其他控制变量与表5-18的符号和显著性均保持一致。

表 5-20　产销环节纵向协作对农产品质量安全影响的稳健性检验

解释变量	被解释变量：优质农产品认证			
	(1)	(2)	(3)	(4)
	OLS	OLS	Probit	Probit
生产环节紧密型纵向协作	0.108* (0.06)	0.115* (0.06)	0.340* (0.18)	0.427* (0.22)
生产环节紧密型纵向协作×企业基地农户	0.313* (0.16)	0.070 (0.16)	0.893* (0.53)	0.102 (0.56)
销售环节紧密型纵向协作	-0.083 (0.06)	-0.099 (0.06)	-0.289 (0.19)	-0.370 (0.24)
销售环节紧密型纵向协作×企业基地农户	0.314** (0.12)	0.244* (0.13)	0.962** (0.38)	0.889* (0.46)
年龄		0.003 (0.00)		0.010 (0.01)
种植经验		0.006 (0.01)		0.016 (0.03)
受教育程度		0.020 (0.03)		0.077 (0.13)
是否是党员		-0.040 (0.05)		-0.155 (0.18)
种植面积		0.000*** (0.00)		0.001*** (0.00)
家庭中种植猕猴桃劳动力数		0.001 (0.02)		0.005 (0.08)
非农收入占比		-0.001 (0.00)		-0.004 (0.00)
猕猴桃收入占比		0.001 (0.00)		0.003 (0.00)
是否是新型经营主体		0.048 (0.07)		0.175 (0.27)
猕猴桃品种哑变量	No	Yes	No	Yes
县份哑变量	No	Yes	No	Yes
常数项	0.241*** (0.03)	-0.087 (0.23)	-0.710*** (0.09)	-1.775** (0.84)
样本数量	358	358	358	358

续表

解释变量	被解释变量：优质农产品认证			
	(1)	(2)	(3)	(4)
	OLS	OLS	Probit	Probit
调整拟合优度	0.055	0.197		
伪拟合优度			0.05	0.20

注：*、**、***分别表示在10%、5%、1%水平上差异显著；括号内数据为异方差稳健标准误；第（3）、第（4）列汇报了probit模型的平均边际效应（Average marginal effects）。

（四）主要结论与对策建议

1. 主要结论

近年来，为推进农业产业体系建设，各地在实践上纷纷以产业横向拓展和纵向延伸作为主要抓手，通过构建紧密型的纵向协作组织，密切相关利益主体的利益联结机制，以期延长产业链，提升价值链，提高农业的经济效益。本文在此背景下，以四川猕猴桃主产区种植户的调查数据为基础，利用回归分析模型尝试评估产销环节纵向协作形式对农产品质量安全的影响，并在此基础上识别生产环节紧密型纵向协作形式和销售环节紧密型纵向协作形式影响农产品质量安全的具体作用机制。此外，还考虑不同类型的纵向产业组织对农产品质量安全的差异化影响。本章节主要得出了如下结论。

（1）在控制住农户个体特征、家庭禀赋特征、产品特征和地区特征之后，参加生产环节纵向协作会显著提升猕猴桃种植户认证优质农产品的倾向，平均来看其优质农产品的认证概率会增加35.9%。不过，这表明销售环节的纵向协作对农户认证优质农产品的促进作用不明显。此外，种植面积越大、是农业新型经营主体的农户，其优质农产品的认证倾向会显著增加。

（2）产销环节纵向协作对农产品质量安全的影响，主要是通过生产环节的纵向协作发挥作用的。具体而言，保持其他变量不变，生产环节紧密型纵向协作不仅有助于种植户提高猕猴桃商品率，同时还会使农户获得更好的销售价格。从表5－19第（1）列、第（2）列实证结果所示，平均来看参与生产环节紧密型纵向协作会提升猕猴桃商品化率1.284个百分点、价格上涨约3.4元/斤。虽然生产环节紧密型纵向协作对猕猴桃增产发挥的作用不明显，但是由于商品化率和单价提高，种植户亩均收入会提高541元左右。可见，种植收益的提高是促使农户提高农产品质量安全的根本原因。

（3）进一步我们还考虑种植户加入不同纵向协作组织对农产品质量安全存在差异化的影响。实证结果表明，采用紧密型纵向协作能明显促进农户认证优质农产品，但无论是采用“农户+农民专业合作社”，还是采用“农户+龙头企业”，不同纵向协作组织对农产品质量安全的影响均不存在显著的差异性。不过，在销售环节，相比于合作社的统一销售，通过订单合约由龙头企业统一销售，农户认证优质农产品的积极性将显著提高。因此，在生产环节，“农户+合作社”“农户+龙头企业”均能有效实现“五个统一”等服务①，因此能有效保障农产品质量安全。而在销售环节，相比于松散的合作社统一销售，通过订单合约由龙头企业统一销售，农户认证优质农产品的积极性将显著提高。这可能是由于龙头企业的订单合同更有效降低市场价格波动，稳定农户收入预期，因此其生产安全农产品的积极性会提高。

2. 对策建议

基于上述实证分析，本文从以下几方面提出对策建议。

一是生产环节鼓励农户与专业合作社建立紧密型生产纵向协作，发挥专业合作社在组织生产、管理监督和协调生产技术规范化、生产流程标准化上的重要作用。具体的措施包括：①加大对合作社的帮扶力度，通过增加常规化运作经费、以奖代补、给予金融支持、涉农资金股权量化投入等形式加大投入，帮助合作社的发展；②规范合作社内部治理，健全合作社内部财务制度，其中，引导社员缴纳入社股金，既帮助合作社筹集运作资金，又有助于增加社员与合作社的利益联机机制，增强社员的主人翁意识，此外，完善的章程和管理细则，实行民主管理，尤其是通过财务代管

① “五个统一”是指统一种苗、统一技术培训、统一肥料、统一病虫害防疫方法和统一田间管理。

服务增强合作社账目透明化；③积极引导合作社发展“三品一标”，同时积极督促“三品一标”获证企业、合作社完善农产品质量管理制度和措施。

二是销售环节鼓励龙头企业通过订单生产、股份合作、建立农业产业化联合等方式建立紧密型纵向协作关系。具体措施包括：①以推进农产品基地建设为契机，推进龙头企业的标准化生产和规模化经营，发挥龙头企业的生产标准化和产品品牌化建设的带头作用；②鼓励和引导龙头企业参与农产品交易平台、物流平台的建设，发挥其在农产品价格发现上的重要作用；③鼓励龙头企业和农户通过双向入股建立紧密型纵向协作组织，其中农户以生产要素（土地、资金、劳动力等）入股，企业以各类资源入股，通过各种形式的股份合作让农民分享到加工和流通环节的利润。

三　农业产业体系优化研究：基于四川产业基地实践的探讨

近年来我国各地按照“建基地、创品牌、搞加工、促融合”的思路，以建设现代农业产业园、科技园、创业创新园和田园综合体（简称“三园一体”）为主要抓手，通过建设特色产业带、架构全产业链发展、推进农旅融合发展等举措持续推进农业特色产业发展。其中，“三园一体”既是现代农业产业集群的载体，也是吸纳回乡、下乡、返乡创业人才创业创新的高地，因此以点带面建设“三园一体”，并发挥“三园一体”的示范效应和辐射效应是当前优化和重构我国现代农业产业体系的重心。本部分以四川建设现代农业产业体系为例，在总结四川省建设现代农业产业体系取得的成效、存在的问题等基础上，着重剖析四川建设现代农业基地和农业示范园区的主要模式及其适用的基础与条件，以期为其他地区按照“建基地、创品牌、搞加工、促融合”工作思路优化现代农业产业体系提供经验借鉴与现实案例。

（一）引言

当前“调结构、提品质、促融合”等农业改革重要举措，不仅是我国推进农业供给侧结构性改革的主要任务，而且也是建设现代农业产业体系的题中之义。近年来，四川省以“建基地、创品牌、搞加工”为主要抓手，积极实施产业基地建设行动、农产品加工业壮大行动和“川字号”知名品牌创建行动等“十大行动”，通过优化农业产业布局、优化产品结构、推进产业融合、突出质量安全等方面不断发展现代农业产业体系。上述四川省构建现代农业产业体系的有益探索，不仅有助于该地区构建农业区域化布局、专业化生产、产业化经营的新格局，而且能促进农业区域化布局与农户适度规模化经营相结合，合力增加优质农产品有效供给。不过，当前四川省现代农业产业体系建设中仍存在着诸如产业结构层次低，农产品精深加工能力发展滞后，产业链关键环节缺失、产业融合层次浅、农业生产性服务功能不完善、地区不平衡等较为突出的问题。因此，本节以四川省构建现代农业产业体系的实践出发，先是刻画四川省现代农业产业体系发展现状，然后依托产业基地建设典型案例，总结四川省构建现代农业产业体系的主要模式，最后以四川省为蓝本为其他地区优化现代农业体系提出经验借鉴和对策建议。

（二）四川省现代农业产业体系发展现状

近年来，四川省农业以市场需求为导向，以“建基地，搞加工，创品牌”为主要抓手，从产业布局、品种调节、产销结合、产业交叉融合等方面多点着力，不断提升农业生产经营的规模效益和综合效益。

1. 现代农业产业体系建设现状与主要成效

一是农业产业布局趋于合理，产业带示范辐射作用凸显。四川通过不断健全农业产业布局机制，形成了“农业产业功能区—特色农业产业带—现代农业示范园—农业产业化基地”的立体化构建、支撑化发展的产业发展格局[①]。目前四川农业产业区域布局趋于合理，已形成了特色优势农业连片发展的格局。截至 2016 年，四川省已创建 13 个国家现代农业示范区，

① 川西“稻菜”轮作产业带、盆周山区名优绿茶产业带、长江上中游优质柑橘产业带、龙门山脉优质猕猴桃产业带、川中柠檬产业带和四川盆地优质生猪、盆周山区优质肉牛肉羊、川西优质奶牛、川中优质禽兔优势主产区。

命名85个省级现代农业示范园区，全省各级认定的农业产业园已有170多个。2016年全省现代农业产业园总面积达380多万亩，农业总产值达530多亿元，占全省农业产值14.2%，实现农产品加工业产值400亿元①。

二是农业产业链延伸，产业集聚效果显著。围绕川茶，川猪、川菜、川果、川药等优势特色产业，四川省积极搭建现代农业产业链战略协作平台②，延伸产业链条，提升产品附加值，已初步形成全产业链发展格局。以四川泡菜为例，目前四川泡菜已初步形成包括研发、原料供应、生产、销售为一体的、较为完善的产业链。目前眉山市以“中国泡菜城”为产业发展载体，集聚泡菜产业链关联企业64家，标准化生产线139条，业务涉及上游品种选育、原料基地建设，泡菜新工艺、新品种研发，下游产品加工、质量安全检测、产品包装、市场营销、冷链物流、品牌运营、文化传播等关联产业环节。2015年，四川省泡菜产量330万吨产值270亿元，约占全国泡菜产量的70%。其中，眉山市“东坡泡菜”产量达150万吨产值136亿元，占据了四川泡菜半壁河山，产业集聚效应明显。产业辐射作用方面，2015年该市泡菜产业带动21万农户年增收8.6亿元，带动2.5万农民就近务工、实现工资性收入5.3亿元。2016年园区农民人均可支配收入达20470元，比全区农民人均可支配收入15391元高33%。

三是农村三次产业加快融合，农业供给功能全面拓展。其中，农产品加工业方面，2016年四川省农产品加工业总产值达到1.15万亿元，农产品加工业总产值与农业总产值的比重达到1.7∶1。2016年全省休闲农业综合经营性收入达到1150亿元，位居全国第一，休闲农业经营单位3.1万家，其中休闲农庄2000余个，农业主题公园500余个；全国休闲农业与乡村旅游示范县13个、中国最美休闲乡村8个；乡村旅游助农增收致富村

① 四川省农工委：《2016年四川省农业农村经济基本情况》，http://www.snsc.gov.cn/agriculture/4053.htm。

② 现代农业产业链战略协作平台将充分利用计算机、网络技术建立农业产业化信息库，紧密地将市场、政府部门、龙头企业、专业合作社、种粮大户联系起来，一方面通过定期邀请专家，召开对接会、专题研讨会、专题论坛，为农业生产经营者解读政策、指导技术、互通有无，提供“一条龙”式服务；另一方面通过整合农资采购、加工销售、金融贷款、农业保险等各行业资源，组织各生产经营主体信息沟通，指导农业生产者更科学地选购使用农资产品，助力农资企业更好地服务现代农业，让优质放心农资进社入户。

3500 个，1000 多万名农民直接或间接受益。创意农业发展方面，打造了一批具有历史记忆、地域特点、民族风情的特色小镇、美丽村庄和文化院坝，全省建成国家历史文化名村 6 个，列入中国传统村落名录 84 个①。

四是农业生产性服务业发展壮大，农业社会化服务水平提升。以农业机械为例，2016 年四川省农业机械化水平不断发展，主要农作物耕种收综合机械化水平达到 55%。全省农业机械合作社数量比上年增加 163 个。合作社拥有农业机械具比上年增长 14.9 %，全年作业面积较上年增长 12%，农业机械社会化服务不断增强。调研发现，崇州市通过构建“1 +4”的现代农业共营制②，尤其是依托农业超市、专家大院等服务载体，整合各类现代农业关键要素，协调产业链分工体系，推动现代农业提质增效。

2. 现代农业产业体系建设存在的主要问题

一是农业产业发展不够协调、产业结构层次低。农业产业发展不够协调主要体现在品质结构不协调，优势特色农业发展不够。以脱毒马铃薯种薯推广为例，2016 年凉山州脱毒种薯推广普及率达到 90%，而川东北马铃薯产业大县万源市同期脱毒种薯推广普及率仅为 50% 左右。

二是农产品加工业精深加工水平低、企业市场竞争能力不强。截至 2013 年底，四川省省级及其上的农产品加工示范企业数量 413 家，占到全省规模以上农产品加工企业数量的 10%，其中国家级 34 家。可见，四川省农产品精深加工企业数量少、规模小，市场竞争力差。对蒲江猕猴桃产业、武胜柑橘产业和茂县高原生态果蔬业的调研发现，当地主导农产品种植缺乏配套的加工企业，产品以初级生鲜农产品销售为主，产品附加值较低、市场竞争力较差，尤其是在受到区域同质产品激烈价格竞争时，农业生产经营的效益会相对低下。

三是农产品营销渠道瓶颈制约作用明显。基于四川省的调研发现，四川农产品主产区种植户在农产品销售上面临着“缺经纪人”“缺品牌”“缺专业市场”“农产品网上销售‘缺电商人才、缺基础’”等突出问题。

---

① 四川省发改委：《深入推进农业供给侧结构性改革四川农业大省向农业强省跨越迈出坚实步》，2017 年 6 月，http://www.scfpym.gov.cn/show.aspx? id =58222。

② 以农村土地承包经营权股份合作社为平台，以农业科技、农业生产社会化服务、农村金融、农产品公共品牌等四大服务为支撑，拓展并完善农业产业链。

其中，电商人才缺乏，电商人才培训流于形式，电商人才流动大等问题最为突出。以宣汉县为例，县商务免费对农户进行电商知识普及、创业培训，目前已累计开展电商培训65期，共4800多人次。不过受限于农户教育水平较低、营销意识薄弱；培训机构缺乏激励机制、培训讲师缺乏电商实际操作经验，再加上农产品价格波动大、农产品销售效益不明显，从而导致电商人才培训效果不明显。此外，调研中发现农产品品牌创建工作出现流于形式，“建多用少”，没有发挥开拓市场销售渠道，促进产品销售的积极作用。这可能一方面是因为种植经营户缺乏足够的经营规模，导致其创建、使用自有品牌的内生动力不足；另一方面也是政府在创建农产品品牌运动中搞任务摊派，补贴力度过度有关。

四是产业融合程度低、层次浅、融合模式单一。具体主要表现为：①农业与第二、第三产业融合程度低、层次浅，产业融合业态缺乏多元化；②利益联结机制松散，融合方式主要以要素结合为主，缺乏密切型的纵向一体化协作机制；③品牌、营销、技术、管理等先进的生产要素向农业农村生产经营领域扩散渗透力低，融合实现的产品附加值较低。

（三）建设现代农业产业基地的四川实践

现代农业产业基地是土地、资金、人才、科技、信息等生产要素的聚集地，是农业先进技术的示范区，而且也是农业全产业链发展的样板间、产业融合发展的核心区和示范区。构建四川现代农业产业体系需要抓住建设现代农业产业基地这个“牛鼻子”。那么如何构建现代农业产业基地？其发展的主要模式是什么？本部分尝试基于四川构建现代农业产业基地的实践，总结现代农业产业基地建设的主要模式，并识别出不同模式所具有的优势和劣势，从而为应用不同模式推进现代农业产业体系建设提供决策参考。

自2009年四川省出台《关于加快现代农业产业基地建设的意见》（川府发〔2009〕21号）以来，四川现代农业产业基地建设工作取得长足的发展。基于四川省产业基地建设的具体实践，通过剖析现代农业产业基地建设的典型案例，可以发现，四川省在构建现代农业产业基地主要存在两种主要的模式，一种是市场演化型，其主要表现形式有外向创汇型、龙头企业带动型和现代都市型模式；另一种是政府推进型现代农业产业体系，以科技园区型最为典型。例如，外向创汇型方面，宜宾市江安县港蔬菜产业园依托港峰农业公司建设2000余亩供港蔬菜核心基地，并以订单农业、“公司+基地+农户”为基础，带动和辐射全县蔬菜产业发展。2016年，该园区成为四川省2家供港蔬菜基地之一，2017年出口额将达600万美元。龙头企业带动型方面，以西充县国家现代农业示范区依托茂源生态农业发展有限公司和百科有机种养殖有限公司创建的两个规模均在万亩以上有机农业产业园最具代表性。现代都市型方面，以简阳市构建双古井现代都市农业园区与空港生态高效体验创意农业园区为主要代表。政府推动型方面，以南充农业科技园区最具典型代表性。

为了深入剖析市场演化型和政府推动型产业基地建设模式的差异，本书拟从①园区建设的主导者；②农业产业功能体系；③园区示范和辐射作用发挥的主要渠道；④园区内部业主的内动发展动力与利益联结机制；⑤政府角色作用与干预手段方式五个主要方面进行分析。

1. 市场演化型基地建设模式

市场演化型主要具有以下特征：①市场是农业产业体系的形成与演化的第一动力和主导者，尤其是市场规模化需求是驱动现代农业产业体系建设的主要动力；②龙头企业带动型是该模式显著特征；③产业体系内部生产经营主体间的利益联结机制以市场化机制为主；④市场演进型现代农业产业体系内部，农业多功能体系逐步完善，主要由经济功能逐步拓展到社会性功能；⑤政府主要以市场化手段去干预现代农业产业体系建设，主要在公共信息平台搭建、市场秩序维护、公共基础设施建设等方面发挥辅助作用。

以彭州蔬菜产业为例，首先，依托当地悠久农耕文化和独特农业条件，得益于蔬菜市场，尤其是省外蔬菜市场的开拓，助推彭州蔬菜产业发展壮大[①]。其次，农业龙头企业在推进农业生产基地化、农业经营产业化和农产品销售品牌化发挥着主导的作用。截至2016年底，彭州市共有40

① 彭州市常年蔬菜种植面积达80万亩，有14大类200多个品种，产量20亿公斤，蔬菜及其加工产品销售遍及全国30多个省份及港澳、日本、韩国及东南亚等地区和国家。

多家农业产业化龙头企业和150余家农副产品加工企业。这些龙头企业通过“大园区+小基地”“公司+基地+农户”“公司+合作社+农户”等利益联结机制，带动了全市65%的农村经济合作组织发展。2016年龙头企业辐射带动周边农户种植蔬菜，目前该基地蔬菜种植面积占全川的10%左右。再次，依托高效蔬菜生态产业带，逐渐开发乡村旅游休闲示范线、怡情养生度假区、蔬菜科技博览园、蔬菜博览会等农业生态保护、观光休闲、文化传承、科技教育等多功能体系。最后，政府主要在构建国家级蔬菜市场、发布蔬菜价格指数、建设蔬菜产业基地等公共基础设施和公共服务等方面发挥引导作用。

2. 政府推进型基地建设模式

政府推进型现代农业产业体系是指政府通过各种税收、财政、市场保护等手段和措施推进现代农业产业体系建设。该模式主要特点是：①政府对现代农业产业体系进行整体规划与打造；②以园区带动型为主导，侧重发挥产业园区、示范园区、科技园区的示范作用和辐射作用，以点带面；③政府综合利用行政、市场化手段强力推进现代农业产业体系建设；④农业经营主体培育和发展具有鲜明的政府推动型。

以西充县建设龙滩河流域国家级现代农业示范区为例，首先，该现代农业示范区是西充县农业产业化建设与发展的核心基地。从园区产业规划、产业园区基地建设、业主招商引资、园区经营管理等方面都以政府为主导或者依托于政府成立的农业投资发展公司。其次，园区内优先建设有机循环种养区、设施农业示范区、高效粮油蔬菜区、立体农业集成区，以点带面，带动整个示范区建设。再次，该农业示范区按照“产业为基、加工升值、农旅一体”理念建设，全力打造集循环农业、创意农业、观光农业、体验农业于一体的“田园综合体”，实现农旅结合、三产融合发展，综合发挥农业的经济性与社会性功能。最后，政府综合采取行政干预和市场手段等方式进行干预。其中，主要体现为，在园区产业基地建设方面，采用整村推进，通过成立村级合作组织，采用入股、流转、自主经营等方式推动柑橘种植基地建设。此外，采用先建后补、以奖代补等市场化方式补贴业主建设产业种植基地。

（四）产业化基地建设的经验借鉴与政策启示

市场演化型和政府推进型具有不同的比较优势和适用条件。比较优势方面，市场演化型较为灵活，能以市场为导向迅速供给出适销对路的农产品，从而提升农业生产经营效率。此外，产业链上的生产经营主体利益联结机制较为紧密，其内生发展动力较足。不过，与政府推动型相比，市场演化型农业产业体系中，生产经营主体面临较大的市场风险，再加上彼此间的生产经营行为难以协调，可能会存在产业布局分散、地方重复建设、产品同质化严重和市场竞争秩序有待提高等突出问题。与市场演化型模式相比，政府推进型现代农业产业体系具有产业规划起点高，功能布局完善，产业特点鲜明等突出优点，尤其是借助政府的财政支持和行政力量推动，现代农业产业体系建设进度得以加快，能迅速形成地区产业优势和品牌优势，从而快速打开市场，扭转产业竞争先天劣势。不过，受制于政府规划的科学性、财力支持的持续性，再加上产业链上相关生产经营主体缺乏内生发展动力和密切的利益联结机制，政府推进型农业产业体系可能会面临可持续发展的问题。因此，市场演化型通常适用在产业基础比较好、特色产业优势较为明显，要素市场发育较好的地区，而政府推进型适用于地区资源禀赋优势突出，但产业基础比较薄弱，产业发展阶段滞后，地方政府倾斜物力、财力和人力资源想依据地区比较优势实施产业发展赶超战略的地方。

针对市场演化型模式，政府应该注重：①完善各类要素市场发展，推动各类市场有序健康发展；②突出各类新型经营主体培育，尤其是发展壮大集体经济和农民专业合作组织，增强其分享产业链和价值链增值收益的能力；③政府要积极完善农业生产性服务体系，为各类产业主体发展提供市场信息、农资服务、金融保险、农业科技、农机作业、农业绿色生产技术等社会化服务。针对政府推动型模式，政府应该侧重：①选准最具特色的优势产业，科学规划产业布局，并将产业规划一以贯之的实施；②保障政府投入的可持续性；③政府要加大省级涉农资金整合力度，设立农业产业化发展专项资金（或基金），引导社会资本投入农业产业化项目，并积极探索通过股份制、合作制、合伙制等产业化组织模式和产业融合方式，密切生产经营主体间的利益联结机制，增强经营主体发展的内生动力；④优化政府积极采用财政贴息、民办公助、公私合营、先建后补、以奖代补等多种灵活的市场化机制推动产业体系发展。

四 对策建议

针对当前以四川省为典型代表的农业大省在构建现代农业产业体系中存在的主要问题，本节拟从优化农业产业布局，围绕主导产业打造农业全产业链；大力推进现代农业产业基地建设，发挥园区的示范作用；构建紧密型利益联结机制，提升新型农业经营主体竞争力；优化品牌建设结构，积极拓宽营销渠道等方面提出针对性的对策建议。

（一）优化农业产业布局，围绕主导产业打造农业全产业链

一是优化农业空间布局，加强地区间协调沟通，促进区域产业分工协作，避免产业的趋同化、同质化。二是创新产业融合方式，延伸产业链，拓展产业功能。①发展生态循环农业模式，促进产业内横向整合型融合；②立足于新型经营主体并发展壮大，围绕特色农业产业化，推动产前、产中、产后等环节的产业内纵向延伸融合；③打造成集休闲、观光、教育、生态、旅游为一体的新型农业产业形态和消费业态，促进产业间交叉型融合；④依托“互联网＋现代农业”，实现产业间渗透型融合。

（二）大力推进现代农业产业基地建设，发挥园区的示范作用

一是强化现代农业产业基地功能定位，高起点、高规格、高标准建设一批规模化、标准化、集约化的特色农产品生产基地。要充分认识到现代农业产业基地既是现代生产要素的聚集地、农业先进技术的示范区，又是农业全产业链发展的样板间、产业融合发展的核心区和示范区。推进现代农业产业基地建设是构建现代农业产业体系的核心工作。二是因地适宜，探索现代农业产业基地的盈利模式和建设模式。盈利模式方面，可探索高效农业生产盈利模式、品牌盈利模式、科技服务盈利模式、发挥多功能性盈利模式、社会公益性盈利模式等。建设模式上，选择市场演化型，政府

着重从完善市场竞争秩序，搭建产业链战略协作平台，提供农业生产性服务体系等方面着力推动现代农业产业体系建设。选择政府推动型，政府侧重从科学化产业布局、持续化政府财力投入、灵活化市场干预等方面着力。三是创新园区经营模式，灵活运用“大园区 + 小业主”“大园区 + 小农场”“园区 + 企业 + 基地 + 农户”、合作经营、股份经营等多种方式，密切园区产业链条上相关经营主体的利益联结机制，提高园区经营管理的效率。四是科学规划好农业产业基地的核心区、示范区和辐射区，并通过纵向产业链延伸、横向产业功能拓展，构建立体化产业关联体系，引导和带动周边地区现代农业产业发展。五是引入园区业主退出考核机制，规范化园区管理制度，提高园区经营管理水平。

（三）构建紧密型利益联结机制，提升新型农业经营主体竞争力

一是实施各类经营主体差异化发展道路。其中，家庭农场要联合发展，合作社要创新发展，龙头企业和各类农业企业要转型升级。二是构建紧密型的利益联结机制。针对龙头企业，通过技术扶持和融资保障，推动龙头企业的基地示范建设，助推其实现转型升级，并通过股份合作经营、订单收购、二次返利等形式发挥其对传统农户的带头示范效应。针对合作社和家庭农场，不断拓宽合作范围，大力推进合作社联盟、家庭联盟，利用土地流转、技术传播、品牌示范等渠道，发挥合作社和家庭农场在衔接传统农户和现代市场之间的载体作用。三是健全要素市场，激活人、地、钱、市场、主体五大动力，推动农业生产要素向新型农业生产经营主体集中。

（四）优化品牌建设结构，积极拓宽营销渠道

优化品牌建设结构，增强农产品市场竞争力。一是积极实施“区域品牌 + 企业（产品）品牌”双品牌战略，在大力培育省级大区域品牌、市（州）、县级区域共用品牌背景下，引导新型农业经营主体创立企业（产品）品牌以及电商品牌。二是积极推动土地、资金、技术等先进生产要素向新型农业经营主体集中，发展制度规模经营，增强新型经营主体创建自有农产品品牌的内生动力。三是构建多元化、多层次农产品品牌体系。结

合当地资源禀赋和特色优势，重点孵化“三品一标”农产品，引导企业创立自主品牌。四是完善政府对新型经营主体创立农产品品牌的补贴方式，将定额补贴品牌认证费变革为以奖代补机制。五是加强证后监管，提升品牌公信力。积极引导“三品一标”企业实施追溯管理，扩大追溯范围，力争实现追溯全覆盖。全面落实市场监察，从严查处不合格产品，强化淘汰退出机制，维护好品牌公信力。

五　本章小结

推进现代农业绿色高质量发展，发挥其为农业增效、为农民增收、为农村增绿的目标，首先需要构建现代农业产业体系，以打造现代化农业产业基地为契机，用现代产业体系提升农业，用现代经营形式推进农业，促进农业生产经营的专业化、标准化、规模化和集约化，加快推动农业转型升级。本章以保障农产品质量安全、增加优质农产品供给为根本出发点，从宏观产业布局、中观产业链和微观产业基地建设三方面视角，分别研究现代农业产业体系构建的“建基地、搞加工、创品牌”三个主要抓手的落实问题。

首先，基于宏观产业布局的视角，以地理标志产品和无公害农产品为例，在刻画我国优质农产品在省际空间布局和时间演变的基础上，实证研究省际优质农产品的认证是否存在空间溢出效应，并进一步识别该空间溢出效应背后的驱动力是什么？实证研究发现，我国省际优质农产品存在显著的空间相依赖性，其中地理标志产品在省际的溢出效应显著为负，而无公害农产品在省际的溢出效应为正。上述不同类型优质农产品差异化的空间溢出效应可能表明，优质农产品品牌认证行为主要受学习模仿效应和竞争效应两个因素驱动。其中，在缺乏有效认证标识管理制度下，基于产地保护原则的地理标志产品具有准公共产品的属性，容易被邻近地区“搭便车”；而基于农业经营主体认证的无公害农产品，具有较强的排他性和竞争性，农业经营主体之间、地方政府之间将为品牌认证展开竞争，导致省际无公害农产品认证具有正向外溢性。因此，在“创品牌”助推现代农业产业体系发展中，地方政府需要构建区域公用品牌，并切实保护好企业自有品牌，实现“区域公用品牌＋企业自有品牌”双轮驱动。

其次，本章第二部分基于产业链的中观视角，以猕猴桃主产区种植户为例，实证研究生产环节紧密型纵向协作和销售环节紧密型纵向协作对农产品质量安全的影响。在区分生产环节和销售环节的基础上，根据生产经营主体是否为合作社成员或者企业基地农户，及其相应享受到的统一服务的类型，科学界定猕猴桃种植户与产业链上下经营主体是否构建紧密型的纵向协作关系。接着，运用微观计量模型实证量化生产环节纵向协作、销售环节纵向协作对种植户认证优质农产品行为的影响。实证结果表明，在控制住农户个体特征、家庭禀赋特征、产品特征和地区特征之后，参加生产环节纵向协作会显著提升种植户认证优质农产品的倾向，平均来看其优质农产品的认证概率会增加35.9%。不过，销售环节的纵向协作对农户认证优质农产品的促进作用不明显。进一步分析作用识别机制的结果发现，生产环节紧密型纵向协作不仅有助于种植户提高猕猴桃商品率，同时还会使农户获得更好的销售价格，但对猕猴桃增产发挥的作用不明显。本部分的政策启示是，地方政府应加快培育和发展壮大农业产业核心环节的生产经营主体，并积极引导农户与核心环节的生产经营主体建立利益联结机制，形成密切的纵向协作关系。

再次，第三部分以四川建设现代农业产业基地的实践为例，通过案例研究剖析四川由农业大省迈向农业强省过程中建设农业产业基地的主要做法，总结农业产业基地建设的典型模式，并在此基础上提炼四川省建设现代农业产业基地的经验，从而为其他省份提供经验借鉴。案例研究发现，当前四川省构建现代农业产业基地存在两种主要的模式，一种是市场演化型，其主要表现形式有外向创汇型、龙头企业带动型和现代都市型模式；另一种是政府推进型现代农业产业体系，以科技园区型最为典型。在产业模式的优缺点和适用性上，研究发现，市场演化型农业生产经营效率较高，产业链上的生产经营主体利益联结机制较为紧密，其内生发展动力较足。不过，相比于政府推动型，市场演化型农业产业体系中，生产经营主体面临较大的市场风险，生产经营行为难以协调。与市场演化型模式相比，政府推进型现代农业产业体系具有产业规划起点高，功能布局完善，产业特点鲜明等突出优点，但是受制于政府规划的科学性、财力支持和生产经营主体内生动力不足，其可能面临可持续发展的问题。因此，地方政府应立足当地资源禀赋和产业基础，综合运用两种模式建设现代农业产业基地。

最后，以四川省为蓝本，针对其建设现代农业产业体系中存在的主要问题，提出了四点针对性的对策建议：一是优化农业产业布局，围绕主导产业打造农业全产业链；二是大力推进现代农业产业基地建设，发挥园区的示范作用；三是实施各类经营主体差异化发展道路，构建紧密型利益联结机制，提升新型农业经营主体竞争力；四是实施“区域品牌 + 企业（产品）品牌”双品牌发展战略，建立和健全多元化、多层次农产品品牌体系，积极拓宽营销渠道。

本章附录

猕猴桃种植经营户调查问卷

生产所在地：________省________市________县（区/市）________乡（镇）________村（社区）

受访人姓名：________　　　　电话：________

A1 经营主体类型________（1 = 合作社社员；2 = 家庭农场主；3 = 企业基地农户；4 = 专业大户；5 = 散户），其中合作社社员/基地农户享受到统一服务有（可多选）________（1 = 种苗；2 = 技术培训；3 = 肥料；4 = 病虫害防疫方法；5 = 田间管理；6 = 销售）。

A2 主要经营品种产量、价格及销售

认证情况	产品特征	产品名称	种植面积（亩）	产量（kg）	收入（元）	销售范围
认证						
未认证						

注：耕地流转组织方式：1 = 村集体组织，2 = 镇集体组织，3 = 私人协商。

产品特征：1 = 普通，2 = 无公害，3 = 绿色食品，4 = 有机食品，5 = 地理标志，6 = 公共品牌，7 = 自有品牌

销售范围：1 = 出口（包括香港、澳门）；2 = 国内；3 = 省内。

A3 上一季主要经营品种种植成本

项目	种苗	人工	农业设施	化肥	复合肥	有机肥	农药
成本（元）							
自费比（%）							

A4 主要经营品种的商品化率

认证情况	产品名称	销售占比（%）	销售渠道结构及占比（%）							
			商贩	农贸市场	合作社收购	批发市场	商场超市	企业收购	电商	其他
认证										
未认证										

A5 销售猕猴桃时，收购方对猕猴桃质量检测内容（可多选）________（1 = 外观；2 = 单果重量；3 = 果实纵径；4 = 酸度；5 = 维 C 含量；6 = 可溶性固形物；7 = 农残快检；8 = 其他______）。

B1 种苗是否经过检疫______（1 = 是；0 = 否）；品种抗病性________（1 = 非常强；2 = 强；3 = 一般；4 = 较差；5 = 很差）。

B2 在冬季，是否进行清园工作________（1 = 是；0 = 否）；园区内是否养殖有食虫鸟、捕食性步甲虫、寄生蝇等病虫害的天敌________（1 = 是；0 = 否）。

B3 定植前翻土情况_________（1 = 全园深翻 80cm；2 = 部分深翻 80cm；3 = 深翻 50 ~ 60cm）。

B4 园地覆盖方式________（1 = 秸秆覆园；2 = 地膜覆盖；3 = 生草覆盖；4 = 其他________）。

B5 果实膨大期________天灌一次水（1 = 7 ~ 8 天；2 = 14 ~ 15 天；3 = 18 天及以上）。

B6 病虫害防治情况

种类	黄板	杀虫灯	生物除草剂	复方杀菌剂	糖醋液	其他
是否采用（注）						
自费比（%）						

注：0 = 否；1 = 是

B7 病虫害防治过程中，是否存在生产记录________（0 = 否；1 = 是）。

B8 您种植猕猴桃生产技术是向________学习的。（1 = 合作社；2 = 龙头企业；3 = 家庭农场；4 = 专业大户；6 = 政府；7 = 科研机构）。

C1 性别____（1 = 男；2 = 女），年龄______岁，从事猕猴桃种植______年，是否为党员干部______（0 = 否；1 = 是），学历______（1 = 初中及以下；2 = 高中/中专；3 = 大专，4 = 本科及以上）。

C2 是否参与村/社区日常事务________（0 = 否；1 = 是）。

C3 过去一年参加过哪些技术培训及培训组织方（可多选）________

1 = 无公害猕猴桃种植技术（______）。

2 = 优特农产品种植技术（______）。

3 = 有机猕猴桃种植技术（______）。

4 = 其他（培训项目：______）（__）。

注：培训的组织：1 = 园区；2 = 合作社；3 = 龙头企业；4 = 农发局；5 = 其他（________）。

C4 过去一年参加______次技术培训，是否加入农业相关技术协会______（0 = 否；1 = 是）。

C5 拥有的证书（可多选）________1 = 新型职业农民证书　2 = 绿色证书　3 = 农业职业经理人　4. 其他（________）。注：绿色证书：旨在提高农民素质，组织农民进行农业职业技术教育培训，培训合格颁发的证书。

C6 家中有______人，其中，15 ~ 60 岁有______人从事猕猴桃种植；家中完成九年义务教育的人数______；家庭非农收入占比________%，猕猴桃种植收入在农业收入中的占比________%；猕猴桃种植地离县城的距离________公里。

C7 村中大姓占比______%，生产地所在村的人均收入______元，人均非农收入______元

C8 村（社区）中无公害农产品种植户数______户，种植规模______，认证品种数______。

第六章
构建现代农业生产体系研究

“两型”农业就是指资源节约型、环境友好型农业，是传统农业生产体系向现代农业生产体系转型的方向，也是新时代实施乡村振兴战略的必然要求。近年来，全国各地在现代农业生产体系优化方面，着重以市场为导向，强力推进农业生产基地建设、农产品品牌创立，着力推动农副产品精深加工业发展，从区域布局、生产方式、品牌建设、质量监管等方面多点发力，传统农业生产体系不断向现代农业生产体系转化。但是，传统农业生产体系仍然面临调结构、提质量、增效率、转动力、拓功能等诸多压力，需要加以研究。

本章立足于我国传统农业生产较多使用高毒、高残农药和投入过量化肥等化学药物，首先，提出资源节约型、环境友好型农业是现代农业生产体系转型的方向，并指出处理好市场需求与供给潜力、农业经济增长和绿色发展，处理好传统农业生产与现代农业生产、现代农业生产体系多种业态之间的关系是推进农业生产体系转型的四个核心。其次，以四川省为典型案例，梳理四川现代农业生产体系建设的现状、主要做法、存在的主要问题及其对其他省份构建现代农业生产体系的启示。最后，基于全国 31 个省份 1994 ~ 2017 年的面板数据，从绿色农业生产角度测度省域经济体的绿色农业发展水平，并在此基础上利用泰尔指数分析全国三大地带的绿色农业发展水平差异，以此来揭示绿色农业发展水平的时空差异；通过构建面板模型，讨论省域绿色农业发展水平是否存在收敛性及收敛（发散）速度，以期进一步厘清以绿色农业为核心的现代农业生产体系发展脉络。

一　“两型”农业导向下的农业生产体系转型研究

（一）农业生产体系的转型方向

传统农业生产体系主要特点是使用高毒、高残农药和投入过量化肥，这一生产体系在保障粮食数量安全时发挥了重要作用。随着社会主要矛盾的变化，人们不再重点关注农产品的数量安全，而侧重于关注农产品的质量安全。现代农业生产体系正好兼顾了农产品的数量安全和质量安全。现代农业生产体系是指以市场需求为生产导向，以资源节约和环境友好为基本要求，通过转变农业发展方式、优化农业区域布局，提高生产要素质量、优化生产要素组合和提高农产品质量安全。现代农业生产体系是农业生产各个环节的有机统一，包括产品结构体系、投入体系、过程体系、产出体系、监管体系等，具有区域布局集聚化、合理化，生产结构多元化、科学化，生产方式循环化、绿色化，产品品质优质化、差异化，质量监管可视化、全程化等特征。也体现出以下两方面突出的特点。

（1）农业生产驱动力由要素投入型向农业装备和农业科技创新驱动型转变，这要求强化农业物质装备和技术支撑，大力推进农业机械化和农业信息化进程，并深化农业科技体制改革，以激发农业科技人员科技创新的内生动力。

（2）现代农业生产体系的业态具有多样化形态，例如，创意、循环、生态、有机、休闲、品牌和康养农业等。

因此，构建现代农业生产体系，核心是贯彻新发展理念，促进农业供给更加适应农业发展质量变革，更加适应农业生产效率变革，更加适应农业生产动力变革，更加满足人民美好生活需要，不断增强农业经济创新力和竞争力。

（二）构建现代农业生产体系要把握的重点

一是处理好市场需求与供给潜力的关系。农业供给侧结构性改革在农业体系上的体现主要在于通过优化资源利用方式，转变生产方式来实现多方面的优化。这与需求侧息息相关。供给侧结构性改革的标准与依据本质上来源于需求侧多方面的信号。因此，供给侧结构性改革以市场需求为导向，通过挖掘供给潜力，提高供给的质量和效益。

二是处理好农业经济增长和绿色发展的关系。现代农业生产体系不仅要求在农业生产中尽量减少对资源的消耗和浪费，而且要求在生产过程中优化生产要素组合，提高资源的利用效率。这就给农业经济增长设定了前置条件，即必须坚持绿色发展理念，必须以提高资源利用效率和生态环境保护为核心。

三是处理好传统农业生产与现代农业生产的关系。运用现代设施、装备、技术手段武装传统农业，引进新的现代农业生产要素，尤其是现代人力资本要素，通过发展绿色生产实现传统农业向现代农业的转变。

四是处理好现代农业生产体系多种业态之间的关系。现代农业生产体系以绿色发展为标准，其生产体系的实践模式朝着更加多元化和丰富化的方向发展（周栋良，2010）。因此，各地要因地制宜，选择适合本地比较优势、有利于资源节约和环境保护的农业生产形态。鉴于此，本章节余下部分通过四川省的实际情况做进一步分析。

二　构建现代农业生产体系的四川实践

（一）四川农业生产体系发展现状

1. 农业区域布局趋于合理化，优势特色农产品区域化积聚效果明显

因地制宜，围绕不同产业特性和市场空间大小，注重资源优化配置，突出地区资源优势，推进适度经营规模，充分挖掘发展潜力。形成川西“稻菜”轮作、优质奶牛蛋禽，川中柠檬产业、优势禽兔，盆周山区名优绿茶、优质肉牛肉羊，长江中上游柑橘、猕猴桃和川西北优质牦牛绵羊等优势农产品主产区。其主要做法有：一是依托大规模流转土地，农业适度规模经营初见成效。截至 2017 年底，四川省家庭承包耕地流转总面积达 2134.2 万亩，流转率达 36.68%，比上年底提高 6 个百分点。建立县级平台 80 个、乡镇服务站 1285 个，覆盖四川省的农村土地流转交易服务体系初步形成。发展土地股份合作社 6702 家，入社土地 111.2 万亩[①]。二是依托农业地理集聚，农业生产体系进一步优化。农产品优质原料基地建设和农产品加工一体化发展实际上是农业地理集聚。三是依托新型经营主体建设，农村发展新动能基础夯实。促进新型经营主体蓬勃发展，有利于农村发展新动能的培育。开展省内高校新增和知识更新培训，结合省外高校能力提升培训。截至 2017 年，累计培育农民合作社 8.9 万个，其中省级示范社 1900 个。家庭农场 3.4 万家，其中省级示范农场 800 余个[②]。截止到 2017 年底，在 179 个县（市、区）实施新型职业农民培育工程，覆盖新型职业农民 4 万人。2017 年底，四川省农业产业化龙头企业 8873 家，县级以上龙头企业 6510 家[③]。

2. 农业综合生产能力显著增强，农产品结构调整成效明显

一是农业综合生产能力显著增强。粮食作物方面：2017 年，四川省全年粮食播种面积 9438 万亩，产量 3488.9 万吨。其中，水稻播种面积 2812.5 万亩，小麦播种面积 979.5 万亩，玉米播种面积 2796 万亩，薯类播种面积 1899 万亩，分别占四川省粮食播种总面积的 29.80%、10.38%、29.62%、20.12%；水稻产量 1473.7 万吨，小麦产量 251.6 万吨，玉米产量 1068.0 万吨，薯类产量 537.9 万吨，分别占四川省粮食总产量的 42.24%、7.21%、30.61%、15.42%[④]。经济作物方面：2017 年，四川省全年经济作物（油料、蔬菜）播种面积 4204.5 万亩，产量 4610.2 万吨。其中，油料播种面积 2218.5 万亩，蔬菜播种面积 1986 万亩，分别占四川省经济作物播种面积的 52.76%、47.24%；油料产量 357.9 万吨，蔬菜产量 4252.3 万吨，分别占四川省经济作物产量的 7.76%、92.24%[⑤]。畜牧业养殖方面：以生猪为例，2017 年，肉猪出栏 6579.10 万头，比上年减少 4.7%[⑥]；肉猪年底存栏量排名全国第二，出栏量排名全国第一[⑦]。

---

① 数据来源：《中国农村经营管理统计年报（2017 年）》。

② 数据来源：http://www.scffc.net/。

③ 数据来源：http://scnews.newssc.org/system/20170925/000819930_2.html。

④ 数据来源：《四川统计年鉴 2018》。

⑤ 数据来源：《四川统计年鉴 2018》。

⑥ 数据来源：《四川统计年鉴 2018》。

⑦ 数据来源：《中国统计年鉴 2018》。

二是农产品产品结构调整成效明显。农业优势产业在全国的地位巩固提升。第一产业增加值从第5位提升到第4位，马铃薯产量和杂交水稻植种面积居第1位，油菜产量居第2位，蔬菜产量居第5位，茶叶产量居第4位，生猪、水禽、兔、蜂群养殖规模均居全国第1位，核桃、橄榄油、花椒、三木药材产量位居全国前列[①]。品牌建设发展态势良好。截至2017年底，通过不断建设并完善适应现代农业产业的生产标准体系，依托培育新型经营主体实现农村发展新动能转换。“三品一标”农产品认证数量在全国排名靠前，已成为西部认证数量最多的省份，达5124个[②]。由此，形成了多个省级区域公共品牌，例如，“天府龙芽”“四川泡菜”。依托标准化建设，夯实品牌建设基础；依托品牌建设，让“川字号”走出四川。农产品现代流通体系建设加快。四川省逐步形成了以农产品批发市场为骨干，多通道的生鲜农产品流通体系。建成具有示范意义的产地集配中心53个，冷链库容量达8230立方米，储运能力4.3万余吨，初级加工2.15吨。

3. 绿色生产方式转变初见成效，农产品质量安全保障体系趋于完善

一是绿色生产方式转变初见成效，突出表现为化肥、农药零增长行动成效明显。实施减量使用化肥农药行动，严防农业面源污染。四川省农业部门倡导农业经营组织转变农作物病虫害管理方式，推广新型病虫害管理科技。零增长行动成效明显，化学农药使用量明显减少。2012～2017年四川省化肥施用量逐年递减，已从253.03万吨下降至242.0万吨，平均降速0.89%。2012～2017年四川省农药使用量同样逐年递减，已从6.03万吨下降至5.58万吨，平均降速为1.54%[③]。绿色生产示范效果显著。截至2018年底，四川省建成国家级现代农业示范区13个，省级现代农业示范园区85个，建设现代农业万亩亿元示范区1100个，其中省农业厅认定600个。新建和改造提升“千斤粮万元钱”“吨粮五千元”粮经复合产业基地1000余万亩[④]。现已认定59个现代农业重点县，正在建设现代农业示范市县21个、现代农业重点县33个。

---

① 数据来源：http://my.newssc.org/system/20170506/002173465.html。

② 数据来源：https://baijiahao.baidu.com/s?id=1591605434625683815&wfr=spider&for=pc。

③ 数据来源：2018年《中国环境年鉴》。

④ 数据来源：http://www.sc.gov.cn/10462/10464/10797/2018/12/11/10464585.shtml。

二是农产品质量安全保障体系趋于完善。通过实施例行农产品检测、专项整治，并积极推行标准化生产，农产品质量安全形势良好。标准化生产方面，四川省率先在全国启动了农业地方标准评价试点工作，出台试点方案，完成两项地方标准评价。

4. 农业生产新业态多样化，生态循环农业发展模式效益明显

近年来，四川坚持绿色发展、特色发展理念，把建设生态循环农业放在大力推进现代农业，加快转变农业发展方式的突出位置。目前，农业生产新业态呈现出多样化发展趋势，生态循环农业发展迅速，实现农业经济效益、生态效益及社会效益“三赢”。依托发展优质绿色农业产业，各地以基地建设为平台，以产业带动为引领，大力推动高效、生态、循环、现代农业发展，积极探索出一系列极具实践价值的种养循环模式——“生态养殖 + 沼气工程 + 绿色种植”“林（草）- 沼 - 畜（禽）”“稻鱼综合种养”等养殖模式。例如，崇州目前已形成了稻田养鱼、养虾、养蟹、养鳅、养鳖、养鸭六种稻田综合种养的模式，实现一水两用、一田双收、粮渔共赢的局面。

（二）四川构建现代农业生产体系的具体做法

1. 以创建现代农业产业基地（园区）为抓手，推进农业向园区、向农产品优势区集中

为进一步优化特色农产品生产布局，四川集中力量打造一批特色农产品生产优势区和产业发展聚集区。通过完善四川农业产业发展区域规划，着力建设一批区域特色鲜明、竞争力强的产业基地县；通过建设一批高标准农田、设施农业、核心示范园区等措施，促进农产品生产向优势产区聚集，加快形成优势突出和特色鲜明的产业带。2019 年扎实推进农业供给侧结构性改革，在全国率先出台《关于加快推进现代农业产业融合示范园区建设的意见》，明确到 2022 年，四川省将建设 1000 个省、市、县三级现代农业产业融合示范园区，产业融合示范园区将推广“以种定养、以养定种”生态种养循环模式，并严格实行标准化生产。创建产业基地和产业园区将有效发挥集群集聚效应，并通过农业组织化程度提高，提高园区的辐射带动能力和示范效应。以西充县为例，该县以“中国有机食品第一县”

为统揽，通过建设国家农业科技园、台湾农业合作园等六大园区，布局 10 万亩粮油产业带、10 万亩香桃产业带、20 万亩柑橘产业带、10 万亩充国香薯产业带、5 万亩中药材产业带、10 万亩二荆条辣椒产业带、5 万亩蚕桑产业带，目前已建成“现代农业百亿产业集群”核心基地，产值突破 100 亿元。努力将四川农业生产推向“基地规模化、生产标准化、产业品牌化”的特色产业发展道路。

2. 积极推进生态循环农业，加快农业生产方式转型

四川抓住建立粮食生产功能区和重要农产品生产保护区为契机，通过完善生态循环农业产业链条，创新生态农业循环模式，积极推广粮经结合、农牧结合、生产与休闲结合的农业发展模式，有效推动高效生态现代农业发展。例如，西充县建成百科、茂源、广绿、丰森、明和、元斗桃园等标准化循环农业示范园区 20 个，循环生猪养殖小区 120 个，槐树林下家禽养殖、友林立体蚕桑综合开发等循环发展项目，成为四川省现代农业绿色产业示范区。

3. 以区域公用品牌和“三品一标”建设为抓手，培育壮大“川”字号农产品品牌体系

发展“三品一标”，是提升农产品品质，增加市场优质农产品供应，推进农业供给侧结构性改革的有效途径；是提升农产品市场竞争力，打造农业品牌的具体抓手；是践行绿色发展，打造以精细农业为特色的优质农产品供应基地的重要组成部分。各地积极建立农产品区域公用品牌，有效整合“多而散、小而弱”的农业品牌资源。这不仅有利于塑造四川省农产品良好的整体形象，快速提升知名度和附加值，而且有助于推进经营主体创建自有品牌，增加农产品竞争力。例如，川内“大凉山”“遂宁鲜”等区域公用品牌在短期内实现农产品溢价 20% ~30%，带动了农业产业大发展。2017 年出台《关于加强农产品品牌建设的意见》，重点做好提升农业标准化生产能力、强化农产品质量安全监管、实施品牌建设“五大工程”、创新品牌宣传营销、做大做强品牌企业、完善品牌服务体系、加强品牌保护监管。举办四川农业博览会、农业合作发展大会、四川国际茶博会、眉山泡菜博览会、彭州菜博会、川台农业合作论坛等“川”字号农业展会，支持地方举办“市（州）”字号农业展会，初步形成了四川农业综合与分区分层分类相结合的展会体系，开展“川货全国行”等市场拓展活动，组织开展农产品品牌推介活动，推动展会向市州县延伸，形成带动千万农民致富增收、促进百县竞相发展的生动局面。仅2016年四川省农业系统举办各类农产品、畜产品展示展销交易会、洽谈会50场次，与省外签订农产品销售合同、投资协议总额共计400亿元，推动了“川”字号农产品叫响国内外，加快了四川向农业强省、品牌大省跨越的步伐。

4. 深化农业科技创新推广体制改革，激活农业科技创新

从2014年开始，围绕以激发人员活力为突破口，四川开展激励农业科技人员创新创业专项改革试点。2016年初，四川省进一步深化科技体制改革。以宣汉县为例，2014年出台了《宣汉县激励农业科技人员创新创业专项改革试点方案》和《宣汉县激励农业科技人员创新创业实施细则》为宣汉县农业科技人员开展创新创业活动提供政策指导。通过创新机制，打破农业科技人员的身份和地域限制；强化保障，出台优惠政策、搭建创新创业平台和加强资金扶持；精管理，通过实施对科技人员从严管理、从严考核和从严奖惩等改革措施鼓励在职或县内外农业科技人员从事创业创新活动。创办宣汉明月蜀宣花牛养殖场，规模为5000头，年出栏能力2000头，年收入达30万元。带动周边农户26户，户均养殖蜀宣花牛10头以上，户均增收2万元以上。

5. 强化农业物质装备和技术支撑，持续夯实现代农业发展的基础条件保障

四川省2017年建成高标准农田400.7万亩①，2016年、2017年四川农、林、牧、渔业固定资产投资（不含农户）、完成固定资产投资1090.17亿元、1350.78亿元，分别比上年增长41.5%、23.9%②。截至2018年末，耕地灌溉面积292.6万亩，占全部耕地面积的43%③。截至2018年10月，四川省农村公路总里程达28.2万公里，新增通硬化路的乡镇324个，新增通硬化路的建制村16154个，乡镇和建制村通硬化路率分别达到99.6%和99.4%④。此外，构建了覆盖四川省的公益性农技推广体系，目前已建立

① 数据来源：http://www.sc.gov.cn/10462/10464/10797/2018/10/18/10461031.shtml。

② 数据来源：国家统计局。

③ 数据来源：《2018年四川省国民经济和社会发展统计公报》。

④ 数据来源：https://baijiahao.baidu.com/s?id=1615805342086775193&wfr=spider&for=pc。

11746 个推广机构，其中县级 2105 个、乡镇（区域）机构 9310 个，90% 以上乡镇完成了农业技术推广体系条件建设项目。可见，农业物质装备和技术支撑，为现代农业生产体系提供基础保障。

（三）四川构建农业生产体系过程中存在的主要问题

1. 调整生产结构和产品结构的任务依然艰巨，以市场需求为导向的农业增长模式仍需进一步优化

目前，四川农业生产数量型特征依然明显，向质量第一、效益优先的农业增长模式转变力度亟须加强，粮、经、饲三元种植结构要进一步协调发展，调整生产结构和产品结构的任务依然艰巨。四川农业生产区域结构同质化、低端化特征还一定程度上存在，各区域重复投入、过度投入，相互协调发展不够；粮食口粮基本自给有余，但饲草、饲料、加工用粮等主要依靠外省调入，农区草食牲畜比重较低，种养结构、粮经结构、农牧结构等不尽合理；中低端过剩、高精端不足的农产品产品结构还未根本改变。

2. 促进农业资源永续利用的压力空前凸显，以绿色发展为导向的农业生产方式仍需进一步优化

目前，农业装备条件需要进一步改善，农业机械化水平有待进一步提高，例如，截至 2017 年，农机化综合水平刚超过 50%；创新应用绿色增产技术模式不多；大力推进标准化生产的力度需要进一步加强，高标准农田建设距离四川省 2020 年预计目标还差 1800 多万亩；农业投入品管理和农业环境突出问题治理需要进一步强化，“一控两减三基本”还须加快推进落实。四川省年均粪污量约 4730 万吨，然而有效处理率不到 50%①，土壤污染点位超标率达 28.7%，其中耕地占 34.3%；化肥零增长行动目前有 33 个重点示范县，占四川省 183 个县的 18.03%，覆盖率不足 20%；秸秆焚烧情况仍有发生，环保部秸秆焚烧环境卫星监测数据显示，例如，2016 年四川省共被监测到秸秆焚烧点火数 25 个。适应新发展理念的农业标准化体系仍需进一步优化，质量安全监管机制模式也需相应创新。

---

①　数据来源：https://sichuan.scol.com.cn/ggxw/201706/55938233.html。

3. 强化农业物质装备和技术支撑的要求更加突出，以创新驱动为导向的农业生产力体系仍需进一步优化

农业生产动力由要素投入型向农业装备和农业科技创新驱动型转变，这要求强化农业物质装备和技术支撑，大力推进农业机械化和农业信息化进程，并深化农业科技体制改革，以激发农业科技人员科技创新的内生动力。目前，五大经济区农业生产基础设施建设和农业技术创新不平衡，凉山州等深度贫困民族地区和秦巴山区普遍远远落后于平原区，全要素生产率提高压力大。盆州山区农业物质装备现代化水平较低，机械化水平不高；绿色有机农产品园区建设投入不足，有机农产品园区基础设施投入在3000～5000元/亩，单靠财政奖补并不能激发生产主体的积极性；农业生产技术革新较慢，成本较高，扎根乡村的农业科技人员队伍不稳定。

4. 培育生态循环、绿色有机、休闲康养农业的呼声日益高涨，以满足人民美好生活需要为导向的农业生产业态体系仍需进一步优化

现代农业生产体系的业态具有多样化特征，主要有循环农业、生态农业、有机农业、休闲农业、创意农业、康养农业等业态。目前，新型农业生产经营主体发育不够，使生产响应市场需求的节奏跟不上，政府引导、农民主体、多方参与的多样化生产业态体系建设的长效机制尚未形成。甘孜州、阿坝州、凉山州民族地区、盆州山区、丘区等地都确立了走生态发展之路，但循环、生态、有机、观光、康养等农业业态不丰富，档次不高，亮点不突出。“川字号”农业品牌的“头雁效应”不显著，品牌梯队不稳不成形，引领多样化业态发展对接市场的效果不明显。

（四）构建现代农业生产体系的思考

构建现代农业生产体系要坚持市场需求导向、绿色发展导向、创新驱动导向、满足人民美好生活需要导向，不断推进生产布局优化、生产方式转变、生产质量提升和农业多功能化。

1. 坚持市场需求导向

一是进一步优化农业区域布局。完善“三区三园”规划，科学规划水稻、玉米、小麦和马铃薯等粮食生产功能区和豆、棉、油、糖等重要农产品生产保护区。同时要着力聚焦贫困地区，尤其是深度贫困地区的现代农业生产体系建设。二是统筹调整粮经饲种植结构，经济作物要优化品种品质和区域布局。

2. 坚持绿色发展导向

一是强化农业标准化生产监管。特别是围绕农业绿色高质量发展的内容完善现行生产监管标准。二是扎实推进“一控两减三基本”。推广节约型农业技术，促进农业资源节约利用。三是强化农产品质量安全监管。提高“三品”认证的有效性和公信力，对“三品”认证给予奖励和扶持；建立农产品质量安全快速检测点；逐步推行农产品分级包装上市和产地编码制度，对有产地编码的农产品要优先进入市场销售；逐步实现农产品全生产链的可追溯体系。四是强化综合执法和监管责任。健全监管责任机制，促进各部门依法履行部门工作职责，形成无缝衔接的监管合力，进一步健全公众参与机制，全力营造农产品质量安全良好的社会环境。

3. 坚持创新驱动导向

一是注重农村信息化建设，提高农户获取信息的能力。二是持续改善农业科技创新能力。投入更多资金进行农业信息技术研发，并注重推广应用。三是完善信息服务体系，建立健全农业综合信息服务体系。四是强化农业科技人才队伍建设。

4. 坚持满足人民美好生活需要导向

一是稳定保障粮油等重要农产品供给，确保基础性粮食安全保障。二是着力发展绿色有机农业。聚力主攻农业供给质量，统筹谋划绿色有机农业布局，科学规划绿色有机农业生产体系，加快提高绿色有机农产品的占比，逐步满足中高端需要。三是融合发展休闲创意农业。四是深度开发电商和智慧农业。五是分类发展文化农业。适应乡村旅游和科普教育需要，各地要因地制宜发展科普农业。展示现代农业技术创新，满足学习教育需要。

三　中国绿色农业发展：生产水平测度、地区空间差异及收敛性分析

绿色农业为解决传统农业生产导致的“高耗”与“高污”提供了思路。由此，绿色农业也被认为是我国高质量农业的发展方向。那么，我国

绿色农业的生产水平、空间差异以及收敛性如何？基于此，本小节以全国31个省份1994～2017年的面板数据，从绿色农业生产角度测度省域经济体的绿色农业发展水平、空间差异及收敛情况，从实证角度进一步厘清“绿色农业”为核心的现代农业生产体系发展脉络。

（一）引言

近年来，传统农业生产模式导致了一系列问题（Jiao et al.，2018）。依赖石油产品的农业生产体系对生态安全产生了负面影响，并由此威胁到了社会、经济和环境的可持续发展（Iaastd，2009）。因此，构建一个资源节约、环境友好与产品丰富的农业生产体系以实现农业可持续发展成为世界共识（Koohafkan et al.，2012）。这与“绿色农业”为核心的现代农业生产的理念不谋而合——现代农业生产倡导节约能源、保护与改善农业生态环境（严立冬，2003）。2015年，我国明确提出要实现“绿色化”发展。促进农业发展方式转型（邓鑫等，2016），助推绿色农业发展模式，对形成可持续的现代农业生产体系意义重大。

当前，学者们对绿色农业发展进行了较多的研究。严立冬（2003）指出绿色农业的内涵是以科技投入为基础，以节约能源、保护与改善农业生态环境为一体的新型农业发展模式；Koohafkan等（2012）讨论了绿色农业的发展模式，指出绿色农业是可持续农业的延伸，并从微观尺度构建了绿色农业的评价指标体系；崔元锋等（2009）构建了生态、经济与社会三个维度的指标体系评价某民族县的绿色发展水平；张正斌等（2011）指出绿色农业评价体系要围绕保障食品安全构建；黄炎忠等（2017）从省级层面测度了农业绿色生产水平；李兆亮等（2017）从省级层面测度了农业绿色生产效率。这些研究成果为进一步开展研究提供了丰富的理论基础，但在研究尺度（更加微观）和研究深度（时空差异及收敛性）仍有提升空间。

从现有研究来看，评价绿色农业发展水平的指标体系尚未统一。崔元锋等（2009）从生态效益水平、经济效益水平、社会效益水平三个维度，包含资源利用与生态环境承载等指标，测度了某省某民族县2006～2007年的绿色农业发展水平；张正斌等（2011）认为评价绿色农业发展水平主要应该围绕食品安全；黄炎忠等（2017）认为应当从生产方式角度测度绿色农业发展水平。这些研究为本研究的开展提供了丰富的借鉴基础，绿色农业发展主要是围绕生产方式变革展开，绿色化的生产方式将带来绿色的农业发展模式（冯之浚等，2015），因此本章也将从绿色生产水平角度来测度绿色农业发展水平。

此外，国家农业部门于2015年正式提出“一控两减三基本”目标，现有研究多基于2015年以前的数据测度绿色农业发展水平，不能较好地反映2015年以后的现实情境。例如，黄炎忠等（2017）基于2005～2014年的宏观数据测度了31个省份的绿色农业整体发展水平；李兆亮等（2017）基于1998～2013年的宏观数据计算了31个省份的农业绿色生产效率。然而，鲜有研究以最新数据，考察近年来绿色农业发展水平，以及时空差异及收敛性。

综上所述，本节将基于全国31个省份1994～2017年的面板数据，从绿色农业生产角度测度省域经济体的绿色农业发展水平，并在此基础上利用泰尔指数分析东、中、西部三大地带的绿色农业发展水平差异，以此来揭示绿色农业发展水平的时空差异；通过构建面板模型，讨论省域绿色农业发展水平是否存在收敛性及收敛（发散）速度，以其进一步厘清“绿色农业”为核心的现代农业生产体系发展脉络。

（二）研究方法与数据来源

1. 研究方法

（1）绿色农业生产水平测算。

绿色农业有两个突出的特征：资源节约与环境友好。考虑到省域数据的获取完整程度，本章借鉴黄炎忠等（2017）的研究，重点考虑绿色农业生产过程中资源节约、环境友好。分别选取了化肥施用、农药利用、农膜利用、农业机械使用、能源利用和水资源使用6个方面的效率指标综合评价省域绿色农业生产水平。由于各个指标单位存在差异及对绿色农业生产水平的作用方向不一致，为了减少误差，现对各个指标进行如下的极差标准化，以获取同向影响且具有可比性的无量纲数据，具体见方程（6-1）与方程（6-2）。

负向指标处理方法：

$$Z_{ijt} = \frac{\max(x_{ijt}) - x_{ijt}}{\max(x_{ijt}) - \min(x_{ijt})} \tag{6-1}$$

正向指标处理办法：

$$Z_{ijt} = \frac{x_{ijt} - \min(x_{ijt})}{\max(x_{ijt}) - \min(x_{ijt})} \tag{6-2}$$

绿色农业生产水平测算如下：

$$Green_{it} = \sum_{j=1}^{n} W_{ijt} Z_{ijt} \tag{6-3}$$

上述方程式（6－1）、式（6－2）、式（6－3）中，i、j、t 分别表示省域 i、指标 j、年份 t；n 表示指标个数；W 表示指标权重；Z 表示某一测度指标；*Green* 表示绿色农业生产水平，其值越大绿色农业生产水平越高。各指标含义见表 6－1、各年度权重见表 6－2。

表 6－1　绿色农业生产水平测度指标含义

指标名	符号	指标解释	方向	均值	标准差
化肥施用效率	X1	每万元农林牧渔产值所消耗的化肥折纯量（千克/万元）	负	128.30	100.26
农药利用效率	X2	每万元农林牧渔产值所消耗的农药（千克/万元）	负	4.00	6.11
农膜利用效率	X3	每万元农林牧渔产值所消耗的农膜（千克/万元）	负	39.98	958.58
农业机械使用效率	X4	每万元农林牧渔产值所投入的农业机械量（瓦/万元）	负	1969.56	1919.11
能源利用效率	X5	每万元农林牧渔产值所消耗的电力（千瓦时/万元）	负	1592.69	4281.05
水资源使用效率	X6	有效灌溉面积与年末耕地总面积的比值	正	0.58	0.31

表 6－2　绿色农业生产水平测度指标的各年权重

年份	X1	X2	X3	X4	X5	X6
1994	0.10	0.10	0.15	0.10	0.10	0.44
1995	0.10	0.10	0.13	0.10	0.10	0.46
1996	0.08	0.08	0.15	0.08	0.08	0.52
1997	0.04	0.04	0.08	0.04	0.04	0.76

续表

年份	X1	X2	X3	X4	X5	X6
1998	0.09	0.08	0.19	0.08	0.08	0.47
1999	0.09	0.07	0.19	0.08	0.07	0.51
2000	0.09	0.07	0.18	0.08	0.07	0.51
2001	0.08	0.06	0.19	0.07	0.06	0.53
2002	0.08	0.07	0.16	0.08	0.07	0.55
2003	0.10	0.07	0.13	0.09	0.07	0.53
2004	0.09	0.07	0.12	0.09	0.07	0.55
2005	0.10	0.08	0.14	0.10	0.08	0.48
2006	0.08	0.07	0.11	0.08	0.07	0.59
2007	0.08	0.07	0.11	0.09	0.07	0.58
2008	0.08	0.07	0.11	0.09	0.07	0.58
2009	0.09	0.08	0.07	0.09	0.07	0.60
2010	0.07	0.07	0.09	0.08	0.06	0.63
2011	0.08	0.08	0.11	0.09	0.12	0.52
2012	0.07	0.06	0.09	0.08	0.10	0.60
2013	0.28	0.11	0.08	0.07	0.05	0.41
2014	0.27	0.10	0.09	0.07	0.05	0.43
2015	0.24	0.09	0.09	0.06	0.05	0.47
2016	0.25	0.10	0.08	0.05	0.05	0.47
2017	0.14	0.15	0.08	0.08	0.05	0.50

（2）地区差异分析。

本节运用泰尔指数测算全国三大地带（东部地带、中部地带和西部地带）绿色农业发展水平的差异。根据泰尔指数的构造原理，其可以被分解为区域内差异和区域间差异两部分。本部分借鉴 Theil（1967）及杨骞、刘华军（2012）的研究成果，将绿色农业生产水平的泰尔指数及其结构分解的测算公式调整如下：

$$T_t = \sum_{i=1}^{n}\left[\frac{Green_{it}}{Ave\_Green_t} \times \ln\left(\frac{Green_{it}}{Ave\_Green_t}\right)\right] \qquad (6-4)$$

$$T_{wt} = \sum_{g=1}^{5} \sum_{i=1}^{n} \left\{ \left(\frac{Ave\_Green_{gt}}{Ave\_Green_{t}} \right) \left[\frac{Green_{git}}{Ave\_Green_{gt}} \times \ln\left(\frac{Green_{git}}{Ave\_Green_{gt}} \right) \right] \right\} \tag{6-5}$$

$$T_{bt} = \sum_{g=1}^{n} \left[\frac{Ave\_Green_{gt}}{Ave\_Green_{t}} \times \ln\left(\frac{Ave\_Green_{gt}}{Ave\_Green_{t}} \right) \right] \tag{6-6}$$

$$T_{t} = T_{wt} + T_{bt} \tag{6-7}$$

在上述的方程式中，下标 i、g、t、w、b 分别代表省域、地带、年份、区域内泰尔指数、区域间泰尔指数；T 表示泰尔指数；*Green* 代表某省域的绿色农业发展水平；*Ave_Green* 表示某地带内省域的绿色农业生产水平平均值。

（3）绿色农业生产水平的收敛性分析。

学界在经济增长收敛性方面的研究成果丰硕（杨朝峰等，2015）。经济收敛源于索洛提出的新古典增长模型（Solow，1956），对于省域间的绿色农业生产水平而言，如果存在收敛性，意味着一个省的绿色农业生产水平提升速度与初始水平呈现负相关，从而使两省之间的绿色农业生产水平差异有不断缩小的趋势。本节将通过 α 收敛性检验和 β 收敛性检验，各收敛模型构造如下。

α 收敛性检验：

$$\alpha_{t} = \sqrt{\frac{\sum_{i=1}^{n} (x_{it} - \bar{x}_{t})^{2}}{n}} \tag{6-8}$$

其中，下标 i、t 分别表示省域 i、年份 t；α 表示绿色农业生产水平的标准差；x 表示绿色农业生产水平；$\bar{x}$表示绿色农业生产水平平均值。α 收敛性检验侧重反映省域绿色农业生产水平的相对差异程度，其值越大表明越多省域的绿色农业生产水平与其平均值之间存在较大差异。

进行上述 α 收敛性检验之后，为确保研究结论的准确性，本节还通过如下的方程式进行进一步检验：

$$\alpha = \theta + \delta \times t + \varepsilon \tag{6-9}$$

其中，α 为绿色农业生产水平的标准差；θ 为常数项；t 为时间趋势项；ε 为随机误差项。如果 $\delta < 0$ 且在一定水平上显著，则表明绿色农业生产水平差异正逐年缩小，存在 α 收敛；如果 $\delta > 0$ 且在一定水平上显著，则表明绿色农业生产水平差异正逐年扩大，不存在 α 收敛；如果 $\delta=0$ 且在一定水平上显著，则表明绿色农业生产水平差异一直没有发生变化。

β 收敛性检验：

$$\frac{1}{T}\ln\left(\frac{\ln x_{it}}{\ln x_{i0}}\right)=\alpha+\beta\ln x_{i0}+\mu_{it} \tag{6-10}$$

其中，下标 i、t、0 分别表示省域 i、报告期 t、基期 0；α 表示常数项；T 表示基期到报告期跨度；x 表示绿色农业生产水平。如果初始绿色农业生产水平的系数为负值，则说明存在绝对 β 收敛，其收敛速度计算公式为：$\beta=\left[\frac{-(1-e^{\lambda T})}{T}\right]$，含义为绿色农业生产水平落后的省域经济体追赶发达地区的速度。

2. 数据来源

为确保数据完整性和尽可能扩大研究时间段，本部分选取全国 31 个省份 1994 ~2017 年的数据构成平衡面板数据。本部分数据均出自《中国统计年鉴》《中国农村统计年鉴》和《新中国六十年统计资料汇编》等年鉴。

（三）分析结果

1. 绿色农业生产水平测算结果

根据公式（6 –3）对全国 31 个省份绿色农业生产水平进行测算，测算结果见表 6 –3。

三大地带是我国地理分区中较为常见的区划方法。图 6 –1 展示了三大地带的绿色农业生产水平均值变化趋势。三大地带绿色农业生产水平的变化趋势基本一致（同增同减），然而，这并不能反映出各个地带内部的变化趋势，也不能反映出各个地带间存在的差异。为了进一步讨论地带间和地带内的绿色农业生产水平差异，第二小节通过构造泰尔指数解构地带间和地带内的绿色农业生产水平的差异程度。

2. 地区差异分析结果

（1）全国绿色农业生产水平总体差异分析。

全国绿色农业生产水平泰尔指数分析。根据方程式（6 –4）至式（6 –7）分别计算 1994 ~2017 年绿色农业生产水平的总泰尔指数、地带内泰尔

表 6－3　各省份绿色农业生产水平（1994～2017 年）

地带	省份	1994 年	1995 年	1996 年	1997 年	1998 年	1999 年	2000 年	2001 年	2002 年	2003 年	2004 年	2005 年
东部	北京	0.82	0.83	0.91	0.31	0.91	0.93	0.92	0.93	0.95	0.73	0.81	0.83
	福建	0.85	0.85	0.83	0.30	0.85	0.83	0.83	0.78	0.77	0.84	0.85	0.87
	广东	0.77	0.78	0.77	0.29	0.78	0.76	0.73	0.56	0.54	0.70	0.54	0.74
	海南	0.69	0.69	0.53	0.28	0.66	0.61	0.61	0.47	0.46	0.46	0.43	0.62
	河北	0.72	0.73	0.72	0.27	0.73	0.71	0.71	0.65	0.64	0.70	0.71	0.76
	江苏	0.88	0.88	0.82	0.29	0.82	0.81	0.78	0.74	0.73	0.79	0.81	0.81
	辽宁	0.58	0.59	0.50	0.21	0.52	0.48	0.48	0.46	0.50	0.56	0.56	0.59
	山东	0.74	0.75	0.75	0.26	0.73	0.70	0.69	0.64	0.63	0.71	0.73	0.74
	上海	0.91	0.94	0.93	0.32	0.86	0.86	0.89	0.83	0.83	0.93	0.93	0.90
	天津	0.84	0.85	0.85	0.29	0.84	0.82	0.80	0.67	0.68	0.74	0.74	0.76
	浙江	0.38	0.40	0.47	0.09	0.42	0.45	0.43	0.39	0.38	0.45	0.47	0.42
中部	安徽	0.77	0.78	0.64	0.28	0.77	0.77	0.75	0.70	0.71	0.77	0.79	0.79
	河南	0.70	0.72	0.72	0.27	0.74	0.73	0.71	0.67	0.63	0.68	0.70	0.73
	黑龙江	0.50	0.48	0.40	0.20	0.43	0.38	0.37	0.37	0.38	0.40	0.40	0.45
	湖北	0.75	0.75	0.79	0.27	0.74	0.71	0.67	0.63	0.64	0.70	0.71	0.72
	湖南	0.83	0.82	0.82	0.28	0.81	0.85	0.73	0.69	0.67	0.73	0.74	0.77
	吉林	0.56	0.54	0.48	0.22	0.54	0.50	0.48	0.45	0.45	0.44	0.47	0.53
	江西	0.85	0.86	0.88	0.31	0.86	0.85	0.84	0.78	0.78	0.87	0.87	0.86
	山西	0.55	0.55	0.46	0.20	0.43	0.36	0.36	0.32	0.35	0.38	0.38	0.42

续表

地带	省份	1994年	1995年	1996年	1997年	1998年	1999年	2000年	2001年	2002年	2003年	2004年	2005年
西部	甘肃	0.53	0.52	0.41	0.17	0.38	0.32	0.31	0.28	0.29	0.36	0.37	0.41
	广西	0.75	0.74	0.72	0.28	0.71	0.68	0.66	0.63	0.61	0.67	0.67	0.71
	贵州	0.62	0.61	0.53	0.24	0.57	0.52	0.51	0.49	0.49	0.52	0.52	0.57
	内蒙古	0.63	0.60	0.55	0.22	0.52	0.46	0.48	0.47	0.47	0.51	0.50	0.56
	宁夏	0.59	0.58	0.53	0.21	0.47	0.39	0.42	0.40	0.42	0.45	0.46	0.51
	青海	0.62	0.60	0.55	0.24	0.56	0.51	0.50	0.49	0.47	0.50	0.49	0.55
	陕西	0.63	0.62	0.58	0.24	0.57	0.52	0.52	0.51	0.52	0.54	0.55	0.60
	四川	0.69	0.69	0.66	0.27	0.69	0.65	0.64	0.63	0.64	0.71	0.71	0.74
	西藏	0.86	0.85	0.80	0.31	0.81	0.78	0.78	0.73	0.71	0.77	0.75	0.80
	新疆	0.82	0.84	0.83	0.27	0.80	0.76	0.75	0.67	0.70	0.85	0.74	0.75
	云南	0.63	0.64	0.44	0.96	0.61	0.49	0.40	0.38	0.37	0.39	0.38	0.45
	重庆	0.63	0.63	0.58	0.25	0.59	0.54	0.53	0.51	0.53	0.58	0.55	0.61
地带	省份	2006年	2007年	2008年	2009年	2010年	2011年	2012年	2013年	2014年	2015年	2016年	2017年
东部	北京	0.80	0.77	0.96	0.94	0.89	0.89	0.87	0.80	0.77	0.74	0.66	0.64
	福建	0.71	0.75	0.74	0.74	0.64	0.76	0.80	0.82	0.81	0.81	0.75	0.80
	广东	0.52	0.55	0.55	0.52	0.46	0.70	0.71	0.70	0.68	0.70	0.64	0.67
	海南	0.38	0.51	0.47	0.60	0.58	0.66	0.63	0.53	0.52	0.50	0.64	0.48
	河北	0.72	0.73	0.71	0.70	0.66	0.71	0.68	0.64	0.63	0.65	0.59	0.64
	江苏	0.80	0.80	0.78	0.79	0.76	0.79	0.80	0.77	0.78	0.90	0.47	0.86

续表

地带	省份	2006年	2007年	2008年	2009年	2010年	2011年	2012年	2013年	2014年	2015年	2016年	2017年
东部	辽宁	0.48	0.47	0.48	0.47	0.40	0.53	0.43	0.56	0.54	0.51	0.49	0.44
	山东	0.74	0.74	0.65	0.67	0.62	0.68	0.64	0.64	0.64	0.67	0.60	0.65
	上海	0.93	0.93	0.88	0.95	0.91	0.79	0.81	0.85	0.83	0.87	0.75	0.86
	天津	0.73	0.77	0.76	0.76	0.73	0.75	0.72	0.67	0.68	0.72	0.66	0.71
	浙江	0.51	0.38	0.37	0.46	0.39	0.33	0.36	0.77	0.75	0.77	0.71	0.73
中部	安徽	0.79	0.80	0.62	0.80	0.78	0.80	0.78	0.54	0.54	0.60	0.54	0.64
	河南	0.70	0.69	0.69	0.63	0.59	0.66	0.62	0.45	0.45	0.49	0.43	0.56
	黑龙江	0.36	0.37	0.40	0.39	0.35	0.50	0.40	0.51	0.49	0.47	0.46	0.47
	湖北	0.67	0.68	0.72	0.66	0.68	0.74	0.72	0.66	0.67	0.55	0.68	0.58
	湖南	0.74	0.74	0.74	0.68	0.65	0.71	0.72	0.68	0.71	0.74	0.67	0.68
	吉林	0.41	0.44	0.43	0.41	0.33	0.44	0.36	0.32	0.30	0.29	0.25	0.21
	江西	0.85	0.84	0.67	0.66	0.62	0.68	0.61	0.61	0.61	0.63	0.58	0.59
	山西	0.35	0.36	0.36	0.38	0.31	0.44	0.37	0.31	0.32	0.31	0.33	0.37
西部	甘肃	0.36	0.35	0.34	0.43	0.28	0.41	0.37	0.30	0.31	0.23	0.30	0.19
	广西	0.47	0.48	0.49	0.43	0.37	0.52	0.44	0.46	0.45	0.45	0.43	0.46
	贵州	0.50	0.52	0.35	0.64	0.62	0.70	0.36	0.43	0.46	0.48	0.49	0.48
	内蒙古	0.49	0.49	0.50	0.48	0.43	0.54	0.42	0.41	0.36	0.33	0.31	0.38
	宁夏	0.44	0.44	0.46	0.45	0.39	0.51	0.42	0.36	0.36	0.38	0.37	0.47
	青海	0.45	0.45	0.47	0.39	0.48	0.56	0.50	0.60	0.58	0.54	0.55	0.52

续表

地带	省份	2006 年	2007 年	2008 年	2009 年	2010 年	2011 年	2012 年	2013 年	2014 年	2015 年	2016 年	2017 年
西部	陕西	0.54	0.53	0.54	0.44	0.45	0.56	0.50	0.41	0.43	0.36	0.42	0.44
	四川	0.70	0.69	0.53	0.68	0.63	0.71	0.68	0.72	0.57	0.57	0.55	0.56
	西藏	0.76	0.72	0.91	0.96	0.96	0.95	0.94	0.86	0.88	0.61	0.83	0.63
	新疆	0.84	0.78	0.76	0.86	0.82	0.83	0.72	0.67	0.60	0.66	0.70	0.80
	云南	0.36	0.37	0.38	0.36	0.37	0.43	0.36	0.38	0.37	0.35	0.35	0.38
	重庆	0.41	0.39	0.42	0.40	0.33	0.47	0.38	0.44	0.43	0.42	0.44	0.44

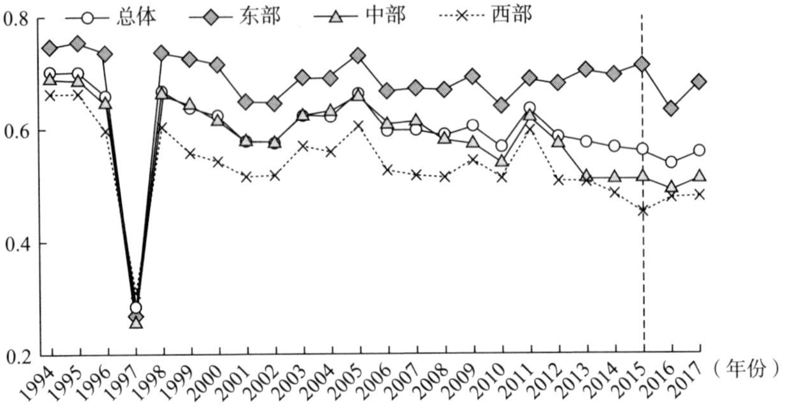

图 6－1　三大地带绿色农业生产水平均值变化趋势（1994～2017）

指数、地带间泰尔指数。表 6－4 报告了 1994～2017 年绿色农业生产水平各泰尔指数值。整体而言，全国绿色农业生产水平的差异主要是由于地带间的生产水平差异引起的。具体而言，以地带间泰尔指数占总泰尔指数的比例表征其对水平差异的贡献，1994～2017 年水平差异贡献均超过 50%，这表明绿色农业生产水平的差异主要是由于地带间存在生产水平差异而导致的。

表 6－4　全国绿色农业生产水平泰尔指数统计（1994～2017）

年份	总泰尔指数	地带内泰尔指数	地带间泰尔指数	水平差异贡献
1994	0.53	0.04	0.49	92.87%
1995	0.57	0.05	0.52	90.66%
1996	0.93	0.12	0.81	86.74%
1997	2.47	0.09	2.37	96.18%
1998	0.84	0.11	0.72	86.74%
1999	1.17	0.21	0.96	82.02%
2000	1.18	0.22	0.96	81.03%
2001	1.16	0.15	1.01	87.07%
2002	1.12	0.14	0.98	87.62%
2003	1.04	0.11	0.94	89.68%
2004	1.07	0.13	0.94	87.89%

续表

年份	总泰尔指数	地带内泰尔指数	地带间泰尔指数	水平差异贡献
2005	0.76	0.10	0.66	86.41%
2006	1.34	0.16	1.18	88.30%
2007	1.30	0.20	1.10	84.38%
2008	1.37	0.20	1.17	85.07%
2009	1.40	0.18	1.21	86.80%
2010	1.76	0.16	1.60	90.89%
2011	0.91	0.06	0.85	93.06%
2012	1.46	0.25	1.22	83.03%
2013	1.31	0.41	0.90	68.98%
2014	1.33	0.44	0.89	66.95%
2015	1.54	0.66	0.88	57.28%
2016	1.25	0.27	0.98	78.17%
2017	1.45	0.40	1.05	72.19%

图 6－2 反映了 1994～2017 年全国绿色农业生产水平的总泰尔指数、地带内泰尔指数、地带间泰尔指数的变化趋势。从图 6－2 来看，地带内、地带间和总泰尔指数值呈现出波动增减变化，具体而言，1994～2017 年地带内、地带间和总泰尔指数值呈现出上涨趋势，结合表 6－4，总泰尔指数由 1994 年的 0.53 上涨至 2017 年的 1.45，涨幅达 173.58%；地带内泰尔指数由 1994 年的 0.04 上涨至 2017 年的 0.40，涨幅达 900.00%；地带间泰尔指数由 1994 年的 0.49 上涨至 2017 年的 1.05，涨幅达 114.29%。由此可见，总体而言全国绿色农业生产水平差异正在扩大，并且地带内差异的扩大速度加快。

（2）三大地带绿色农业生产水平差异分析。

为进一步了解三大地带的绿色农业生产水平差异，根据方程式（6－4）计算各地带 1994～2017 年的泰尔指数，计算结果见表 6－5。从时间截面而言，泰尔指数值西部 > 中部 > 东部，这表明西部地带的绿色农业生产水平差异度最大。

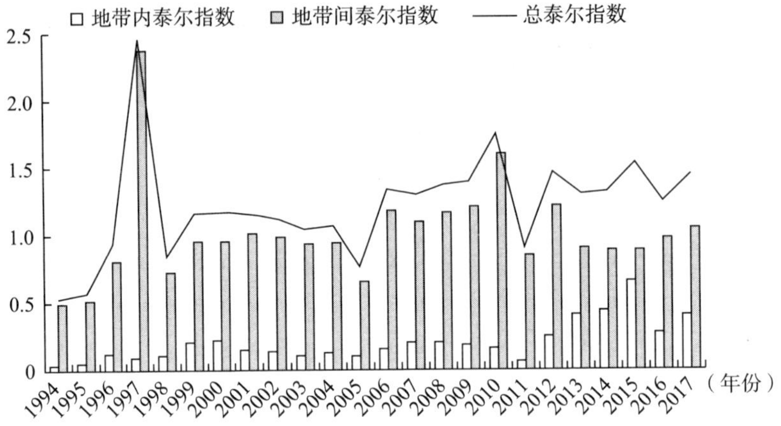

图 6－2　全国绿色农业生产水平泰尔指数趋势（1994～2017）

表 6－5　三大地带绿色农业生产水平泰尔指数统计（1994～2017）

年份	东部	中部	西部	均值
1994	0.23	0.14	0.11	0.16
1995	0.22	0.16	0.13	0.17
1996	0.27	0.29	0.26	0.27
1997	0.37	0.10	1.76	0.74
1998	0.24	0.25	0.24	0.24
1999	0.24	0.37	0.36	0.32
2000	0.26	0.34	0.38	0.32
2001	0.33	0.33	0.35	0.34
2002	0.34	0.29	0.35	0.33
2003	0.24	0.33	0.37	0.32
2004	0.30	0.33	0.31	0.31
2005	0.20	0.23	0.23	0.22
2006	0.33	0.41	0.44	0.40
2007	0.33	0.38	0.39	0.37
2008	0.39	0.26	0.53	0.39
2009	0.30	0.28	0.67	0.42
2010	0.39	0.42	0.83	0.55
2011	0.27	0.19	0.40	0.28

续表

年份	东部	中部	西部	均值
2012	0.30	0.32	0.63	0.42
2013	0.12	0.28	0.59	0.33
2014	0.12	0.32	0.53	0.32
2015	0.17	0.33	0.45	0.32
2016	0.11	0.37	0.58	0.35
2017	0.21	0.37	0.53	0.37
均值	0.26	0.30	0.48	

图6－3反映了1994～2017年三大地带绿色农业生产水平的泰尔指数变化趋势。从图中可以看出2007年以前，三大地带绿色农业生产水平的泰尔指数基本趋同，2007年以后三大地带绿色农业生产水平的泰尔指数开始发散。2015年，国家农业部门提出了“一控两减三基本”的要求，各省也大力推进绿色农业发展，表现为泰尔指数有趋同的趋势。

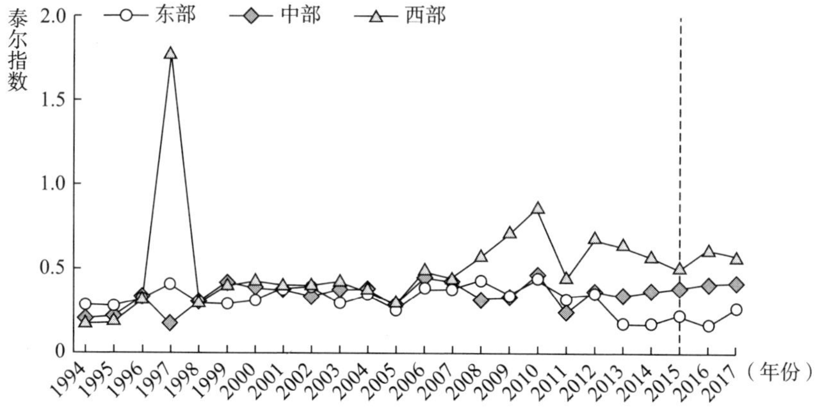

图6－3　三大地带绿色农业生产水平泰尔指数变化趋势（1994～2017）

3. 绿色农业生产水平的收敛性分析结果

（1）α 收敛性分析。

全国与三大地带绿色农业生产水平的 α 收敛性检验结果见图6－4和表6－6。就全国层面而言，各省份的绿色农业生产水平差距不大，维持在0.13～0.19，2010年前呈现波动上升趋势，2010后呈现波动下降趋势，且

2015 年后在 0.17 左右波动。分三大地带而言，总体演变趋势与全国层面情况基本一致，2010 年前呈现波动上升趋势，2010 后呈现波动下降趋势。总体而言，1994～2017 年 α 收敛性统计结果有上升趋势，表明绿色农业生产水平差距呈现发散的演变趋势，尤其是国家农业部门提出“一控两减三基本”后，发散趋势更加明显。

表 6－6　全国与三大地带绿色农业生产水平的 α 收敛性统计（1994－2017）

年份	总体	东部	中部	西部
1994	0.13	0.15	0.13	0.09
1995	0.13	0.15	0.13	0.10
1996	0.16	0.16	0.17	0.12
1997	0.13	0.06	0.04	0.20
1998	0.15	0.15	0.16	0.12
1999	0.17	0.15	0.19	0.13
2000	0.17	0.15	0.17	0.14
2001	0.16	0.16	0.16	0.12
2002	0.15	0.16	0.15	0.12
2003	0.16	0.14	0.18	0.14
2004	0.16	0.16	0.18	0.13
2005	0.14	0.13	0.15	0.12
2006	0.17	0.16	0.19	0.15
2007	0.17	0.16	0.18	0.13
2008	0.18	0.17	0.15	0.16
2009	0.18	0.16	0.15	0.19
2010	0.19	0.17	0.17	0.20
2011	0.15	0.14	0.13	0.16
2012	0.18	0.15	0.16	0.17
2013	0.17	0.10	0.13	0.16
2014	0.16	0.10	0.14	0.15
2015	0.17	0.12	0.14	0.12
2016	0.15	0.09	0.14	0.15
2017	0.17	0.13	0.15	0.14

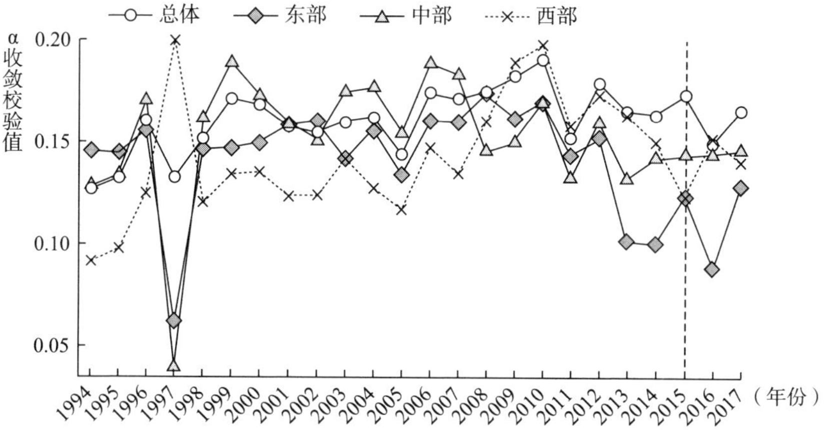

图 6－4 全国与三大地带绿色农业生产水平的 α 收敛性变化趋势（1994～2017）

上述结果表明，全国及三大地带绿色农业生产水平差距呈现发散的演变，从近期来看（特别是 2015 年以后），绿色农业生产水平差距有较强的发散趋势。为了进一步确保结论的准确性，我们通过构建公式（6－9）对 α 收敛性进行进一步检验，检验结果见表 6－7。表 6－7 中，模型 A 至模型 D 分别对应全国、东部、中部、西部样本，根据我们对 δ 值的设定及检验结果来看，除东部地带样本 δ 值为负以外，全国、中部地带与西部地带样本的 δ 值为正，且全国和西部地带 δ 值在 5% 水平上显著，这表明全国层面和西部地带不显著存在 α 收敛性情形。

表 6－7 α 收敛性的 δ 值检验

	模型 A	模型 B	模型 C	模型 D
δ	0.0012** (0.0005)	－0.0008 (0.0009)	0.0003 (0.0010)	0.0018** (0.0009)
常数项	－2.2440** (0.9053)	1.8158 (1.7836)	－0.3514 (1.9933)	－3.4022* (1.7073)
F 统计值	7.0594**	0.8830	0.0641	4.3175**
R^2	0.2793	0.0461	0.0035	0.1972
观察值	24	24	24	24

注：本表所有被解释变量为 α 收敛值；括号内为稳健性标准误；***、**、* 分别表示在 1%、5%、10% 水平上显著。

（2）β 收敛性分析。

表6－8反映了 β 收敛性估计结果，模型A至模型D分别表示以全国、东部、中部、西部样本进行估计的结果，由表6－8可知，模型A至模型B中 β 值均大于0，且在模型B中在5%水平上显著。这表明就目前而言，无论是全国层面还是分地带层面，都不存在明显的 β 收敛。即目前全国层面及三大地带尚未形成对绿色农业生产发达地区的追赶效应。

表6－8　绿色农业生产水平的β收敛检验

	模型A	模型B	模型C	模型D
β	0.0401 (0.0263)	0.0698** (0.0218)	0.0358 (0.0249)	0.0069 (0.0421)
常数项	0.0366*** (0.0090)	0.0357*** (0.0071)	0.0411*** (0.0086)	0.0282 (0.0195)
F统计值	2.3276	10.2145**	2.0740	0.0267
R^2	0.2132	0.6322	0.2985	0.0057
观察值	31	11	8	12

注：括号内为t值；***、**、*分别表示在1%、5%、10%的水平上显著。

（四）针对结果的讨论

近年来，传统农业生产模式导致了一系列问题（Jiao et al.，2018）。依赖石油产品的农业生产体系对生态安全产生了负面影响，并由此威胁到了社会、经济和环境的可持续发展（IAASTD，2009）。因此，构建一个资源节约、环境友好与产品丰富的农业生产体系以实现农业可持续发展成为世界共识（Koohafkan et al.，2012）。这与绿色农业的理念不谋而合——绿色农业倡导节约能源、保护与改善农业生态环境（严立冬，2003）。2015年，我国明确提出要实现“绿色化”发展，在农业生产中实现节能减排、资源循环利用。促进农业发展方式转型（邓鑫等，2016），助推绿色农业发展模式。全国各地都集中出台了各自的“一控两减三基本”目标和时间表，农业生产有望实现绿色可持续。因此，厘清全国以及三大地带绿色农业生产水平现状有助于为进一步实施提升绿色农业生产水平的政策提供参考依据，基于上述目的，本节收集整理了全国31个省份1994～2017年共

24 年的数据，构成了涵盖 31 个观察单位，跨度 24 年的平衡面板数据集。在本章节中完成了如下工作：首先，借鉴黄炎忠等（2017）的研究，选择了六个衡量绿色农业生产水平的指标，采用“熵权法”对四个指标赋权，测度了全国 1994 ~ 2017 年逐年的绿色农业生产水平值；其次，基于测度的 1994 ~ 2017 年逐年的绿色农业生产水平值，构造泰尔指数分析全国绿色农业生产水平的总体差异及分三大地带的区域差异；最后，基于测度的 1994 ~ 2017 年逐年的绿色农业生产水平值，构造 α 检验公式和 β 检验公式，分析了绿色农业生产水平的收敛情况。主要结论如下。

（1）1994 ~ 2017 年，总体而言，全国绿色农业生产水平均值为 0.60①；分三大地带而言，东部地带绿色农业生产水平均值为 0.66，中部地带绿色农业生产水平均值为 0.58，西部地带绿色农业生产水平均值为 0.53。

（2）1994 ~ 2017 年，全国绿色农业生产水平的差异主要是由于地带间的生产水平差异引起的。以地带间泰尔指数占总泰尔指数的比例，表征其对水平差异的贡献，1994 ~ 2017 年水平差异贡献均超过 50%，这表明绿色农业生产水平的差异主要是由于地带间存在生产水平差异而导致的。

（3）1994 ~ 2017 年，地带内、地带间和总泰尔指数值呈现出上涨趋势。总泰尔指数由 1994 年的 0.53 上涨至 2017 年的 1.45，涨幅达 173.58%；地带内泰尔指数由 1994 年的 0.04 上涨至 2017 年的 0.40，涨幅达 900.00%；地带间泰尔指数由 1994 年的 0.49 上涨至 2017 年的 1.05，涨幅达 114.29%。由此可见，总体而言全国绿色农业生产水平差异正在扩大，并且地带内差异的扩大速度加快。

（4）1994 ~ 2017 年，全国及三大地带样本都不存在明显的 α 收敛性情形与 β 收敛情形。这表明，全国及三大地带的绿色农业生产水平差距都有扩大的趋势，且绿色农业生产欠发达地区尚未形成对绿色农业生产发达地区的追赶态势。

本章节是在现有研究基础上，进一步拓展分析了绿色农业生产水平的收敛性情况。从收敛性来看，全国及三大地带的绿色农业生产水平差距都有扩大的趋势，如何通过政策推动和市场引导缩小绿色农业生产水平差

① 取值范围为 0 ~ 1，数值越大绿色生产水平越高。

异，打破“路径依赖”是当下的着力点；整体而言，绿色农业生产欠发达地区尚未形成对绿色农业生产发达地区的追赶态势，如何通过产业扶持和技术扩散激发绿色生产水平落后地区追赶发达地区的内生动力，变被动追赶为主动赶超是政策制定者应重点关注的问题。

此外，本章节的研究仍然存在一定的不足，将来的研究可做进一步的补充。一是本章节所测度的绿色农业生产水平的β收敛为绝对的β收敛，将来有关绿色农业生产水平的β收敛研究可以进一步讨论带有约束条件的β收敛，此外，随着地理经济学的发展，事物不再是孤立的，其发展受到邻近事物的影响，引入空间计量方法测度绿色农业生产水平的β收敛情况也有待补足。二是本章节所测度的绿色农业生产水平的区域为省级尺度，各省地域较广，省级数据往往全面体现县域经济体情况，县域经济体甚至乡镇经济体是中国经济发展的基础。县一级甚至乡镇一级不能实现绿色农业生产，就不能全面实现省一级乃至全国一级的绿色农业生产。然而，受限于样本获取，本研究仅在省级层面展开，未来的研究可以在县级微观尺度层面，建构指标体系，测度全国的绿色农业生产水平、分析差异及讨论收敛性。

（五）结论与建议

基于上述研究结果，可以得到一些启示。例如，尽管绿色农业生产水平存在年度增长趋势，平均值已达0.60，但仍有较大的提升空间。这给我们的启示是，在实施农业大国向农业强国跨越战略时，应当重点关注提升绿色农业生产水平的提升，重点推广资源节约和环境友好的现代新型农业生产技术体系，优化重构传统农业生产体系，重点支持传统农业生产体系向绿色农业生产体系变革。此外，全国及三大地带绿色农业生产水平情况存在较大差异，尤其是地带间的生产水平情况存在较大差异。这给我们的启示是，我们应当着重突破地域限制，形成良好的协同发展氛围，促进地带间的交流与绿色生产技术扩散，实现整体的绿色农业生产体系建构，同时，应当鼓励引进外部绿色农业生产技术，不断优化和升级现有绿色农业生产体系。此外，绿色农业生产欠发达地区尚未形成对绿色农业生产发达地区的追赶态势，应当通过政府政策，以产业扶持和技术扩散激发绿色生产水平欠发达地区追赶发达地区的内生动力，变被动追赶为主动赶超。

四　构建现代农业生产体系的政策性启示

党的十九大提出“乡村振兴战略”二十字方针，其中“生态宜居”是实现乡村振兴的重要一环。这要求我们将“两山”论结合起来，推动农业生产方式转型，实现农产品“量”安全和“质”安全的有机统一。构建现代农业生产体系要抓住“绿色农业”这条核心主线，因此，如何有效推动传统农业生产方式向现代农业生产方式转型是当前的农业发展的重要议题之一。为此，结合本章对四川总体情况的剖析和全国绿色农业生产水平测度及差异的分析，提出推进传统农业生产体系向以“绿色农业”为核心的现代农业生产体系转型的政策性启示。

（一）完善现代农业生产体系建构的政策保障体系，注重顶层设计

尽管当前我国已经逐步重视农业生产中的污染问题，相关的法律法规中也予以了明确规定和规范。然而，对于构建现代农业生产体系仍然没有较针对性的政策保障体系，当前现代农业生产体系的形成很大程度上依赖于地方能否获得上级政府的项目支持，缺乏面向全国、覆盖全域的专项资金支持。本研究认为，与乡村振兴战略同步的时间段内，应当在财政投入方面建立完善的支持体系，不断充实现代农业生产体系构建和完善过程中所需的资金。

（二）构建现代农业生产体系协同发展机制，促进区域均衡发展

绿色农业是现代农业生产体系的核心。从全国的实际情况来看，绿色农业生产水平差异主要存在于区域之间。绿色农业生产水平落后地区尚未形成追赶发达地区的趋势，区域间的发展差距仍有扩大的趋势。因此，首先，应当全面梳理影响绿色农业生产水平提升的关键因素，进行针对性的突破；其次，分门别类且差异化地出台支持细则，实现现代农业生产体系的均衡发展和优化升级；最后，为了保障针对性政策的顺利实施，应当在

省级层面建立现代农业生产体系协同发展的监管中心，动态跟踪、总结经验，以最终实现区域均衡发展。

（三）注重绿色农业生产技术的研发与效果研究，动态优化现代农业生产体系

绿色农业生产技术研发不能“拍脑袋”，脱离生产实际。这需要自然科学专家会同人文社会科学专家，共同深入农业生产实际。首先，通过走访农户，了解需求，并注重与当地的自然景观、地形地貌、人文风俗相结合，之后，加大对绿色农业生产技术的研发投入，有针对性地研发适应性强的绿色农业生产技术。其次，加大宣传力度和培训力度，促进绿色农业生产技术的实际运用。最后，也应加大对绿色农业生产技术应用效果研究的投入，在支持自然科学的技术研发的同时，支持人文社会科学的开展技术应用效果研究，不断促进绿色农业生产技术对现代农业生产体系的支撑。

五　本章小结

现代农业生产体系是农业绿色高质量发展的基石。传统农业生产体系主要特点是使用高毒、高残农药和投入过量化肥，这一生产体系在保障粮食数量安全时发挥了重要作用。随着社会主要矛盾的变化，人们不再仅仅关注农产品的数量安全，而侧重于农产品的质量安全。现代农业生产体系正好兼顾了农产品的数量安全和质量安全。现代农业生产体系是指以市场需求为生产导向，以资源节约和环境友好为基本要求，通过转变农业发展方式，优化农业区域布局，提高生产要素质量，优化生产要素组合和提高农产品质量安全。

首先，本章提出了构建现代农业生产体系的导向及重难点。现代农业生产体系是相对于传统农业生产体系而言的。传统农业生产体系片面强调产量、忽视质量，从而引发了一定的环境污染问题和生态安全问题。现代农业生产体系不仅重视产量——确保中国人能够自己端牢自己的饭碗，也重视质量——确保中国人的饭碗中盛的都是安全粮食。为了实现这一目

标，本章认为现代农业生产体系需要满足两个条件——资源节约与环境友好。并且构建现代农业生产体系过程中应当关注如下几个重点：一是处理好市场需求与供给潜力的关系；二是处理好农业经济增长和绿色发展的关系；三是处理好传统农业生产与现代农业生产的关系；四是处理好现代农业生产体系多种业态之间的关系。

其次，以四川为案例，进一步分析构建现代农业生产体系的脉络。四川农业生产体系呈现如下特征：一是农业区域布局趋于合理化，优势特色农产品区域化积聚效果明显；二是农业综合生产能力显著增强，农产品结构调整成效明显；三是绿色生产方式转变初见成效，农产品质量安全保障体系趋于完善；四是农业生产新业态多样化，生态循环农业发展模式效益明显。四川构建现代农业生产体系做了很多有益和创新性的探索，主要的做法和经验是：一是以创建现代农业产业基地（园区）为抓手，推进农业向园区、向农产品优势区集中；二是积极推进生态循环农业，加快农业生产方式转型；三是以区域公用品牌和“三品一标”建设为抓手，培育壮大“川”字号农产品品牌体系；四是深化农业科技创新推广体制改革，激活农业科技创新；五是强化农业物质装备和技术支撑，持续夯实现代农业发展的基础条件保障。四川在构建农业生产体系过程中也遇到了一系列的问题：一是调整生产结构和产品结构的任务依然艰巨，以市场需求为导向的农业增长模式仍需进一步优化；二是促进农业资源永续利用的压力空前凸显，以绿色发展为导向的农业生产方式仍需进一步优化；三是强化农业物质装备和技术支撑的要求更加突出，以创新驱动为导向的农业生产力体系仍需进一步优化；四是培育生态循环、绿色有机、休闲康养农业的呼声日益高涨，以满足人民美好生活需要为导向的农业生产业态体系仍需进一步优化。因此，为解决四川构建现代农业生产体系中面临的问题，本节认为应当坚持从市场需求、绿色发展、创新驱动与满足人民美好生活需要出发，借助市场规律与用好政府政策双管齐下、多点着力形成完善的保障体系。

再次，以我国大陆 31 个省份数据，实证分析中国绿色农业发展的生产水平、空间差异及收敛性。依赖石油产品的农业生产体系对生态安全产生了负面影响，并由此威胁到了社会、经济和环境的可持续发展。因此，构建一个资源节约、环境友好与产品丰富的农业生产体系以实现农业可持续发展成为世界共识。这与“绿色农业”为核心的现代农业生产的理念不谋而合——现代农业生产倡导节约能源、保护与改善农业生态环境。2015年，我国明确提出要实现“绿色化”发展。促进农业发展方式转型，助推绿色农业发展模式，对形成可持续的现代农业生产体系意义重大。本节以我国大陆31个省份数据为例，构建绿色农业发展的生产水平测度指标体系，从绿色农业生产角度测度省域经济体的绿色农业发展水平，并在此基础上利用泰尔指数分析东、中、西部三大地带的绿色农业发展水平差异，以此来揭示绿色农业发展水平的时空差异；通过构建面板模型，讨论了省域绿色农业发展水平是否存在收敛性及收敛（发散）速度，以期进一步厘清“绿色农业”为核心的现代农业生产体系发展脉络。实证结果显示如下。①1994～2017年，总体而言，全国绿色农业生产水平均值约为0.60；分三大地带而言，东部地带绿色农业生产水平均值约为0.66，中部地带绿色农业生产水平均值为0.58，西部地带绿色农业生产水平均值约为0.53。②1994～2017年，全国绿色农业生产水平的差异主要是由于地带间的生产水平差异引起的。以地带间泰尔指数占总泰尔指数的比例，表征其对水平差异的贡献，1994～2017年水平差异贡献均超过50%，这表明绿色农业生产水平的差异主要是由于地带间存在生产水平差异而导致的。③1994～2017年，地带内、地带间和总泰尔指数值呈现出上涨趋势。总泰尔指数由1994年的0.53上涨至2017年的1.45，涨幅达173.58%；地带内泰尔指数由1994年的0.04上涨至2017年的0.40，涨幅达900.00%；地带间泰尔指数由1994年的0.49上涨至2017年的1.05，涨幅达114.29%。由此可见，总体而言全国绿色农业生产水平差异正在扩大，并且地带内差异的扩大速度加快。④1994～2017年，全国及三大地带样本都不存在明显的α收敛性情形与β收敛情形。这表明，全国及三大地带的绿色农业生产水平差距都有扩大的趋势，且绿色农业生产欠发达地区尚未形成对绿色农业生产发达地区的追赶态势。

最后，基于本章的研究结果得到有助于构建现代农业生产体系的政策性启示。一是完善现代农业生产体系建构的政策保障体系，注重顶层设计。对于构建现代农业生产体系仍然没有较针对性的政策保障体系，当前现代农业生产体系的形成很大程度上依赖于地方能否获得上级政府的项目支持，缺乏面向全国、覆盖全域的专项资金支持。因此，应当着力构建政策保障体系。二是构建现代农业生产体系协同发展机制，促进区域均衡发展。从全国的实际情况来看，绿色农业生产水平差异主要存在于区域之间。绿色农业生产水平落后地区尚未形成追赶发达地区的趋势，区域间的发展差距仍有扩大的趋势。因此，应当着力构建协同发展机制。三是注重绿色农业生产技术的研发与效果研究，动态优化现代农业生产体系。绿色农业生产技术研发不能“拍脑袋”，脱离生产实际。这需要自然科学专家会同人文社科专家，共同深入农业生产实际中去。因此，应当注重绿色农业生产技术的研发与效果研究。

第七章
构建现代农业经营体系研究

随着工业化、城镇化进程加速，农业兼业化经营趋势明显，“谁来种地”“地怎么种”等农业经营问题已经成为农业转型发展、绿色高质量发展必须研究的重要课题，也是农业农村经济社会发展迫切需要解决的重大问题，需要根据现代市场导向加快构建现代农业经营体系。现代农业经营体系是由现代农业经营主体体系、组织体系、网络体系组成的集合体，是现代农业经营主体、要素市场、组织方式和服务模式的有机组合，重点就是解决“谁来种地”和经营效益问题，是现代农业组织化程度的显著标志。一个完整的现代农业经营体系至少应包括主体体系、市场体系、组织体系、规模体系、服务体系和监管体系（王定祥、谭进鹏，2015）。

本章首先围绕现代农业经营体系的内涵，农业家庭经营、合作经营、企业经营和集体经营的实现形式，政府参与现代农业经营体系建设的治理模式进行理论分析，进而对我国现代农业经营体系发展现状和发展过程中存在的主要问题进行探讨。接着，实证研究农业家庭经营、合作经营、企业经营、集体经营在生产要素投入环节和优质农产品认证环节对农产品质量安全所具有的差异化保障能力，以及外包对农业生产技术效率的影响。本部分的实证研究将有助于了解不同农业经营方式保障农产品质量安全的程度和渠道，以及回答“谁来种地更有效”的问题，从而为构建现代农业经营体系，着力健全社会化服务体系，密切经营主体之间的利益联结机制提供政策建议。需要特别说明的是，从理论上讲，现代农业经营体系包含了服务体系，但由于现阶段我国农业服务体系存在的问题特别多，既是短板，也是难点，同时在省际之间发展不平衡，因此，在本章初步分析生产环节外包对农业生产技术效率影响的基础上，本书把构建现代农业服务体系单独作为一章（第八章）进一步深入展开研究，目的就是凸显服务体系在构建现代农业体系中的重要性和艰巨性。

一 我国农业经营体系发展现状

（一）经营主体结构多元化，新型经营主体潜力较大

当前随着农业经营的兼业化和农业经营主体的持续分化，我国农业经营主体不仅包括传统的散户，也包括专业大户、家庭农场、合作社和龙头企业等多元化的经营主体。2017 年底，全国经营耕地 50 亩及以上的农户达 402.1 万户。2017 年家庭农场、农民专业合作社、农业龙头企业等新型经营主体总量达到 239 万个，其中农业专业合作社 175.4 万家，占比高达 73.4%，但被农业主管部门认定为示范社只有 14.9 万家，仅占 8.5%；其次农业部认定家庭农场为 54.9 万个，较上年增幅为 23.3%，发展迅速，其中年销售 100 万元以上的家庭农场为 31702 个；2017 年底，经县级以上农业产业化主管部门认定的龙头企业达 8.7 万家，其中年销售收入超过 1 亿元的省级以上重点龙头企业超 8000 家，成为实施乡村振新战略的重要组成部分①。但种植业仍以传统农户为主，新型经营主体发展潜力较大，畜牧业规模化程度强于种植业，为农产品安全提供强有力保障。

（二）经营规模逐步扩大，呈现辐射带动效应

农村土地市场化流转进程加快，一方面不断发展壮大新型经营主体，另一方面助推农业适度规模经营。2017 年底，家庭农场数量为 54.9 万家，其平均经营土地面积为 241.7 亩。合作社入社农户占全国总农户数量的 21%，农业合作社带动非成员农户数 6981.2 万户。其中，产加销一体化服务的合作社达 93.1 万个，延长了农产品的产业链，充分挖掘其附加值。各类合作社经营收入 5889.6 亿元，当年合作社可分配盈余 1116.8 亿元，社员平均分配 1643.5 元，创收效应较好②。

---

① 数据来源：《中国农村经营管理统计年报（2017 年）》。

② 数据来源：《中国农村经营管理统计年报（2017 年）》。

（三）新型经营主体呈层级化分布，经营效益优势明显

2017年末，家庭农场以种植业家庭农场为主，占比高达61.5%，其中从事种养相结合的家庭农场占比为10.8%，较上年增幅为33.8%，其表明农业结构调整步伐的加快。2017年，各类家庭农场的年销售额达1765.5亿元，每家年销售额为32.2万元，毛收益为18万元，显著高于传统散户的劳动收入。合作社经营服务总值为1.17万亿元，其中统一销售农产品占比74.4%，人均销售额为1.3万元，休闲旅游和乡村旅游的合作社为64431个，更大程度丰富了合作社创收①。

（四）适度规模经营加快发展，经营组织模式不断创新

基地建设力度加大有力地带动了家庭经营、合作经营规模的逐步扩大。同时，确权颁证为承包耕地流转也创造了有利条件。据农业部统计，2017年11月底，我国实测承包地面积为15.2亿亩，确权面积达到11.1亿亩，占二轮家庭承包耕地进账面积的82%，土地确权搞清楚了土地家底，农户承包面积与边界得以明了，减少了土地纠纷，使土地更好地“活了”起来②。截至2017年底，我国家庭承包土地流转面积为5.12亿亩，较上年增幅为6.9%，流转合同签订率为68.3%，规范化程度有所提升。50亩以上规模经营农户呈增加态势，较上年增幅为6.9%，其中大部分集中于50~100亩，占比达66.5%③。

合作经营方面，土地股份合作制正日益成为规模经营主流模式。目前四川土地股份合作社已达5400多家。成都市探索出农民“租金保底+分红”的收益模式，土地股份合作既不让渡经营权，又能让农户分享规模化经营的长远收益，成为土地经营权合作的重要模式。其中以崇州的“土地股份合作社+农业职业经理人+新型农业综合服务”的“农业共营制”模式最具有代表性。此外，针对传统种植规模小、无劳动力引致的土地撂荒

① 数据来源：《中国农村经营管理统计年报（2017年）》。

② 数据来源：http://www.moa.gov.cn/xw/qg/201805/t20180529_6144437.htm。

③ 数据来源：《中国农村经营管理统计年报（2017年）》。

问题，各地还探索出全托管与半托管土地相融合模式。

家庭经营方面，以职业农民为创办者的家庭农场发展迅猛。2017 年四川省家庭农场为 4.1 万个，经营土地面积达 287.1 万亩[①]。以四川眉山为代表的部分地区探索创新，组建了家庭农场联盟，抱团发展，充分发挥了提标提质、开拓市场、节支增效的作用，进一步提升了家庭经营的水平和效益。

集体经营方面，各地探索出了与地方实际情况相适应的集体经营新模式。2016 年四川省全面推进农村集体资产股份合作制改革试点，通过将集体资产股权量化、财政支农资金股权量化、产业扶贫资金股权量化等措施，一方面增加农村财产性收入，另一方面解决精准扶贫问题。比如将扶贫资金投入比较稳健的工商企业和专业合作社组织，免费让贫困农户成为股东，是近年来雅安市发展壮大集体经济，助推脱贫攻坚的积极探索。华蓥市创新探索了“专业合作社＋集体经济”“农投公司＋集体经济”和“涉农项目资金＋集体经济”等“N＋集体经济”模式来推进集体经营，既壮大了集体经济，增强了农业农村发展基础，也促进了农业增效、农民脱贫增收。

企业经营方面，一是探索农业新型经营组织模式效果明显。为了解决农业基础设施投入不足，经营主体利益联结机制不紧密的问题，各地探索出农业 BOT 模式、农业 PPP 模式等设施农业新型经营模式。在四川，2012 年威远县第一个采取“BOT 模式”发展无花果产业，目前无花果基地种植面积和生产规模位居全国第一，初步形成“种植、收购、加工、销售”全产业链。2014 年，四川首先在西充、蒲江、遂宁大安区启动 PPP 模式推进畜禽粪污综合利用试点，大力支持社会力量通过 PPP 模式推进畜禽粪污资源化利用。从试点来看，“一举 N 得”的效应迅速释放，污染源变成了“增收宝”。这应该是四川有效治理农业面源污染走出一条农牧结合、种养循环、培肥地力的生态农业发展新路子。二是各级政府扶持农业产业化龙头企业更加注重其对农户的带动作用和对贫困农户的帮扶效果，探索出股份合作、保底分红、二次返利、资产收益等行之有效的利益联结机制。2019 年中江县已在深圳市雷语科技有限公司和惠农粮食、兴旺水果专合社等企业开展试点，探索经营主体与农户利益联结分配新机制，初步实现覆

---

① 数据来源：《中国农村经营管理统计年报（2017 年）》。

盖受益贫困人口人均分红增收600余元。在带动贫困农户脱贫增收过程中，四川一大批龙头企业发挥了较好的帮扶作用。

（五）经营主体安全认证效益突出，品牌化建设不断加强

安全认证是农产品质量安全的价值信息标识和体现，目前体现质量安全的标志主要有“三品一标”、可追溯系统、放心产品认证等，根据质量安全等级划分，现行农产品质量安全认证体系中，存在着有机认证、绿色认证、无公害认证。安全认证因在规模、资金、经营能力等方面都有较高要求，决定了认证主体多为新型经营主体，引导和带动整个农业产业和区域实现安全生产，提升农产品质量安全水平。

无公害认证主体呈现以合作社为主导，新型经营组织共同参与的多元化特征。以四川省无公害农产品认证为例，2017 年全省共计认证 592 家，认证主体包括企业、合作社、家庭农场、协会与基地 4 类[①]。表 7 - 1 为不同认证主体下认证品种结构。从主体数量看，无公害认证主体是合作社，呈现多元化特点。合作社共计 354 家，占总认证主体总量的 59.8%，企业、家庭农场、协会与基地分别占 26.86%、12.16%、1.18%。从品种维度看，粮油类认证主体以合作社、企业为主，占粮油类认证主体总量的 96.72%；蔬菜类认证主体以合作社为主，占 71.51%，其次为企业占比 15.08%；水果类认证主体以合作社为主，占 64.86%；茶叶类认证主体以企业为主，占 73.91%。这是作物异性、生长周期差异、初始投入区别等原因造成的，对于茶叶而言，普遍呈经营面积大、初始投资高、回收期长的特点，沉没成本大、投资风险高，对经营主体要求较高，包括土地、劳动力、资本、技术、管理、社会资本、营销等方面能力，而企业才能实现这些条件。从经营主体维度看，合作社以经营蔬菜、水果和畜产品为主，三者共计占 79.66%；企业以经营畜产品和蔬菜为主，两者共计占 58.49%；家庭农场以经营水果为主，占 44.44%；协会及基地以经营蔬菜为主，占 71.43%。说明合作社偏向于地方特色农产品经营，可以享有区位优势、区域品牌优势，同时合作社内部组织的技术、市场等信息交流，促使其抗风险能力提升。

① 数据来源：中国绿色食品发展中心。

表 7－1　不同认证主体下认证品种结构

单位：家，%

主体类别	合作社		企业		家庭农场		协会及基地	
作物类别	样本量	占比	样本量	占比	样本量	占比	样本量	占比
粮油	43	12.15	16	10.06	2	2.78	0	0
蔬菜	128	36.16	27	16.98	19	26.39	5	71.43
水果	96	27.12	19	11.95	32	44.44	1	14.29
茶叶	6	1.69	17	10.69	0	0	0	0
畜产品	58	16.38	66	41.51	15	20.83	0	0
水产品	23	6.50	14	8.81	4	5.56	1	14.29

表 7－2 可知，从认证主体比较，无公害认证主体以合作社为主。从认证规模看，年产量最大的主体为合作社，年产量平均值达到 10338.14 吨，其后依次是企业、协会及基地、家庭农场。说明现阶段，根植于广大农民的合作社能更好发挥其生产效应，一方面可能是由于土地获取更为便捷，促进土地规模化经营；另一方面农户自身有强烈的生产动机，同时政府对合作社扶持的政策支持也促进其更好地发展。从合作社自身来看，认证规模存在较大差异，极差值达到 659156.2。

合作社的发展参差不齐，最小的年产量仅为 0.8 吨，极为弱小。从家庭农场认证规模情况来看，其与合作社存在着较大的相似性。从公司来看，其认证规模仅次于合作社。从协会及基地来看，认证规模较其他主体差异较小，说明其内部发展均衡性较好。

表 7－2　基于主体分类的认证规模情况

单位：家，吨

统计指标＼认证主体		合作社	企业	家庭农场	协会及基地	全样本
认证数量		354	159	72	7	592
认证规模（年产量）	平均值	10338.14	7420.733	5289.132	5710.143	7189.537
	标准差	50340.74	29914.79	42098.86	6576.216	16499.01591
	最大值	659157	300000	360000	20000	659157
	最小值	0.8	6	8.7	76	0.8

品牌效应逐渐增强，辐射带动效应明显。以四川为例，2017 年启动优秀农产品区域公用品牌和优质品牌农产品推介活动，截至 2019 年 5 月优秀农产品区域公用品牌总数达到 30 个，优质品牌农产品达到 150 个。可见，随着农业经营主体发展壮大，农业核心竞争力获得显著提升。为进一步加强品牌效应，四川省将在 2020 年拟培育发展农产品省级区域公用品牌 5 个以上、市县级区域公用品牌 100 个以上、优质品牌农产品 200 个以上、“三品一标”产品 5600 个以上，鼓励支持新型农业经营主体申报中国驰名商标等，让“川”字号农产品畅销国内外①。

二　农业经营方式与农户投入环节安全生产行为研究

农产品生产源头的质量把控对于高质量农业发展至关重要。农户作为最基本的经营主体，理解其安全生产行为对于安全农产品生产意义重大。农业经营方式差异可能导致农户在投入环节具有不同的生产行为。然而，尚不清楚哪种农业经营方式有利于引导农户在投入环节采用安全生产行为。因此，本小节基于四川的样本数据，实证探索农业经营方式与农户投入环节安全生产行为的相关关系，为构建现代农业经营体系提供经验证据。

（一）数据来源

本章节的数据来自 2017 年 7 月至 9 月对四川省样本点的实地调查。调查考虑了自然、区位、经济、人口、城市发展条件等方面差异，结合种植业品种、经营组织模式，共获得有效问卷 605 份。作物类别看，粮食作物有 298 份，占比 49.26%，蔬菜有 161 份，占比 26.61%，水果有 138 份，占比 22.81%，其余为茶叶；经营组织模式看，以散户为主，有 492 户，占比 81.32%，合作社 47 户，占 7.77%，家庭农场 52 户，占 8.60%，其余为专业大户。调研中违禁农药范围依据《2017 年国家禁用和限用的农药名录》，为避免品种不同导致的施肥、施药差别，因变量选择上规避了该

① 数据来源：http://www.sc.gov.cn/10462/10464/10797/2019/5/13/71341ec1b52d483090fa6e73e8d0ccb0.shtml。

问题，同时将品种变量加以控制。

（二）指标选择与方法说明

1. 指标选择

（1）因变量选择。

农产品质量提升主要包含两个方面，即化肥施用提升和农药安全施用，前者用“是否使用有机肥”表示，后者用“是否使用违禁农药”表示。

（2）自变量选择。

本章节主要研究经营体系优化对农产品质量安全提升的影响。本节将从以下角度进行实证分析，包括合作组织对农产品质量提升，农地流转对农产品质量提升，经营者能力对农产品质量提升，市场合约安排对农产品质量提升，及同伴效应对农产品质量提升四个方面来综合反映经营体系对农产品质量安全提升的影响。

合作组织选择“是否加入合作社”来表示，用来反映合作社对农户的种植行为约束控制能力。假设加入合作组织将会受到合作组织的合约规范约束，并享受到安全技术培训和内部技术扩散，促使农户提升安全生产行为。

农地流转用“土地转入比例”和“流转土地剩余租期”来表示。前者反映了经营土地所有权比重，对农地安全生产投入积极性产生影响；后者剩余租期用以反映农地长期投入的概率，因农业生产周期长、初始投入较大的特征，若租期较短，会制约农户安全投入力度。

经营者能力用经营者社会资本来反映，主要指标包括户主受教育程度、农产品经营年限、家中是否有村干部、家中是否有党员等指标表示。从受教育程度、技术程度、社会关系三个角度来综合反映经营者能力对农产品安全生产的影响。

合约安排用农业生产者“是否签订销售合同”来表示。稳定的购销合同会因声誉效应和违约成本约束生产者按照合同标准进行安全生产，对生产者具备较强约束力。

同伴效应用“受同行影响程度”来表示。同伴效应是指个体行为会受到群体行为的影响，往往表现为群体中的个体对一个领导的跟随，或者直接形成一种群体的隐形规范。反映了技术扩散带来的安全生产技术改进。

控制变量包括家庭人口情况，有户主年龄、家庭人口规模；家庭收入情况，有非农收入占比、农业补贴；家庭资源禀赋情况，有经营土地面积、经营土地块数。另外为避免品种和区域不同导致的施肥、施药差别，同时将品种和区域变量加以控制。

2. 方法说明

本研究中因变量是“0～1”选择结果，故选择二值选择模型，主要有Probit 模型和 Logit 模型，两者原理相同，模型均如下：

$$p = p\{Y = 1 \mid x\} = \Phi(x^T\beta) \tag{7-1}$$

式中 p 表示概率，Φ 表示正态分布的累计分布函数，而 Logit 模型中表示为 Logistic 分布，β 为自变量系数。记被解释变量符合标准正态分布函数，采用 Probit 概率函数（probit function），函数公式如下：

$$probit\ it(p) = \Phi(\beta_0 + \sum_{i=1}^{n}\beta_i x_i) = \frac{1}{\sqrt{2\pi}}\int_{-\infty}^{\beta_0+\sum_{i=1}^{n}\beta_i x_i} exp\left(-\frac{z^2}{2}\right)dz \tag{7-2}$$

式中 β_0 为常数项，β_i 为待估参数，x_i 为自变量。

（三）描述性统计分析

基于调研数据对选择指标进行描述性统计分析，结果见表 7－3 可知，违禁农药使用均值为 0.16，标准差为 0.36，违禁农药使用比例较低，但仍存在违规使用情况；使用有机肥的均值为 0.88，大部分农户都在使用有机肥。加入合作社的均值为 0.22，目前加入合作社成员仍偏低，并且存在“空头合作社”现象；土地流转中转入比例平均为 22%，剩余租期平均将近 2 年，说明土地流转比例仍不高，租赁期限较短，为降低经营风险和保护自身利益，大部分租赁合同仍为一年一签；经营者能力中，户主受教育程度平均为 1.72，即多数为初中学历，生产者素质偏低也制约着农户安全生产行为提升，经营年限普遍较长，平均达到 27.14 年，社会关系中是否有村干部和党员的均值为 0.23 和 0.25，社会资本发展不足；合同签订中平均值为 0.11，发现绝大部分农户销售方式为田间销售，多与中间商交易，没有稳定的销售客户，不会在种植前签订购销合同；同伴效应的均值为 3.07，标准差为 1.11，说明农户生产中主要依靠自我生产经验，受他人生产技术影响较小，也从侧面反映出技术扩散效应较弱。

表 7-3 各指标变量的描述性统计分析

变量		指标说明	均值	标准差	最大值	最小值
是否使用违禁农药		1 = 使用违禁农药；0 = 未使用过违禁农药	0.16	0.36	1	0
是否使用有机肥		1 = 使用有机肥；0 = 未使用有机肥	0.88	0.32	1	0
合作社		1 = 加入合作社；0 = 未加入合作社	0.22	0.41	1	0
土地转入比例		实际数值（单位：1）	0.22	0.44	1	0
剩余租期		实际数值（单位：年）	1.94	3.72	12	0
经营者能力	受教育程度	1 = 小学及以下；2 = 初中；3 = 高中或中专；4 = 大专、本科及以上	1.722	0.799	4	1
	经营年限	实际数值（单位：年）	27.14	14.50	60	0
	村干部	1 = 有村干部；0 = 无村干部	0.23	0.42	1	0
	党员	1 = 有党员；0 = 无党员	0.25	0.44	1	0
合同签订		0 = 未签订购销合同；1 = 签订购销合同	0.11	0.31	1	0
同伴效应		1 = 影响很大；2 = 影响较大；3 = 一般；4 = 影响较弱；5 = 没影响	3.069	1.109	5	1
户主年龄		实际数值（单位：岁）	52.76	11.28	85	16
家庭人数		实际数值（单位：人）	4.64	1.52	10	1
非农收入占比		实际数值（单位：1）	0.61	0.31	1.00	0
农业补贴		实际数值（单位：元）	506.45	309.67	1875	37.5
耕地面积		实际数值（单位：亩）	5.043	4.936	20	0.8
地块数		土地块数值（单位：块）	5.496	3.608	30	1
品种		1 = 粮食；2 = 蔬菜；3 = 水果；4 = 茶叶	1.762	0.847	4	1
地区		调研点各个县	——	——	——	——

资料来源：数据来自实地调研整理所得。

（四）实证结果分析

根据以上指标选择和方法说明，运用 STATA14.0 对数据模型处理得到如下实证结果，表 7-4 为违禁农药使用的实证结果，表 7-5 为有机肥施用的实证结果。

表 7-4 违禁农药使用的实证结果

模型		模型（M1）	模型（M2）	模型（M3）	模型（M4）	模型（M5）
合作社		-0.210* (0.257)				
土地转入比例			0.043 (0.163)			
剩余租期			-0.056** (0.027)			
经营者能力	受教育程度			-0.041 (0.108)		
	经营年限			-0.029*** (0.007)		
	村干部			-0.538*** (0.208)		
	党员			-0.452** (0.197)		
合同签订					-0.145** (0.347)	
同伴效应						0.025 (0.074)
户主年龄		0.001 (0.008)	0.001 (0.008)	0.024** (0.010)	0.002 (0.008)	0.001 (0.008)
家庭人数		-0.094 (0.049)	-0.088* (0.049)	-0.063 (0.054)	-0.093* (0.049)	-0.093* (0.049)

续表

模型	模型（M1）	模型（M2）	模型（M3）	模型（M4）	模型（M5）
非农收入占比	-0.023* (0.300)	-0.047 (0.303)	0.061 (0.326)	-0.015 (0.302)	-0.027 (0.302)
农业补贴	0.0001 (0.0003)	0.0001 (0.0003)	-0.0001 (0.0003)	0.0001 (0.0003)	0.0001 (0.0003)
耕地面积	-0.032* (0.017)	-0.027* (0.017)	-0.033** (0.017)	-0.031* (0.017)	-0.031* (0.017)
地块数	0.014 (0.030)	0.015 (0.030)	0.012 (0.031)	0.013 (0.030)	0.012 (0.030)
品种	已控制	已控制	已控制	已控制	已控制
地区	已控制	已控制	已控制	已控制	已控制
常数项	-0.961* (0.546)	-0.094* (0.179)	-0.981 (0.633)	-0.966* (0.545)	-1.025* (0.568)
N	461	461	461	461	461
Wald chi2	45.63*	47.82**	73.28***	43.95*	43.67*
R^2	0.113	0.119	0.192	0.112	0.112

注：①表中数据来源于实地调研整理所得。②表中***、**、*分别表示1%、5%、10%的显著性水平，表7-5与此同。

表 7-5　有机肥施用的实证结果

模型		模型（M6）	模型（M7）	模型（M8）	模型（M9）	模型（M10）
合作社		0.207 （0.279）				
土地转入比例			0.053 （0.241）			
剩余租期			0.055* （0.033）			
经营者能力	受教育程度			0.162 （0.119）		
	经营年限			0.017 （0.009）		
	村干部			0.107* （0.212）		
	党员			0.205* （0.220）		
合同签订					0.102* （0.515）	
同伴效应						0.022* （0.086）
户主年龄		0.003 （0.010）	0.002 （0.010）	0.013 （0.126）	0.002 （0.010）	0.002 （0.010）
家庭人数		-0.161** （0.064）	-0.159** （0.063）	-0.152** （0.647）	-0.161** （0.064）	-0.161* （0.064）

续表

模型	模型（M6）	模型（M7）	模型（M8）	模型（M9）	模型（M10）
非农收入占比	0.258 （0.389）	0.161 （0.395）	0.220 （0.391）	0.263 （0.384）	0.247 （0.387）
农业补贴	0.0001 （0.0003）	0.0001 （0.0003）	0.0002 （0.0003）	0.0001 （0.0003）	0.0001 （0.0003）
耕地面积	-0.001 （0.005）	-0.001 （0.005）	-0.001 （0.005）	-0.001 （0.005）	-0.001 （0.005）
地块数	0.050* （0.032）	0.055* （0.032）	0.057* （0.031）	0.050* （0.031）	0.050* （0.031）
品种	已控制	已控制	已控制	已控制	已控制
地区	已控制	已控制	已控制	已控制	已控制
常数项	1.862** （0.772）	1.994*** （0.773）	1.978** （0.867）	1.922* （0.775）	1.526* （0.869）
N	461	461	461	461	461
Wald chi2	93.68***	91.25**	102.00***	91.78***	90.65***
R^2	0.273	0.280	0.285	0.272	0.272

1. 合作组织与农产品质量提升

由实证结果表 7－4 中的模型 M1 和表 7－5 中的模型 M6 可知，是否加入合作社与违禁农药使用的系数为－0.210，且呈 10% 显著性；与有机肥施用系数为 0.207，但不显著。说明合作组织对农产品质量提升存在一定促进作用。合作社通过对社员技术培训和合约签订使农户选择安全农药，而有机肥施用为非强制性规制，使农户存在纯施有机肥、兼施有机肥和纯施化肥三种情况，因而合作社对有机肥施用影响不显著。

2. 农地流转与农产品质量提升

由实证结果表 7－4 中的模型 M2 和 7－5 中的模型 M7 可知，土地转入比例与违禁农药使用的影响系数为 0.043，与有机肥施用的影响系数为 0.053，且都不显著，说明土地流转比例越高，农户为降低生产成本和短期收益，越可能使用违禁农药，越不愿意施用有机肥。流转剩余租期与违禁农药使用系数为 5% 显著的负相关，与有机肥施用为 10% 显著的正相关，说明流转土地剩余租期越长，农户会考虑长期受益，会降低使用违禁农药的概率，同时会增加有机肥等安全生产投入，以通过品质提升来获得更高受益。

3. 经营者能力与农产品质量提升

从表 7－4 中的模型 M3 和表 7－5 中的模型 M8 可知，经营者能力中经营年限、村干部和党员指标都与违禁农药使用呈显著性负相关，系数分别为－0.029、－0.538、－0.452，与受教育程度呈非显著负相关；村干部和党员与有机肥施用呈显著正相关，其系数为 0.107、0.205，而受教育程度和经营年限不显著。说明经营者能力对农产品质量提升影响较大，其自身文化素质和社会资本能有效促进其安全生产行为。相关研究也指出农户的受教育程度影响其对农药的认知水平从而对其农药施用行为产生重要影响（Kumari et al.，2013），由于农户的文化水平不高，过量施用相同的农药、不合理配比混合农药等现象时常出现（Abhilash et al.，2009）。

4. 合约安排与农产品质量提升

从表 7－4 中的模型 M4 和表 7－5 中的模型 M9 可知，销售合同与违禁农药使用呈 5% 显著性负相关，与有机肥施用呈 10% 显著性正相关。说明销售合同稳定性能够抑制违禁农药使用，促进有机肥施用，因合同作为显性契约约束，降低了交易成本，促使农户按照合约进行生产，不使用违禁农药，并严格遵守安全间隔期，以保证农产品质量安全，维护自我声誉。中间商对质量安全检测、监督能力弱，与农户仅依靠隐形契约达到一次性或临时性交易，对质量安全控制松散，并且容易发生“敲竹杠”和败德风险。黄祖辉和王祖锁（2002）指出因农产品存在易损性，在不完全合约条件下会产生“敲竹杠”问题，而这种“敲竹杠”会影响农业专用性资产投资。以新品种农产品为例，经营主体交易方式演进从混合型契约开始，或为要素契约，随着交易各方的不确定性减少，就可能转向为商品契约（唐浩，2011），商品契约对于事前控制农药安全施用行为具有更好的效果。由于纵向一体化能够通过不对称的科层安排、技能激励、自治契约等手段消除“敲竹杠”问题（Williamson，1991）。

5. 同伴效应与农产品质量提升

从表 7－4 中的模型 M5 和表 7－5 中的模型 M10 可知，同伴效应与违禁农药使用呈正相关，但都不显著，与有机肥施用呈显著性正相关。表明同伴效应对农药安全施用行为的影响存在不确定性，同伴施药行为既存在正外部性，也存在负外部性，因其邻近性，互相学习、模仿中存在“学好”“学坏”两种可能。因信息不对称、环境不确定情况存在，使这种“混乱式学习”的“搭便车”行为也可能产生“搭错车”（傅超等，2015）。大户的“领头羊”效应会促使周围农户采取安全生产行为，当为积极效应时会促使形成区域安全，当为负面效应时会出现“柠檬市场”，损害安全生产者利益，降低消费者福利水平。

三　农业经营方式与农产品质量安全认证行为研究

农产品质量安全认证有助于提高农产品的附加价值。同时，认证机构作为第三方也有助于推动农业经营主体从事高质量农业生产。这都有利于推动农业绿色高质量发展。然而，农业经营方式是多样的，这些差异对农产品质量安全认证行为到底有哪些影响？为了回答这个问题，本小节基于四川样本数据，实证探索农业经营方式与农产品质量安全认证行为的定量相关关系，为构建现代农业经营体系提供经验证据。

（一）研究假说

当前我国现代农业经营形式主要包括家庭经营、合作经营、企业经营、集体经营等形式。其中，家庭经营是指以农民家庭为单位独立或相对独立从事农业生产经营活动，其具体表现形式既包括传统散户和兼业农户，又包括家庭农场和专业大户（黄祖辉，2013）。家庭经营体制是我国现代农业经营体系的基础，其经营方式虽然有利于解决劳动生产难以监督而产生的搭便车问题（Lin，1990），但是也因为农户能力、农户兼业化、分散经营缺乏规模经济效应、片面追求经济利益而导致农产品质量安全问题频发（吴淼、王家铭，2012；吕新业等，2018；王常伟、顾海英，2017）。

合作经营是指家庭经营主体基于要素共享、风险共担、合作发展为原则，围绕专业生产所组成的农业家庭经营者（包括家庭农场主、专业大户、兼业农户）的联合体。合作社内部通过优化资源配置、共享技术知识与专业化培训、降低交易成本、分担市场风险等途径促进其采纳安全生产行为，有效保障农产品治理安全（苏昕、王可山，2013；朱哲毅等，2016）。不过部分学者指出，合作社对农产品质量安全的保障作用不仅有赖于合作社成员之间的内部人际信任，还取决于外部的制度信任（钟真等，2016）。其中，内部的人际信任主要通过促进社员之间的资源共享来控制农产品质量安全，而外部的制度信任主要通过规范和约束社员的安全生产行为而发挥作用。此外，合作社的规模和社员异质性分化也会显著影响到该经营方式对农产品质量安全的促进作用（李凯等，2015）。可见，合作经营对农产品质量安全的促进作用在不同类型合作社之间可能存在异质性的影响。

相比于家庭经营和合作经营，企业经营通过紧密的垂直协作、严格的要素投入管控、密切的利益联结机制、健全的企业声誉机制等机制保障农产品质量安全（王瑜、应瑞瑶，2008；钟真、孔祥智，2012；苑鹏，2013；蔡荣、易小兰，2015）。因此，根据上述分析，本节提出以下假说。

假说1：相比于家庭经营，合作经营和公司经营更倾向于去认证优质农产品，其保障农产品质量安全能力更强。

假说2：相比于家庭经营，合作经营和公司经营更倾向于认证质量等级较高的绿色、有机农产品。

（二）数据来源与描述性统计

1. 数据来源

本节数据来源于2017年对四川省猕猴桃种植户的调查。对种植户抽样采用分层随机抽样，其抽样过程是：首先，基于龙门山脉沿线、邛崃山脉沿线、秦巴山区为核心的猕猴桃产业经济带，结合农产品质量安全监管示范县的不同等级，选取蒲江县、都江堰市、彭州市、安州区、彭山区及芦山县作为调研区县。其次，通过咨询当地区县农业局，根据当地猕猴桃种植情况以及生产主体不同的种植规模、产品特征，再结合每个区县选择猕猴桃种植园区（龙头企业）、合作社以及家庭农场分布情况，选取62个行政村作为样本地区。最后，在62个行政村中随机抽取猕猴桃种植户进行调研，根据研究选取的变量设计，剔除关键信息缺失样本后，得到有效问卷358份。

表7－6　调研样本分布情况

项目	安州	彭山	彭州	芦山	苍溪	蒲江	都江堰
数量（个）	44	19	15	39	63	74	104
占比（%）	12.29	5.31	4.19	10.89	17.69	20.67	29.05

资料来源：根据问卷调查整理、计算所得。

2. 变量设定

（1）被解释变量。

为了验证假说1，本节拟采用的被解释变量 y_1 定义为经营组织生产的猕猴桃是否认证了“三品一标”，如果其生产的猕猴桃获得“三品一标”认证，那么 $y_1=1$；否则 $y_1=0$。表7－7的描述性统计显示，在样本农户中，27%的猕猴桃种植户认证了“三品一标”优质农产品。为了假说2关于不同类型经营方式对优质农产品认证等级的差异化影响，本节根据认证质量的高低，定义猕猴桃质量认证等级为 y_2，其赋值如下：0＝否；1＝无公害；2＝绿色；3＝有机。样本农户中，13.9%的经营组织认证了无公害农产品；8.3%的经营组织认证了绿色农产品；4.8%的经营组织认证了有机农产品。

（2）核心解释变量。

当前我国现代农业经营主要包括家庭经营、合作经营、企业经营、集体经营等表现形式。由于在样本中，没有发现集体经营组织，因此本节主要研究家庭经营、合作经营和企业经营三类组织在优质农产品认证行为上的差异。为此，核心解释变量是经营组织方式类型的哑变量，其中参照组定义为家庭经营，第一个哑变量是合作经营的哑变量 x_1，$x_1=1$ 标明该农户是合作社的社员；否则 $x_1=0$；第二个哑变量是企业经营的哑变量 x_2，$x_2=1$ 标明该农户是龙头企业的基地农户；否则 $x_2=0$。样本中，属于家庭经营占50%；属于合作经营占46%；属于龙头企业经营的占4%。

（3）控制变量。

根据现有的文献研究进展进行归纳总结，发现种植户对优质农产品的认证行为还受到多方面的因素影响，故本节主要采纳以下几个方面的因素作为其控制变量。①个人特征方面，种植户作为认证行为的决策者，其个人特征对其安全生产行为存在一定的影响，进而采用种植户年龄、受教育等级、种植经验、政治面貌等特征进行刻画。②家庭特征方面，本节拟控制主要从事猕猴桃种植的劳动力数、家庭非农收入占比、猕猴桃收入在农业收入占比三个变量对种植户家庭特征进行刻画。③种植特征，本文主要通过种植品种名称、种植面积进行刻画。一般而言，“红阳”“东红”“红华”等红心猕猴桃及“金艳”黄心猕猴桃的收益较高，在一定程度上使种植该品种的种植户为保障产量与质量，对安全生产行为的采纳较高。④地区特征，由于地区之间存在猕猴桃产业发展水平不均衡的现象，为减少偏误，通过引入县份哑变量进行控制。

表7－7　变量定义与样本描述性统计

变量	定义	均值	标准差
认证	种植的猕猴桃是否获得“三品”认证：1＝是；0＝其他	0.27	0.44
认证分类	种植的猕猴桃认证等级：0＝否；1＝无公害；2＝绿色；3＝有机	0.43	0.83
家庭经营	农户是否属于普通农户：1＝是；0＝其他	0.50	0.50
合作经营	农户是否属于合作社农户：1＝是；0＝其他	0.46	0.50
公司经营	农户是否属于公司农户：1＝是；0＝其他	0.04	0.19

续表

变量	定义	均值	标准差
年龄	户主年龄（岁）	47.47	6.24
教育	户主教育：1＝初中及以下；2＝高中/中专	1.73	0.70
种植经验	种植猕猴桃的年限（年）	8.65	2.91
政治面貌	户主是否为共产党员：1＝是；0＝其他	0.38	0.49
种植规模	猕猴桃种植规模	89.36	242.30
劳动力数量	种植猕猴桃的劳动力数量（个）	2.23	1.06
非农收入	非农收入占家庭总收入的比例（%）	38.84	26.71
种植收入	猕猴桃种植收入占农业收入的比例（%）	77.22	26.10

3. 样本描述性统计分析

为了刻画不同经营方式对优质农产品认证行为的影响，本节先对家庭经营、合作经营和企业经营进行分组比较分析，其分组均值t检验的结果如表7－8所示。

表7－8　农业经营方式与农户“三品一标”认证行为描述性统计

变量	家庭经营（179户）	合作经营（166户）		企业经营（13户）	
	均值	均值	差异值	均值	差异值
认证	0.22	0.28	－0.06	0.77	－0.55***
认证分类	0.30	0.47	－0.17**	1.69	－1.40***
年龄	47.30	47.49	－0.19	49.62	－2.32
教育	1.72	1.73	－0.01	1.85	－0.13
种植经验	8.58	8.63	－0.05	10.00	－1.42*
政治面貌	0.36	0.39	－0.02	0.62	－0.25*
种植规模	35.77	105.41	－69.64***	622.23	－586.46***
劳动力数量	2.15	2.31	－0.17	2.46	－0.32
非农收入	41.11	37.59	3.52	23.46	17.64**
种植收入	77.30	77.32	－0.02	74.92	2.37

注：差异值是指普通农户与合作社农户（公司农户）的均值差异；*表示p值＜0.1，**表示p值＜0.05，***表示p值＜0.01。

表7－8的分组均值t检验结果显示，相比于家庭经营，在认证行为差

异方面，合作经营、企业经营认证“三品一标”的倾向更高，但是合作经营与家庭经营的差异没有通过统计上的显著性检验，而企业经营认证的概率显著高于家庭经营。在认证的分类上，合作经营和企业经营更倾向于认证质量等级越高的有机和绿色农产品，这一效应在企业经营上体现得尤为明显。

在经营决策者的个人特征上，三种类型经营决策者在年龄、教育程度上不存在显著差别，但企业经营者的政治面貌为党员的占比显著增大。在种植特征上，相比于家庭经营，合作经营和企业经营的规模显著增加，其非农收入占比明显增加。

（三）实证模型

结合农户认证行为 y_1 属于二元离散选择变量，本节采用 Probit 模型估计方法分析各因素 X_i 对经营组织认证行为的影响，回归模型如下：

$$Pr(y_{1i} = 1 \mid X_i) = \Phi(\lambda + \gamma_1 x_{1i} + \gamma_2 x_{2i} + \sum_{k=1}^{m} \beta_k \times Control_i + \varepsilon_i > 0) \quad (7-3)$$

其中基准模型（7－3）中被解释变量 y_{1i} 表示被调研种植户 i 的认证行为，$y_{1i}=1$ 表示被调研经营主体 i 采纳了安全生产行为，$y_{1i}=0$ 表示其未认证；核心解释变量 x_1 是合作经营的哑变量、x_2 是企业经营的哑变量。*Control* 表示影响猕猴桃种植户采纳安全生产行为的其他控制变量，$i=1, 2, \cdots, n$，$n=358$；$k=1, 2, \cdots, m$；λ、γ、β_k 相应的估计系数，ε_i 为随机扰动项。如果假说 1 成立，那么 γ_2 和 γ_1 显著大于 0，而且 $\gamma_2 > \gamma_1$。

为了量化不同类型经营方式对认证质量等级的选择，本节拟采用 Order Probit 模型来估计企业是否更有动机认证更高级别的优质农产品，构建如下回归模型，进行实证分析：

$$y_{2i}^* = \lambda + \gamma_1 x_{1i} + \gamma_2 x_{2i} + \sum_{k=1}^{m} \beta_k \times Control_i + \varepsilon_i \quad (7-4)$$

其中，潜变量 y_{2i}^* 表示经营组织从不同质量认证等级得到的效用，其中，当 $y_{2i}^* < \eta_1$ 时，可观测到该经营组织选择不进行认证，生产普通农产品，即 $y_{2i}=0$；当 $\eta_1 \leq y_{2i}^* < \eta_2$ 时，可观测到该经营组织选择认证无公害农

产品，即 $y_{2i}=1$；$\eta_2 \leqslant y_{2i}^* < \eta_3$时，经营主体选择认证绿色农产品，即 $y_{2i}=2$；当 $\eta_3 \leqslant y_{2i}^*$时，经营主体选择认证有机农产品。核心解释变量和控制变量与回归模型（7-3）一致。如果假设2成立，即合作经营和企业经营有更强的动机去认证更高级别的产品，那么 γ_2和 γ_1显著大于0，而且 $\gamma_2 > \gamma_1$。

（四）实证结果与解释

1. 经营方式与农产品质量安全

表7-9显示了回归模型（7-3）的估计结果，实证结果显示，相比于基准组的家庭经营，合作经营和企业经营的系数显著为正，其经济学含义是，合作经营和企业经营有更强的动机去认证"三品一标"，但仅有企业经营的估计系数在1%或者10%的显著性水平上统计显著。这意味着企业经营更容易通过紧密的垂直协作、严格的要素投入管控、密切的利益联结机制、健全的企业声誉机制等机制保障农产品质量安全。而合作经营并不总是会提高农产品质量安全的保障力，其作用的发挥还需要完善合作社内部治理和外部的政府规制。控制变量方面，经营主体的年龄、受教育程度和种植经营能增加其对优质农产品认证的倾向，但并未通过统计上的显著性检验。经营规模的估计系数显著为正的，这表明种植规模越大，经营组织"三品一标"认证的动机越发明显，而家庭经营的细碎化则显著制约其优质农产品认证的倾向。此外，种植收入占比越低、农户非农收入占比过重则也会在一定程度上抑制经营主体认证"三品一标"的积极性。

表7-9　经营方式与农产品质量安全（Probit模型）

变量	被解释变量：是否认证（1=是；0=否）				
	(1)	(2)	(3)	(4)	边际效应
合作经营	0.188 (0.148)	0.200 (0.147)	0.082 (0.153)	0.206 (0.160)	0.206 (0.160)
企业经营	1.516*** (0.399)	1.561*** (0.406)	0.837* (0.491)	0.910* (0.528)	0.910* (0.528)
年龄		0.006 (0.013)	0.011 (0.014)	0.010 (0.014)	0.010 (0.014)

续表

变量	被解释变量：是否认证（1 = 是；0 = 否）				
	（1）	（2）	（3）	（4）	边际效应
教育		0.008 （0.111）	0.023 （0.118）	0.062 （0.126）	0.062 （0.126）
种植经验		0.008 （0.025）	-0.005 （0.025）	0.011 （0.027）	0.011 （0.027）
政治面貌		-0.244 （0.155）	-0.193 （0.159）	-0.142 （0.158）	-0.142 （0.158）
种植规模			0.001*** （0.000）	0.001*** （0.000）	0.001*** （0.000）
劳动力数量			0.022 （0.068）	0.002 （0.074）	0.002 （0.074）
非农收入			-0.008*** （0.003）	-0.003 （0.003）	-0.003 （0.003）
种植收入			0.000 （0.003）	0.003 （0.003）	0.003 （0.003）
常数项	-0.779*** （0.105）	-1.062 （0.702）	-1.085 （0.805）	-1.795** （0.869）	-1.795** （0.869）
县虚拟	No	No	No	Yes	Yes
Log pseudolikelihood	-198.829	-197.356	-186.749	-167.699	-167.699
χ^2	14.778***	17.717***	23.761***	54.164***	54.164***
R^2	0.040	0.047	0.098	0.190	0.190
N	358	358	358	358	358

注：括号内为稳健性标准误；*表示 p 值 <0.1，**表示 p 值 <0.05，***表示 p 值 <0.01。

2. 经营方式与农产品质量安全认证等级

表7-10反映了针对回归模型（7-4）的实证估计结果。其中第（1）列仅加入核心解释变量，第（2）列至第（4）列依次加入个人特征、经营特征和地区特征等控制变量。第（4）列的实证结果显示，相比于基准组家庭经营，合作经营和企业经营能更显著地增加经营主体认证较高等级的农产品质量安全认证，其中，企业经营的估计系数在5%的显著性水平上

通过显著性检验，合作经营的估计系数也通过10%的显著性检验。这表明，家庭经营、合作经营和企业经营的认证质量等级上存在显著的差异，尤其是企业经营相比于家庭经营和合作经营，能更加显著地增加其有机、绿色农产品的质量认证，因此假说2得到验证。其他控制变量方面，经营规模越大会显著提升经营组织认证高等级农产品质量安全品牌的积极性。

表7-10　经营方式与农产品质量安全认证等级（order probit）

变量	被解释变量为：认证分类，0 = 否；1 = 无公害；2 = 绿色；3 = 有机			
	(1)	(2)	(3)	(4)
合作经营	0.253* (0.141)	0.266* (0.139)	0.168 (0.144)	0.281* (0.152)
企业经营	1.549*** (0.322)	1.586*** (0.336)	0.901** (0.411)	0.994** (0.469)
年龄		0.008 (0.012)	0.013 (0.012)	0.011 (0.013)
教育		-0.049 (0.100)	-0.036 (0.105)	-0.012 (0.112)
种植经验		0.012 (0.025)	-0.005 (0.025)	0.012 (0.027)
政治面貌		-0.192 (0.145)	-0.147 (0.147)	-0.090 (0.148)
种植规模			0.001*** (0.000)	0.001*** (0.000)
劳动力数量			0.011 (0.073)	0.000 (0.076)
非农收入			-0.008*** (0.003)	-0.004 (0.003)
种植收入			-0.001 (0.003)	0.001 (0.003)
cut1_cons	0.811*** (0.101)	1.132* (0.627)	0.967 (0.712)	1.447* (0.771)
cut2_cons	1.488*** (0.112)	1.816*** (0.632)	1.697** (0.718)	2.246*** (0.778)
cut3_cons	1.823*** (0.127)	2.153*** (0.623)	2.058*** (0.707)	2.618*** (0.780)

续表

变量	被解释变量为：认证分类，0 = 否；1 = 无公害；2 = 绿色；3 = 有机			
	(1)	(2)	(3)	(4)
县虚拟	No	No	No	Yes
Log pseudolikelihood	-284.300	-282.616	-271.115	-255.946
χ^2	23.883***	26.685***	41.433***	81.476***
R^2	0.039	0.045	0.084	0.135
N（个）	358	358	358	358

注：括号内为稳健性标准误；* 表示 p 值 <0.1，** 表示 p 值 <0.05，*** 表示 p 值 <0.01。

四　生产环节外包与农业生产技术效率研究
——基于水稻种植户的调查①

分工有助于提高生产效率。例如，生产环节外包解决了劳动力不足的问题，进而通过提高规模效率实现整体效率改善。然而，农业领域的生产环节外包对技术效率的影响尚不明确。具体而言，生产环节外包带来先进技术、机械设备和娴熟技能，从而通过提高生产技术效率实现整体效率改善。因此，厘清生产环节外包对技术效率的影响机制，有助于转变农业技术推广模式，避免科技资源的闲置与浪费，提高科技成果转化率和技术进步贡献率，为进一步优化构建现代农业经营体系提供经验证据。

（一）引言

党的十九大报告指出：健全农业社会化服务体系，实现小农户和现代农业发展有机衔接。农业科技是农业发展的第一推动力。从业素质低、普遍老龄化、普遍兼业化的农业生产现状，降低了科技成果转化率，弱化了农业科技贡献率。与发达国家相比，我国农业科技成果转化率与进步贡献率存在较大差距（王利清，2013）。农业、农村经济的稳定发展受到影响。采纳技术成本高、见效慢、风险高，农户的采纳意愿较低（赵连阁、蔡书凯，2013；王爱民，2015；吴雪莲等，2016）。依托农业社会化服务体系，

① 本节的部分内容来源于国家社科基金项目的阶段成果。

推动科技成果转化，能够确保农业生产的专业化和稳定性，并解决上述难题。其中生产环节的外包贡献度最大，它促进了农业适度规模经营和提高了机械化使用水平。

在工业生产中，“外包”通常指把原本在企业内部完成的活动交给企业以外的主体来完成（徐毅、张二震，2008）。在农业生产中，外包主要指生产环节中的一部分或者全部分交由他人作业或管理。对于水稻生产而言，生产环节外包主要是指将水稻生产的环节部分或者全部交给拥有某种机械或者掌握某些生产技术的且具有较低机会成本的个人或者组织作业（陈超等，2012；王志刚等，2011；Vernimmen et al.，2000）。

农户能够根据自己的比较优势，自主选择外包的环节，有利于生产效率的改进。通过入户调查数据讨论生产环节外包对农业生产的影响，与未发生外包的农户相比，利用江苏三县水稻种植户的调研数据，发现外包农户水稻生产更有效率（陈超等，2012），利用美国奶牛养殖户数据，发现将奶牛寄样在分散的农户家中产奶效率更高（Gillespie et al.，2010），在柑橘行业也有类似的结论（Picazo-Tadeo et al.，2006）。

生产环节外包解决了水稻规模化经营中劳动力不足的问题（蔡荣、蔡书凯，2014；王志刚等，2011；周宏等，2014），进而通过提高规模效率实现整体效率改善。但鲜有文献聚焦外包带来的先进技术、机械设备和娴熟技能，从而通过提高生产技术效率实现整体效率改善。因此，尚不清楚外包对水稻生产技术效率存在怎样的影响机制。厘清外包对技术效率的影响机制，有助于转变农业技术推广模式，避免科技资源的闲置与浪费，提高科技成果转化率和技术进步贡献率。

（二）数据来源及描述性统计

1. 数据来源

水稻种植范围广，人们依赖性强。聚焦水稻生产行为有利于粮食供给侧结构性改革。因此，课题组于 2016 年 7 月至 9 月在四川省开展入户调查[①]，具体获取路径如下：参考 2015 年四川省各市州水稻种植规模以及农

① 本节使用的问卷参见第四章附录。

业发展水平，抽取了成都市（300户）、德阳市（180户）、资阳市（100户）、遂宁市（100户）、南充市（100户）作为样本市；每市选取2～5个县作为样本县，入户采取“一对一”问答形式。累计发放问卷780份，收回780份问卷，有效问卷754份。根据研究主题删除关键变量缺失的样本，最终形成649份研究数据。样本的基本特征见表7－11。

表7－11　样本的基本特征

类别	选项	样本量（个）	比例（%）	类别	选项	样本量（个）	比例（%）
性别	男	398	61.33	外包	外包户	407	62.71
	女	251	38.67		非外包户	242	37.29
受教育水平	0年	116	17.87	地区	南充	86	13.25
	0～6年	303	46.69		德阳	128	19.72
	6～9年	204	31.43		成都	239	36.83
	9～12年	25	3.85		资阳	96	14.79
	12年以上	1	0.15		遂宁	100	15.41
外包程度	低程度	104	25.55				
	较低程度	100	24.57				
	较高程度	102	25.06				
	高程度	101	24.82				

注：外包程度仅针对外包户。

2. 变量选取与描述性统计

本章主要考察了生产环节外包行为对水稻生产技术效率①的影响，“1”表示选择生产环节外包（以下简称“外包”），该类农户称为外包组；“0”表示不选择外包，该类农户被称为非外包组。所有控制变量分为三类：（1）户主特征：性别、年龄、受教育水平、是否为村干部；（2）家庭特征：水稻种植面积、是否转出土地、兼业程度、是否获得技术支持、所在地形；（3）工具变量：邻居是否选择外包、是否加入合作社。指标定义见

① 生产技术效率：表示现有生产条件下，技术运用现状与最优状态的匹配度，取值范围为0～1，当值为1时表示技术效率最高。由DEAP 2.1算出，涉及指标稻农2015年水稻产量（产出变量）、水稻种植面积（投入变量）、资本（投入变量）、劳动力（投入变量）。

表 7 - 12。

从表 7 - 12 可以看出，样本中稻农的水稻生产技术效率平均水平为 0.42，即样本稻农的技术效率水平仍有 0.58 的提升空间，稻农技术效率水平处在一个较低状态，可能是由于技术采纳成本较高，新技术应用率低导致的；样本中有近 63% 的稻农选择了生产环节外包，外包发生率较高；样本中受访稻农的平均年龄为 56.61 岁，老龄化程度较高，不利于技术掌握和新技术应用，这也可能是当前技术效率低的影响因素；样本中受访稻农的平均受教育水平为 6.12 年，农业劳动力素质不高，影响技术掌握；样本中仅有 12% 左右的稻农获得了水稻种植技术指导，技术指导可获得性较低。

表 7 - 12　变量描述及整体统计

变量名称	变量含义及赋值	样本量	均值	标准差
被解释变量				
技术效率	取值 0 ~ 1，值越大越效率越高	649	0.42	0.17
是否外包	生产环节是否外包：1 = 是；0 = 否	649	0.63	0.48
控制变量				
年龄	岁	649	56.61	9.93
性别	1 = 男；0 = 女	649	0.61	0.49
受教育水平	年	649	6.12	3.29
是否为村干部	1 = 是；0 = 否	649	0.06	0.25
水稻种植面积	亩	649	2.34	1.61
是否存在转出行为	1 = 是；0 = 否	649	0.27	0.45
兼业程度	外出务工人员占家庭劳动力比例:%	649	30.55	32.91
是否获得技术指导	1 = 是；0 = 否	649	0.12	0.33
所在地形	1 = 平原地形；0 = 其他	649	0.56	0.50
是否加入合作社	1 = 是；0 = 否	649	0.04	0.19
邻居是否外包	1 = 是；0 = 否	649	0.49	0.50
外包程度				
低程度	外包费用占稻农资本投入比例:%	104	28.44	6.83
较低程度		100	39.26	2.56
较高程度		102	48.68	2.82
高程度		101	65.65	8.52

进一步，以“是否外包”分组分析不同生产模式下稻农存在的差异。从表7－13可以看出：第一，外包稻农与非外包稻农的技术效率均约为0.42，并不存在显著差异。第二，外包稻农的年龄显著高于非外包稻农。这表明，稻农年龄可能影响了水稻生产环节外包决策。第三，外包稻农的受教育水平显著低于非外包稻农。这表明，人力资本可能对技术存在替代，可能影响稻农外包决策。第四，外包稻农的水稻种植面积显著高于非外包稻农。这表明，种植面积越大人力需求越强，外包的概率越高。

表7－13　外包组与非外包组的差异统计

变量名称	外包稻农（$N=407$）		非外包稻农（$N=242$）		差异值
	均值	标准差	均值	标准差	
技术效率	0.42	0.16	0.42	0.17	0.00
外包程度	45.40	14.87	0.00	0.00	45.40***
年龄	57.46	9.99	55.18	9.68	2.28***
性别	0.57	0.49	0.68	0.47	-0.10***
受教育水平	5.86	3.41	6.55	3.03	-0.68**
是否为村干部	0.07	0.25	0.06	0.23	0.01
水稻种植面积	2.49	1.70	2.11	1.41	0.38***
是否存在转出行为	0.24	0.43	0.32	0.47	-0.08**
兼业程度	28.67	31.70	33.71	34.69	-5.05*
是否获得技术指导	0.15	0.35	0.08	0.28	0.06**
所在地形	0.71	0.45	0.31	0.46	0.40***
是否加入合作社	0.05	0.22	0.02	0.13	0.04**
邻居是否外包	0.49	0.50	0.49	0.50	0.00

注：***、**和*分别代表在1%、5%和10%的统计水平上显著。

（三）模型构建

1. 外包行为选择

考虑到水稻生产过程中会有不同的环节，这些环节都可以外包，农户会根据自身优势选择不同的环节外。为了考察外包对稻农生产技术效率的影响，我们如下处理：①只要有一个环节雇用了他人并支付了相关费用，视该稻农选择了外包；完全由自己或者换工生产，视该稻农没有选择外包。②为了识别外包程度差异对技术效率的影响，平均处理效应估计时将根据外包程度分组讨论。一般而言，稻农在水稻种植过程中对生产环节会选择全部由自己生产（生产环节非外包）或者外包部分甚至全部（生产环节外包）。选择外包，稻农将获得一个潜在的技术效率 D_o^*；不选择外包，稻农同样将获得一个潜在的技术效率 D_n^*。对于同一个稻农而言，外包与非外包之间存在的效率差异为 D_i^*（$D_i^* = D_o^* - D_n^*$），$D_i^* > 0$ 时稻农选择外包。然而 D_i^* 并不能直接观察到，但可以通过如下的方程表达：

$$D_i^* = \alpha X_i + \mu_i, D_i = 1 \quad if \quad D_i^* > 0 \tag{7-5}$$

其中，D_i 是一个二值选择变量，取值 1 表示稻农 i 选择外包，0 稻农 i 选择自己作业；X_i 表示一个向量集，包含稻农户主特征（年龄、性别、受教育水平等等）和家庭特征（区位、兼业程度、周围农户行为等）；α 表示一个向量集，代表外包对技术效率水平影响的估计系数；μ_i 是一个具有零均值并服从正态分布的误差项。稻农选择外包的概率可以通过如下的方程表达：

$$P(D_i = 1) = P(D_i^* > 0) = P(\mu_i > -\alpha X_i) = F(\alpha X_i) \tag{7-6}$$

其中，F 是 μ_i 的累计分布函数。

2. 影响估计和选择偏差

构建一个线性回归方程估计外包对水稻生产技术效率的影响，表达如下：

$$Y_i = \beta Z_i + \gamma D_i + \varepsilon_i \tag{7-7}$$

其中，Y_i 表示水稻生产技术效率；Z_i 表示一个向量集，包含稻农户主特征（年龄、性别、受教育水平等等）、家庭特征（区位、兼业程度等）和工具变量（周围农户行为、合作行为等）；D_i 表示一个虚拟变量，代表稻农选择外包与否；β 和 γ 表示待估系数的向量集；ε_i 表示随机误差项。

在方程（7－7）中，稻农选择外包是一个外生变量。但是，稻农具有自己与生俱来的特征，可能导致稻农自我选择外包，而非随机选择外包。因此方程（7－7）基于普通最小二乘（OLS）估计方法将导致结果有偏。

此外，不可观测因素也可能导致方程（7－7）和方程（7－5）中的误差项具有相关性，引起的选择偏差将使估计结果不一致。具体而言，一个具有低于平均水稻技术效率水平但具有较高非农收入，更可能选择水稻生产外包，这将可能导致一个消极的选择偏差，低估处理效应，反之亦然。

在实证研究中，大量的文献采用了得分倾向匹配（PSM）方法去消除选择偏差，但PSM方法仅能消除可观测因素导致的选择偏差。因此本节将采用内生转换回归（ESR）模型，同时校正可观测和不观测因素导致的选择偏差（Ma et al.，2016；邓鑫等，2016；Lokshin et al.，2004；李雪松、黄彦彦，2015）。

3. 内生转换回归模型

内生转换回归模型分为两个阶段，第一个阶段为选择方程，分别对应为外包和非外包，设定形式与方程（7－5）类似。在第二个阶段，用两个不同的方程来分别估计外包和非外包的生产技术效率，设定形式如下：

$$Y_{io} = \beta_{io} Z_i^{'} + \varepsilon_{io} \quad \text{if} \quad D_i = 1 \tag{7-8$'$}$$

$$Y_{in} = \beta_{in} Z_i^{'} + \varepsilon_{in} \quad \text{if} \quad D_i = 0 \tag{7-8$''$}$$

其中，Y_{io}和Y_{in}分别是采纳和未采纳技术时对应的人均养殖收入；$Z_i^{'}$是一个影响Y_{io}和Y_{in}的外生向量集；ε_i是一个与Y_{io}和Y_{in}相对应的随机误差项。

方程（7－5）中的X_i和方程式（7－8′）、式（7－8″）中的$Z_i^{'}$允许重合，但至少存在一个变量属于X_i中而不属于$Z_i^{'}$。多出来的变量相当于工具变量。这个工具变量必须满足：影响稻农选择外包决策而不影响稻农水稻生产技术效率。本节选择邻居稻农是否选择外包和稻农是否加入合作社（为剥离合作社提供技术指导影响农户生产技术效率，在估计时加入了稻季是否获得技术支持）。

尽管方程式（7－8′）和式（7－8″）已经考虑了可观测因素带来的选择偏差，但仍然存在不可观测因素使得 $corr(\mu_i, \varepsilon_i) \neq 0$，内生转换回归模型在第一阶段估计选择方程，并通过其计算逆米尔斯率（the Inverse Mills Ratios）λ_{io}、λ_{in}以及协方差项$\sigma_{\mu o} = \text{cov}(\mu_i, \varepsilon_{io})$、$\sigma_{\mu n} = \text{cov}(\mu_i, \varepsilon_{in})$，将它们代入方程式（7－8′）和式（7－8″）中，以此来校正由于不可观测

因素导致的选择偏差，其扩展形式如下：

$$Y_{io} = \beta_{io} Z_i' + \sigma_{\mu 0} \lambda_{io} + \tau_{io} \quad \text{if} \quad D_i = 1 \qquad (7-9')$$

$$Y_{in} = \beta_{in} Z_i' + \sigma_{\mu n} \lambda_{in} + \tau_{in} \quad \text{if} \quad D_i = 0 \qquad (7-9'')$$

其中，λ_{io}和λ_{in}用来校正不可观测因素导致的选择偏差；τ_{io}和τ_{in}具有条件零均值。

内生转换回归模型中，相关系数$\rho_{\mu o}$和$\rho_{\mu n}$分别表示方程（7-5）和方程式（7-8′）、式（7-8″）误差项之间的相关性。$\rho_{\mu o}$和$\rho_{\mu n}$具有一定的计量意义。第一，如果$\rho_{\mu o}$和$\rho_{\mu n}$在一定的统计水平上显著，说明存在不可观测因素导致选择偏差，当且仅当同时考虑可观测和不可观测因素才能得到估计一致的结果。第二，如果$\rho_{\mu o}$和$\rho_{\mu n}$具有不同的正负性，说明选择外包行为是基于自身的比较优势；如果同正或同负，表示即或是不考虑外包因素，选择了外包稻农的技术效率仍然高于非外包稻农。第三，如果$\rho_{\mu o} > 0$，说明存在消极的选择偏差，即低于平均水平的稻农更倾向于外包。反之，如果$\rho_{\mu o} < 0$，则说明存在积极的选择偏差。

4. 基于内生转换回归模型的处理效应估计方法

基于平均处理效应估计方法，估算稻农外包与非外包状态下技术效率的事实水平与反事实水平，具体而言：事实水平是指外包稻农与非外包稻农实际具有的技术效率水平（可直接测量），表示为方程式（7-10′）和式（7-10″）；反事实水平是指外包稻农如果不外包以及非外包稻农如果外包状态下的技术效率水平（不可直接测量），表示为方程式（7-11′）和式（7-11″）。方程可表达为：

$$E(Y_{io} | D = 1) = \beta_{io} Z_i' + \sigma_{\mu o} \lambda_{io} \qquad (7-10')$$

$$E(Y_{in} | D = 0) = \beta_{in} Z_i' + \sigma_{\mu n} \lambda_{in} \qquad (7-10'')$$

$$E(Y_{in} | D = 1) = \beta_{in} Z_i' + \sigma_{\mu n} \lambda_{io} \qquad (7-11')$$

$$E(Y_{io} | D = 0) = \beta_{io} Z_i' + \sigma_{\mu o} \lambda_{in} \qquad (7-11'')$$

外包稻农技术效率水平的平均处理效应（ATT）可表达为：

$$\text{ATT} = E(Y_{io} | D = 1) - E(Y_{in} | D = 1) = (\beta_{io} - \beta_{in}) Z_i' + (\sigma_{\mu o} - \sigma_{\mu n}) \lambda_{io} \qquad (7-12')$$

非外包稻农技术效率水平的平均处理效应（ATU）可表达为：

$$\text{ATU} = E(Y_{io} \mid D=0) - E(Y_{in} \mid D=0) = (\beta_{io} - \beta_{in}) Z_i' + (\sigma_{\mu o} - \sigma_{\mu n}) \lambda_{in} \quad (7-12'')$$

（四）实证结果分析

1. 技术效率估计方程的内生性检验

不考虑样本选择偏差问题时，可对方程式（7－6）直接OLS回归，表7－14中的模型Ⅱ给出了控制其他因素后外包决策影响稻农水稻生产技术效率的估计结果。结果显示，外包决策降低了水稻技术效率，但并无统计水平上的显著性。为检验技术效率估计方程中外包决策的内生性，借鉴样本自选择模型的思路，利用表7－14中模型Ⅰ的估计结果预测出外包决策的概率，将其作为外包决策的工具变量，表7－14中模型Ⅲ给出了两阶段最小二乘法的估计结果。结果显示，外包决策仍然降低了水稻技术效率，也无统计水平上的显著性，但外包决策的系数绝对值比模型Ⅱ中更大，也在一定程度上表明存在不可观测因素影响估计结果的一致性。进一步，杜宾－吴－豪斯曼内生性检验（Dubin-Wu-Hausman内生性检验，DWH检验）在5%统计水平拒绝了原假设（$DWH\ \chi^2=3.12$，p值为0.045），表明外包决策是技术效率估计方程的内生变量，OLS估计结果不一致并引起外包影响技术效率的大小发生变化。

上述检验是建立在工具变量有效的基础上进行的，因此需要对工具变量的可识别性、弱工具性进行检验。结果显示，识别力检验（$K-P\ rk\ LM=3.88$，p值为0.049）在5%的统计水平上拒绝原假设，表明模型可以被识别；若工具变量检验的第一阶段F统计量值（$F=21.37$）>10，表明模型不存在弱工具变量问题。这些检验表明选取外包决策概率作为工具变量是有效的，其估计结果可靠。

表7－14　技术效率估计方程的内生性检验结果

自变量	模型Ⅰ：是否外包的Probit回归		模型Ⅱ：外包影响效率的OLS回归		模型Ⅲ：外包影响效率的Ⅳ回归	
	系数	标准误	系数	标准误	系数	标准误
是否外包			－0.0033	0.0150	－0.1354	0.2014
年龄	0.0192***	0.0061	0.0004	0.0007	0.0011	0.0014

续表

自变量	模型Ⅰ：是否外包的 Probit 回归		模型Ⅱ：外包影响效率的 OLS 回归		模型Ⅲ：外包影响效率的Ⅳ回归	
	系数	标准误	系数	标准误	系数	标准误
性别	-0.2616**	0.1198	-0.0092	0.0131	-0.0195	0.0218
受教育水平	-0.0148	0.0193	0.0046**	0.0022	0.0040	0.0024
是否为村干部	0.4610**	0.2324	0.0252	0.0346	0.0443	0.0448
水稻种植面积	0.0386	0.0384	-0.0374***	0.0063	-0.0355***	0.0068
是否存在转出行为	-0.0653	0.1269	0.0245	0.0161	0.0235	0.0169
兼业程度	-0.0022	0.0016	0.0000	0.0002	-0.0001	0.0002
是否获得技术指导	0.5756***	0.1725	0.0288	0.0191	0.0500	0.0382
所在地形	1.0714***	0.1146	0.0446***	0.0140	0.0941	0.0767
是否加入合作社	0.4472	0.3174				
邻居是否外包	0.1503	0.1100				
常数项	-1.2468***	0.4182	0.4252***	0.0476	0.4437***	0.0549
样本量	649		649		649	
Pseudo R^2 或 R^2	0.16		0.14		0.02	
χ^2	138.85***					
LR	-358.99					

注：***、**和*分别代表在1%、5%和10%的统计水平上显著。

2. 内生转换回归模型估计结果及分析

然而模型Ⅱ和模型Ⅲ估计结果表明，外包决策降低了技术效率，但影响不显著。这可能是由于除了外包决策外还存在自选择问题，影响农户技术效率。如果考虑了自选择问题之后，外包决策对技术效率的影响机制是什么呢？稻农的外包决策是异质性稻农选择的结果，若不考虑稻农在进行决策时所面临的不同条件，将会造成选择偏差并得到不一致的估计结果（李雪松、黄彦彦，2015；Heckman et al.，2007）。本节将通过第三部分建立的内生转换回归模型（7-9′）和（7-9″）来消除可观测和不可观测因素导致的样本选择偏差，考察稻农外包决策对技术效率的影响。表7-15报告了基于内生转换回归模型的估计结果。

从表7-15中模型Ⅳ可以看出，个人特征中的年龄、性别变量显著影响稻农的外包决策，具体而言：

（1）随着年龄逐渐增大，选择外包的概率更高。年龄越大劳动能力越弱，但水稻种植对劳动能力的要求并未下降。为了兼顾水稻种植，随着年龄增大，稻农对农业生产性服务的需求越强，将生产环节外包的可能性更大。

（2）相比于女性户主，男性户主选择外包的概率更低。从水稻种植对劳动能力的要求角度出发，相同年龄和健康水平下，男性户主的劳动能力较女性户主更高，因而对外包的需求程度更低。

家庭特征中的水稻种植面积、兼业程度、是否获得技术指导、所在地形等变量显著影响了稻农的外包决策，具体而言有以下几个方面。

（1）水稻种植面积越大，选择外包的概率越高。面积越大需要的劳动力越多，对外部劳动力或者对劳动力替代资源需求越强，因而外包的可能性越高。

（2）兼业程度越高，选择外包的概率越低。兼业程度衡量的是稻农对水稻的重视程度，越高表示对水稻生产的重视程度越低，较低的生产积极性，导致稻农选择外包的概率就越低。

（3）相对于没有获得技术指导的稻农而言，获得技术指导的稻农具有更高外包可能性。技术指导使稻农对生产条件的认知更清楚，更易将自己不擅长的生产环节外包给机会成本较低的个人或组织，以获取更高的收益。

（4）相对于其他地形的稻农，平原地区的稻农更有可能选择外包。平原地区更易开展机械化生产，为小规模稻农外包生产环节给他人作业提供了可能，因此平原地形稻农具有更高的外包可能性。

工具变量中是否加入合作社显著影响稻农的外包决策，具体而言：相比于未加入合作社的农户，入社稻农具有较强的外包意愿。入社行为意味着较强水稻生产动力，更易接触到那些具有较低机会成本和更专业的生产个人或者组织，比较利益驱使稻农将自己不擅长的环节外包。此外，邻居行为的影响虽然不具有统计水平的显著性，但其系数为正，表明邻居行为有可能刺激了稻农选择外包。

综合表 7 - 15 中模型Ⅴ和模型Ⅵ可以看出以下几点。

（1）年龄因素至少在10%的统计水平上显著地影响稻农的技术效率。对于非外包组而言，年龄越大技术效率越低，但对于外包组而言却呈现相反的影响机制。一种可能的解释是，控制其他影响因素后，随着年龄增长积累的生产经验与外包行为相匹配，发挥了正向促进作用。

（2）对于非外包组而言，性别正向显著的影响技术效率，但对于外包组这种机制不存在。一种可能的解释是，控制其他影响因素后，外包替代了对自有劳动力的需求度，因此影响机制存在差异。

（3）水稻种植面积因素均在1%的统计水平上显著负向地影响技术效率。一种可能的解释是，种植面积越大，管理的精细程度越低，降低了技术的贡献度，因此呈现负向关系。但外包组的系数绝对值小于非外包组的系数绝对值，表明外包行为的存在，降低了面积扩大而带来的负向影响。

（4）兼业程度正向显著地影响了非外包组的技术效率，但对外包组作用不明显。兼业程度越高一方面意味着对农业的重视程度越低，另一方面也意味着稻农能够获得更多的资金支持，或者促使稻农更高效地组合资源，进而提高技术效率（Fleur，2010；黄祖辉等，2014）。

（5）获得技术指导至少在10%的统计水平上显著。对非外包组而言存在负效应，对外包组而言存在正效应。一种可能的解释，技术需要与专业人员相结合才能发挥正效应，不熟练地操作导致适得其反。

更重要的是，表7－15报告了方程式（7－5）和方程式（7－8′）、式（7－8″）误差项之间的相关系数$\rho_{\mu o}$和$\rho_{\mu n}$。结果显示如下。

第一，$\rho_{\mu o}$和$\rho_{\mu n}$均在1%的统计水平上显著，表明存在选择偏差。同时存在可观测因素和不可观测因素影响稻农决定是否将水稻生产环节外包，而且外包决策将带来额外的净收益。因此不校正样本选择偏差可能将得到有偏的估计结果。

第二，$\rho_{\mu o}$和$\rho_{\mu n}$值分别为一正一负，表明稻农基于自身优势而选择将生产环节外包。

第三，$\rho_{\mu o}$为正，表明存在消极的选择偏差。表明那些技术效率低于平均水平的稻农更愿意选择将生产环节外包。

显而易见，这里存在消极的选择偏差是非常合理的，因为政府寄希望通过外包提高水稻生产技术效率，进而提高农业技术推广率和技术进步贡献率。

表 7－15　内生转换回归模型估计结果

自变量	模型Ⅳ：决策方程		模型Ⅴ：非外包组		模型Ⅵ：外包组	
	系数	标准误	系数	标准误	系数	标准误
年龄	0.0101**	0.0048	－0.0022*	0.0012	0.0020**	0.0009
性别	－0.1596*	0.0939	0.0444**	0.0224	－0.0286	0.0182
受教育水平	－0.0024	0.0151	0.0054	0.0039	0.0006	0.0029
是否为村干部	0.2315	0.2272	－0.0177	0.0509	0.0380	0.0446
水稻种植面积	0.0935**	0.0469	－0.0628***	0.0180	－0.0302***	0.0071
是否存在转出行为	－0.0440	0.1119	0.0313	0.0266	－0.0004	0.0218
兼业程度	－0.0022*	0.0013	0.0007**	0.0003	－0.0002	0.0003
是否获得技术指导	0.2392*	0.1284	－0.0682*	0.0362	0.0723***	0.0229
所在地形	0.6438***	0.1004	－0.1068***	0.0278	0.1349***	0.0194
常数项	－0.7007**	0.3500	0.4223***	0.0891	0.1907***	0.0650
是否加入合作社	0.1913***	0.0577				
邻居是否外包	0.0229	0.0317				
$\ln\sigma_{\mu n}$			－1.4564***	0.1021		
$\rho_{\mu n}$			－0.9954***	0.0037		
$\ln\sigma_{\mu o}$					－1.6092***	0.0566
$\rho_{\mu o}$					0.9945***	0.0022
Log likelihood	51.18					
Wald 统计量	251.90***					
样本量	649		649		649	

注：***、**和*分别代表在1%、5%和10%的统计水平上显著。

（五）基于内生转换回归模型的平均处理效应估计

1. 外包组与非外包组的总体平均处理效应估计

实证部分论证了存在样本选择偏差，OLS 估计有偏，通过内生转换回归模型校正了样本选择偏差。为了考察外包决策怎样影响农户的生产效率，以及这些作用的大小，本部分将基于内生转换回归模型的平均处理效应估计来反映。图 7－1、图 7－2 反映了外包组和非外包组稻农事实与反事实技术效率的概率分布情况：外包使外包组的生产技术效率上升，但非外包组如果外包将带来一个更低的生产技术效率，由此印证了第四部分得出的结论：稻农做出是否外包的决策是根据自身优势而定的。

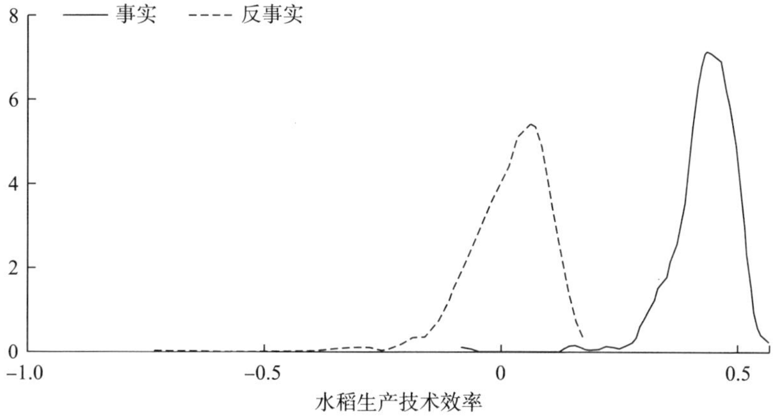

图 7－1　事实与反事实技术效率（外包组）

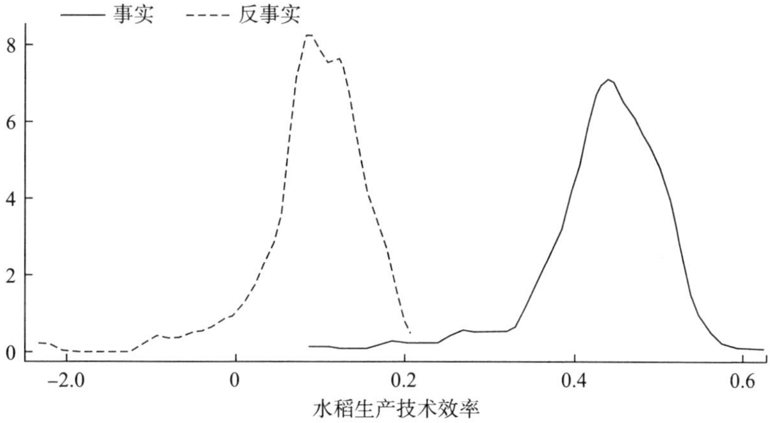

图 7－2　事实与反事实技术效率（非外包组）

注：横轴表示生产技术效率；纵轴表示发生概率。

表 7－16 具体反映了外包决策对稻农生产技术效率的影响，可以看出外包组稻农，通过外包生产技术效率提升了近 31 倍，然而，非外包组的稻农如果外包，生产技术效率将下降近 1 倍。进一步说明，外包决策是稻农基于自身优势做出的合理决策。

表 7－16　外包组与非外包组的总体平均处理效应估计结果

	水稻生产技术效率						
	事实		反事实				
	均值	标准误	均值	标准误	平均处理效应	t 值	变化（%）
外包组	0.4302	0.0035	0.0136	0.0048	0.4166	121.79***	3064.98
未外包组	0.4330	0.0048	0.0923	0.0040	－0.3407	－110.00***	－78.67

注：*** 代表在 1% 的统计水平上显著。

2. 不同外包程度对稻农生产技术效率的影响

内生转换回归模型估计结果以及平均处理效应估计结果均指出稻农做出外包决策是根据自身优势内生决定的。考虑到农户家庭具有异质性，即稻农的外包程度存在不同。通过将样本按照外包程度划分为低程度、较低程度、较高程度、高程度四个阶段，分别考察不同的外包程度对稻农生产技术效率产生的异质性影响。由表 7－17 可以看出，随着外包程度的不断提高，外包带来的技术效率提升越来越明显。对于已经采取生产环节外包的稻农而言，逐步扩大外包范围，将更多的环节外包给机会成本更低或者更专业的个人和组织能够带来显著的生产技术效率提升。

表 7－17　外包组稻农不同外包程度的平均处理效应估计结果

	水稻生产技术效率						
	事实		反事实				
外包程度	均值	标准差	均值	标准差	平均处理效应	t 值	变化（%）
低程度	0.4454	0.0081	0.0322	0.0110	0.4132	60.96***	1282.66
较低程度	0.4324	0.0063	0.0271	0.0078	0.4053	65.24***	1496.41
较高程度	0.4159	0.0077	－0.0039	0.0109	0.4198	63.48***	10738.59
高程度	0.4267	0.0054	－0.0013	0.0077	0.4280	56.47***	33685.05

注：较高程度、高程度反事实估计值为负数，计算变化率时取绝对值；*** 代表在 1% 的统计水平上显著。

（六）结论

提高农业科技推广率和科技进步贡献率是发展农业现代化的目标。本章利用四川省 649 户水稻种植户的数据，在务农人员老龄化普遍、低素质化、兼业普遍（一低两普遍）的约束背景下，通过内生转换回归模型和由此建立的平均处理效应估计，主要讨论了：哪些因素影响了农户选择将生产环节外包的决策；外包决策带来了怎样的异质性影响；差异化外包程度是否导致了差异化影响。实证检验指出三点。

第一，务农人员的老龄化和兼业程度显著地影响了稻农的外包决策。表明当前农业生产环境存在一定的约束条件，制约农户生产行为优化和阻碍农业技术应用。但这些约束条件的存在也促进了外包行为的发生。

第二，农户外包决策是基于自身优势而做出的，且外包提高了稻农的技术效率。基于反事实研究方法指出，外包提高了外包组的技术效率，但外包并不能提高非外包组的技术效率。

第三，对已采取外包的稻农而言，提高外包程度能够进一步促进技术效率水平改善。依外包程度由低至高将外包组稻农分为四个组分别计算平均处理效应，显示随着外包程度的提高，稻农的技术效率水平改善更高。

五　政策性启示

（一）提高农业主体经营能力，强化质量安全示范效应

农业主体经营能力提升主要通过自主学习和培训两个途径。政府应着重从培训路径来提升农业生产主体的经营能力，一方面培养一批职业农民，职业农民具备高素质、高技术、高管理能力特点，为农业安全生产提供基本保障；另一方面强化农业技术培训，重点是安全生产等方面，强化与科研单位、企业、农业科技人员的合作，提高农业生产者的自主安全生产意识，强化绿色发展理念、管理能力和市场意识的培养，优化利益分享机制和监督落实社会保障、产业融资等支持政策，助推职业经理人以合作社、企业为平台的创业创新（张社梅等，2014）。

为实现区域农产品质量安全，应推动规模化、标准化和示范化生产。一是因地制宜制定当地特色农产品生产规程，提出安全生产标准，不断完善绿色农业标准体系，重点制定蔬菜水果和特色农产品生产的国家标准和行业标准；二是实施“企业 + 基地”形式，建立一批规模较大的农业园

区，规范其标准化生产，发挥其示范效应和带动效应，从而最终实现区域安全；三是推动家庭农场和经营大户的示范作用，发挥其同伴效应，通过鼓励新型经营组织农药安全施用，包括提供专项补贴等，进而依靠经营主体的邻近性，促进安全技术被模仿和扩散；四是建立国家级、省级农产品质量安全监管示范县，市级、县级农产品质量安全示范乡镇、主体等，通过示范性单位建立，促使其建立健全农产品安全监管体系，强化农产品质量安全监督和支持，增强规制政策对其约束性，甚至形成农户的自我约束机制。

（二）培育壮大新型农业经营主体，提高新型经营主体带动效应

完善农业家庭经营制度，重点培育壮大家庭农场和专业大户。多样性的农业家庭经营格局将长期存在，决定了我们必须坚持农业家庭经营制度，但要完善和创新。

一是消除阻碍家庭农业健康发展的体制机制。要在进一步放活土地经营权、激活住宅等财产权、改革农村社保体制等方面深入推进配套改革，为促进土地流转、新型农业经营者引入、适度规模经营创造条件。二是把培育壮大家庭农场和专业大户作为发展家庭经营的重点。要继续实施发展家庭农场的支持政策，但要总结完善，消除借家庭农场名义套取补助资金等投机行为。各地要继续探索因地制宜按农业类型确定家庭农场规模标准和奖补政策体系。要把家庭农场和专业大户的示范作用纳入确定奖补的依据。三是建立真正有助于现代家庭农业发展的支撑体系。建立切实促进农业的专项支持政策，强化针对性和专门化。

创新农业合作经营制度，重点培育壮大农民合作社。要积极探索具有中国特色的农业合作经营制度。一是探索农民合作社的联合发展和行业组织建构，推广发展股份合作组织模式，引导发展集生产、供销、信用为一体的综合合作社，优化治理结构。二是推进农民专业合作社与村社区合作经济组织的相互融合，加快发展专业服务型、农业综合型合作社。三是以回归“三农”为导向深化农村供销合作社、农村信用合作社的改革，进一步优化农民合作组织的政策与法律环境。四是在现阶段要强化并大力推广“合作社＋贫困农户”模式，把产业扶贫资金投向合作社，再股份量化到

贫困农户，构建贫困户基于产业持续发展的脱贫致富的长效机制。

（三）完善合作组织间利益联结机制，强化安全约束能力

完善横向合作和纵向合作组织间的利益联结机制。横向发展合作经营，实施连坐制度，能够降低检测成本，降低信息不对称的程度，提高农户生产高质量农产品的努力程度。合作社还应当创新与农业企业的对接模式，完善多方利益联结机制，形成优势互补、资源共享的稳定对接关系和纵向协调机制，发挥规模经济的优势，将交易成本内部化、最小化，降低农业的运行成本和经营风险，形成“规模化家庭经营 + 农民专业合作社”的新型农业双层经营体制，并使之成为我国农业产业化、现代化和农村整体社会经济转型升级的强有力组织保障（刘颖娴、郭红东，2012）。纵向实现产业模块化，使每个模块不依附于别的模块形式而独立运作，模块前后不间断地衔接；横向实现合作经营，不同主体间信息共享，技术交流，合作经营。在纵向和横向形成庞大的科层体系，既存在着专业化分工，也存在合作共赢，因契约存在使各单元联结更紧密，这种可以降低交易费用和经营风险模式，也因声誉效应，促使各生产单元自觉保证农产品质量安全。

（四）继续放活农村土地经营权，延长土地流转期限

为保证农产品产出安全，需继续放活农地经营权，进一步加大土地流转规模。基于较长时期内普通农户仍然是农业经营的主要载体这一客观事实，要推进家庭经营、合作经营、企业经营，必须进一步放活土地经营权，实现经营权充分共享，将共享从最初的产前产后服务，扩展到产中生产管理，再到农田整治、土地改良等更深层次，实现统一生产，提高标准化。一是共享土地经营权。土地股份合作社股权是共享土地经营权的一种可行途径，值得总结和推广。土地股份合作社股权固定租金保障了农户农地承包权的实现，同时也通过分红的形式享有了农地经营权活化的收益。推广中要进一步探索解决三个问题：由于股权不能转让，实际上导致生产要素不能流动，形成封闭的社区经济；不同社区之间取得社区股权的农民及其占有的福利性股本很难相互流动；不仅生产成本高，而且运行成本也

不低，致使基于土地股份制的农地抵押贷款难以在实践中推行。二是共享农业生产活动经营权。即采用通过合作或购买服务等方式，以承包农户与社会化服务组织共享土地经营权为特征的规模经营模式。可选择紧密共享模式：承包农户通过签订加入合作社的协议，约定按照合作社规定统一种什么、如何种、如何销售等。该模式成功实施的关键在于，建立规范的合作社。也可选择较为松散共享模式：承包农户通过与农机、植保、农资等社会化服务组织签订购买、销售、托管、代耕等协议（或口头协议）的形式，利用社会化服务主体拥有的现代农业生产装备，完成承包耕地的部分田间作业和产前产后经营活动。松散模式实施过程中，应强调小规模社会化服务主体如农机示范户（含专业大户、家庭农场等）在本社区范围内发挥的重要作用。

延长农地流转租期，提高经营户安全投入积极性，降低流转土地的经营风险和成本。通过农村产权交易中心，双方自愿、公平前提下，适当延长土地租赁期限，保证契约稳定性，政府、流转方共同设立土地流转保证金，或保险金，或流转基金，用于土地违约补偿，另外增加相应专项补贴，特别是对物质专用性资产较强的农产品，如水果、茶叶等投入高、回收期长的产品，进而激励经营者提高安全投入，同时降低农业经营的不确定性，从而避免机会主义行为。

（五）优化品牌建设结构，增强安全农产品竞争力

对安全认证农产品的品牌建设和市场销售实施以下策略。一是积极实施“区域品牌＋企业（产品）品牌”双品牌战略，在大力培育省级大区域品牌、市（州）、县级区域共用品牌背景下，引导新型农业经营主体创立企业（产品）品牌以及电商品牌。

二是积极推动土地、资金、技术等先进生产要素向新型农业经营主体集中，发展制度规模经营，这样一方面增强新型经营主体创建自有农产品品牌的内生动力，另一方面规模化经营可以摊薄农产品品牌建设的固定成本。

三是大力实施农产品品牌“孵化、提升、创新、整合、信息”工程，培育壮大农产品品牌体系。其中，结合当地资源禀赋和特色优势，重点孵

化“三品一标”农产品，并选择具有一定规模、知名度和产业基础的企业发展企业自主品牌和产品品牌；积极引导已有一定知名度的老品牌，争创中国驰名商标、著名商标等知名品牌，扩大国内国际影响力和竞争力；此外，重点培育扶持一批专业化、本土化的省级农业电子商务平台，支持在各大电商平台设立农产品特色馆、精品店，促进线上线下互动融合发展。

四是完善政府对新型经营主体创立农产品品牌的补贴方式，将定额补贴品牌认证费变革为以奖代补机制。

五是加强证后监管，提升品牌公信力。积极引导“三品一标”企业实施追溯管理，扩大追溯范围，力争实现追溯全覆盖。全面落实市场监察，从严查处不合格产品，强化淘汰退出机制，维护好品牌公信力。

六是大力培育品牌管理、研究、营销、推广等人才，并发展一批农业品牌建设中介服务组织和服务平台，提供农业品牌设计、营销、咨询等专业服务。

七是多元化农产品营销渠道，补齐贸工农一体化、产加销一条龙经营模式的短板。一方面要创新电子商务、直销配送、农超对接、品牌农产品专营等营销方式，实现生产、经营、消费无缝链接；另一方面挖掘农产品品牌的历史文化内涵，注重产品包装形象设计，规范产品包装标识，促进产品深度开发和增值。此外，积极参加各种线下农产品交易会、线上农产品电商营销活动，拓展销售渠道，实现线上线下互动互促。

（六）着力健全社会化服务体系，推动构建农业绿色高质量经营体系

一是建立健全农业社会化服务体系，促进具有较低机会成本和生产更专业化的个人和组织从事农业生产，是破解农业生产面临“一低两普遍”难题的关键，也是解决“未来谁种地”问题的思路。

二是政策制定应依托市场机制，合理引导农户将生产环节外包。然而，政策引导也不能操之过急，应充分尊重农户意愿，让其自行决策。政府需要考虑的是如何降低外包服务的搜寻成本以及外包过程中的交易成本。

三是实施差异化、阶梯式补贴机制，促进外包农户提高外包程度。加

大对农业生产过程中技术密集型环节的补贴力度，提高这些环节的外包程度，精准提升农业科技进步贡献率。

四是应当着力健全经营体系中的服务体系。我国农业社会服务体系正在不断完善中，但仍然存在诸多问题，特别是，服务供给主体建设滞后、服务供给内容单一、服务政策扶持力度不强等等。农业社会化服务体系问题最突出、短板最明显，严重制约构建现代农业经营体系。因此，有必要着力构建与现代农业经营体系相匹配的现代农业服务体系。

六　本章小结

现代农业经营体系是农业绿色高质量发展的充分条件。随着我国现代农业进程的不断加快，农业经营的兼业化和农业经营主体的持续分化，我国农业经营主体不仅包括传统的散户，也包括专业大户、家庭农场、合作社和龙头企业等多元化的经营主体。农业经营中不仅面临着“谁来种地”的问题，还面临这“谁来种地更有效”的问题。构建现代农业经营体系有助于解决上述问题。

首先，本章分析了我国农业经营体系的发展现状。我国农业经营体系已经呈现如下几个特征：一是经营主体结构多元化，新型经营主体潜力较大；二是经营规模逐步扩大，呈现辐射带动效应；三是新型经营主体呈层级化分布，经营效益优势明显；四是适度规模经营加快发展，经营组织模式不断创新；五是经营主体安全认证效益突出，品牌化建设不断加强。

其次，以四川农户数据为例，实证分析农业经营方式对农户投入环节安全行为的影响。该节主要研究经营体系优化对农产品质量安全提升的影响，从以下角度进行实证分析，包括合作组织对农产品质量提升、农地流转对农产品质量提升、经营者能力对农产品质量提升、市场合约安排对农产品质量提升以及同伴效应对农产品质量提升四个方面。实证结果显示：（1）合作组织对农产品质量提升存在一定促进作用。合作社通过对社员技术培训和合约签订使农户选择安全农药，而有机肥施用为非强制性规制，使农户存在纯施有机肥、兼施有机肥和纯施化肥三种情况，因而合作社对有机肥施用影响不显著。（2）流转土地剩余租期越长，农户会考虑长期收益，会降低使用违禁农药的概率，同时会增加有机肥等安全生产投入，以通过品质提升来获得更高受益。(3) 经营者能力对农产品质量提升影响较大，其自身文化素质和社会资本能有效促进其安全生产行为。(4) 销售合同稳定性能够抑制违禁农药使用，促进有机肥施用。因合同作为显性契约约束，降低了交易成本，促使农户按照合约进行生产，不使用违禁农药，并严格遵守安全间隔期，以保证农产品质量安全，维护自我声誉。(5) 同伴效应对农药安全施用行为的影响存在不确定性，同伴施药行为既存在正外部性，也存在负外部性，因其邻近性，互相学习、模仿中存在“学好”“学坏”两种可能。本节实证结果有助于从农业经营体系构建视角促进农业绿色高质量发展。

再次，以四川农户数据为例，实证分析农业经营方式对农产品质量安全认证行为的影响。当前我国现代农业经营形式主要包括家庭经营、合作经营、企业经营、集体经营等形式。相比于家庭经营和合作经营，企业经营通过紧密的垂直协作、严格的要素投入管控、密切的利益联结机制、健全的企业声誉机制等保障农产品质量安全。通过理论分析，此节认为：相比于家庭经营，合作经营和公司经营更倾向去认证优质农产品，其保障农产品质量安全能力更强；相比于家庭经营，合作经营和公司经营更倾向认证质量等级较高的绿色、有机农产品。实证结果显示如下。(1) 相比于基准组的家庭经营，合作经营和企业经营的系数显著为正，其经济学含义是，合作经营和企业经营有更强的动机去认证“三品一标”，但仅有企业经营的估计系数在1%或者10%的显著性水平上统计显著。这意味着企业经营更容易通过紧密的垂直协作、严格的要素投入管控、密切的利益联结机制、健全的企业声誉机制等保障农产品质量安全。而合作经营并不总是会提高农产品质量安全的保障力，其作用的发挥还需要完善合作社内部治理和外部的政府规制。(2) 相比于基准组家庭经营，合作经营和企业经营能更显著增加经营主体认证较高等级的农产品质量安全认证。这表明，家庭经营、合作经营和企业经营的认证质量等级上存在显著的差异，尤其是企业经营相比于家庭经营和合作经营，能更加显著地增加其有机、绿色农产品的质量认证。其他控制变量方面，经营规模越大会显著提升经营组织认证高等级农产品质量安全品牌的积极性。实证结果有助于从农业经营主体分化视角促进农业绿色高质量发展。

复次，以四川水稻种植户数据为例，实证分析生产环节外包对农业生产技术效率的影响。党的十九大报告指出：健全农业社会化服务体系，实现小农户和现代农业发展有机衔接。生产环节外包解决了水稻规模化经营中劳动力不足的问题，进而通过提高规模效率实现整体效率改善。但鲜有文献聚焦外包带来的先进技术、机械设备和娴熟技能，从而通过提高生产技术效率实现整体效率改善。因此，尚不清楚外包对水稻生产技术效率存在怎样的影响机制。厘清外包对技术效率的影响机制，有助于转变农业技术推广模式，避免科技资源的闲置与浪费，提高科技成果转化率和技术进步贡献率。此节通过内生转换回归模型，消除由不可观察和可观察因素导致的选择偏差，以四川水稻种植户数据为例，实证检验水稻生产环节外包对农业生产技术效率的影响。实证结果显示：（1）水稻种植户根据自身优势选择是否进行外包。（2）生产环节外包提供了水稻种植外包农户的技术效率，但对水稻种植非外包农户而言存在负面影响。（3）单就水稻种植外包农户而言，随着外包程度的不断提高，外包带来的技术效率提升越来越明显。对于已经采取生产环节外包的稻农而言，逐步扩大外包范围，将更多的环节外包给机会成本更低或者更专业的个人和组织能够带来显著的生产技术效率提升。实证结果表明：农业社会化服务体系作为农业经营体系中的重要组成部分，在构建现代农业体系进程中起着关键性作用，应当予以充分重视。

最后，基于本章的研究结果得到了有助于构建现代农业经营体系的政策性启示。一是提高农业主体经营能力，强化质量安全示范效应。二是培育壮大新型农业经营主体，提高新型经营主体带动效应。三是完善合作组织间利益联结机制，强化安全约束能力。四是继续放活农村土地经营权，延长土地流转期限。五是优化品牌建设结构，增强安全农产品竞争力。六是着力健全社会化服务体系，推动构建农业绿色高质量经营体系。

第八章
构建现代农业服务体系研究

现代农业服务体系是促进农业转型升级和绿色高质量发展的有力保障，实施乡村振兴战略，推进农业供给侧结构性改革，促进农业生产提质增效，引导农业生产经营转型升级，都需要积极构建现代农业服务体系。2018 年《中共中央国务院关于实施乡村振兴战略的意见》中明确提出建立健全质量兴农政策体系，推动农业由数量导向向质量导向的转变。在以往的相关政策和理论研究中并未将农业服务体系视作现代农业体系的单独内容，而是将农业社会化服务体系纳入农业经营体系重要的组成部分。鉴于长期以来我国农业社会化服务体系一直是推进现代农业发展的短板，存在的问题和困难特别突出，对农业转型和绿色高质量发展形成了非常明显的制约，同时各省份的农业社会化服务体系又极其不平衡，因此，本书把农业社会化服务体系从农业经营体系中单列出来，独立成章，进一步凸显构建现代农业服务体系的重要性，以便进行专门研究和提出更加有效的对策建议。需要特别说明的是，尽管本书做了这样的篇章安排，但我们在思考相关政策体系时，还是要把经营体系与服务体系有机融合。

本章在综合研究现代农业服务体系基本内涵、发展现状及其优化路径的基础之上，通过实证分析的方法重点研究了农业科技支持对农业绿色高质量发展的影响，同时采用案例研究的方法，专门探讨四川省农业科技人员创新创业专项改革对农业转型升级的作用、四川各地供销社综合改革在现代农业服务体系构建中的举措和经验，以农机作业服务为例探讨了农业服务规模化和农业转型发展相互关系、形成逻辑、实践举措和经验启示，最后，提出构建现代农业服务体系的相关对策建议。

一　现代农业服务体系与优化路径研究

（一）引言

自1978年实行家庭联产承包责任制改革以来，我国农业经历了快速发展的历程，经过四十年的发展，正式进入了深入推进现代农业发展的关键时期。在此期间，农业生产方式、组织形式和经营方式都发生了深刻的变革。现代机械装配、生物技术、信息技术、生产经营理念等先进科技逐渐运用到农业生产领域，适度规模生产经营将成为我国农业发展的必然趋势。然而，人多地少的基本国情又决定了以家庭经营为主的小规模经营也将长期存在，最终呈现规模经营和小农生产阶段性并存的状态。因此，构建适应小规模和适度规模生产经营格局发展需要的现代农业服务体系，成为当前三农工作的重要任务之一。党的十九大报告中做出了“实施乡村振兴战略”的决策部署，提出健全农业社会化服务体系，实现小农户和现代农业发展有机衔接。2018年《中共中央国务院关于实施乡村振兴战略的意见》提出要提升农业发展质量，培育乡村发展新动能，而2019年中央一号文件中则提出积极培育农业生产性服务新业态。因此，实施乡村振兴战略，提升农业发展质量需要建立与现代农业发展相匹配的现代农业服务体系，其中主要包括农业社会化服务和农业自我服务两个部分。农业社会化服务是伴随农业生产力的发展与农业市场化程度的提高而衍生和发育，是社会化分工的结果，其服务能力、服务水平成为衡量一个国家农业现代化程度的重要标志之一（吕韬、陈俊红，2011）。农业自我服务是生产经营主体在自我发展过程中组织内部衍生、建立自我服务的组织部门、为组织内部提供相应的农业服务。显然，没有完备的现代农业服务体系，就没有现代农业体系的完善，也就没有我国农业的现代化，更无法实现农业大国向农业强国的转变。

近年来，在各种惠农政策的大力支持下，我国农业服务体系得到不断的发展，在服务主体、服务内容、服务形式和服务模式上都得到一定程度的优化和发展。然而，随着我国农业经营主体数量的快速发展，我国传统的农业服务体系既没能真正深入到传统的以小农为主的生产过程中去，也没能适应新型农业经营主体的发展和农业转型升级的需要。根据统计资料显示，截至2016年，全国农业经营户共计有20743万户，其中规模农业经营户达到398万户，各类农业生产经营组织达到204万个[①]，我国农业规模化经营得到较快发展。表8-1为1996年、2011年和2015年三个时间节点我国农地经营规模分布情况，从总体趋势看，适度规模经营或者是较大规模经营将呈现逐渐增长趋势（罗必良，2017）。未来，随着我国城镇化和农业现代化的进一步推进，以适度规模为主的经营格局将得到进一步巩固。

表8-1　农户经营耕地规模的分布情况

单位：%

经营规模	1996年农户比重	2011年农户比重	2015年农户比重
10亩以下	76.00	86.00	85.74
10～30亩	20.20	10.70	10.32
30～50亩	2.30	2.30	2.60
50亩以上	1.50	1.00	1.33

注：1996年数据为全国农村固定观察点农户调查数据；2011年、2015年数据来源于《全国农村经营管理资料》（农业部经济体制与经营管理司编，2011年，2015年）。

据估计，2018年我国农业社会化服务业整体价值近4万亿元，在农业生产性外包基础上发展而来的农业生产性服务外包行业得到迅速的发展[②]。尽管如此，我国农业生产性服务在农业生产主体、经营规模、生产方式、组织形式和发展环境方面都发生较大改变的情况下发展依旧不足，同发达国家之间存在巨大差异，且还无法满足我国现代农业生产经营格局的需要。从农业服务业发展的总体水平看，目前我国的农业服务业产值占农业总产值的比重仅为2.3%，而美国已达到12.7%（韩长赋，2013），具体表现在技术、信息、流通、机械、人才、金融、保险和监管等服务供给不

① 数据来源：《第三次全国农业普查主要数据公报》。

② 数据来源：孔祥智：《健全农业社会化服务体系实现小农户和现代农业有机衔接》，http://dy.163.com/v2/article/detail/DDE3VP190521E31Q.html。

足，且存在供给水平不高，各项管理制度不规范，扶持政策实施效率低等状况。最终造成我国农产品品质不高（食品安全问题频发），优质农产品供给不足（无法满足高端消费市场的需求），在国际农产品市场缺乏竞争力（出口严重受限，质量壁垒跨越困难）。为此，加快构建与现代农业发展相适应，促进我国农业生产提质转型和农业生产要素的优化配置的现代农业服务体系具有极其重要的理论和现实意义。本章在界定现代农业服务体系的基本内涵、发展现状和优化路径的基础之上，分析现代农业服务体系内部的几个重要关系，解析当前我国农业服务体系的内部架构和面临的核心问题，提出我国现代农业服务体系构建的路径。同时，通过实证和典型案例的研究方法，重点分析现代农业服务体系中的几个重要内容，提出构建我国现代农业服务体系的建议。

（二）现代农业服务体系的理论分析

1. 现代农业服务体系的内涵

（1）农业社会化服务和农业自我服务。

在以往的分析中，政策、理论和实践等层面提到的农业服务，基本代表的是农业社会化服务，且内容主要是农业服务供给主体为农业生产经营主体提供的政策、工商、技术、机械、工程、信息、管理等服务，其主要发展基础建立在以传统小农生产经营为主的经营格局基础之上，即小农户难以实现自我服务的补充。以往对于农业服务内容的区分主要从服务供给和服务接受的分离视角进行考量，这种区分忽略了在现代农业发展过程中，随着生产经营主体，特别是随着农业企业、农民专业合作社以及较大规模的家庭农场的发展，主体内部自我服务部门的供给情况出现，即内生服务部门。显然，当前农业服务的内容不仅包括农业社会化服务，还包括农业主体内部的自我服务，而现代农业服务的外延需要得到进一步扩展，而不再简单的局限于农业社会化服务，需要扩展视角，关注农业生产经营主体自我服务机制和内容的成长。因此，本章将农业服务分为农业社会化服务和农业自我服务，其中农业社会化服务主要指的是服务需求组织或主体之外的主体为其提供的农业生产经营性服务，而农业自我服务主要指的是农业生产经营主体内部分工下产生的服务部门，为实现自我生产经营活动的有序实现而自我供给的农业生产经营性服务。

（2）农业社会化服务和农村社会化服务。

由于不同研究人员对于农业或农村服务研究方法、研究内容和现实理解上的差异，往往造成二者交叉和重叠使用，特别是在农村社会化服务和农业社会化服务在内涵上常常不加以区分地进行使用，而这种模糊化的处理方式往往造成学术研究上的误解和混乱（李俏，2012）。“农业”是一个产业化的概念，主要是用于第一、第二、第三产业上的区别表达，而“农村”则是一个区域性的概念，主要是用于城市和农村二者区域上的区别表达。很大程度上，农业基本包含在农村范围内，但也不是完全包括，因为在许多城市所属区域同样有农业生产活动的存在。在政策文件上，2006 年中央一号文件和国务院 2007 年 3 月下发的《关于加快服务业发展的若干意见》中使用的主要是“农村社会化服务”概念，其主要内涵是指为农业生产经营提供的相关服务，并未将二者进行很明确的区分，往后几年均是如此。直到 2010 年一号文件提到要发展各类农业农村社会化服务组织，首次将二者并列区分使用。而后，在历年中央一号文件中有服务于农业生产经营活动的都使用“农业社会化服务”。李鸿儒（1992）认为农村社会化服务是为农村政治、经济和农村居民生活提供一切服务的总称，淳伟德（2005）则认为农业社会化服务包括三个方面：一是为农业生产经营提供的专业化服务；二是为改善农村生活条件的基础设施建设服务；三是为农村教育、医疗、卫生和社会保障等提供的农村社会事业服务。李武和胡振鹏（2009）则认为农村社会化服务包括农民生产和生活两方面服务，显然农业社会化服务和农村社会化服务并非对等，而是前者从属于后者，但并非完全从属。近年来，国家许多政策文件都将农业和农村进行严格的区别表述，农业社会化服务则更多倾向于生产领域，而农村社会化服务则倾向于社会管理。因此，本书认为农业社会化服务和农村社会化服务之间整体上是相互补充的关系。农业社会化服务侧重于农业生产经营，而农村社会化服务则侧重于农民生活和农村社会管理。因此，本章将农业社会化服务定义为政府、市场经济组织和社会其他组织或个人为农业生产经营主体的生产和经营活动提供相关服务过程的总称。

（3）传统农业服务体系和现代农业服务体系。

鉴于以往的分析中，主要将农业服务看作农业社会化服务，故主要分析的是农业社会化服务体系，要理解传统农业服务体系和现代农业服务体系的区别和联系，首先要深刻理解农业社会化服务体系的基本内涵。在学术研究中，不同的研究者，对于农业社会化服务体系内涵和包含内容上的表述存在较大差异。王方红（2007）认为农业社会化服务体系指在满足农业和农村发展的需要，建立全面系统的服务内容，达到要素的优化组合的服务网络体系。黄映辉等（2010）则认为农业社会化服务体系是由农业科技、农业信息、农产品流通、农村金融等服务子系统组成的关系体系。李俏（2012）则认为是指为满足农业生产与发展需要，政府和各组织主体为农业生产与经营活动提供各种服务所构成的服务网络与组织系统。上述表述中都包含了农业社会化服务体系的两个基本特征：一是服务的社会化或外部化，将服务活动看作生产过程的一个环节，这个环节非所有者主体自我提供，而是由外部主体供给；二是组织的系统性，即将农业社会化服务体系看作一个主体、各要素和各环节之间相互联系的有机体。然而，上述的定义存在缺陷，特别是忽视了农业服务体系中生产经营主体自我服务部门服务部分，即自我服务的形成，同时也忽略了农业社会化服务体系中的制度设计和政策扶持问题。因此，在前人对农业社会化服务的定义研究基础之上，本章所讲的农业服务体系是指为农业生产经营过程提供社会化服务和自我服务过程中各服务主体或部门、服务内容、组织系统、方法制度和政策扶持体系等各要素之间相互作用的有机统一体的总称，其包含的基本内容有农业服务主体体系、服务内容体系、制度管理体系和政策扶持体系。

现代农业服务体系是在传统农业服务体系基础之上发展起来的，但现代农业服务体系同传统农业服务体系相比，主要的区别在于在不同时间段服务主体、服务对象、服务内容和服务组织方式以及相关管理制度上的差异，并且也关注农业生产经营主体内部自我服务部门的成长。我国传统的农业服务体系是由各类公共服务机构和个人组成，建立在家庭联产承包责任制基础上，以传统小农户为服务中心（李春海，2011），其提供服务的主体是各类基层农业服务主体为主，服务的内容主要以公共服务为主，包括防疫、植保、农技推广、政策宣传、产品加工、储藏、销售、信息收集、政策宣传等方面的服务（孔祥智等，2012），几乎内生服务难以实现。服务方式主要以集体性的公共宣传和培训为主。服务的管理制度则主要采取行政管理模式。现代农业服务体系是由政府组织、市场经济组织、大专院校、科研机构、涉农公益类组织、互助性组织和个人，也包括各生产经营主体内部服务部门所组成。在坚持我国农业基本经营制度的基础之上，市场发挥资源配置的决定性作用，以农户和新型农业经营主体为中心，其表现为以公共服务机构为依托、多主体共同服务的组织体系，为各类农业生产经营主体提供覆盖全程、便捷高效、综合配套的农业服务（黎家远，2013），实现公益性与经营性相结合、专项与综合相协调（王定祥、李虹，2016），社会服务和自我服务相补充。现代农业服务体系中，服务的主体包括有政府下辖各级农业服务部门、供销合作社、农业企业、互助合作社、高等院校、研究机构、农业职业经理人、职业农民和其他社会主体；服务对象不再以传统小农户为主，还包括大量的新型农业经营主体或其他形式的适度规模生产经营主体；服务方式不再以公共宣传和集中培训为主，而是采取政府购买、托管、咨询、互助合作、公共宣传、培训和后勤保障等方式的结合；服务的组织管理不再以行政化的手段为主，而是采取现代企业管理制度和政府的行政管理制度相结合。

2. 农业服务体系建设与农业发展质量提升的关系

本章的主要研究对象是农业服务体系，但研究的最终目标在于通过优化农业服务体系来促进我国农业发展的转型升级，满足人们多样化的消费需求，以促进农业生产经营的提质增效，实现农业的现代化和推进乡村振兴战略。前文指出农业发展的质量提升主要体现在产业结构、产品质量、绿色生态、治理高效等方面，而农业服务体系的建设就是为农业产业发展、产品质量提升、维护生态、增强分工效率的过程，特别是在农产品品质提升上，其提供的产前、产中和产后的服务在一定程度上决定农产品质量水平。农业发展质量是由农业生产过程中诸多环节和一整套生产经营流程和技艺所决定，其包括有：产前的农药、化肥和种子等农资的供给质量以及土地保护程度；产中的生产技艺、施肥、施药、植保、病虫害防治和灌溉等环节量的把控；产后的初加工过程中，储存方式、防腐保鲜用药和加工工艺等。另外，对农业生产经营管理人才培训、金融服务、市场信息传递、制度设计、环境维护和政策扶持等配套服务通过影响农业资源的使用和产出效率水平从而影响农业发展状况。农业服务体系就是为整个农业生产经营过程提供影响农业发展质量的各项服务网络，通过提供服务的质量来影响农业内外实践和要素的配置，在一定程度上农业服务体系的发展水平也决定了农业发展质量水平。其具体作用机制见图 8－1：

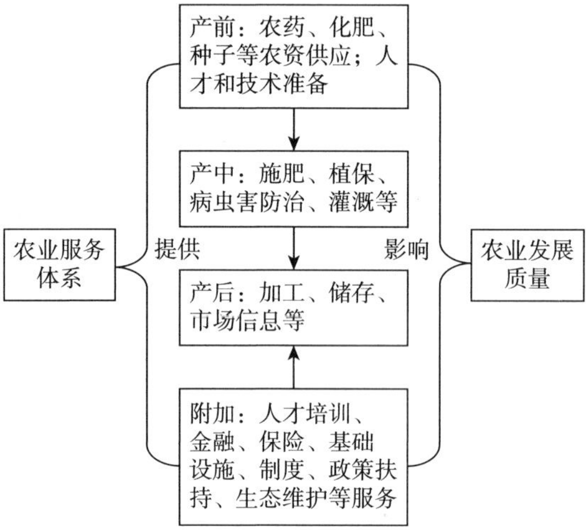

图 8－1　农业服务体系对农业发展质量作用机制

图 8－1 中，农业服务体系为整个农业生产经营提供产前、产中和产后以及生产经营过程中一切所需要的服务，而每一个环节的服务都将对农业发展造成一定的影响，同时各环节之间也存在相互影响的关系。农业服务体系建设同农业发展质量提升之间的作用关系，其本质来源于农业服务体系同农业生产体系、经营体系和产业体系之间的关系。农业发展质量就是农业生产、经营和产业化加工共同决定的，一整套生产过程促成了整个农业的发展质量。农业服务体系贯穿于农业生产、经营和产业体系之中，为三者提供必要的服务，从而影响三者的发展状况。

3. 构建现代农业服务体系需要处理的几个关系

（1）服务供给与服务需求之间的关系。

农业生产经营是一个动态变化的过程。在不同时间、不同地域、不同品种、不同主体等各种约束条件下，农业服务的供给和需求之间具有不同的匹配关系。当前，我国正处于传统农业向现代农业转变，各类新型农业经营主体不断出现，传统小农户经营和适度规模经营将呈现长期并存状态，各类农业生产要素也将面临重新组合。这也预示着传统的农业服务供给体系将不再满足现代农业发展的需求，特别是新型农业经营主体发展的需求。不均衡或不匹配的供需状况，将严重影响农业生产经营的效率水平，影响现代农业发展进度。正确处理服务供给和服务需求之间的关系，特别是农业社会化服务供需匹配的关系，将成为农业发展动态过程中必要的任务。正确处理好服务供给和服务需求之间的关系，实现二者的均衡，避免匹配失衡，导致农业生产经营效率低下的问题。因此，就需要正确处理供给主体同需求主体、供给方式和需求方式、供给质量和需求质量等方面的匹配关系。

（2）农业公共服务供给的公平与效率的关系。

以政府部门提供公共性的农业服务是农业社会化服务的重要组成部分。其具有三个基本特征：一是服务运营经费来源于公共财政或国家税收；二是服务的对象是全体农业生产者；三是所提供的服务具有很强的正外部性，具有很强的溢价水平，如私人部门来提供，则需要面临较高的成本。上述的三个基本特征决定了政府部门提供的农业公共服务在供给过程中，特别需要处理公平和效率的问题。一方面服务要惠及广大农业生产者，避免服务供给的不充分、不平衡；另一方面服务供给要具有效率，产生最大化的效用，避免资源的浪费。提供农业公共服务是政府部门的重要职责，也是弥补市场失灵的重要手段。但现实中，政府也存在失灵状态，其主要表现就在于处理不好效率和公平之间的关系，从而导致农业公共服务供给的不平衡、不充分。处理好农业公共服务公平的问题，关键在于处理好区域之间、主体之间、品种之间的公平。处理好农业公共服务效率的问题，关键在于处理好政府公共投资、财政杠杆、财税补贴项目资金的使用效率问题，同时还需要注重对于基础薄弱，服务严重缺乏的地区或品种给予特殊的支持政策。

（3）公共服务与经营性服务的关系。

农业社会化服务体系是一个多层次、多元化、多样式的服务网络系统。农业社会化服务的性质依据提供主体的性质可以分为两个大类：一是由政府部门或事业单位提供的带有公共或公益性质的服务，例如公共基础设施建设、疾病统防统治、天气预测等；二是由市场经济组织提供专业化或带有私人排他性质的经营性服务，例如农机作业服务、植保、农资供应、技术等。公共性服务和经营性服务在整个农业社会化服务体系中是相互补充的关系。对于正外部性大、投资规模大、收益较少的服务一般由政府及其他公共部门提供，对于排他性强，投资收益大的服务一般则由市场经济组织提供。处理好公共性服务和经营性的关键在于处理好政府在公共性服务和经营性服务供给中的定位问题。在现实中，由于政府部门职能不清晰或是相关利益的驱使，往往导致政府在公共服务和经营服务之间分工不明确，一方面造成公共性服务供给质量低下；另一方面又造成经营性服务供给不足，从而影响农业生产经营效率。很显然，在涉及面广、投资较大、回收期长、市场供给成本较高的领域则需要政府部门给予提供。反之，服务具有私人性质或排他性强、对产出影响巨大、便于明确各方权益的服务则需要由市场经济组织来供给。二者相互补充，达到均衡状态是其寻求的最佳目标。

（4）专业服务与综合服务的关系。

在我国传统农业中，农业的生产经营主要以小规模经营为主。近年来，随着城镇化的发展以及现代农业的不断推进，我国农业生产经营不断呈现小规模兼业化的经营、适度规模专业化经营和大规模综合经营的格局。由于我国人多地少的基本农情，当前乃至今后的很长时间里，不同农业经营规模的格局将长久存在。小规模兼业农户对农业服务需要往往呈现种类多、点多、面广等特点，这就造成服务供给的成本较高，因此就形成了以政府部门为主综合性的服务组织。但是，综合性的农业服务面临一个致命的缺点，那就是服务质量往往不高，难以满足适度规模和大规模经营主体专业化、高技术、高效率的需求，甚至对于小规模兼业农户来讲，其服务质量要求也在不断提高。随着我国现代农业的不断推进，适度规模经营和大规模综合性的经营主体不断增多，在农业生产经营过程中占据着越来越重要的地位。这些新型农业经营主体，除了对农业综合性服务有较高要求之外，由于社会化分工和比较优势的存在，更是需要高质量的专业化、特殊性的农业生产服务，而社会化农业综合性服务很难满足其需求。

因此，一方面需要专业性的农机、金融、保险和技术顾问等专业化服务；另一方面为应对快速变动的时代需要主体内部自我成长起来高效的自我服务部门。农业专业服务与综合服务需要共同发展，且未来一段时间，工作重点将在培育专业化服务上。科学地处理专业服务与综合服务的关系需要处理两个问题：一是考虑农业生产的季节性和空间分散性，推进农业生产性服务业的专业化应把握度，过度将带来巨大的交易成本；二是专业化和综合化是对立统一的问题（姜长云，2016）。很显然，专业化和综合化之间既是统一的，也是对立的，二者在一定程度上不能越界，一旦越界也将带来服务的低效。

（三）我国农业服务体系发展阶段界定

1956～1978年，我国农业的生产经营主要是依托人民公社，采取集体经营模式。农业服务，尤其是农业社会化服务发展基本呈现停滞状态。1978～1989年人民公社解体，家庭联产承包责任制改革开始，农业生产力逐渐得到解放，我国商品经济开始得到发展，我国农业服务体系也逐渐产生和发展。在1983年“一号文件”首次提出了“社会化服务”的概念，农业服务公司开始出现。20世纪80年代的“一号文件”，将其作为解放和发展乡村生产力的重要手段。这对于明确其内涵、作用和意义具有重大推动作用，但对于农业社会化服务的科学内涵未做出明确界定，同时服务内容主要集中在农业产中环节。1990～2008年，我国农业生产经营形成以家庭承包经营为主，统分结合的双层经营体制得以建立，农业领域的市场经济体制不断深化，农业服务的内涵和内容得到科学界定和扩展，特别是农业科技领域的机制体制改革得到进一步推进。2008年至今，农业结构调整向纵深推进，城乡统筹力度加大，其地位作用、方向、依靠力量和制度等内容得到深化。我国逐渐开始向现代农业方向推进，农业社会化服务领域不断扩展，体系不断完善，机制不断得到完善。2008年以后，随着农业税减免改革的成功，加上国际市场对我国农业的冲击，农村劳动力地流动以及国家对土地经营权流转权限地调整，我国土地集约化、规模化利用得以发展，各类新型农业经营主体也不断产生。基于经营主体和经营规模的改革，我国农业服务体系也相应做出反应，进入一个快速发展的阶段。各类新型农业经营主体不断产生，生产经营模式不断变革，新技术手段，特别是互联网技术运用到农业服务领域中，服务行业开始呈现出新的专业化分工趋势。政府和各类经营性服务主体开始相互整合农业服务领域中的相关要素资源，将我国农业发展推向一个快速发展时期①。我国整个农业服务体系发展阶段界定②如图 8－2 所示。

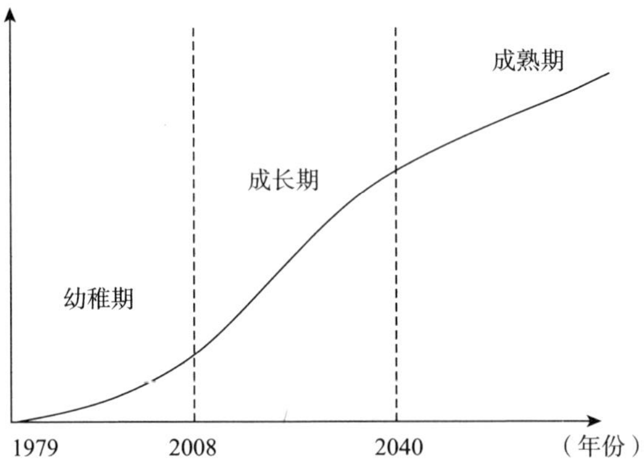

图 8－2　农业服务体系发展阶段③

（四）我国农业服务体系发展成效

1. 农业基础设施不断完善，建设投资不断增长

近年来，我国加大对农业和农村基础设施的投入，不断完善为农服务的基础设施体系。根据全国第三次农业普查的结果显示，截至 2016 年末，全国范围内有 8.6% 的乡镇有火车站，7.7% 的乡镇有码头，21.5% 的乡镇有高速路出入口；村级单位实现通公路的达到 99.3%，通电达到 99.7%，

① 本章主要参考了《中国农村产权流转交易市场发展报告 2017》的第九章，该书是神州土地研究院组织农业有关部门、机构、专家、学者与业界的同仁共同编写，由中国农业大学出版社于 2017 年出版。

② 根据前文关于农业社会化服务发展历程的界定，将 1979 年、2008 年和 2040 年作为三个时间节点，其中 2040 年成熟期的界定，主要依据我国在 21 世纪中叶实现现代化的目标，即实现农业现代化的战略目标阶段而定。

③ 1979～2008 年为我国农业社会化服务缓慢发展阶段，2008～2040 年为快速发展阶段，2040 年以后则为成熟且稳定发展阶段。

通天然气达到 11.9%，集中供水达到 91.3%，垃圾集中处理率达到 90.8%；在农业灌溉设施上，全国可正常使用的机井眼共有 659 万个、排灌站 42 万个、灌溉水塘和水库 349 万个，全国实现灌溉面积达 61890 千公顷，其中有喷灌、滴灌、渗灌耕地达到 10018 千公顷；在交易市场上，有农产品交易市场的乡镇达到 68.1%，有以粮油、蔬菜、水果为主的专业交易市场的乡镇占 39.4%，以畜禽为主的专业市场的乡镇占 10.8%，以水产为主的专业交易市场的乡镇占 4.3%，同时村里有电子商务配送点的占 25.1%。2018 年，第一产业固定投资达到 635636 亿元，同比增长 12.9%，均高于第二、第三产业投资增速①，继续落实 15.5 亿亩永久基本农田，大力投资农田基本改造工程②。

2. 服务主体快速增长，服务能力不断增强

政府部门积极出台政策，通过财政、金融等手段扶持农业社会化服务主体的发展。截至 2016 年 8 月，全国农业社会化服务主体达到 115 万个，其中公共服务组织达到 15.2 万个，经营性服务组织则接近 100 万个。在公共性农业社会化服务组织体系建设上，我国形成了中央、省、市、县、乡镇五级政府公共性服务的组织体系，在植保、兽防、水产、农机、农经等领域，县、乡镇两级层面公共性监管服务机构达到 19.6 万个。农业推广机构队伍进一步健全。目前全国有农技推广机构 7.9 万个，其中县乡 7.6 万个；实有农技人员 58 万人，87% 农技人员具有中专及以上学历；以高等院校为主干，建成 39 家新农村发展研究院，逐步形成农科教相结合，科教推一体化的高校农技服务体系。截至 2017 年底全国各类新农体总量超过 300 万家。实施新型职业农民培育工程。开展现代青年农场主、新型农业经营主体带头人、农村实用人才带头人和大学生村官示范培训，新型职业农民超过 1500 万人。发展生产性服务业。支持社会化服务组织为小农户开展农业生产托管服务，目前托管面积达到 2.32 亿亩③。截至 2018 年 10 月底全国依法登记的农民专业合作社达到 214.8 万家，比年初增加 10 万多家，增

① 数据来源：2018 年中国宏观数据回顾，见 https://www.huaon.com/story/398678。

② 数据来源：《国务院关于构建现代农业体系深化农业供给侧结构性改革工作情况的报告》。

③ 数据来源：《国务院关于构建现代农业体系深化农业供给侧结构性改革工作情况的报告》，http://www.npc.gov.cn/npc/xinwen/2018-04/25/content_2053564.htm。

幅继续放缓。合作社覆盖农户比例进一步扩大，入社农户占全国农户总数比例达到48.5%，成为为农民提供服务、引领小农户实现农业现代化的主要力量①。

3. 服务领域不断扩展，服务质量逐渐提高

土地流转服务领域上，积极推进土地确权工作，截至2017年，完成11.6亿亩土地确权，占承包面积的80%以上，基本完成农地确权工作；积极推进农村土地三项基本改革和《土地管理法》修订工作，计划在2018年底完成；逐步推进各级土地产权交易和互联网等交易平台建设，从征收、流转程序、定价、交易、政策发布、信息咨询等领域强化流转制度建设；2016年底，我国土地流转面积达到4.71亿亩，流转面积占总耕地面积的35.1%②。农业科技服务领域上，中央财政从基层农业科技推广改革和建设项目上，支持基层农业科技服务体系建设，实现农业县全覆盖；通过完善农业科技创新激励机制、实施现代种养业提升工程、推广绿色生产技术、深化基层农业科技推广体系改革等形式。2017年，中央财政累计投入58.5亿元，改善了2.9万个乡镇推广机构的办公条件和服务手段，农业科技进步贡献率达到57.5%③。农业机械化服务领域方面，2017年末，全国大型拖拉机670.1万台，小型拖拉机1634.2万台，大中型拖拉机配套农具1070万部，小型拖拉机配套农具2931.4万部，耕整机513万台，旋耕机825万台，联合收获机114万台，播种机652万台，农用排灌采油机930.4万台④。到2017年，中央财政投入农机购置补贴资金186亿元，扶持159万农户购置机具187万台（套），实施主要农作物生产全程机械化推进行动。启动国家重点研发计划“智能农机装备”专项，150个县主要农作物生产已基本实现全程机械化（韩长赋，2018）⑤。质量监管领域上，到2017年末，省－乡镇四级农产品质量监管体系得到不断完善，开展肉、菜、药流通追溯体系建设试点，

① 数据来源：见《合作社迎来新的发展与挑战》，《农民日报》2018年12月24日，第5版。

② 数据来源：中国产业信息网，http://www.chyxx.com/industry/201711/582002.html。

③ 数据来源：《国务院关于构建现代农业体系深化农业供给侧结构性改革工作情况的报告》。

④ 数据来源：《2018年中国统计年鉴》。

⑤ 数据来源：新华网，http://www.xinhuanet.com/2018-01/25/c_1122316830.htm。

监测合格率达97%以上，运行国家农产品质量安全追溯平台，建立322个国农质量安全县（市）。农业品牌服务领域上，通过开展品牌推进大会、博览会省部联合推介活动等形式，设立百强中国农业品牌，认定中国特色农产品优势区达62个。市场流通服务领域上，积极推进农产品流通体系建设，促进第一、第二、第三产业融合发展，积极搭建平台，实施"互联网+农业"行动；扩展农业大数据、农业物联网、数字农业建设试点，建成国家级专业市场13个，支持756个县开展电商综合建设；加强信息流通，建设并运营16.9万个益农信息社。金融服务领域上，推动银行普惠金融事业部及基层网点建设，推进农地经营权和住房财产权抵押贷款试点，组建农业信贷担保体系，开展小额贷款保证保险试点①。服务供应模式上，在集中服务的基础之上，逐渐发展托收、托管、供销社代管等新的社会化服务供给新模式②。

4. 不断深化制度体系建设，强化制度改革

推进农村土地和集体产权制度改革。基本建立了农村宅基地和农用地"三权分置"制度，积极推动农村集体产权制度、农业补贴制度、价格形成制度、收储制度、农田水利设施产权制度等改革活动。截至2018年初，已建立129个县的农村集体产权改革，797个县的农业水价综合改革，100个县开展农田水利设施产权制度改革和创新运行管护机制试点。

（五）现代农业服务体系框架构建

自我国家庭联产承包责任制改革以来，农业服务体系日渐完善，服务主体、服务内容、制度建设和政策扶持等体系结构得到不断优化和完善，内部分工不断细化和成熟，运行机制也不断强化。伴随着近年来农业现代化进程的发展，我国现代农业服务体系逐渐形成了政府各级公共服务机构、科研院校、供销社、农业企业、金融机构、农民专业合作社、专业服务队和专业人士等七大主体体系。以农资供应、农业科技、农业金融、农

① 数据来源：《国务院关于构建现代农业体系深化农业供给侧结构性改革工作情况的报告》。

② 数据来源：《农业部对政协十二届全国委员会第五次会议第0145号（农业水利类007号）提案关于大力推进农业社会化服务体系发展的提案的答复》，http://www.sohu.com/a/192000739_651395。

业人才培训、农业信息、农业安全监管、农业机械、农业疫病防控、农产品流通和农业基础设施等服务为主的服务内容体系。以土地产权制度、集体产权制度、价格形成制度、契约制度、收储制度、监督管理制度和土地管制制度为主的制度体系。以农民直接补贴、新型农业经营主体发展补贴、农业结构调整补贴、农村产业融合发展补贴、农业绿色高效技术推广服务补贴、农业资源生态保护和面源污染补贴、农业防灾救灾补贴和大县奖励补贴等政策扶持体系。在前人构建农业服务体系框架运行机制过程中，主要做法就是将服务内容、服务供给主体和服务需求主体连接起来，形成一个完整的供需网络体系。吕韬和陈俊红（2011）以服务内容进行公共服务、准公益服务和经营服务进行分类构建，王定祥和李虹（2016）则以专业性服务和综合性服务进行分类构建。李荣耀等（2015）研究表明：种粮大户，特别是各类新型农业经营主体，在服务的选择上，农资供应、农产品收购以及资金借贷方面，希望营利性组织提供，在病虫害防治以及农作物收割，选择非营利性组织提供服务。前人在构建农业服务体系运行机制的时候，忽略了自我服务、制度和政策的作用。在前人的基础上，将农业服务的性质分为经营性服务（包括自我服务）和公共性服务，很大程度上公益性服务也是公共性服务的一个种类，同时加入制度和政策因素，并且各服务供给主体的职能定位更加明确，从而构建本书的现代农业服务体系。其具体运行机制如图 8－3 所示。

在图 8－3 中，政策扶持体系和制度建设体系始终贯穿于整个农业服务过程中，并且需要明白的是制度和政策的提供者或制定者，绝大多数情况下是由政府机构来提供和实施。在对各主体功能定位过程中，主要依据主体的主要特征和主要功能所决定。现实中，不同的主体在服务内容上会出现交叉或重叠，因此，各主体分工则以主要服务为主。在对供销社的定位中，主要给予在信息、疫病防治和人才培训上的服务功能，一方面主要考虑了供销社改革过程中“为农服务的合作经济组织的定位”；另一方面主要得益于供销社网络体系分布广泛。当前的经营则主要以农业及其他商业经营为主，在传统农业服务体系中的定位极为模糊，为农服务功能体现不足。并且，供销社要实现上述三种主要功能定位，还需要将地方农业科技推广部门同供销系统进行一定的重组和调整。农民专业合作社和专业服务

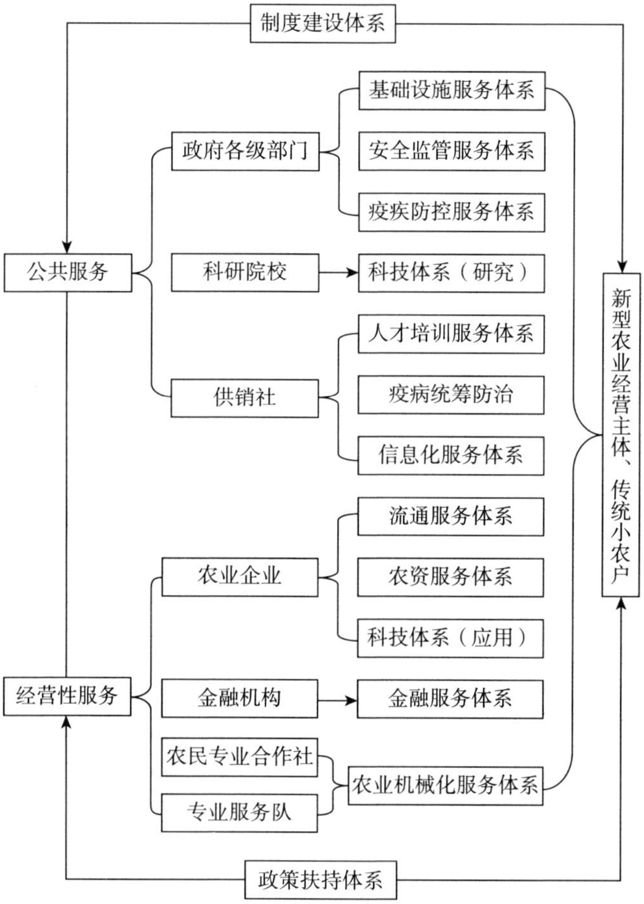

图 8－3　现代农业服务体系框架图

队以及其他个体内部门对于农业的服务则主要倾向于农业机械化服务。本书所讲的农业机械化服务包含的不仅仅是收割和机械维修等内容，还包括耕整、植保、施肥药、初加工等内容，要较好的体现合作社的互助性特点和专业服务队的专业化分工特点，在农业机械化服务领域中的现实体现则极为明显。所有的农业服务内容对于农业生产经营主体都是必需的，但是在新型农业经营主体和传统小农户之间，除了二者享受的公共服务之外，对于新型农业经营主体来说，迫切需要的是对生产经营效率有显著提高，对生产成本有显著降低的高技术含量、高水平和专业极致的农业服务内容。在整个农业服务体系中，最重要的是不同服务供给主体之间或主体内部应该具有很好的分工和职能定位，传统的农业服务体系的困境就在于未能理顺不同主体和不同服务部门之间的关系，从而造成整个体系运行效率低下和服务能力较弱的问题。未来，我国现代农业服务体系发展的关键在于积极培育和发展经营性农业服务市场，因为传统的农业服务体系中建立了较为完善的公共服务网络，而随着现代农业和农业领域中市场经济的发展，经营性农业服务将成为发展的重心。

（六）构建现代农业服务体系面临的几个核心问题

1. 服务供给主体体系仍需进一步完善和优化

一是不同主体之间关系不顺。我国地域辽阔，农业生产区域差异明显，在长久的农业发展过程中，催生出了不同种类的农业服务主体。但长久以来，公共主体、经营性主体、互助性主体、个人主体以及不同类型混合主体之间关系模糊，主体与主体之间交叉明显，特别是供销社系统和地方农业科技服务部门之间关系复杂，急需理顺不同主体之间的相互关系。

二是主体之间或主体内部分工不明确。不同主体之间存在服务内容交叉和重叠、主要服务功能不突出的现象，公共部门既存在职能越位，亦存在职能缺失的情况。

三是主体发展环境培育不足。主要表现在以普惠式补贴为主的政策扶持导致的重心不突出。产权制度建设滞后，资源要素流动效率和配置效率低下，特别是农地和宅基地产权制度改革进程落后于我国城镇化和市场化发展速度，无法满足现代农业的发展需求。农业市场制度建设水平较发达国家还存在较大差距，主体发展的规模和经营能力较弱。

四是主体运行不规范。一方面公共服务部门服务效率低下，无法满足现实需求；另一方面市场经营性主体发展混乱，特别是在农药、化肥、饲料、农产品加工等环节时常出现较多机会主义行为，出现扰乱市场运行秩序、污染环境、产品质量低下等问题。

2. 服务供给内容体系仍需进一步完善和优化

一是服务内容扩展不足。当前，我国农业服务在农业金融、保险、核心科技、信息、品牌和基础设施等领域供给严重不足，特别是对于广大丘陵山区，在服务供给上较平原和发达地区相比，依旧落后，且难以满足落后地区发展需要。

二是服务内容统筹不足。服务内容往往相互割裂，无法形成统一配套，例如基础设施的建设同农业机械作业相互独立，农业机械和农业生产技术之间往往造成一定程度隔离，因此时常出现机械服务普及难度大，基础设施使用效率低下等问题。

三是服务水平不高。我国农业服务水平同日本、韩国、美国、德国等发达国家的农业服务相比，整体服务水平较低，服务质量不强，在很大程度上源于我国农业服务专业化分工不明确，服务主体追求大而全，相互恶性竞争，忽略了小而精的极致化分工协作。

四是服务供需不均衡。随着我国农业生产经营主体的改变，传统小农户逐渐被适度规模经营的新型农业经营主体所取代，现有服务内容很难满足农业动态化发展需要。同时，不同服务主体之间匹配机制缺乏，一方面导致供给不足；另一方面又导致供给过剩，这在传统和不同需求主体农业技术推广、疾病防控、农资供应以及部分水利设施建设方面表现得尤为突出。

3. 服务制度框架体系仍需进一步完善和优化

近年来，我国积极推进土地产权制度、农村集体产权制度、粮食收储制度、市场价形成制度等制度的改革工作，特别是以土地产权制度改革为核心的改革工作在农村广大地区进行了实施。尽管如此，我国农业服务制度框架体系依旧存在一些不足。

一是制度建设依旧不完善。在农地产权制度、市场监督管理制度、粮食收储制度、价格形成制度等方面还存在不足，制度细化程度不够，较多制度条款仅仅是指导性和统筹性的概述，缺乏细致化的执行标准和行动准则，造成制度在不同层级执行不一。

二是部分制度缺失。在农业服务领域中，合同或契约是连接服务主体和需求主体之间重要的桥梁和权责分配界定，但目前服务契约的参照主要以《合同法》为参照，缺乏专门的服务契约制度体系，从而造成签约率不高，契约执行效率低下的问题。

三是不同制度间协调性不够。当前我国农业服务体系中的制度框架基本建立，但不同制度之间独立性较强，相互配合度较差，一方面确立了市场决定价格的基本制度，但由于我国收储制度的存在，政府干预市场的行为时常存在；另一方面确定了农地产权交易，特别是农地经营权的流转制度，但“十八亿亩”耕地红线的限制，又在一定程度上限制了农地经营权的流转，类似的还有对农业机械税费收取上的问题。

4. 服务政策扶持体系仍需进一步完善和优化

一是经营性服务扶持有待进一步增加。近年来，我国基本形成了以农民直接补贴、支持新型农业经营主体发展、支持农业结构调整、支持农村产业融合发展、支持绿色高效农业技术推广服务、支持农业资源生态保护、面源污染防治和大县奖励政策为主的惠农、支农政策扶持体系，涉及农业服务的主要有农业生产救灾、动物疫病防控、农业保险、信贷担保、技术推广、环境保护、基础设施、服务主体和人才培育等方面，但其支持领域主要以公共性服务支撑为主，对于经营性服务的支持也主要集中在农业生产领域，对于农业服务领域支持还存在严重不足。

二是政策扶持方式有待进一步创新。当前政策扶持方式主要有财政补贴、税费减免、购买服务和直接投资建设等方式，这些扶持方式简单直接，但往往造成获得补贴受益者利用私人关系，套取国家财政资金者，而实际经营者往往获得较少，且难以实现财政资金的杠杆作用。因此，政策扶持方式亟须进一步创新，尤其在公私共同经营、以奖代补、先做后补等方式上亟须进一步试点推行。

三是政策扶持规模有待进一步扩大。当前，农业服务政策扶持在基础设施建设、制度建设、平台搭建、科技创新、金融创新、人才培训上依旧不足，难以满足现代农业发展需求。

四是政策扶持效率有待进一步提高。受制于我国当前政绩考核制度，政策扶持项目，往往投向体现政绩效果的工程或项目上，难以保证资金的使用效率和现实生产经营的需求，从而造成政策扶持效率低下，财政资金的浪费。

（七）农业服务体系建设优化路径

1. 服务供给主体体系优化路径

一是需要理顺不同服务主体之间的关系。首先要理顺农业服务供给主体中公共服务供给主体和经营性服务供给主体之间的关系；其次需要理顺公共服务供给主体中政府各级服务部门之间的关系以及各级服务部门同供销社和科研院校之间的关系；最后需要理顺经营性服务供给主体中农业企业、农民专业合作社、金融机构和专业服务队之间的关系以及不同主体组织内部各部门之间协作关系，特别是不同规模之间的关系。

二是明确不同主体之间的分工。明确政府部门各级服务主体在基础设施建设、安全监管、疫疾防控、制度和政策供给上的责任；明确科研院校在基础科学研究上的责任；明确供销社在信息、人才培训等方面的责任；明确农业企业在科技成果转换、农资供应、市场流通上的主体责任；明确金融机构在金融、保险服务上的责任；明确合作社和专业服务队在农业机械服务上的责任。

三是优化服务主体的培育环境。积极构建农业服务主体或服务部门产生和发展的市场、制度和政策等社会环境，适度放宽管制，尤其注重市场环境的培育。

四是强化对服务主体或部门的监督管理。通过绩效考核制度、税收管理制度、市场监管制度和群众监督制度等制度性监督管理手段，同思想观念教育、政策宣传等意识影响手段，强化农业服务主体的规范发展，建立有序的服务主体体系。

2. 服务供给内容体系优化路径

一是积极扩展服务领域。随着农业生产主体、经营规模、组织形式、生产方式和生产工具的变革，不同主体需要与时俱进，积极扩展农业服务内容的领域，满足农业生产经营发展的需要，同时，还需要适时取消过时的农业服务内容。尤其需要扩展当前服务体系中发展不足的内容，例如农业金融、农业保险、科技创新、基础设施建设、信息化等方面的服务内容。

二是注重服务内容的关键环节。依据不同的品种、不同气候、不同区域、不同季节的具体特征，提供差异化农业机械化服务，要特别注重农业全程机械化服务在农业基础设施、农资、生产技术、植保、施肥施药、田间管理、科技配套等内容的统筹作用；注重农产品质量监管在农业销售平台、信息建设、生产加工等方面的统筹作用；注重制度建设和政策扶持对农业生产要素配置、组织形式、利益联结机制等内容上的统筹协调作用。

三是促进服务内容的专业化。根据前文关于十一个服务内容的区分，促进服务的专业化和极致化发展，改变传统大而全，多而散的服务模式，形成服务规模，促进农业服务内容更细致化的分工。

四是建立供需匹配机制。着重关注新型农业经营主体的服务需求，建立不同层级、多样化、多形式农业服务供给和需求之间的匹配机制，发挥市场的发现和匹配功能，构建供需信息的传播渠道和获取平台。

3. 服务制度框架体系优化路径

一是在指导性思想和原则框架下，细化农业服务制度框架。实施可操作、可执行和可参照的制度体系，尤其强化农地产权制度、市场监督管理制度、竞争制度、交易制度等制度建设。

二是完善农业服务交易过程中在契约制度、相关法律、相关条例上的不足。以问题为导向，针对不同的地区实际，结合当地文化特质，特别是符合国际标准的制度建设，促进国际业务的扩展。

三是提高不同制度之间的协调性。保证土地产权制度、市场交易制度、公共管理制度等不同制度在同一问题的协调性和一致性，抓住产权制度这一核心制度安排，以法律制度为准绳，构建公私产权、公私监管等方面的制度体系。

4. 服务政策扶持体系优化路径

一是扩大农业服务政策支持对经营性服务的支持力度。一方面在原有公共领域的扶持外，通过创新扶持方式，增加扶持额度，扩宽扶持领域等手段，提高对经营性服务的扶持，特别是抓住农业机械化、农业科技、农资、市场流通等经营性服务为主的环节，提高对这些领域的支持标准。

二是创新政策扶持方式。积极探索公私共同经营、以奖代补、先做后补等扶持方式上的创新，采取多元化的扶持手段，保障扶持手段对不同主体的有效性和针对性。

三是加大政策扶持的规模。特别是在基础设施建设、制度建设、平台搭建、科技创新、金融创新、人才培训等领域的投资，满足现代农业发展的需要。

四是提高政策扶持的效率。一方面要调整地方绩效考核制度，改变以GDP为主的考核目标，注重扶持项目的收益规模、增收效果等经济、社会和生态效益的综合提高；另一方面加强对项目资金的监管，建立严格的问责制度，对于造成项目资金浪费的情况，要严厉问责，通过现代会计手段，结合群众监督和财务公开等手段，强化对财政支农的效率监管，提高政策扶持对农业服务体系建设的效率水平。

二　实证分析：科技支持与农业绿色高质量发展研究①

农业科技是农业生产经营过程中最为关键的要素之一，人类发展历史证明农业生产和经营方式变革的前提就在于农业科技的变革，每一次重大的科技转折点，都从生产方式和经营方式上重新塑造农业的生产经营形态。农业绿色高质量的发展既可看作是一种指导理念，也可看作是农业生产经营过程的结果，集中表现在安全生产行为、绿色安全的产品和有效资源配置或高效治理等方面，其中安全的生产行为是影响产品质量和产出效率的关键。同时，农业科技服务是现代农业服务体系中的重要内容之一，其发展质量关乎整个现代农业服务体系的构建和完善，对农业生产经营人员进行有效的科技培训是实现科技对农业绿色高质量发展的有效途径。可见，农业科技培训对农业经营人员或主体的安全生产行为具有重要影响，而安全生产行为又直接影响农产品质量和产出效率，进而影响现代农业服务体系完善，最终影响农业绿色高质量的发展。在此逻辑下，本节以猕猴桃种植为例，以种植户是否接受科技培训作为核心解释变量，种植户的安全生产行为作为被解释变量，探究科技支撑对农业绿色高质量发展的促进作用。

（一）引言

随着人民收入水平的提高，越来越多的人关注农产品质量问题，特别

① 本部分的主要内容来源于国家社科基金项目的阶段性成果。

是在农业供给侧结构性改革的大背景下，从中央到地方各级管理部门，都将提升农产品质量作为一项重要的工作任务。农产品质量安全之所以备受关注，主要是来源于使用价值的食物性，特别是具有搜寻品、经验品和信任品的特性（Nelson，1970）。食品安全事件的频频发生，引起了广大人民群众对食品安全问题的关注，健康饮食观念不断深入人心，而农产品的生产环节是一切食品来源的基础，没有生产环节的安全就没有最终食品的安全（李光，2005）。因此，如何加强对农产品生产环节的管理和控制，成为各级管理部门关注的焦点。针对农产品安全生产行为的控制和管理，目前主要采取法律的约束和部门的监管两种形式。然而，这种监督作用是有限的，对食品加工企业约束等组织化程度比较高的农业生产、加工对象来讲可能更有效，然而对于规模小、分散程度大的种植户来讲能发挥的监督和管理作用可能就不再那么有效。加强对个体的科技支持，有利于提高个体的生产效率和整体文化素质。毫无疑问，在中国农民整体教育水平比较低的情况下，农业科技支持是提高农业生产效率和农民文化素质水平的主要方式之一。然而，农业生产者的科技文化素质越高是否就一定会采取合理、合法、安全的生产行为，这恐怕是有疑问的，因为食品安全的背后也是一些科技的滥用，科技文化素质越高就越有可能采取更为经济而不是更为安全的生产方式（王建华等，2014）。

当前，国内文献主要关注科技支持对农户收入的影响，同时一些学者通过实证分析发现，影响农产品质量安全的因素主要有组织约束、农户个体特征和宏观管理体制（杨天和，2006；万俊毅、黄瓅，2010；李恩等2012；张蓓等，2014；潘丹，2014），由于科技支持和农产品质量的提升难度较大，造成很少有学者直接研究科技支持对农产品质量提升的影响情况。鉴于此，本节将科技支持放在特定的种植技术培训活动或相关技术采纳上，将影响农产品质量的各个环节区分开来，并加以赋值，利用四川省224个猕猴桃种植户的样本，以科技培训为核心解释变量，检验科技支持对种植户安全生产行为的影响状况。

（二）指标选取和模型构建

农产品质量是一个结果，而影响这个结果的是整个农产品生产过程，即各生产环节行为实施。因此，本节将农产品质量这一指标做一个转换，用农产品安全生产行为控制程度替代。研究关注的重点就在于农业科技支持，即生产前或生产过程中的科技培训对整个生产行为的控制程度的影响。

1. 指标选取

（1）农产品安全生产行为控制程度。

对于 Y 的取值，本节主要采用综合评估降维赋值法，Y 的取值越大，就代表控制程度越大，农产品质量水平也相对越高，也就越有利于农业绿色高质量发展的目标实现。本节选取的主要环节有：一是土地改良行为（$y1$），根据土地改良行为进行分类，有某项行为赋值为 1，无则取值为 0；二是化肥施用量（$y2$），主要参照标准是《猕猴桃种植技术规程》，选取年产量在 15000kg/hm^2左右，化肥施用量为 180kg/ hm^2为参照值，大于等于 750kg/hm^2 =0，小于 750kg/hm^2或大于 180kg/hm^2 =1，等于 180kg/hm^2或小于 180kg/hm^2且大于 0 =2，没有施用化肥的 =3；三是有机肥施用情况 $y3$，有施用为 1，无则为 0；四是 $y4$ 病虫害防治，采取杀虫灯或黄板（有黄板和杀虫灯 =2；只有其中一项 =1；无 =0）；$y5$ 生产过程是否有记录（有 =1，无 =0）；$y6$ 新买种苗是否经过检疫（进行检疫 =1，没有进行检疫 =0）；$y7$ 生长过程是否施用农药（施用农药行为大于 5 次 =0，小于 5 次大于 0 =1，没有施用农药 =2）；最后 $Y = y1 + y2 + y3 + y4 + y5 + y6 + y7$。

（2）科技培训。

本节设定的科技支持，主要来源于生产过程中科技培训，而培训内容的差异代表不同培训强度和不同的技术支持程度。根据猕猴桃种植户技术培训内容标准的差异，大致可分为有机猕猴桃种植技术、无公害猕猴桃种植技术、优特农产品种植技术以及一般生产管理技术，其分别赋值是：有机猕猴桃种植技术 =4；无公害猕猴桃种植技术 =3；优特农产品种植技术 =2；一般生产管理技术（如土地整理、病虫害防治、农业职业经理人、施肥技术等） =1；没有参加任何培训 =0。

本节除了探究科技支持对安全生产行为的控制，即农产品质量提升的影响，还探究其他因素对农产品质量提升的影响，其余控制变量及变量取值及统计情况见表 8 -2：

表 8－2　模型中变量含义及取值

变量名称	含义	取值	均值	标准差
Y	农产品安全生产行为控制程度	$Y = y1 + y2 + y3 + y4 + y5 + y6 + y7$	5.67	2.58
x_1	科技培训	有机猕猴桃种植技术＝4；无公害猕猴桃种植技术＝3；优特农产品种植技术＝2；其他＝1 无＝0	3.85	3.37
x_2	家庭劳动力	取实际值	2.26	1.75
x_3	教育程度	大专及以上＝4；高中及中专＝3；初中＝2；小学以下＝1	1.92	0.92
x_4	加入合作组织	根据实际加入的数量为准	0.76	0.47
x_5	种植经验	取主体猕猴桃种植年限为准	8.74	0.60
x_6	拥有证书	以主体拥有证书数量为主（1＝新型职业农民证书、绿色证书、农业职业经理人）	0.35	0.67
x_7	猕猴桃收入比	猕猴桃收入占家庭农业收入的比重	65.00	32.7
x_8	主体类别	企业＝4；农合社＝3；专业大户或家庭农场＝2；散户＝1	2.02	0.98
x_9	年龄	调查对象的实际年龄	52.10	11.11
x_{10}	土地细碎化	土地面积/土地块数	0.43	0.53
x_{11}	种植规模*	实际种植的规模	8.12	19.96

注：规模以 hm^2 为计量单位。

2. 模型构建

通过线性拟合分析，各解释变量同被解释变量之间具有线性关系，且不存在严重的多重共线情况。因此，基于上述解释变量的设计，构建被解释变量为农产品安全生产行为控制的多元回归模型，模型如下：

$$Yi = \alpha + \beta_0 x_1 + \beta_1 x_2 + \beta_2 x_3 + \cdots + \beta_{10} x_{11} + \mu_1 \tag{8-1}$$

式中：Y 表示被解释变量；X 表示解释变量；α 表示截距项或常数项；β 表示为斜率；μ_i 表示扰动项。

（三）实证分析

1. 数据来源

本节各指标数据来源于课题组 2016 年 6 月至 9 月，在四川省成都市和广元市针对猕猴桃种植户的调查（调查问卷见第五章附录问卷），所选取的样本家庭收入50%以上均来自猕猴桃种植收入。调查主要采取问卷调查的形式，整个调研共发放227份问卷，回收227份，回收率100%。根据研究的需要剔除无效问卷3份，最后获得224份有效问卷，有效率98.7%。具体样本统计结果见表8－3所示。

表8－3　样本特征统计

变量名称	选择	样本数（个）	比例（%）	变量名称	选择	样本数（个）	比例（%）
性别	男	203	90.6	教育程度	小学及以下	99	44.1
					中学	54	24.1
	女	21	9.4		专科及以上	71	31.8
城市	成都市	180	80.4	加入组织情况	0	71	31.8
	广元市	44	19.6		1	130	58.0
	其他	无			2	23	10.2
主体类别	散户	147	65.6	是否有检测	有	184	82.1
	家庭农场	54	24.1				
	合作社	20	8.9		无	40	17.9
	农业企业	3	1.4				
销售范围	本地	17	7.5	劳动力数量	3人以下	185	82.5
	省内	83	37.1		3~7人	18	8.0
	省外	124	55.4		7人以上	21	9.5

由表8－3可知，本次调查的对象中，男性有203人、女性有21人，说明对于专业化的农业生产，男性劳动力依旧占据主要地位；成都市180个样本，广元市44个样本，两地都是猕猴桃种植区；经营的类别中散户有147个，占65.6%，家庭农场或专业大户有54户，占24.1%，合作社有20个，占8.9%，农业企业3家，占1.4%。调查样本主要以猕猴桃种植散户为主，同时为了经营者来源的多样性，对家庭农场、农业合作社和猕猴桃种植企业经营者做了调查。销售的范围中，省内销售44.6%，省外55.4%，主要销售区域以省外为主，说明猕猴桃的种植和销售具有很强的地域性特征；教育程度中小学及以下文化水平有99人，占44.1%，中学文化水平有54人，占24.1%，大专及以上文化水平有71人，占31.8%，

因为样本数据主要来源于成都地区，教育水平相对较高；对于样本加入合作社的情况，没有加入合作社的有71户，占31.8%，加入一个合作社的有130户，占58%，加入2个合作社的有23户，占10.2%，说明大多数的种植户加入了合作社；对于种植猕猴桃的检测情况，有检测行为的有184个，占82.1%，没有检测行为的有40个，占17.9%，说明主产区的猕猴桃产品大多有检测行为；对于家庭主要劳动力数量，3人以下的有185户，占82.5%，劳动力大于7人的主要是专业大户和家庭农场。

2. 统计描述分析

（1）土地改良情况。

表8-4　土地改良行为分布情况

变量名称	样本数（个）	占总样本比例（%）
秸秆还田	89	39.7
种植绿肥	60	26.8
增施有机肥	176	78.6
保护性耕作	10	4.5
测土配方	56	25.0
土壤修复	27	12.05
农家肥还田	111	49.6
无土地修复行为	17	7.6

表8-4中土地改良行为主要是指对土地肥力改善有促进作用和实现可持续利用的措施。根据表8-4统计显示，猕猴桃种植户针对土地的改良行为中，占比最高的是增施有机肥，比重达到了78.6%，其次分别是农家肥还田和秸秆还田，分别占49.6%和39.7%，这说明当前土壤的改良行为，主要依靠外部肥力的供应。对于保护性耕作和土壤的修复行为比重还相对比较低，对于土壤的修复和改良行为，当前依靠的外力作用是否是可持续的方式也许有待进一步地考证，从外部获取肥力的供应可能比土地本身的改良，花费时间更短，获得也比较方便，但是整体的人工成本可能会更大。

（2）化肥施用情况。

表 8－5　化肥施用情况表

使用量（kg）区间	样本数（个）	占总样本比例（%）
$X=0$	1	0.4
$0<X<=12$	88	39.3
$12<X\leqslant 50$	67	29.9
$X>50$	68	30.4

猕猴桃施肥标准采用《猕猴桃种植技术规程》中所规定 12kg/亩为分界。根据统计结果显示，在猕猴桃种植过程中，没有施用化肥的种植户只有一户；没有超过《猕猴桃种植技术规程》中规定 12kg/亩的有 88 户，占总体样本的 39.3%，超过 60% 的种植户化肥的使用量都大于 12kg。说明调查对象的猕猴桃生产依旧依赖化肥的使用，甚至有接近 1/3 的种植户超过规定使用量的 3 倍之多，严重依赖化肥的农业生产方式依旧还未得到根本性的改变。

（3）有机肥施用情况。

表 8－6　有机肥施用情况

变量名称	样本数（个）	占总样本比例（%）
有施用	83	37
没有施用	141	63

根据上述表 8－6，可以看出调查对象在猕猴桃的生产过程中，施用有机肥的占据少数，只有 83 户，占总体的 37%，不到总数的一半，约 63% 的种植户没有施用有机肥，这也可以说明表 8－6 中化肥的施用量为何还那么多，而只有少部分人施用，另一种推测是因为在土地改良过程中施用了有机肥，不再重复施用，以节约生产成本。

（4）病虫害防治情况。

表 8－7　病虫害防治物理防虫措施采取情况

变量名称	样本数（个）	占总样本比例（%）
有施用	131	58.5
没有施用	93	41.5

病虫害的防治是农业生产过程中最为复杂的环节。影响产量关键的环节就在于是否对病虫害采取有效的措施，从表 8－7 可以看出，施用物理防虫技术的有 131 户，占据总样本数量的 58.5%；而没有施用物理防虫技术（杀虫灯和黄板）有 93 户，占据总体的 41.5%，比例依旧很高，说明农业生产过程中，除了传统的化学药剂之外，物理和生物防虫技术开始不断地发展。

（5）生产记录情况。

表 8－8　生产过程记录情况

变量名称	样本数（个）	占总样本比例（%）
有记录	134	60
没有记录	90	40

生产过程的记录，是实现农产品可追溯的关键环节，从调查的数据表 8－8 可以看出，生产过程中有记录的有 134 户，约占总体的 60%，而生产过程没有记录的有 90 户，约占总体的 40%，从统计特征可以看出，没有记录的多为小规模种植户，生产不规范，没有严格的管理制度，因此记录行为相对较少。

（6）新购种苗检疫情况。

表 8－9　新购种苗检疫情况

变量名称	样本数（个）	占总样本比例（%）
有检疫	169	75.4
没有检疫	55	24.6

种苗的检疫有利于提高种苗的存活率，减少疾病的传播以及提高生产产品的安全性，表 8－9 中统计显示，新购种苗有检疫的有 169 户，占总体的 75.4%，说明绝大多数种苗在种植之前都是经过检疫的，而没有检疫的有 90 户，占总体的 24.6%，对于没有检疫种植户的主要特征为种苗零散

购买，购买数量较少，种植规模有限以及种苗来源于市场小贩。

（7）生产过程农药使用情况。

表 8－10 生产过程农药使用情况

变量名称	样本数（个）	占总样本比例（%）
有使用	200	89.3
没有使用	24	10.7

根据表 8－10 统计结果显示，在生产过程中使用农药的有 200 户，占总体的 89.3%，接近 90%；没有使用农药的只有 24 户，仅占总体的 10.7%，说明当前猕猴桃的病虫害防治主要还依赖于农药的使用，表 8－9 和表 8－6 形成了对应，尽管病虫害防治技术开始多样化，例如物理防虫、生物防虫技术，等等，但由于农药低成本，高效果的特点，很多种植户依旧青睐于农药的使用。

3. 回归结果分析

表 8－11 模型回归结果

变量名称	估计系数	稳健性标准差	P-value
技术培训	0.1300	0.0460	0.009***
细碎化	－0.7400	0.2950	0.013**
教育程度	－0.0100	0.1630	0.950
加入合作组织	0.8800	0.3530	0.010***
种植经验	－0.1100	0.2190	0.600
拥有证书	1.1200	0.2390	0.000***
猕猴桃收入比	0.0050	0.0040	0.244
主体类别	－0.2100	0.1610	0.206
年龄	－0.0400	0.0130	0.003***
家庭劳动力	0.1500	0.0460	0.007**
种植规模	0.0001	0.0003	0.623
常数项	6.5400	0.9510	0.000***
N（个）			224.000
R^2			0.434

注：*、**、*** 分别表示在 10 %、5%、1% 水平上差异显著。

(1) 科技培训。

实证结果显示，本节所关心的核心解释变量——农业科技培训对农产品安全生产行为控制具有显著的正向影响关系。本节所依据的猕猴桃种植技术具有不同程度的要求，取值越高的技术种类就代表着更高的技术标准，也就代表着更高的生产规范，从而越有利于农产品质量的提升。这也表明科技支持对农产品质量提升具有显著的正向影响关系，技术要求越高，针对性越强，越有利于农业生产经营者采取更为安全的生产行为。

(2) 年龄。

实证结果显示，年龄对农产品安全生产行为控制具有显著的负向影响。这表明，农业生产经营者年龄越大，越不愿采取有利于农产品质量的安全生产行为。对于不同年龄阶段的农业生产经营管理者，在观念转变、信息接收、学习能力等方面具有较大差异。年龄越大，观念转变难度越大，信息接收能力越弱，学习能力也越差，在精力上也是极为有限。因此，对于年龄越大者，采取安全生产行为的难度也就越大，越不利于现代农业安全技术的推广和运用。

(3) 劳动力数量。

实证结果显示，经营主体可利用劳动力数量对农产品安全生产行为控制程度具有显著的正向影响，这一结果同年龄指标的实证结果刚好形成对比。这表明，劳动力数量越大的生产经营主体，更有可能采用安全生产行为，从而也就越有利于农产品质量的提升。一方面劳动力数量越多，生产行为灵活性越大，可改变的可能性也就越大；另一方面，劳动力数量越多，内部分工越明确，在某个环节发生改变的情况下，往往会导致其他环节的改变。

(4) 加入合作组织。

实证结果显示，加入合作组织或加入协会之类的互助性或专业性组织对农业生产经营者采取安全生产行为具有显著的正向影响，这说明组织约束对于安全生产行为具有较强的约束力，也就对农产品质量提升具有显著的正向影响作用。对于一个组织来讲，特别是农业生产互助性组织，因其具有组织制度、生产标准等制度，一般情况下组织成员更容易受到约束。在这种情况下，生产者一方面受到组织制度的约束；另一方面也从组织中获得更多的机会获取科技知识，受组织成员的影响也就越大。

（5）拥有证书。

实证结果显示，生产经营者拥有身份认定证书的情况对农产品安全生产行为控制程度具有显著的正向影响关系。这说明身份约束对于农产品安全质量的提升具有显著的提升作用，受过身份认定的经营者更有可能采取安全生产行为。一方面在获取证书之前，身份拥有者必须受过一定系统的培训，这显著地提高了经营者的经营能力；另一方面身份拥有者出于对自身荣誉的保护，更有可能采取有利于自身荣誉提升的行为，自我约束能力也就越强，约束动机也就越明显。

（6）土地细碎化。

实证结果显示，土地细碎化程度与农产品安全生产行为控制程度具有显著的负向影响关系。这说明土地细碎化程度越高，越不利于农产品生产过程中安全生产行为的控制，也就是说土地细碎化阻碍了农产品质量的提升。一方面土地细碎化程度越高，农产品质量监管、生产标准化和安全技术推广的难度越大，越无法保证农产品质量；另一方面，土地细碎化程度越高，说明生产经营者经营规模越小，经营能力越弱，这就造成经营者行为改变的难度也就越大，采取安全技术的动机也就越弱。

（四）结论及政策性启示

通过上述的实证结果分析，可以得出以下结论：科技支持、加入合作组织、身份认定、劳动力数量对于农产品质量提升具有显著的正向影响，从而也就说明技术约束、组织约束和身份约束对于农产品质量的提升具有显著的正向影响。而经营者年龄、土地细碎化程度对农产品质量提升具有显著的负向影响关系，也就是说我国农业生产经营者年龄结构的老化、土地细碎化状况不利于我国农产品质量的提升，也就不利于我国农业绿色高质量发展目标的实现。依据前文的逻辑推理，可得出农业科技的支持对优化现代农业服务体系有显著正向作用，从而也就对农业绿色高质量发展具有显著的正向作用，这说明增强对农业生产经营者科技的培训是实现农业绿色高质量发展有效途径之一。

综上，本节的政策性启示有：一是继续加大对农业科技创新与推广的投入。一方面，政府层面要加大对农业科技创新和应用领域中人才、资金、制度、政策保障等方面的投入，政府各级部门以及科研院校等农业公共服务部门要积极开展对农业生产者的再教育项目，特别是对于公共性生产经营科技通过多平台和多形式的手段向生产经营者提供，加大相关财政投入；另一方面，通过财政补贴、政府购买服务等手段，积极引导和支持市场经营性组织开展技术推广等活动，提高生产经营者技术的可获得性。

二是提高农业生产经营者的组织化程度，提高行业标准化水平。一方面继续加大财政投资，通过农村产权制度，特别是土地产权制度的改革，利用市场机制和现代企业管理制度，积极培育符合现代农业发展的新型农业经营主体，积极鼓励小农户根据实际情况采取多种参与形式，参与到互助性或有实力的专业化组织中去，提高农业生产经营的组织约束力。另一方面在不同地区、不同品种之间要建立起同一品种的统一技术标准，强化对标准执行的监督管理，提高行业的自律水平。

三是推进职业农民制度建设，加强农业生产经营者身份管理。我国需要积极推进现代职业农民制度，将农业生产工作职业化，强化农业生产者的职业观念，提高对自我身份的认同，采取职业能力社会考核机制，加强对职业农民的监督和管理，提高自我约束和社会约束能力；积极推进我国标准化农田建设，加快基本农田的整理。当前我国广大丘陵地区，甚至一些平原地区，土地呈小块化状态，种植难度和管理难度较大。要调动社会广大力量，采取多种推进方式，因地制宜，推进我国农田标准化建设。

三　案例分析：宣汉县农业科技人员创新创业与农业转型升级[①]

上节主要分析了农业科技培训对农业安全生产行为的影响问题，主要是从种植户接受科技培训服务视角来探究科技支撑的影响，而本节将从科技人员参与生产经营活动，通过入股、自创等形式参与成果分红的视角来探究农业科技，特别是科技供给机制的改变对农业生产经营方式的影响。

① 本节的部分内容来源于国家社科基金项目的阶段性成果。

农业转型升级主要表现在生产经营者（由低教育向高教育人员或从低综合技能向高综合技能人员转变）、经营组织形式（由粗放式管理向高组织化水平的精细化管理转变）、生产方式（靠天向靠科技转变）、要素组合（科技成为要素组合中关键要素之一）这四个方面。传统的农业科技服务体系中，主要表现为政府主导下，以行政任务为驱动的推广和应用，加之部分生产经营者自我进行科技的改进和应用实践活动，使得行政体制内的科技人员创新和服务积极性严重受阻。因此，本节将从科技人员主动创新创业的视角，从农业科技创新和应用机制上探究科技要素的融入对农业生产经营转型升级的作用。

（一）引言

农业科技创新和应用是转变农业生产经营方式，提升农业发展水平的重要手段之一。我国是一个农业大国，具有几千年的农业生产历史，但是在国际上与农业强国相比在农业科技创新能力上存在明显的不足，同时，农业科技成果转化机制的不健全，往往造成农业科技成果转换水平不高。农业科技人员是农业科技创新和农业科技成果转换的核心要素，但由于在制度上对农业科技人员的诸多限制，激励的不足，导致在农业科技创新上能力不强，在科技成果转换上积极性不高。为此，四川省委《激励科技人员创新创业专项改革方案》（川委厅〔2014〕16号），在四川省农业科学院（简称农科院）、畜牧科学研究院（简称畜科院）、宣汉县率先开展农业科技人员创新创业专项改革行动，2016年四川省在此基础上进一步扩大了改革范围，并为此出台了“四川省激励科技人员创新创业十六条政策”。宣汉县作为四川省农业科技人员专项改革唯一的县级区域，在省委改革方案精神上出台了《宣汉县激励农业科技人员创新创业专项改革试点方案》和《宣汉县激励农业科技人员创新创业实施细则》。经过三年的改革，获得了较大的成效，积累了许多经验。本节在总结宣汉县改革成效和经验基础上，重点探讨此次改革举措对农业转型升级的影响。

（二）基本成效

截至2016年底，宣汉县已审批51名个人和49个团队申报的创新创业项目。以技术入股、带薪兼职等方式领办创办专业合作社或家庭农场45个、创办经济实体30个，启动实施课题研发及创新推广项目49个（其中四川省农科院、四川省畜科院、四川文理学院等6所科研院校的8名科研人员与宣汉县合作开展创新推广项目12个），参与创新创业总人数达到272人。建成年生产20万瓶原种和20万袋栽培种，可为2亿余袋食用菌提供优质种源，带动园区及周边8000户农户种植食用菌，年户均从事食用菌生产的纯收入达3000元以上。创办宣汉明月蜀宣花牛养殖场①，规模为500头，年出栏能力2000头，年收入达30万元。带动周边农户26户，户均养殖蜀宣花牛10头以上，户均增收2万元以上。

为了考察此次改革对农业科技人员的影响，调研组对宣汉县境内34名农业科技人员进行了问卷调查。本次问卷调查，共发放34份调研问卷，回收34份，回收率100%。基本情况如表8－12所示。

表8－12　农业科技人员基本情况统计

类别	选项	人数	占比	类别	选项	人数	占比
研究领域	食用菌	12	35%	教育水平	博士	0	0%
	畜牧	11	32%		硕士	3	9%
	脆李	1	3%		本科	11	32%
	莲藕	1	3%		专科及以下	20	59%
	粮油	9	27%	团队级别	省级	1	3%
单位	企业	1	3%		县级	19	56%
	科研院所	2	6%		其他	14	41%
	经作站	8	24%	专利拥有量	无	24	70.5%
	畜牧站	11	32%		一项	7	20.5%
	农技站	12	35%		两项	3	9%
年龄（岁）	最小	30					
	最大	57					
	平均值	45.9					

从表8－12中可以看出，农业科技人员的平均年龄在45.9岁，呈现老

① 数据来源："激励农业科技人员创新创业—KAB中国创业教育网"，http://chuangye.cyol。

龄化趋势；来自县级创新创业团队占主体，占调研人员的56%，省级创新创业团队只有1人；在农业科技人员拥有专利数量上，超过70%的农业科技人员无专利，拥有一项的有7人，占20.5%，拥有两项的有3人，占9%，说明该县农业科技人员核心竞争力相对较弱。

在参与形式上，总结出有技术入股、自主创业、科企联合、成果转化、院县合作、科技服务六种参与形式，如表8－13所示。

表8－13　农业科技人员创新创业形式基本情况统计

参与形式	技术入股	自主创业	科企联合	成果转化	院县合作	科技服务
人数	12	19	11	3	1	5
占比（%）	35	56	32	9	3	15

从表8－13中可以看出，宣汉县“农业科技人员专项改革”过程中，大多数的科技人员选择技术入股、自主创业和科企联合的形式，分别占35%、56%和32%，同时还有一些科技人员选择多种形式的融合，其中选择自主创业的科技人员比例最大，可以看出科技人员选择主要是遵循激励程度大小的原则进行模式的选择。

宣汉县实施“农业科技人员专项改革”前后对农业科技人员工作量、收入、福利、科研经费和成就感带来的影响，具体如表8－14所示。

表8－14　农业科技人员工作量、收入和福利变化情况

项目	指标	减20%	减10%	差不多	高10%	高20%以上
工作量	人数	0	0	13	8	13
	占比	0	0	38%	24%	38%
收入	人数	1	0	25	6	2
	占比	3%	0	73%	18%	6%
福利	人数	2	0	24	5	3
	占比	6%	0	70%	15%	9%

在工作量上，62%的农业科技人员工作量增加10%及以上，在收入和福利影响上7%左右并未得到明显改善。

表 8-15　农业科技人员科研经费和成就感变化情况

项目	指标	减 50% 以上	减 20%	差不多	高 20%	高 50% 以上
科研经费	人数	0	0	21	10	3
	占比	0	0	63%	28%	9%
成就感	人数	0	0	16	11	7
	占比	0	0	47%	32%	21%

总的看来，此次创新创业专项改革对农业科技人员的成就感和科研经费有较大提高，特别是对科技人员成就感的影响上尤为明显。

（三）实施举措与参与形式

1. 实施举措

一是放宽身份限制。鼓励在职农业科技人员以带薪离岗兼职兼薪等方式，承包领办创办经济实体或开展技术服务等创新创业活动，保留身份不变，工龄连续计算，正常参加原单位年度考核。

二是打破地域限制。科研院所和高等院校农业科技人员，在校大学生、研究生，通过本人申请、主管部门审查、县改革领导小组审批后即可在宣汉县从事科技服务或创新创业。

三是出台优惠政策。做到“四个优先”，即创新产业优先规划、创办领办项目优先立项、重大科技创新项目优先投入、农业科技项目基础设施优先配套。

四是搭建创业平台。成立牛改中心、菌研所等专业研发机构，按照“一个产业配套一个园区、带动一批基地”思路，建成 3 万亩农建综合示范区、11 万亩粮经复合模式产业基地、方斗食用菌园区、大成蜀宣花牛繁育场、黄金黑木耳基地等 23 个示范基地。

五是加大资金扶持。设立专项扶持资金对不同投入规模实行“分级”补贴①。

① 设立专项扶持资金 1000 万元，对一次性投入 500 万元以上的农业科技经济实体一次性给予 40 万～100 万元资金扶持，并按 30% 给予信贷贴息。对开展科技研发、成果转化的人员或团队，支付 5 万～10 万元服务费；对公益性创新、转化、推广贡献突出的专家或团队，给予 5 万～20 万元奖励。

六是加强管理。主管部门和项目所在单位，负责创新创业人员的动态监管，逐一建立台账，定期督促检查、开展成果评价。

七是从严考核。县委将科技人员创新创业专项改革工作纳入目标考核，制定具体考核指标和办法，由县委改革办牵头，整合专改办和督查室力量，定期或不定期开展目标绩效考核。

八是从严奖惩。主管部门结合日常监管和成果评价情况，据实进行奖惩。连续两年成效显著地被评为“创新创业之星”，一年内无创新创业项目或成效不明显的，中止协议、责令返岗；逾期不归的，按有关规定严肃处理。

2. 参与形式

目前，宣汉县农业科技人员参与农业科技创新创业专项改革活动主要有六种参与形式①：一是技术入股，指的是农业科技人员将研究成果折合成股份，入股到农业企业、合作社、家庭农场等新型农业经营主体中去，实现农业科技成果的转换和应用；二是成果转换，指的是农业科技人员将研究成果有偿转让予经营主体使用，且不涉及产权转让的问题；三是院县合作，指的是农业院校或研究机构同县级部门合作，共同进行科研成果推广和技术服务等活动；四是自主创业，指的是农业科技人员完全脱离现有岗位，进行创业活动，领办或合办农业经营主体；五是科企联合，指的是农业科技人员受聘于农业企业或其他经营主体，担任某些特定职位负责人，负责经营过程中的技术应用、管理和研发问题；六是科技服务，指的是农业科技人员以技术顾问的形式，不脱离现有岗位，为农业生产经营主体提供一定的技术指导。

（四）农科人员创新创业实践对农业转型升级的影响

农业科技人员创新创业活动与农业科技培训的区别在于，后者是通过外部刺激提升农业经营者的科技素养，而前者则是作为新的生产要素投入到生产经营中去，且投入的对象是对生产经营活动起到关键作用的科技知识或科技产品，对经营活动起到更为关键的作用。首先要清楚了解农业科

① 分别是：技术入股、成果转化、院县合作、自主创业、科企联合、科技服务。

技人员创新创业对农业转型升级的影响，就必须清楚理解本轮专项改革的内在运行逻辑。人是科技创新的核心要素，而农业科技人员是农业科技创新的核心要素。宣汉县本轮改革在结合本地农业产业实际，即把握需求的情况下，抓住当地农业科技人员这个关键因素，通过一系列的政策扶持和制度设计，激发农业科技人员在农业科技创新和应用过程中的积极性（见图 8－4）。

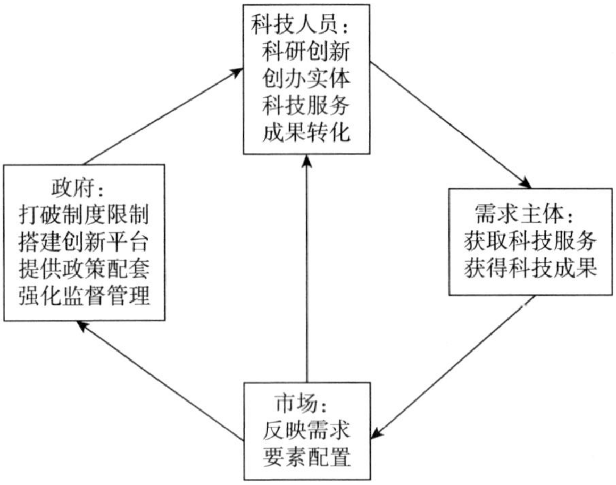

图 8－4　农业科技人员专项改革的运行逻辑

很显然，决定农业生产经营水平的核心要素就在于农业生产经营过程中的一整套科技体系供给质量，而供给的核心就在于农业科技人员。本轮宣汉县农业科技人员创新创业专项改革的核心任务就在于重新构建这一科技供给体系。在以往县级层面农业科技供给体系中，占主导定位的是各乡镇的技术推广管理站，例如农机站、农技站、畜牧站、水利站等部门。这种供给具有很强的行政性和公共性特征，很难满足高质量和专业性的技术需求，且科技人员的激励力度也严重不足，从而也就阻碍了农业生产经营的转型升级。

根据调研组在方斗食用菌园区、大成蜀宣花牛繁育场、黄金黑木耳基地调研结果得知，该县食用菌、蜀宣花牛牛肉和黄金黑木耳的价格在改革实施后，扣除近两年总体价格上涨幅度后，价格普遍提高了 5%～10% 左右，扣除近两年总体价格上涨，成本也相应地降低了 1%～3% 左右，价格和成本是效率的很好体现。除了在价格和成本直接节约上，根据受访对象的反馈在农业科技人员自我创办、参股和作为科技顾问的经营主体中，在技术获得、经营规范性、治理效率信息获取等方面均有较大提升，大大节约了市场交易过程中的交易费用。很明显，此次专项改革对农业转型升级起到重要作用，主要表现在经营者素质提升、经营方式、科技保障、要素优化等方面。农业科技人员创新创业活动对农业转型升级作用的影响机制见图 8－5。

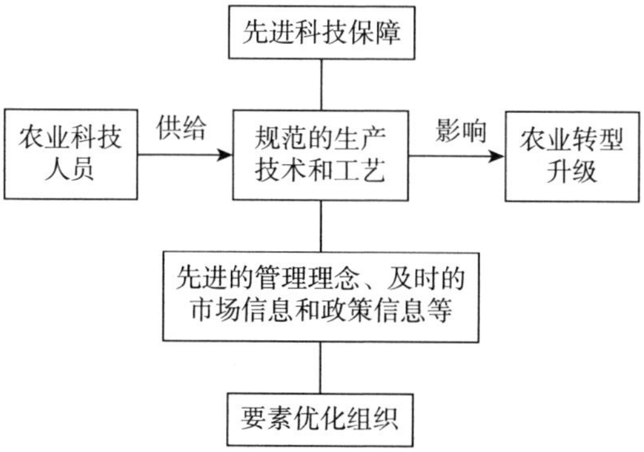

图 8－5　农业科技人员创新创业活动对农业转型升级作用的影响机制

在图 8－5 中，科技保障、生产技艺、管理理念、市场及政策信息的来源不仅仅只依靠农业科技人员。在农业生产经营过程中，还有其他主体向农业生产经营主体提供农资、技术、各类市场信息或政策信息。因此，农业科技人员并不能决定农业转型升级，而是在一定程度上影响农业转型升级。

（五）宣汉县农业科技人员创新创业改革存在的难点

1. 政策不稳定，持续性不强

本轮专项改革，针对公职单位的农业科技人员的实践周期为三年。三年期满，参与对象可选择回原单位，也可选择离开原单位。参与此次专项改革的农业科技人员，绝大多数来源于公职部门，一般具有较为稳定的收益保证，但由于三年的政策预期偏短，参与风险较大，从而造成公职部门的农业科技人员长期参与项目的积极性下降。

2. 科技成果价值评估困难，利益分配争议较大

科研成果的支持经费来源有多种渠道。一方面有来源于单位项目资金；另一方面来源于企业投资或自有资金。由于政策实践周期较短，科技成果转换的效益凸显又较慢，从而造成成果价值评估困难，同时，在成果收益分配上比例的确定也存在诸多争议。

3. 职能分工不明确，定位不清晰

在整个农业科技创新创业过程中，往往需要不同层级、不同领域的农业科技人员相互配合。本轮专项改革，存在“一刀切”状况，既没有考虑科技人员之间的分工问题，也没有考虑市场的需求问题，缺乏必要的职位、成果或不同层级人才需求的引导。导致县域内农业科技人员四处分散，无法形成良好的科技创新创业人才分工结构体系。

4. 人员匹配机制不健全

根据调访的结果显示，对于科技人员合作对象没有较大限制，采取自由化匹配，而这也造成很大一部分农业科技人员和匹配对象之间具有很强的“熟人关系”，存在一定的“走过场”行为。对于真正需要科技指导的主体又难以满足真正的需求，缺乏有力的平台和匹配机制供科技人员同需求主体之间进行相互匹配。

5. 公共责任和私营活动之间的权衡困难

四川省以及宣汉县的改革实践过程中，针对的是广大公职单位的科技人员，因此，如何权衡公共责任和私营活动成为关键问题。农业科技人员单个精力有限，本身带有很强的服务偏见性，会尽可能地选择给自己带来更大效益的科技服务；而对于一些公共服务来讲，往往是不会带来可观的个人效益，这个时候容易造成公共服务的缺失，私营活动和公共服务的不匹配。

6. 绩效考核困难

本轮专项改革，绝大部分农业科技人员来自农业相关行政管理部门。尽管在实施过程中有一些管理制度和相关绩效考核制度，然而在现实操作过程中，农业科技人员一段时间在行政部门外，一段时间在单位部门内，此时的考核成了困难，同时服务主体和政府部门管理制度的不同，造成考核标准确定的困难以及对农业科技人员监督和管理的困难。

（六）经验启示

宣汉县农业科技人员创新创业专项改革，一方面抓住了农业科技人员在农业科技创新和应用过程中的核心作用，激发科技人员的积极性和创造性；另一方面抓住了市场在资源配置中的决定作用，充分反映市场需求信息，促进供需匹配均衡。因此，要有效地构建现代农业服务体系，促进农业生产经营的转型升级，就必须抓住农业科技人员这一关键环节。根据宣汉县改革的经验发现，本轮改革在政策持续性、价值评估、职能分工、供需匹配、绩效考核等方面还存在诸多困难。未来，要实现该改革经验的推广和可持续性还需要有对科技成果产权清晰的界定，对不同层级和不同领域的科技人员有明确职能划分，不同机制之间要积极配合，采取必要的政策配套以及必要的产业支撑等加以努力和完善。因此，其改革经验启示有以下三点。

一是确保“科技—产业”之间的匹配，在产业集群的基础上，对优质或重点产业区，增强科技服务体系中人才、科研设备、制度和财政等方面的支持，形成以科技促产业，以产业带科技的良性循环。

二是建立不同主体，不同产业之间的融合互动，通过互助性组织、协会和地方政府协同等平台，强化不同经营主体、不同科研主体、不同推广主体、不同管理部门和不同产业之间的信息共享和协作发展，形成良好的联动创新机制。

三是激发农业科技人员的创新、创业和服务积极性。通过政策体系的完善和合理制度的设计，采取差异化补贴的方式，激发农业科技人员的创新创业积极性，提高其为小农户、贫困地区或农业科技匮乏或薄弱领域服务。

四 构建现代农业服务体系的探索：来自四川省供销社综合改革的经验

在政策定位上，供销合作社是为农服务的合作经济组织，是党和政府做好“三农工作”的重要载体，更是我国现代农业服务体系中的重要组成部分（新华网，2015）。在很长一段时间，特别是改革开放之后，供销社的职能逐渐偏移为农服务的本质，其农业生产经营性服务供给越来越有限，服务供给质量难以满足现代农业的要求，特别是农业绿色高质量发展的要求。依据供销社实践来看，其涉及领域广泛，除了农业生产经营、农资供需、农产品消息、农业托管等农业服务之外，还包括有商品零售、再生资源回收、居民生活服务、资产管理、进出口贸易、房地产、旅游等商业网络体系。显然，供销社不仅涉及领域众多，还拥有最为广泛的基层服务网络点，特别是乡镇一级的站点，故成为未来现代农业服务体系中的中坚力量。因此，本节将供销社改制问题作为重点分析对象，以期用供销社改制实践经验，为现代农业服务体系的构建和我国农业转型升级提供参考。

（一）引言

2017 年全国供销社经营销售总额达到 54218.1 亿元，同比增长 13.5%，全系统县及县以上供销合作社机关 2777 个，机关人员编制 5.1 万个，基层社达到 30281 个，比 2016 年增加 1265 个；新办各类专业合作社 185934 个，比上年增加 16038 个；全系统共有职工 344.8 万人①。尽管如此，随着我国工业化、城镇化和农业现代化的推进，现有的供销社系统难以满足“三农”服务要求，存在综合服务能力不强、服务功能弱化、层级关系松散、产权不明晰、同农民合作关系不紧密等问题。四川省作为中国中西部的大省，也作为全国农业大省，在供销社改制建设上，出现了许多较为典型，且可复制可推广的实践经验。为推进我国供销社综合改革和构建现代农业服务体系。本节以四川各地区供销社改制为研究对象，分析不同地区供销社改制的举措，总结其实践经验，发现未来发展过程中可能的难点。以期为供销社理论问题研究，进一步推进全国供销社改革，健全我国现代农业服务体系提供经验参考。

（二）四川省供销社综合改革现状

四川省是全国供销社总社“探索构建规范高效的双线运行机制”专项

① 数据来源：《全国供销合作社系统 2017 年基本情况统计公报》。

试点省，在供销社各级职工树立全局观念、强化服务意识、不断创新、试点先行的理念指导下，按照着供销社联合社机关主导的行业指导体系和社有企业支撑的经营服务体系，推进农业生产经营服务社会化、农民合作组织服务现代化、农村社会治理服务规范化，即“双线运行”暨“三化联动”的改革路径推进综合改革工作。近年来，四川省在中共中央、国务院关于供销社是为农服务的合作经济组织的定位基础上，通过完善供销社组织体系建设、改善基础设施状况、创新服务模式、理清产权关系、搭建服务平台、扩展服务领域、整合内外资源等形式，积极推进我省供销社综合改革工作。一方面形成了许多可推广经验；另一方面也暴露出改革过程中存在的一些问题。截至 2017 年底，全省供销社系统实现销售总额 1153.4 亿元，净利润达为 18.1 亿元，同比分别增长 25.8% 和 27.8%①。

1. 组织体系得到不断完善

成立甘孜州农牧供销合作社局，改变了甘孜州没有供销社机构的历史，彻底实现了四川省市级单位的全覆盖。同时，在省社直属管理的 21 个区县和 8 个试点县开展新型基层社建设试点，其中泸州市、巴中市、南充市、雅安市、南江县和自贡市贡井区作为先行试点区域。截至 2017 年底共组建 3366 个基层社、综合服务社 19112 个，实现乡镇一级 78% 的覆盖率。

2. 积极推进“三农”综合服务平台建设

积极同农民合作，引导农民入社，采取领办或创办农民专业合作社的方式，将农民、合作社与新型基层社联合起来，打造“三农”服务综合平台。截至 2017 年底，新发展农民专业合作社 8199 个，其中领办创办 117 家，建成庄稼医院 1.2 万个，积极为农户提供农资、销售和农技培训等服务。仅 2017 年为农户提供农资规模达 263 亿元，代为销售农产品 425 亿元。

3. 积极扩展农业服务领域

供销社在省内采用大田托管、代耕代种、股份合作等多种服务形式开展为农服务业务，积极投资建设为农服务中心。截至目前，已建成 35 个为农服务中心，服务面积达到 210 万亩。按照“供销引领、以社带村、标准

---

① 数据来源：人民网，http://sc.people.com.cn/n2/2018/0312/c345167-31332807.html。

生产、规模发展”的思想，围绕川茶、川果、川药、川菜、川猪（牛、羊）等特色效益农业，建基地、创品牌，搞加工，拓展供销社服务产业链，提升优质农产品供给能力。

4. 构建完善的流通网络

供销社系统利用互联网工具和现代物流的管理手段，推动农村现代物流体系建设，将农产品加工、仓储物流、网络交易、终端配送等环节结合，构建城乡一体化的物流配送体系，实现其一体化经营，推进线上线下融合发展。四川省农资公司积极开展为农服务业务，一方面加强核心门店和一般网店建设，现形成终端网络门店200多家，一般网点3000多家；另一方面在四川甘孜、凉山、德阳等地区建设为农服务的综合网点。省社所属老邻居商贸公司，通过调节商品、供应商结构，直营店达到222家，总数超过1000家。省商贸学校探索出“学校＋企业＋贫困户子女”“电商孵化园＋学生”“电商专业＋涉农电商”“政府＋学校＋贫困县”“电商专业＋合作社＋农户”等农村电子商务人才培养模式。2017年，全省系统农村电子商务年交易额达到46亿元，同比增长90.76%。泸县供销社乡村电商网络覆盖90%以上乡村。

5. 加快推进社有企业转型升级

组建成立省供销投资集团及农资、农产品、棉麻、冷链物流、农业会展、供销金融控股“5＋1”产业集团，指导省属企业围绕体制机制转变、主业转型、拓展新业务等方面研究制定转型升级规划。各市（州）、县（市、区）供销社按照补短板、去存量、除障碍、增效能的要求，加快发展社有企业，经营服务保持较快增长，推进社有企业联合合作（新华网，2015）。加强银社、银企合作，与光大、招商、交通、中行、农行等银行签订战略合作协议并获得800亿元贷款授信，为升级传统主业、拓展新兴产业和加速推进结构调整、转型升级奠定了坚实基础。

（三）四川供销社综合改革对构建现代农业服务体系的经验分析

1. 服务组织体系建设的经验分析

四川省供销社为农服务组织体系主要可分为三个类别：一是以县级及县级以上供销社为主，其性质属于事业单位，包括省级供销社、市（区、县）级供销社以及所属基层社部门；二是各类供销社所属或控股的社有企业组织以及各基层社组织的联合社，其基本性质属于企业化市场经济组织；三是各级供销社领办或创办的农民专业合作社或资金互助社，其性质为农民互助性经济组织。在“双线运行机制”改革方面，四川省供销社采取的主要做法是：一是加快推进供销社内部产权关系改革，理顺内部组织关系，确立不同部门的职能，解决供销社内部历史遗留问题；二是将事业单位和企业化经营组织相分离，建立供销社系统内部行业指导体系，确保供销社基本性质和服务宗旨不偏离，另外放宽社有企业经营权限，采取现代企业管理制度，以适应市场经济的发展要求，提高服务效率。

在基层组织体系建设上，四川省供销社采取的主要做法是：一是在各个地区积极完善基层社建设，通过财政的投入，整合基层组织资源，建立广覆盖的基层服务组织体系。例如，成都市大力推进基层社和村（社区）综合服务中心建设，2018 年预计基层社的覆盖面达到 90% 以上，村（社区）综合服务中心将达到 60% 左右。绵阳市则是着力运营好农业社会组织服务中心。建成绵阳农业社会组织服务中心，组建供销、农业、林业、脱贫奔康、农促联盟和农业论坛 6 个行业联盟，吸纳全市 26 家涉农行业协会、专业合作社联合社、5000 多个新型农业经营服务组织加入中心，推进更大程度、更高层次合作。为小农户和各类新型农业经营主体免费提供项目发布、产业资讯、种养技术、农资供销、市场信息等农业信息“一站式”共享服务和开展农业科技培训讲座和课程。南江县通过组建县农村综合服务指导中心，构建“县联合社 + 片区基层社 + 乡镇供销分社”三级行业指导体系和“大巴山农产品集团公司 + 乡镇农业服务公司 + 村级综合服务点”三级经营服务体系，开展“三帮双代①”服务。荣县创新基层供销合作社组织体系建设。以多种模式全面恢复重建基层社，多种途径提升服

① 三帮双代主要是指为农业服务中心在南江县开展帮社或家庭农场记账，推动记账规范化、理财专业化、管理制度化；帮村理财，引导 168 个村集体资产公司组建南江县聚合集体资产管理总公司，村集体将总公司股金分红部分按三个 1/3 模式实行二次分红；帮民办事，有效弥补政务服务短板，打通行政审批服务“最后一公里”；代耕代养，开展土地托管服务，提高农业规模化、集约化水平。代购代销，实施“互联网 + 供销”行动，利用庄稼医院、农资供应连锁店和物流网络等平台，解决农产品进城“最后一公里”和消费品下乡“最后一公里”问题。

务功能，加快办成以农民为主体的综合性合作社，2017 年该县供销社系统已改造、新建基层供销社 28 个，实现 27 个乡镇全覆盖。二是在各个地区积极开展基层社联合社以及创办和领办农民专业合作社的创立。在四川省全域范围内，对于有条件的地区，通过基层社或合作社联合在工商部门注册联合社，且赋予联合社法人地位。各供销社部门，通过入股或投资的方式，积极同农业生产经营主体共同组建专业合作社。例如，成都市供销社系统 2017 年新组建农民专业合作社 160 家以上，新增农村综合服务社 300 多家，同时对于成都市内七百多家农村综合服务社建立了星级评定制度①。

2. 服务内容体系扩展的经验分析

四川省供销社系统在农业服务内容领域扩展过程中，一方面积极完善和巩固传统农业社会化服务的供给体系，特别是在农资供应环节；另一方面，利用现代化的科技手段，紧跟新型农业经营主体的发展趋势，逐步向农业服务领域内的关键环节和薄弱环节进军。当前，四川省供销社系统在农业服务内容上，主要集中在农村产权交易、互助性金融、电子商务、产品流通、品牌建设等领域。

在农村产权交易上，着力发展农村产权流转交易市场。率先在绵阳市涪城区开展农村产权流转交易服务试点，以企业运营、政府购买服务方式建立农村产权流转交易中心。成功争取授权市、县供销合作社组织实施全市农村产权流转交易市场体系建设职责。研制出台《绵阳市农村产权流转交易市场体系建设实施方案》及相关配套政策，推进各县市区同步出台具体实施意见。2017 年 8 月，全市建立市级运营公司 1 个（市级公司同时运营涪城、游仙、安州三区产权交易），县级运营公司 6 个，市级交易中心 1 个，县级交易中心 6 个②，市、县以企业化运营，注册资金达 2000 万元，获得市场建设费用财政补贴、政府购买公益性服务费用近 500 万元。通过便民服务中心等延伸覆盖到乡（镇）、村，建立乡（镇）服务站 277 个、村信息收集点 3370 个，从业人员近 4000 人。四川省通过互联互通的省、

① 数据来源：http://sichuan.scol.com.cn/ggxw/201801/56055737.html。

② 数据来源：见梁明《农民按需“下单”合作社照单“上菜”》，《绵阳日报》2017 年 9 月 19 日。

市、县、乡、村五级农村产权流转交易市场体系全面建成，实现了农村产权交易服务平台在全市范围覆盖。

在电商物流领域，具有代表性的是四川省泸县的做法，泸县供销社综合改革主要集中电商物流领域。通过组建“泸州供销电子商务有限公司”，建立“川帮网”泸县电子商务综合服务平台，实现与知名电商的有效对接，成立了“泸县电子商务协会”，引领和规范了电商行业发展。通过整合泸县商务、供销、电信、邮政等部门资源，推动“互联网+供销社”发展，对供销社传统的营销和服务网络实施信息化改造，建成泸县电子商务孵化运营中心和“供销e家”泸县电子商务综合服务中心。建立镇村级电商服务站（店），实现电商服务网点镇村全覆盖，为农村消费者提供网购网销、助农取款、缴费、充值、订票、代收代发、代换代退、引导宣传等便民服务，形成了县、乡（镇）、村三级电商综合便民服务网络。建立“泸县农产品质量安全追溯系统”，强化农产品质量监管、开展“三品一标”认证，解决农产品“最前一公里”质量保证问题。自主开发“泸县电商仓储物流管理系统”，全程GPS实时监控，及时优化配送路线，减少物流运营成本。整合多个快递物流资源，承接进程进村配送、揽收业务，有效解决农村电商市场培育期的物流配送生存问题，解决“最后一公里”配送难题。该模式的优势主要体现在：第一，建立了电子商务协会，规范和引领农村电子商务行业的发展；第二，通过与商务、供销、电信、邮政等部门的合作，整合有限资源，发挥较大功效；第三，推动“互联网+供销社”模式，解决农产品“最前一公里”质量保证和“最后一公里”的配送难题。

在财务金融上，米易县供销合作社综合改革主要是通过成立农民专业合作社会计服务中心。由米易县供销合作社牵头组建，专门为农民专业合作社等新型经营主体提供会计核算、项目申报、合作社创办、政策咨询、法律维权等综合性、社会化服务拓展的服务组织。其功能优势主要体现在两个方面。第一，服务作用。通过较低的有偿服务，为专业合作社提供专业化、规范化的专业财会、统计服务，有效减轻了专业合作社的经济负担。专业的会计记账和核算，有效增进理事会与成员之间的信任，有利于上级财政扶持项目的申报，加强了专业合作社、供销社与有关政府部门的联系，促进信息的传递。第二，桥梁作用。加强供销社与专合社、基层社之间的关系，有效发挥供销社农资销售、配送等传统业务的优势，开展技术培训、产销对接、小商品配送等综合性服务，减少中间环节，为专业合作社成员降低农资成本，提供专业技术服务。通过植入社会综合服务、庄稼医院、电子商务等途径，帮助专合社规范发展，增加盈利点，增强专业合作社凝聚力。联合政府有关部门、企业团体、科研院所和大专院校等，为农民合作社、农业企业、家庭农场等经营主体提供生产经营、技术推广、政策咨询、法律维权，项目申报、贷款融资、教育培训、农业生产资料供应、农产品加工和营销等综合性、社会化服务，成为供销社与合作经济组织的连接器。绵阳市探索农村集体经济理财服务，通过组建会计服务公司，为周边市、县内的养殖场、合作社、家庭农场、农业龙头企业以及村集体经济组织等主体提供财务、税务、项目策划等工商服务。同时，该会计服务公司还积极探索为村集体理财和审计等服务内容，协助政府对村集体财务的监督管理①。龙泉驿区依托长松水蜜桃专业合作社成立“成都市龙泉驿区长松农村资金互助部”，已发展社员 156 人，筹集股本金 75.90 万元，发放借款 2 笔，借款金额 25 万元。龙泉驿区供销联社着力把供销社打造成为以供销合作社机关为主体，以农民合作社服务中心和基层企业为两翼的农民生产生活服务综合平台。荣县开展了资金互助实践，设立社员制、封闭性的原则，在不对外吸储放贷、不支付固定回报的前提下，发展农村资金互助合作。经四川省委农工委、省供销社批准荣县东奇谷物种植专业合作社资金互助部已正式挂牌成立，并进入正常运营。绵阳市遵循“内部互助、封闭运行”原则，在不对外吸储放贷的前提下，成立资金互助协会、资金互助社、资金互助社联合社三种形态的资金互助组织。

① 会计服务公司的全名是绵阳众合三农会计服务有限公司（属于绵阳农村合作经济组织会计服务中心），同时还成立了安州区、梓潼县两家会计服务分中心。截至 2017 年，为安州、北川、梓潼等 29 个贫困村的代养场、21 个专业合作社、7 个家庭农场、11 个龙头企业，及 14 个村（原村财乡管）提供记账理财、税收策划、纳税申报、项目策划等系列服务。通过探索帮村理财，为村集体提供资产统筹经营管理服务，协助政府加强对村集体经济的监管。今后，随着经营发展，将覆盖到绵阳农业社会组织服务中心管辖的全市 1.6 万户种养大户、5000 余户各类专合组织及其他行业。

3. 服务供给形式创新的经验分析

在过去很长一段时间，四川省供销合作社为农服务形式主要采取的是单纯的“门店”直接销售或直接服务。随着我国农业现代化进程的推进，这种单一的服务模式越来越不适应农业经营主体多样化的发展需要。因此，四川省供销社在综合改革过程中积极探索多样化的服务供给形式，一方面积极对传统技术手段进行改造，将互联网、物联网、自动化装备运用到农业生产经营、农业技术培训、农业服务中去；另一方面根据服务环节和服务对象的差异积极开展托管（全托或半托）、购买服务、代购代销、互助合作等形式的服务供给方式。对于服务模式上，四川省供销社积极探索“供销总社 + 联合社 + 合作社 + 农户”“县联合社 + 基层社 + 供销分社”“供销社 + 农业服务公司 + 农户”“供销社 + 合作社 + 农户”“供销社 + 行业协会或联盟”等服务模式提供农业社会化服务。

例如，荣县供销社大力开展土地托管，大力发展专业合作社，家庭农场。推进供销合作社综合改革，以密切与农民联系为核心，通过基层社及领办的农民专业合作社，积极探索服务“三农”新路径，开展土地托管服务模式，采取服务型全托、收益型全托、半托型合作等方式，为农民和各类新型农业经营主体提供耕、种、收、加、贮、销系列化服务。2017 年，托管面积 26081 亩，半托管面积 29601 亩；计划托管 29145 亩，半托管 21050 亩，发展专业合作社、家庭农场有 743 个。崇州市供销社总公司与崇州市耘丰农机专业合作社合作，在 10 万亩粮食示范区内新建了综合性的为农服务中心，实现大宗粮食作物（小麦、稻谷、油菜等）半托管面积 1.5 万亩，全托管面积 2000 亩，托管区域实现水稻、小麦、油菜等大宗粮食作物产量 1.7 万余吨，农业产值近 3000 万元，年托管服务收入 800 余万元，净利润达 120 余万元。实现托管土地收益同比提高 10%、每亩达 100 ~ 150 元①。绵阳市扎实开展农村土地托管。从开展农资经营服务起步，积极拓展选种育苗、测土配方、统防统治等综合配套服务，把绿色有机农资、高产优质种子、先进农业科技、现代农业装备等生产要素送到农民身边。采取“供销合作社 +”模式，开展种植全程托管和经营性托管服务，

① 数据来源：四川在线，http://sichuan.scol.com.cn/ggxw/201801/56055737.html。

通过“租金”变“保底收益 + 股利 + 种粮补贴 + 务工收益”，加强了利益联结机制，降低了生产成本，提高了效率。与农业等部门签订服务协议，重点向以村为单元的小农户、专业合作社、种粮大户、家庭农场等提供病虫防治服务。全系统累计承担购买服务 2 万余亩。依托龙头企业，组织引导小农户，通过组建合作社和联合社，开展规模种植，形成产、加、销完整产业链，实现“第一、第二、第三”产业深度融合。盐亭县“引农入社、教农学技、带农入市、助农增收”的土地托管模式。

（四）供销社改革面临的核心问题探讨

1. 供销社和乡镇农业综合服务中心的职能分工问题

此处探讨的供销社主要是指乡镇一级的隶属于供销社的基层社、合作社、合作社联合社等从事“三农”服务工作的组织。乡镇农业综合服务中心主要指的是承办所在乡镇的农业、林业、水利、农业机械、畜牧兽医等基层农业技术推广、动植物疫病防控防治、农产品质量检测等服务性工作的事业单位性质的为农服务组织。供销社和乡镇农业综合服务中心都是农业服务体系中重要的组成部分，供销社不仅为农业的生产经营提供经营性服务，承担一部分农业公共服务工作，例如，人才培训、技术推广、政策宣传等工作。而这也造成了供销社系统和乡镇农业综合服务中心系统之间业务范围的交叉和重叠。鉴于中央对供销社合作经济组织的组织性质以及为农服务的功能定位，根据四川省各地区供销社的改革趋势，供销社在农业服务领域中将不断扩展。因此，在构建现代农业服务体系和推进我国供销社综合改革的过程中，需要明确二者在农业服务体系中的关系和职能分工问题，供销社承担更多为农服务工作，而基础组织更多承担行政管理职能。

2. 供销社改革过程中国有或集体资产流失和经营无效的问题

随着我国供销社综合改革步伐的不断推进，供销社领办或创办企业、合作社、家庭农场等主体的现象越来越多，同时参股企业经营的现象越来越普遍，经营范围也逐渐扩大。在零售、生产和服务等行业均有涉及，且绝大多数都是属于经营性服务。一方面供销社系统所使用的资金，绝大多数来源于财政资金或集体资产；另一方面供销社县级及县级以上又属于事业单位性质，采取行政化的管理方式。供销社投资和经营过程中面临极高的市场风险，在资产监管和使用不当的情况下极易造成国有或集体资产流失的问题，并且供销社系统形成于过去的计划经济，在制度建设上依旧存在诸多缺陷，伴随着市场经济发展趋势，往往会造成内部的不作为和寻租行为的产生。因此，在供销社改革过程中还必须关注资产流失和经营无效率的问题，尤其在监管制度上要加以重视。

3. 各级供销社财产产权问题

在针对四川省一些地区供销社综合改革的调查过程中发现，尽管各个地区都在积极的推进基层社的建设，但所建立的基层社或部分综合服务中心无非是在县级以下经营门店或其他私人所属门店进行整合或冠名，组织建立的合作社也较少有农户真正参与进来。绝大多数基层合作社与农民之间不存在合作关系，也没有一定的产权关系。同时，许多地区上级社和下级社之间，现行各级供销社之间是一种行政上的上下级关系，下级社是上一级社的成员，上级社指导监督下级社工作，上级社与下级社之间是指导监督关系。各级供销社的财产归属不同的集体，上级社不能调动下级社的财产，缺乏产权联系，联合社出现不联合，各自为政，无法形成统一调动和相互联合关系。在集体所有制的供销社内部之间，集体概念的模糊，内部成员产权不明晰，决策权往往受少部分人的控制。因此，在推进供销社改革过程中，产权问题，特别是财产权的问题应是一个重中之重，需要理顺，只有如此供销社的改革才能成功，供销社的服务功能才能更好地发挥出来。

（五）经验启示

四川省供销社综合改革主要集中在基层组织体系、农业综合服务平台、社会化服务扩展、物流网络体系、社属企业或社控企业转型升级等几个方面。改革过程中，获得了较大的成绩和积累了许多经验，特别是县级层面的改革或一些农业社会化服务项目上的建设，形成了可推广、可复制和易执行的模式，例如南江县、泸县、米易县、荣县等地区的做法。同时，四川省供销社系统越来越向“三农”领域进行业务扩展，逐渐体现其为农服务的宗旨。供销社系统是一个庞大的网络体系，涉及不同主体之间的利益关系，在改革过程中依旧存在许许多多的矛盾和问题。

在未来的改革过程中要注意三个方面。一是需要梳理供销社系统同乡镇农业综合服务中心、市场经营主体三者在农业社会化服务体系中的关系和职能分工，同时还需要科学处理供销社在农业服务过程中经营服务和公共服务之间的关系。二是理顺供销社系统内部各主体之间的产权关系，明确不同主体之间的责任和权益，增强不同层级、不同领域之间的利益联结关系，形成共同意识，提高管理效率和协调性。三是建立健全供销社系统内部制度建设，特别是监督管理制度和决策制度，多运用多主体协商决策机制，提高决策的科学性和投资的有效性，强化管理者责任，预防国有资产或集体资产流失。

在实践或政策层面上：一是要积极构建新型供销服务体系，尤其在新型农资供销服务体系上，深化农资供销体系的综合改革，构建科学的供销模式，提高各类补贴效益，强化供销社与基层农技服务部门之间额度融合；二是促进供销系统各产业内容之间的优化和调整，尤其要建立起以物流、品牌营销、信息等内容为主的新型农产品物流服务体系，重点突出“互联网+”、农产品物流产业链、公共品牌建设等方面。

五　农业服务规模化和农业转型发展研究：作用机理、形成逻辑和经验启示
——以农机作业服务为例

依据各发达国家以及近几年来中国农业建设实践，农业的转型路径大致可分为两条路径：一是整个社会化大分工背景下，农村劳动力向城市转移后，各农业生产要素向少部分主体集中，通过要素的集聚，实现规模效益，从而实现农业生产经营的内生转型；二是农业内部专业化分工背景下，专业化农业生产性服务主体的出现，托管生产环节外包的途径，将分散化、细碎化的小规模生产经营集中起来，实现农业生产经营活动的规模化，从而实现整个农业生产经营转型。现代农业服务体系的其中一个发展目标就在于通过构建完整的农业社会化服务体系，实现第二条路径的农业生产经营转型发展，加上农业机械作业服务是农业服务体系中重要服务内

容之一，其承接的农业生产环节外包服务不仅决定着农业的生产方式，还决定着农业的经营方式。通过对近几年农业实践活动的观察发现，农业机械作业服务正在重新定义我国现代农业服务体系的内涵，并且对农业生产要素的重新整合起到至关重要的作用。

（一）引言

随着我国“三农”领域改革的不断深入，农业生产方式和经营方式正发生深刻的变革。在生产方式上，由过去主要依赖人力、畜力和人工操作简单器具为主的生产方式向依赖大型机械设备、信息技术、自动化、云计算等现代技术运用的方向转变。在经营方式上，逐渐由过去分散化、规模小的传统小农户的经营方式向由职业农民或农业职业经理人所经营管理的家庭农场、农民专业合作社和农业企业等新型农业经营主体为主的方向转变。也就是说，为适应我国城镇化进程、社会化大分工和国际农产品竞争等目标的实现，由传统农业向运用新技术、新观念、新管理方式等内容的现代农业转变成为我国农业发展的必然道路。因此，生产要素的集聚成为农业现代化进程中必要的过程，尤其是土地的规模经营成为主要方向，而土地流转则成为我国农地集中经营的最主要方式，也是当前我国农业政策的主线。欧美发达国家农地高度集中的农业现代化的路径可以成为我国农业现代化发展路径的标杆，但不同的国情下，特别是我国人多地少和长久以来形成独特的人地关系等国情特征，使得我们必须走出适合自我国情的实践道路。

根据第三次农业普查结果显示，截至 2016 年 12 月 31 日，我国共有 20743 万农业经营户，其中，398 万规模农业经营户，非规模农业经营户依旧占总数的 98% 左右①，这说明我国农业主要经营格局未得到根本性的改变。另一方面，我国农业从业人员共有 31422 万人，占总人口 23% 左右，且具有逐年减少趋势，这又说明，我国农业在国民就业中比重较小，农地适度规模经营可能性不断增大。截至 2018 年底，我国农作物综合机械化水

① 数据来源：国家统计局：《第三次全国农业普查主要数据公报》。

平达到67%[①]，这说明我国农业生产方式得到根本性改变。那么，在我国农业经营方式未得到根本性改变的情况下，为何生产方式却得到根本性的改变，其中主要的原因在于劳动力流动背景下，由农业机械为载体，农机服务组织为实施对象的农机作业服务外包服务开始在农业生产经营领域中大量出现，即通过生产环节外包，通过服务规模化的方式来推进农业规模化过程，进而推进我国迈向现代农业的转型发展进程。众所周知，由于我国独特的人地关系，农地不仅要起到产品供给的经济功能，还需要实现其政治稳定器的社会保障功能和保护自然环境、维护生态稳定的功能，故小农为主的经营格局在很长一段时期内无法得到根本改变。在2019年中央一号文件中提出了要促进小农户与现代农业有机衔接。除促进农地在农户之间的流动、通过土地流转方式实现小农户向规模生产经营户的转变路径外，通过生产环节外包，即农业服务规模化方式，将小农户引入社会化分工，实现农地的规模经营成为小农户与现代农业有机衔接（刘守英，2013），转变农业发展方式，推进我国农业转型和高质量发展的有效途径。

在土地所有制和承包关系不变的前提下，农机的社会化运用是农业生产和经营方式改变的重要方向，是实现农业规模经济的重要途径（许秀川等，2017）。为解决农业生产劳动力不足以及农民兼业的需求，以机械为载体的农机作业服务则应运而生，并承担着农业生产环节外包实施的主要任务。截至2018年底，我国农机总动力超过10亿千瓦，农机专合社等作业主体达20万个，其农机作业服务面积占全国农机作业的10.5%[②]，农机作业由以耕种收环节为主向产前、产中、产后全程拓展，由种植业向养殖业、农产品初加工等领域不断延伸。

然而，我国农业生产性服务依旧面临专业化水平低、技术含量不高、服务不稳定、价值创造不明显（以劳动力替代为主）、服务组织实力弱小、服务环节分离明显等问题。总而言之，我国农业服务供给水平难以满足我国现代农业发展的要求，其各产业、各环节和各服务体系之间的衔接还不足，无法有效推进农业转型升级。在政策主线关注农地流转对规模经营促

① 数据来源：中国供销合作网，http://www.chinacoop.gov.cn/HTML/2019/01/03/147203.html。

② 数据来源：中国农业机械化信息网，http://zw.amic.agri.gov.cn/nxtwebfreamwork/detail。

进作用的背景下，对农业服务规模和农业转型发展之间的作用关系、形成逻辑等内容的认识，总结现实实践带来的经验启示，对构建现代农业服务体系，促进农业转型升级，推进我国农业绿色高质量发展具有重要意义。因此，本节以农机作业服务为例，重点分析服务规模化和农业转型发展之间的相互关系，识别农机作业服务对农业转型发展作用关系的形成逻辑，通过典型案例的分析，探索经验启示。

（二）文献回顾

农业规模化经营，特别是以土地流转促进农业规模化经营成为国内外学者研究的重点，其主要关注土地规模经营的条件、效率和最优规模等问题（Hall，1987；刘凤芹，2006；倪国华、蔡昉，2009；Savastano et al.，2009；许庆等 2011；Sumner，2014；倪国华等，2015；Otsuka et al.，2016；Lowder sarah et al.，2016；韩朝华，2017）。开始有学者发现，农地流转的土地规模经营在我国现行约束条件下，面临诸多制度性障碍（李恒，2015），在小农户占数量主导的情况下，短期内很难得到根本性改变（胡凌啸，2018），我国政府也在依据实践的改变，总结实践经验，最终确立了多种形式的适度规模经营的方向（张红宇，2013），故通过生产环节外包，实现服务规模化带动农业规模化经营成为可能（胡新艳等，2016；孙新华，2017；陈义媛，2017）。显然，以土地流转的农地规模经营带动的农业规模经营与生产环节外包的服务规模化带动的实现土地集中生产经营的农业规模经营成为两种最为关键的形式，且农地流转的规模经营和服务外包的规模经营并非完全独立的关系，二者具有很强的相互促进关系（胡凌啸，2018）。要想实现小农户和现代农业的有机衔接，促进农业转型，必须将农户组织起来，构建起完善的农业社会化服务体系，走日本和韩国“服务规模化”的道路（孔祥智、穆娜娜，2018）。农机作业服务是我国农业生产性服务业中的重要组成部分之一，不仅是推进我国农业机械化发展，实现小农户和现代农业有效衔接，更是实现我国农业高质量发展的有效途径（芦千文等，2019）。我国城镇化背景下劳动力转移、生产经营女性化与老龄化、农地细碎化、分工效率以及政策扶持等因素的促进，我国农机作业服务开始不断产生和发展，逐渐深入到农业生产经营过程

（陈锡文，2011；纪月清等，2016；许秀川等，2017；芦千文等，2019）。家庭劳动力数量、土地面积、服务价格、户主年龄、兼业程度、农保有量、农地细碎化程度、要素相对价格等因素对农户农机作业服务采用具有显著影响（宋修一，2009；纪月清等，2011、2013 和 2016；展进涛等，2016；蔡键等，2017）。

通过上述文献的梳理发现，对于农业服务规模化和农机作业服务问题都有一定研究，特别是对农业服务规模化产生的前提和对我国现代农业发展的重要意义和作用等问题有充分的论证。对于农机作业服务问题的研究上，农机作业服务的地位、作用、产生原因、推进和影响服务采纳等因素的实证分析上有较为丰富的论证。尽管，以往的研究人员对相关问题有充足的研究和分析，但是在农业服务规模化和农业转型发展之间的相互关系分析不够，未充分说明二者之间的相互作用关系的机理，同时也未就二者相互作用形成的逻辑，特别是农机作业服务对农业转型发展作用形成逻辑上，未构建起完整的逻辑框架。为弥补前人研究的不足，本节将重点分析农业服务规模化与农业转型发展之间的相互关系和形成逻辑，构建起农机作业服务对农业转型发展的作用框架，并结合实践典型案例的分析，最后提出相关经验启示，以期为理论研究者和实践参与者提供有效借鉴。

（三）理论分析

1. 基本概念的界定

（1）农业服务规模化。

农业服务规模化是研究人员将农业规模经营的两个路径“土地流转和生产环节外包”区别化表达的概念表述，而农业服务规模化是对生产环节外包带来的农业规模化经营的表达。在传统小农经济条件下，农业生产经营活动主要依赖于家庭劳动力，呈现出自给自足的状态，并未出现大规模的雇佣现象，同时也未形成专业化的农业生产性服务组织主体，即使有部分雇佣或是其他劳动力劳作情况，也只是小范围临时雇工或亲戚或朋友之间的协作生产。随着社会化大分工、城镇化和农民兼业化以及劳动力流动带来的生产经营者老龄化和女性化特征，加上农地规模极为有限和要素使用价格的变化，使得专业化的农业生产性服务主体不断出现，提供专业化的农业生产性服务，例如机械化耕整地、收割、植保、科技指导、信息收集、产权交易、设备维修等。因此，本节所探讨的农业服务规模化，主要是指农业生产服务的供给者为农业生产经营者提供的专业化农业生产性服务内容，主要表现为一对多的服务供需格局过程，依据收费情况可分为公益性服务和经营性服务。

（2）农业转型发展。

我国的农业生产经营活动大致可分为五个阶段：一是原始社会，依赖自然生产的采集阶段；二是封建社会早期，依赖石器、木制工具进行人工驯养和种植阶段；三是封建社会中晚期和建国初期依赖青铜、铁器等工具，以家庭为主，依靠人力和畜力进行生产经营的阶段；四是家庭联产承包责任制后，在工业革命背景下，依赖新兴的科技技术，例如种子、化肥、农药、机械设备等技术变革，以家庭和企业经营为主的石油农业时期；五是以家庭农场为主，农业企业、合作社等新型农业经营主体，坚持可持续、绿色等先进理念，运用先进管理手段，新兴生物技术、基因技术、互联网技术、机械技术和工程技术等科技条件的现代农业阶段。而当前我国正处于传统农业向现代农业转变阶段，即传统石油农业向现代绿色农业转变。因此，本节所探讨的农业转型发展主要是指我国传统农业向现代农业转变的过程，主要集中在指导理念、生产方式和经营方式上，其中指导理念由粗放式、破坏性、掠夺式和不可持续向集约、高效、绿色和可持续转变，生产方式由人、畜和简单工具向智能化机械生产设备转变，经营方式由分散化、规模较小的家庭经营向适度规模、组织化和市场化的经营转变。

（3）农机作业服务。

农机作业服务，又称农机作业委托服务，是指农业服务的供给者向农业生产者提供的农业机械化生产的服务项目。目前，国内许多的研究者有称其为农机作业服务，也有研究者或是政府层面称之为农机社会化服务。本书认为，农机社会化服务的范围更为广泛，不仅包括农机作业委托服务，还包括农机公共管理及服务、农机维修、培训等内容，而本节所探讨的主要是农机服务的供给者和需求者之间的关系。因此，采用农机作业服务的概念，其主要是指农业生产服务组织为农业生产经营主体提供的专业化、市场化的农业机械作业服务。

2. 农业服务规模化与农业转型发展的关系

（1）农业服务规模化对农业转型发展的作用机理。

在前文概念界定部分指出农业转型发展主要是指由传统农业向现代农业转变的过程，也可称之为我国农业的现代化，其主要内容就是改造传统农业的过程，使得我国农业生产经营过程能够运用先进的科学技术、管理方法、机械设备等内容，生产出安全、绿色、可信赖、有机等高质量的产品，实现农业高效、绿色和可持续发展，保障我国粮食安全和提升国际竞争力。在传统小农自给自足为主的生产经营模式之下，小农户受制于经营面积、人力资本和机会成本等因素，同时，以政府农机推广部门为主的公益性农业生产性服务，主要集中在部分种苗推广、政策落实、政策宣传和相关认证或监察服务，难以提供为农服务的核心内容。因此，传统小农经营模式之下，其很难掌握或践行先进理念，也无法运用高效的管理方法和先进的机械和其他设备，提高生产经营效率。除传统小农户之外，代表现代农业发展方向的新型农业经营主体践行的适度规模经营，受制于要素集约程度、外部性和分工水平等因素下，完全的内部自我服务很难实现，必须通过一定的生产经营环节外包，寻找专业的服务队伍或组织，寻求专业化分工效率，进而提升其生产经营效率，因为某些农业技术或高端设备的使用有很强的最低使用规模约束，依据发达国家的经验显示，越是规模化、集约化和组织化的农业，其农业社会化服务越是系统、完整和专业化。农业服务规模化是农业生产经营的主体，将农业生产和经营的某些环节或多个环节的工作内容外包给某个专业化的服务主体，由服务主体来承接其生产经营任务，其本质是农业内部以及农业和其他生产部门之间的分工。当农业生产经营主体，受制于人力资本、经营规模、要素价格变化等因素，无法实现对新理念、新技术、新科技、新设备和新管理方法等内容的运用情况下，农业服务主体运用专业化和分工的优势，通过实现某种服务的规模化，将新理念、新技术、新科技、新设备和新管理方法运用到农业生产的经营过程，进而改造原有的生产经营方式，实现效率的提升。

（2）农业转型发展对农业服务规模化的作用机理。

从本质上来讲，农业服务规模化的过程，就是农业转型发展的过程，农业服务的质量和高度也决定着农业转型发展的质量和高度，二者具有相辅相成、相互促进的关系。传统农业的目标或要求主要是追求产量，满足人们生活和其他生产活动的需要，在此阶段农业生产经营主要以“数量”为追求，即为了数量的尽可能最大化，不惜牺牲环境和产品质量为代价。而随着社会的进一步发展，我国开始进入现代农业的发展阶段，该阶段的农业生产经营方式也发生新的改变，农业发展的目标不单单追求“产量”，还追求“质量”，不仅需要生产出绿色、安全的食品，还追求人与自然的和谐，实现可持续发展目标。由于生产经营方式的改变以及发展要求或目标的不同，对农业服务供给的方式也提出了新的要求：不仅需要实现劳动力的替代，弥补要素价格变动带来的损失，还需要实现新价值的创造；不仅需要提供单环节、临时性的服务内容，还需要实现持续性、系统化的服务内容，保障生产经营的稳定。因此，当农业转型发展实现之后，由于新生产经营方式的改变以及新目标的出现，会反作用于农业服务规模化发展，对其组织形式、工具运用、服务方式、服务内容、服务管理等内容提出新的要求。

（3）农机作业服务与农业转型发展的作用机理。

农机作业服务是农业生产性服务中重要组成部分，也是通过服务外包实现规模化的主要方式之一。当前，我国农业生产环节的外包服务内容中，农机作业服务是核心内容，通过以机械为载体，带动农药、化肥、种子、农业科技和管理等内容的发展。在农业转型发展过程中，由于城镇化带来的工商业的发展，使得大量青壮年劳动力流向城市工商业，使得农业生产经营过程出现严重的劳动力短缺现象，特别是在农忙季节，更是缺乏劳动力，急需寻求新的生产工具来替代人力和畜力的耕作。此时，农业机械成为首选。同时，又由于经营规模较小，单个农户需购买作业效率高效的先进、大型的农业机械设备服务，农机作业服务则应运而生。一方面，通过农机作业服务带动的生产方式、管理方法、要素配置等内容的变革，积极推进我国农业生产经营的转型和发展，适应新时期的发展要求；另一方面，我国农业转型发展过程中农业生产规模和经营模式也不断发生新的改变，这对于农机作业服务的内容、形式和管理等内容带来新的要求。例如，在我国劳动力大量向城市工商业转移过程中，农机作业服务主要以劳动力替代的单环节、快餐式作业为主，而随着我国劳动力流转逐渐稳定之后以及农业生产经营方式发生根本性变革之后，对属地性、系统性和科学性的价值创造服务的需求愈来愈强烈。这就要求对农机作业服务的组织管理过程，更加精准、严格和科学，实现整体的社会、经济和生态效率。

（四）形成逻辑

农机作业服务是农业生产性服务外包的核心内容，也是推进农业规模化生产经营的主要路径之一。农机作业服务不仅是简单的机械对人力的替代，承担特定的生产任务，更是对农业生产经营过程中各要素配置的调配。当前，农业规模化生产经营，成为我国农业生产经营的主线，也是我国农业政策的主要导向，而本节主要分析农机作业服务的运用对农业规模化集约经营的影响，构建起农机作业服务对农业转型发展作用形成过程的逻辑框架。

前文指出，农业转型和发展过程就是由传统农业向现代农业转变和发展的过程，即由粗放的分散小农经营向集约规模经营转变，实现由低质、低效向高质、高效的转变。传统农业主要特征表现为科学理念不足、生产方式落后和管理形式粗放，而现代农业则要求新指导理念、新科学技术、新机械设备、新型管理方式的运用。最初农机作业服务的产生源于劳动力转移带来老龄化和女性化的问题以及生产要素相对价格的改变，特别是土地和劳动力要素使用的机会成本逐渐增加，加上通过土地流转实现规模化经营的路径面临土地产权和土地保障等制度的约束，同时，农业内部和整个社会产业分工的深化，专业化生产逐渐形成，原有的小农户或部分规模经营主体无法实现单独的新技术、先进设备和管理方式等具有现代农业特征的内容运用。因此，对专业化农业生产性服务的需求得以产生。当市场需求产生之后，农机作业服务供给开始产生，另外由市场自发形成的农机专业合作社、农机服务公司和农机作业队组成的供给主体开始将新科学技术、新管理方式和新指导理念，以机械设备的作业服务为引擎，整合服务要素资源，向各农业生产经营主体提供相应的农机作业服务，其主要包括耕整地服务、播种、植保、收割、运输、烘干和初级加工等环节上的服务。此过程，将分散的农地集中起来，运用新的科学技术、机械设备、管理方式和指导理念，使得在传统原有的农地产权关系并未发生改变的情况下，实现了新理念、科技、机械设备和管理方式的运用，使得服务现代农业的发展要求，满足消费者对产品质量的要求，满足国际间竞争力的需要和满足农业可持续发展的要求。具体形成逻辑框架见图 8-6。

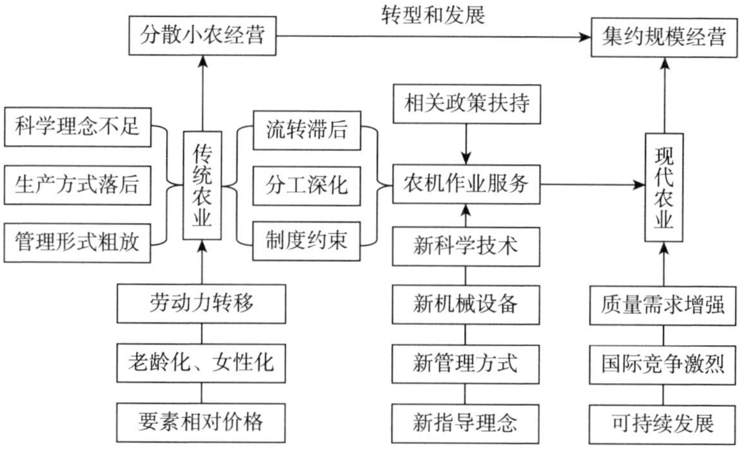

图 8-6　农机作业服务对农业转型发展作用形成逻辑

（五）典型案例解析

1. 案例来源

我国地形多样性比较明显，尤其以丘陵和山地为主，且很大部分农业生产区域以丘陵和山地为主。纵观我国农业现代化进程，尤其是农业机械化方面，几大平原地区基本实现了农业的现代化，且生产方式主要以机械化生产为主，经营方式主要以新农体为代表的适度规模经营为主，基本摒弃了传统的小农生产经营方式。在广大丘陵地区，由于自然、经济和社会等因素的限制，很大一部分还保持传统的生产经营方式，其机械化进程较为缓慢。为此，为丘陵山区实现农业的现代化进程，推进丘陵山区农业转型发展的步伐，特选取在丘陵山区开展农机作业服务较为成功，且获得较大的社会、经济和生态效益的一家农机专业合作社为分析对象，探究农业服务规模化对农业转型发展的作用。

本节所分析样本合作社材料主要来源于国家社会科学基金项目（14XG003）

调研数据，根据四川省五大经济区以及地形条件的分布选定样本。样本合作社资料分为两个阶段获取：第一阶段为2017年8月期间的调研，主要了解了样本农机合作社基本状况、股权结构、业务状况、契约形式、机械配置、制度建设、扶持政策、现实困境和政策需求等方面的内容，实现前期资料的收集积累；第二阶段为2018年10月期间，根据研究需要的数据信息，对样本合作社进行回访调研以及对其经营活动进行跟踪观察。

2. 案例介绍

样本合作社为邻水县农友农机专业合作社，属省级示范社（2017），位于广安市邻水县袁市镇，成立于2016年，通过合伙人出资的形式发展起来，现登记在册社员210人，实际参与经营社员7人，固定员工20余人。该合作社以机械设备为依托，建立了丘陵地区土地全程托管的“合作社+村集体+农户”的三级利益分配机制，实现了丘陵地区的全程机械化。农友合作社是由返乡创业青年带头创办，在2014年时候，该创始人放弃在江苏等地的旅游服务业务，回到家乡进行农业生产创业。刚开始成立了盛世农业公司，通过土地流转的方式来进行粮油，特别是水稻的生产经营活动，但在此过程中高昂的土地租金、物质资料和人工成本以及监督管理成本使得亏损较大。随后，几个股东另辟蹊径，将土地返还给农户，成立农友农机专业合作社，建立起对农户的全托管服务模式，为农户提供全程的生产服务，但该服务模式带来利润空间有限。随着当地劳动力的不断流失，合作社负责人发现了在耕整、植保和烘干等机械化服务环节呈现空缺，依托原有的机械对外开展单环节的农机作业服务，主要负担种植专业合作社以及周边乡镇农业机械化作业服务。截至调研结束，合作社经营土地2800余亩，主要以水稻种植为主，固定资产规模达到710万元，2018年实现经营收入620万余元，其中机械化服务收入为200万余元（占32%），服务总规模达到3.8万亩。合作社现拥有占地10000平方米的厂房，配备有日处理能力400余吨的烘干设备及日处理30吨大米的精深加工线一条，拥有耕整机30余台套、收割机7台、插秧机8台、植保机械40台、灌溉设备30余台，固定资产总额达1200万元。

3. 实践举措和成效

合作社成立之初，也主要采取合伙人出资向农户流转土地运用自有机械进行生产经营形式，面积较小时运行良好，但随着面积增大，过万亩就面临着高昂的土地租金成本和对周边老百姓的监督和内部成本（家禽数量的激增带来产量大幅度减产），既无法获得经济效益，也无法得到周边群众的信任，加上年轻劳动力的逐年流失，其经营风险不断增大，按此发展路径，合作社经营多次面临破产困境。因此，合作社不断探索经营管理和模式的创新，同时更多地考虑未来合作社互助性经济组织的本质属性。最终，走出了以农机专业合作社农业机械为依托，合作社、村集体和农户之间三级利益分配机制为核心的农地全托管生产经营服务模式，在初级产品基础之上，通过产品绿色认证进行精深加工，实现附加值的提升，同时进行年轻劳动力的引进和培训，实现要素积累的规范化发展道路。主要做法介绍如下。

一是立足“三个公开”，强化农机作业服务管理。一是农机服务人员公开。合作社分片区指定联络服务人员，公开服务人员信息，方便农户联系。服务人员根据农户需要，定期不定期深入责任村组，收集服务意见、签订服务合同、组织服务活动，密切同广大农户的联系，从而开发服务对象，提升服务效率，提高服务质量。二是农机作业服务价格公开。合作社合理确定耕、种、防、收、烘等各项服务价格，明码实价对外公开。其中2018 年耕田 90～150 元/亩，播种 25～65 元/亩（直播 25 元/亩、抛秧 65 元/亩），病虫防治作业 15～20 元/亩、机收 60～100 元/亩，烘干 0.16～0.24 元/公斤。分别较传统方式亩均节约成本 150 元、100 元、10 元、150 元、80 元以上。农户可根据需要，自愿选择服务项目。三是农机作业服务质量公开。合作社将每项服务的标准、质量，达到的效果清楚地写入服务合同中，在服务过程中全程接受服务对象监督，从而让广大农户放心消费、明白消费。截至目前，合作社单项和全托管服务面积 3.8 万余亩，服务农户达 5700 余户，为农户节约成本 360 余万元。

二是确立“三次分红”模式，大力发展全程托管、全村托管服务，促进农户、村组与合作社实现多赢。一是兜底分红。对愿意合作的村、组，合作社按干稻谷 800 斤/亩的整村/整组平均产量兜底，全程托管服务费按普通村每亩 650 元、贫困村每亩 580 元收取，保证每户每亩有 350 元以上的土地收益。亩产达到 800 斤的，村集体从合作社提取除全程托管服务费外收益的10%作为村集体收入；亩产超过800斤的，按照老百姓提取30%、村集体提取30%、合作社提取40%，进行第一次分红。二是轮种分红。土地第二季轮种油菜或蔬菜，除去生产运输等成本后的纯利润，按照老百姓提取30%、村集体提取30%、合作社提取40%，进行第二次分红。三是加工分红。对于达到优质、无公害、绿色质量要求的农产品，合作社统一进行精深加工，除去加工、包装、销售成本后的利润，按照老百姓提取30%、村集体提取30%、合作社提取40%，进行第三次分红。截至目前，全程托管服务面积7500余亩，累计为农户分红128万元，村集体分红77万元。

三是确立“四个坚持”，增强农机作业服务信心。合作社通过流转土地建基地，科技种田促增产，科学经营抓示范，以实实在在的效益吸引农户参与到农机作业服务中来。一是坚持全程示范。合作社在周边几个乡镇流转土地2800亩，建立科学种田核心示范基地，采用机耕、机插、直播、植保、机收、烘干等技术模式，让农民全程了解，切身感受科学种田的实际效果，增强对合作社的信心。二是坚持高效模式。合作社坚持选用优良水稻、油菜品种，采取最新种植技术，严格推行标准化生产，产品品质效益得到有效保证。大力开展稻鱼共生综合种养，每年适时举办菜花观赏、油菜压榨、稻田抓鱼、收割稻谷等农事体验活动，实现经济效益和社会效益双丰收。三是坚持品牌战略。合作社坚持生态、绿色标准，围绕自产的生态大米、生态鱼，注册了“滋心源”商标，滋心源精米获得绿色认证，着力构建集“生产—加工—销售—服务”于一体的全产业链条，以品质创品牌，以品牌促销售，以销售增效益的良性循环。四是坚持利润分成制度。合作社与农机操作手之间，确定合作社45%，农机操作手55%的服务价格分成，其中农机作业服务过程中产生的维修费由合作社和农机操作手各一半，而机械使用燃油费则由农机操作手全额承担。通过这一关键制度的设计，大大调动了农机操作手作业效率，提高服务质量和业务拓展积极性。

显然，该合作社的实践是农业服务规模化促进农业转型发展的典型，并获得了较好的效益，从生产方式和经营方式上将当地传统农业改造为具有先进生产工具、先进管理手段、营销手段、科学技术等特征的现代农业。其要点在于：一是以农机作业服务为载体，在依托农业机械的基础之上，整个当地劳动力、土地等要素，实现生产方式的转变；二是通过建立合作社、村集体和农户三者之间的多环节利益分成机制，实现利益联结，提高生产经营活动的治理，提高农户组织化水平，实现经营方式的转变；三是通过绿色农产品认证，将原来普通产品变为具有品质，且具备市场竞争力的优质农产品，实现产品质量和产品营销模式的转变；四是强有力的服务主体，通过合作社这个“中央厨房”服务协调平台，提供全程农业社会化服务，带动小农户和其他新型农业经营主体的发展；五是提供有力的政策扶持，该合作社还享受地方政府农机作业服务购买、财政补贴、项目合作等多种补贴形式，支持农业服务规模化的发展。

4. 农机作业服务规模化面临的阻碍

农友合作社的实践活动，就目前而言，获得了较大的成功，依托农机作业服务开展的全程托管服务，将分散的小农户集中起来，运用新的生产经营理念、先进的机械设备、科学技术或农艺和管理方式，实现了对传统农业的改造，使其符合现代农业的发展要求，不仅解决了劳动力短缺的问题，还解决了农产品质量提升的问题。再者，单环节的外包服务，例如机械化耕整地、植保、收割、烘干和秸秆还田等环节的服务，将大型机械设备运用到传统小农户生产经营过程中去，优化农业要素的配置，实现节本增效。尽管如此，该合作社农机作业服务促进农业转型发展过程中还面临以下几个方面的阻碍。

一是农地细碎化带来基础设施不完善。该合作社作业的广大丘陵地区土地细碎化程度高，界限分明，固定化机耕道建设严重不足。由于广大丘陵地区的农田具有一定的坡度，一方面缺乏固定的机耕道供机械的调度，使得机械在调度过程中会损坏部分田埂或田土，带来部门农户的阻碍，严重影响机械作业效率，另一方面带来对田埂的重复性维修，造成生产成本损失。

二是综合性技术人员缺乏。农机作业服务的过程，不单单是农业机械操作技术，还需要操作人员具备一定的工程技术、管理能力、沟通协调能力以及种植技术的把握，但在实践过程中往往呈现单一型人员，使得农机作业服务无法达到农户或服务对象种植的要求，使得节本增效空间极为有限，无法实现农机作业服务的深化，实现价值的创造。

三是农机作业服务与其他农业生产性服务的纵向联合不足。农机作业服务需要同农业科技、农资、农艺、维修、信息等内容相互协同。当前，农机作业服务很难实现系统化供给的最主要原因之一就在于农机作业服务过程中，难以吸收其他农业服务的内容，无法实现各服务内容之间的有效配合，单纯依靠个体服务组织很难实现全方位协同。

四是种植结构混乱，阻碍成套农机设备和技术的配套。除水稻种植之外，由于分散化的经营主体各自决策，使得丘陵地区绝大土地种植结构混乱，难以实现规模化的耕整、植保、收割和其他农业服务的规模化。广大地区为形成良好的产区专业化生产经营，也严重阻碍了农机作业服务或农业服务规模化的运用。

（六）经验启示

为更好推进我国农业生产机械化以及经营规模化，促进农业转型和高质量发展，根据农机在丘陵山区作业面临的实际困难以及未来现代农业发展的需要，结合前文分析，有以下几点经验启示。

一是以交通便利的优质粮田区域为主，积极推进固定机耕道和调度区域道的硬化建设，完善当地农业生产基础设施。以乡镇为推进主体，对区域类交通便利、土壤肥沃和地形优越的粮食主产区进行科学评估，对单位区域整体统筹设计，设立标识，将机械作业行进路线进行统一规定。建立多级资金投入机制，保障项目的具体实施。利用国家土地整理项目资金以及各级财政农业基础设施投资资金进行重点投入（主产区、优质产品区、重点核心区）。积极调动规模化农业生产经营主体和机械化作业服务主体对机械化基础设施进行投入。

二是在新型农业管理人才过程中，多主体共同推进农业综合技术人员的培育，提供有力的人才支撑。一方面集中培育在农业科技推广、农机操作、农业营销、农业科技指导或运用等方面的专业化人员，同时也注重对综合性人才的培养。另一方面，充分发挥地方政府公益人才培育项目、高等院校或职业院校正规培育系统，增加农业领域人才的配比，加强新型农业经营主体内部培育体系建设。通过国家、省级和县级等多级财政投入提升学习的软件和硬件设施建设，营造良好的技能学习氛围。

三是促进各农业生产性服务内容之间的协调，构建起完整的协调机制，促进要素之间额有效整合。通过龙头企业或合作社以及有实力的经营主体，发挥引导、示范和协调作用，通过政府服务部门、市场服务主体和其他公益性服务主体之间的沟通和协调，建立完整的农业社会化服务体系，特别是构建起农机作业同农业科技、农资、农业工程建设和农艺方面的结果。鼓励有实力的服务组织主体，构建起县域农业综合服务体系，发挥示范基地的引领、带头作用。

四是调整农业种养结构，构建专业化种养功能分区，实现农机作业片区化。广大丘陵山区，依据各地实际情况，因地制宜，以县域为统筹合理布局种养结构，促进相同作物品种的集聚，确立成规模、专业化的生产区域。对区域内，进行统一规划，实现种植技术、生产规程、基础设施等内容的标准化。通过培育专业化的服务主体，为各产业提供高质量的服务，实现专业化分工效率。

五是培育有实力的农业生产性服务主体，强化组织支撑。农业生产性服务过程，具有很强的属地性，对于系统化的服务以及实现价值创造的服务内容，很难由快餐式、单环节小作业队进行，依据属地的区分，必须要有一个综合能力强的组织主体承担协调和“驻地”服务功能，构建系统化的服务体系。要发挥财政、公共服务购买项目资金等扶持政策的杠杆作用，引导和扶持属地性服务主体，实现服务的“坐贾”，创造服务的价值。

六　构建现代农业服务体系的政策思考

（一）财政补贴政策

1. 建立健全现代农业服务组织主体发展的政策扶持体系，着力培育专业化的农业社会化服务主体，优化补贴方式增强服务主体服务能力

一是提高对公共性农业社会化服务主体奖补标准。提高各级财政对政府基层农业社会化服务部门的奖补力度，加强对供销社、农业专业协会、农业科研院校在基础研究、技能培训、农业科技推广等领域的奖补强度，同时，提高对主体内部服务部门提供服务的补贴标准，增强服务积极性；建立公共性农业社会化服务主体绩效考核和奖补制度体系，采取超额补贴方式，设定服务基础目标，对超额任务进行奖励，奖励资金来源于各级地方财政，具体标准根据地区差异进行协定。

二是重点扶持经营性农业社会化服务主体的发展。特别是农业龙头企业、农民专业合作社、专业服务协会对等经营性服务组织主体的奖补标准；提高对农业社会化服务主体的奖补标准，切实保证实际经营主体的财政扶持权益，通过减免行政服务费、贴息融资、人才培训、基础设施建设、机械设备补贴、绩效奖励等方式，支持经营性服务主体的发展；突出对专业化农业社会化服务主体的扶持，同时兼顾生产型和服务型结合的综合性农业服务主体的扶持，采取前者的扶持标准高于后者的支持方式；建立多层级奖补体系，建议差异化补贴机制，对于不同主体、不同经营规模和不同区域以及不同品种服务主体，根据实际情况采取不同补贴标准。

2. 建立健全现代农业服务基础设施建设的政策扶持体系，建立多层级财政投入机制，弥补区域基础设施建设短板

一是加大对农业服务主体发展必需的相关基础设施建设的投入力度。支持各类服务主体申报和实施的农业服务项目；建立中央、省级、县级和乡镇四级财政投入机制，支持各类农业服务主体项目建设；鼓励集体经济组织同经营性农业服务组织共同申报项目和实施农业社会化服务活动，对于合作项目进行优先考虑；支持农民参与项目实施和监督，提高项目实施效率和保障农业效率。

二是创新财政扶持方式。采用直接投入、先建后补、奖励补助、政府购买服务、定向委托等方式，推行财政支农项目资金直接投向符合条件的农业服务主体，开展财政支农项目资金形成资产股权量化，探索建立公共财政扶持政策红利分享机制；开展农业服务示范县和示范主体试点，支持符合条件的新型农业经营主体和服务主体参与农业社会化服务和承担农业公益性服务项目，探索创新农业服务机制。

三是要在创新投融资模式的基础上构建激励相容的“建维一体”财政支持体系，促进高标准农田建设。创新建设模式，如在适当区域对未利用土地资源进行改造，由土地开发运营公司作为实施主体进行投资，采用补贴方式向农业发展银行进行贷款，地区担保机构免费提供保证。项目建成后可产生较大面积的新增耕地，纳入省国土部门耕地占补平衡系统库，根据既定标准获得可观的开垦费，土地开发运营公司和地区财政共享开垦费，农业发展银行获得利息收入，农户获得高标准农田；在 PPP 项目中，明确各方关系，将高标准农田最终经营成果与农户共享；多元化培育项目建设主体，在有条件的地区探索集体经济参与项目的建设和维护，将产村融合、一村一品的产业发展规划与高标准农田建设有机结合；推进龙头企业基地建设与高标准农田建设的有机融合。

四是优化水利工程分类管理制度，多形式落实经营管理责任。对于经营性的水利工程，例如灌溉站、镇村供水工程等，可采取拍卖的形式，由管理者取得其所有权；对于公益性的水利工程如排涝站、桥、涵等，应纳入各级财政预算或采取承包的形式落实经营管理责任；对于兼有双重属性的水利工程如堤坝、河道工程等，可以采取租赁的形式落实经营管理责任。

五是完善用水户协会制度，提升其参与水利工程运行治理能力。制定政策支持用水户协会高效运行；支持在产业协会、专业合作社基础上建立用水户协会，增强协会有效运行的内生动力；完善村社管理制度、用水户协会制度和市场制度，实现集体治理制度与市场制度的和谐发展。

六是采取不均衡的财政投资举措。利用精准扶贫的优势，整合涉农资金，对农业产业集中区、农业基础设施薄弱区和部分关键农用基础设施，采取重点财政扶持的举措；充分利用财政补贴杠杆效应，吸引广大社会投资主体，投资到农业基础设施的建设中来；加强财政资金对农用基础设施的后期维护扶持，保障基础设施的基本功能；将农业基础设施和其他领域基础设施的建设结合起来，统一规划，整合基础设施领域财政，提高财政资金的使用效率。

3. 建立健全现代农业服务内容的政策扶持体系，增强对关键环节的补贴力度，构建关键环节的带动机制

一是构建多主体渠道、多模式的农资供销扶持体系。深化供销合作社综合改革，完善优质农资流通渠道，促进区域农资供销转型升级。按照推进农业供给侧结构性改革的要求，拓展供销社经营服务领域，构建农业绿色防控体系。对农资企业销售符合标准的绿色农资按销售量进行奖补；推行“农资企业+新型农业经营主体+散农”供销模式。依托新农体组织农资代购或是集中采购，整合农资需求，实现购买优势（霍红等，2015），获得性价比较高的农资产品；整合农民合作社农资需求，提高购买效率。组建跨区域的专业合作联社，或依托现有的供销社联社，扩大合作社需求总规模，降低购买成本；优化分类补贴，提升政策支持效果。根据不同类型农业经营主体特征，分类利用补贴等多种政策工具，发挥政策支持的积极作用，如针对普通农户，可免费发放疫苗，针对新型农业经营主体可对其购买的符合标准的疫苗进行定额补贴。

二是优化政策支持全程全域各类服务经营活动。对施用高效、无毒、低残留的农药和生物肥料给予财税补贴；对为规模化产业化生产经营提供机械化作业服务给予补贴；对农机公司或融资租赁公司通过开展大型农机具的融资租赁业务进行作业服务给予补助，将机耕道建设纳入补贴范围，给予建设资金和年度维护补助（关锐捷、周纳，2016）。

三是优化政策支持农业科技和农业科技人员体系。不同地区应详细分析现有公益性科技服务网络，对照详细的农户科技需求网络，合理输出适宜的农业科技，做到户户农业生产都有科技支撑；探索引入第三方评估，优化农技推广人员考评标准，普遍提高推广人员薪资待遇，重奖业绩突出人员，重构农技推广人员激励新机制。制定完善的政策体系引导科研院所农业科技人员（包括大学毕业生）与新型农业经营主体深度融合，总结专家大院、现代农业产业技术体系岗位专家、科技扶贫等经验，鼓励他们服务创业、融入产业、扎根扶贫。实施农业科技入户、农业科技成果转化工程。建设农业科技成果网上交易平台和农业科技服务云平台，鼓励有条件的地方建立农科教、产学研一体化农业技术推广联盟；深入推行科技特派员制度，建立专家大院和星创天地，鼓励科研人员到农民合作社、农业企业、供销社社属企业任职兼职和开展科技创业服务，通过科技入股、成果转让、科技服务等多种方式取得收入。

四是增强政策扶持对现代物流体系建设的支持。通过财政奖补政策，合理进行物流网络布局，建立县级仓储物流中心、乡（镇）物流节点、村级物流网点的三级农村物流体系。积极培育专业化物流龙头企业，强化冷链物流建设，推广现代物流管理技术，推进物流信息化建设，城乡配送体系与服务周边的配送体系建设相结合，形成现代物流体系框架；整合涉农物流体系工程项目，尤其是网络、邮政、道路等内容，形成覆盖全域的流通服务新格局。

五是完善优化农业金融服务政策支持机制。中央财政应承担分散农业大灾风险的重要功能，引导保险资金精准投入；积极探索农业信贷与保险的结合模式。探索农业保险当作抵押替代品的信号，多渠道、多形式增加农业领域信贷供给；借鉴美国经验，探索将收入保护计划与农业保险结合；鼓励开发农业保险新品种试点。扩大试点地区，鼓励开发保险新品种试点，鼓励积极开展符合市场需求的保额补充型商业保险、收入保险、价格指数保险等新品种；积极引导农业保险优先投资领域，优先投资农村基础设施、大型公益项目、农村金融机构及农业产业化龙头企业等新型农业经营主体，助推农业农村发展和脱贫攻坚工作。

（二）税收激励政策

1. 建立健全现代农业服务主体的税收激励政策体系，提高服务主体再发展能力

一是在原有税收减免基础上，继续扩大减免范围。尤其对于提供专业性农业社会化服务农业企业及其个人，在免征营业税的基础上，适当减免企业所得税、个人所得税、车船使用税、印花税、城镇土地使用税和地方三税，尤其是减免用于农业生产等机械设备的税费。

二是对经营性农业服务主体制定专门的减免税政策。对各类农业生产性服务组织，尤其是经营性服务组织实行免税和减税政策，通过发票制度，规范其税务减免政策实施效果。

三是简化针对农业服务主体的报税和减税程序，提高服务主体报税和减税效率。

2. 建立健全现代农业服务发展相关行业的税收激励政策体系，促进行业产业升级

一是对和农业服务相关的行业或企业实行一定的税费减免政策。对于生产农业机械设备的企业、农资生产和经销企业或经营主体在原有税收减免基础上，继续扩大减免范围，在免征营业税的基础上，适当减免企业所得税、个人所得税、车船使用税、印花税、城镇土地使用税和地方三税。

二是采取税收奖励政策。对于对农业科技创新、研发再投入、绿色高效技术的推广以及改善生态环境有功的主体，采取一定额免税的方式。

三是加强我国税收体制改革。减少或降低对农业服务相关行业税费标准，增强行业投资能力，促进行业产业升级。

（三）土地供应政策

一是深化我国农村土地产权制度改革，推进土地确权颁证工作，稳定农村土地三权分置制度。清理权属不明确的土地。针对权属明确的土地，加快推进确权颁证工作巩固农用地所有权、承包权和经营权，宅基地所有权、资格权和使用权的三权分置制度；对于权属不明确的土地，根据各地区实际，明确其权属主体，降低地区土地权属纠纷，提高土地流转效率。

二是加快《土地管理法》修改工作。通过法律的形式，将农地三权分置制度以及相关土地管理制度确定下来，在法律层面保护农地权利所有者的权益，做到有法可依。二是适度放宽农业服务主体的用地限制，特别是专业化的农业社会化服务主体，满足发展的用地需求。在土地用途审批制度上，土地管理部门，根据实际情况适度放宽农业社会化服务主体在办公用地、机械存放用地、科研实验基地、培训场地生物质（有机）肥料生产设施、晾晒场、粮食烘干设施、粮食和农资临时存放场所等附属、配套设施用地的用地限制①；在需求土地功能无法实现改变的情况下，适当采取增减挂钩的方式，合理调整土地利用规划，满足服务主体的用地需求。

三是建立科学的土地流转机制，构建完整的土地流转体系。积极建立公共性和经营性土地流转平台，采用政府投资建立、社会主体投资建立以及公私合营的方式，充分利用互联网和地方产权交易所等平台发布土地供求信息，促进土地需求双方的有效匹配；建立健全土地交易管理制度，保障供需双方权益，设立专门的投诉和调节部门；引入第三方专业机构做好

① 政策参考来源：《安徽省关于加快构建新型农业社会化服务体系的意见》，http://guba.eastmoney.com/news，002556，164945786.html。

评估、交易及更多专业化服务。

（四）金融支持政策

1. 建立健全现代农业服务发展的信贷支持体系

一是进一步深化农村金融体制改革。建立健全适合农业服务发展需要的信贷服务体系，推动我国涉农金融机构的改革，破除机构内部制度和思想观念限制，将更多的金融资源配置到农业社会化服务的重点领域，例如基础设施建设、科学研究、人才培训、产业升级等领域；稳定县域农信社的法人地位，以农信社和农业银行为依托，完善村镇银行的准入条件，积极鼓励国有企业、金融公司、资金互助社等主体参与到为现代农业服务体系构建中来。

二是落实普惠金融实施“定向降准”政策。综合运用差别化存款准备金率、再贷款、涉农信贷政策导向评估等多种政策，引导金融资源向“农业服务”聚集并带动融资成本下行，加强对农业服务主体的信贷支持。鼓励银行业金融机构创新信贷产品和金融服务方式，建立服务主体信用评价体系，加大对服务主体的信贷支持，推进惠农金融服务全覆盖。完善服务主体主办行制度，简化审批流程，对正常生产经营、信用等级高的实现贷款优先等措施。

三是大力推进信贷产品创新。积极完善可调整利率的抵押贷款、浮动利率贷款、背靠背贷款、可转让贷款合同等贷款类金融产品；积极完善浮动利率债券、零息债券、垃圾债券、可转换债券等债券类金融产品；积极完善股权化资产、债务—股权互换、资产证券化、无追索权之资产销售等多种形式资产管理类产品；各金融机构，特别是农业银行和农村信用社，可实行票据贴现、项目融资、科研贷款、订单贷款等；创办“信用共同体”贷款；开办农村公职人员为农业服务主体保证贷款；扩大服务主体以动产和不动产抵（质）押贷款范围，可创办仓单质押贷款、滩涂承包经营权和林业资源抵押贷款、住房贷款、服务创业贷款等（杨连波，2007）。

四是大力推进信贷服务创新。积极将传统金融服务形式同互联网金融相结合起来，创建现代信贷服务形式，通过网络平台对服务贷款进行申请、审批、下发、回收等操作，降低服务成本，提高信贷服务效率。

五是全面推进农村社会信用体系建设。完善农村社会信用评价体系，采取大数据、互联网等技术手段，整合农业经营主体的财产情况、种植养殖产业经营状况、履约记录等信息，从而建立健全数据翔实、权威的农村征信体系（尹成杰，2018）。

2. 建立健全现代农业服务发展的保险保障体系

一是扩大保险对农业服务覆盖面。政府可采取保费补贴的形式，鼓励商业保险机构，针对农业服务过程中设立人身、财政和经营风险较大的项目进行设保，主要是在农业机械化服务、流通等关键且风险较大的领域。

二是保险品种创新。积极增加政策性农业服务保险供给，提高保障程度、扩大保障范围，提高保障标准，有效适应农业服务主体对风险分散的要求，推进扩大价格保险、收入保险、指数保险等试点。

三是提高风险保障水平。加大财政对保险补贴的力度，增强农业服务经营者的风险意识和购买保险能力，提高对风险的保障水平。

四是完善基层保险服务网点，建立专业化农业保险队伍，提高为农服务水平，简化业务流程，搞好理赔服务。鼓励有条件的地方开展农民合作社互助保险试点和土地流转履约保证保险。支持农业服务企业、农民合作社、供销社社属企业与农户共同设立风险保障金。

（五）人才支持政策

一是逐步建立我国农业服务领域职业农民制度。将职业化农业服务人员纳入全国职业农民队伍建设序列，将政策配套体系同职业农民培训机制相结合；逐步建立职业农民的城镇职工养老、医疗等社会保障制度，促进职业农民职业化稳定；建立农业服务领域职业农民职称和身份认定制度，促进职业农民内部竞争力提升和细化分工。

二是构建多渠道人才供给体系。建立以农业高等院校、职业院校为人才培育主要支柱，根据现实发展需要增减专业设置，以适应现代农业发展对人才的需求；建立以政府培训机构、研究院为主的公益性人才培训机制，加强政策性培训的杠杆和引导性作用，增强公益性培训的公平性和普惠性功能；建立以农业企业、农民专业合作社、专业协会等为主的经营性人才输出机制，提高人才供给质量，并与实践活动相结合，通过干中学，加强人才的服务能力；建立高等院校、科研机构等单位，高等素质及专业化人才为农服务机制，通过专家大院、科技小院、院县合作、人才兼职、挂职等形式，促进专业人才为农服务的功能发挥；探索公益性和经营性农技推广融合发展机制，允许农技人员通过提供增值服务合理取酬，全面实施农技推广服务特聘计划①。

三是扩展人才培训领域。根据不同层级技能的要求，建立完整的人才技能培训体系，在原有种养业生产经营基本技能外，向营销、科研、金融、产权、法律、保险、互联网运用等服务领域扩展，构建系统化的服务人才技能体系。

四是建立科学的人才分配机制。通过财政投资，县域政府主管的方式，建立农业服务人才资料库，对现有人才结构进行专业化管理，把握人才供需状况；建立县域农业服务人才统筹使用制度，提高服务人才在不同服务部门、不同区域、不同产业之间的配置效率；适当对乡镇一级农业服务人才管理部门进行简政放权，保障地方结合实际情况，选聘人员，提高人才管理的自主性；建立县域之间和省级层面人才协调机制，通过“特岗计划”“三支一扶”“人才支撑计划”等形式，促进不同区域之间的农业服务领域专业人才流动。

七　本章小结

第一，从理论上说明了构建现代农业服务体系的重要性，界定了农业社会化服务和农业自我服务、农业社会化服务和农村社会化服务、传统农业服务体系和现代农业服务体系等内容的概念或内涵。其中农业社会化服务主要强调了与农业生产活动相关的市场或社会各主体、各部门、各行业之间的分工合作产生的农业服务，需要通过市场交易而实现，而农业自我服务则强调了农业生产经营主体内部各职能部门之间因分工效率而产生的农业服务，需要通过内部协调来实现服务。

第二，探讨了农业服务体系的建设与农业绿色高质量发展之间的关系，建设科学的农业服务体系不仅对农业发展质量的提升具有巨大保障，

① 参见中共中央国务院《乡村振兴战略规划（2018—2022）》。

反过来农业发展质量的提升又重新带动农业服务体系的创新。现代农业服务体系建设过程中需要重点处理服务供给和服务需求之间的匹配、农业公共服务过程中公平和效率、经营性服务和公共服务、综合服务和专业化服务四个重要关系。在供给和需求匹配关系上，要在我国农业适度规模生产经营格局的趋势上重点培育价值创造性服务内容；在公共服务中公平和效率关系上，要依据农业资源的分布，有针对性布局农业公共服务系统，提高公共项目的效率；在经营性服务和公共服务关系上，要明确哪些服务内容是公共性非排他性的，哪些是经营性排他性，从而实现分类化管理，避免管理混乱；在综合服务和专业化服务上，要依据主体和服务内容上的差异进行服务内容的区分，在原有服务系统上重点培育专业化服务，实现专业化服务和综合服务之间的有机统一。

第三，从宏观层面上，依据我国农业发展的阶段性特征，界定了我国农业服务体系发展的阶段，当前我国农业服务体系的发展正处在一个快速成长的阶段，并且我国农业服务体系在基础设施建设、主体培育、服务扩展和制度建设四个方面取得了重要成效。在以传统农业服务内容框架下构建的农业服务体系之上，将制度体系和政策扶持体系纳入现代农业服务体系的框架之下，从而构建起了本书的现代农业服务体系框架。在理论分析基础之上，提出了优化农业服务主体体系、内容体系、制度体系和政策体系的优化路径，其中主体体系主要重点培育专业化服务队、合作经济组织和服务公司，内容体系则强调符合现实需求和相互配套，制度体系则主要在农地产权、契约管理、监督约束等方面进行重要补充或调整，政策体系则要在扶持范围、支持方式和实施效率上重点优化。

第四，本章重点选取了农业服务体系中农业科技、供销社、农业服务规模化这三个核心内容，运用计量和案例的实证方法，分析了现代农业服务体系构建过程中前面三个领域的实践活动，并在各自领域提出了相应的经验启示。农业科技领域方面，农业科技培训作为农业服务体系中重要组成部分，其对农业生产行为具有重要影响，从而影响农业发展质量。实证上，通过猕猴桃的调研数据，分析了农业科技培训对农业安全生产行为的影响情况，并发现了科技培训对农业安全生产的积极影响作用，从而影响农业绿色高质量发展的作用，未来的农业科技培训需要更加具有针对性和组织性，农民的职业化将成为农业科学知识和技术积累的重要形式。另外，在农业科技创新和推广应用上，通过对宣汉县农业科技人员创新创业专项改革的实践分析，论述了农业科技人员在农业科技创新和推广应用上的重要作用，梳理出科技人员创新创业对农业转型升级的作用机制，而农业科技人员的创新要从机制体制上激发农业科技人员的主动性，破除原来僵化的管理制度的束缚，通过产权制度的设计，协调科技人员与所在单位之间的关系，但仍需要在政策持续性、产权分配制度、成果评价体系、职能分工、人员匹配机制等方面进一步调整。在供销社领域方面，通过分析四川供销社综合改革的实践，重点探讨了供销社系统和乡镇农业综合服务中心之间的重叠、国有资产的流失、经营无效率和社有财产产权的混乱等问题。供销社系统是除乡镇农业综合服务中心之外，最重要的为农服务的部门，但由于职能定位的不清晰，加上业务的不断扩展，逐渐偏离为农服务的互助性经济组织属性，职能定位和农业综合服务中心服务内容存在严重重合，需要认真梳理。另外，原本供销社系统是计划经济的产物，且很多企业属于国有控制性质，内部管理行政特征明显，加上产权结构的混乱，其资产流失和运行低效的情况常有发生，要实现供销社系统内部的综合改革以及实现为农服务的职能定位，需要在认真梳理内部各主体关系，进行理论和实践上的创新，促进构建新型的供销服务体系。在农业服务规模化方面，以农机作业服务为关键分析点，通过典型案例的分析，探讨了农机作业服务的规模化对农业转型发展的作用机理、形成逻辑。农业服务的规模化是生产关系调整，尤其是外部经济关系嵌入的重要形式，对农业生产经营管理，甚至是农村基层治理都具有重要影响。农业规模化服务发展与农业转型发展之间是相互作用的关系，农机是衔接技术、管理、工程等内容的关键点，当前面临基础设施匹配不够、技术人员缺乏、服务内容配合不足、种植结构布局混乱等障碍，未来要实现农业规模化服务还需要重点对基础设施建设、人才培训、机械技术协同、品种区域布局、组织培育等方面进行重点投入。

第五，为了构建现代化的农业服务体系，在研究结论和实践分析的基础之上，分别从财政补贴、税收激励、土地供应、金融支持、人才支撑五个角度提出了政策思考。财政补贴政策上要着重从主体培育、基础设施、重点服务环节或内容等方面入手，建立多级财政投入机制，科学补贴，提高补贴效率；税收激励政策上，分别从主体、行业出发，实行差异化税收优惠制度，对重点行业、重点主体、关键技术等内容，采取多形式减税支持政策；土地供应政策上，认真研究和讨论，确立灵活的土地利用制度，加快土地产权制度改革，对重点领域实行优惠的土地供应制度；金融支持政策上，大力进行金融产品创新，适度放宽金融管制，在信贷和保险等领域支持农业发展，重点运用好“普惠金融”和贴息或降息以及保补等政策补贴手段；在人才支撑政策上，重点建立职业农民制度、多渠道人才再培训和有效的人才配置机制，通过财政资金或行政手段的杠杆作用，为现代农业服务体系的构建提供人才支撑。

农业服务体系具有涉及范围广，内部关系错综复杂，内容极为丰富的特征，在现实中的实践也是纷呈多样。本章重点分析了四川的实践活动，且主要集中在农业社会化服务，对基本概念、重要关系、内部运行逻辑、制度的建设、机制的构建、未来路径和实现形式等问题的研究还需进一步深入，即还需要更多的研究人员，使用更科学的方法、运用不同地区的实践参与到现代农业服务体系的研究中来。因此，本章对现代农业服务体系的分析，希望能为其他研究人员或地方政府或经营主体提供有益的参考或借鉴，以期未来在该领域上，有更为丰富的理论和实践成果。

本章附录

附录1　农业科技人员调查问卷

您所在的科研单位名称（　　　　　　　）

科研单位所在地______省________市________县（区/市）______乡（镇）

您的姓名：________电话：________单位：________

A1. 您的年龄（　　）岁

A2. 您的学历（　　）

1 = 博士　　2 = 硕士　　3 = 本科　　4 = 专科及其以下

A3. 您的职称（　　）

1 = 研究员（教授）　　2 = 副研究员（副教授）

3 = 中级职称　　4 = 初级职称

A4. 您的身份有（　　）

1 = 省级创新团队成员　　2 = 县级创新团队成员

3 = 其他（名称：　　　　）

A5. 您拥有的专利技术（　　）项

A6. 您的主要研究领域有（　　）

1 = 选育或引进新品种　　2 = 标准化栽培技术

3 = 病虫害防控技术　　4 = 菌渣综合处理技术

5 = 采后商品化处理技术　　6 = 其他（名称：　　　　）

B1. 您参与科技社会化服务的方式为（　　）

1 = 技术入股（　　）%　　2 = 自主创业（资本金：　　万元）

3 = 科企合作　　4 = 成果转化

5 = 院县合作　　6 = 科技服务

B2. 您提供技术服务的环节及特征

环节	次数（若没有，请填0）
1. 场地选择	
2. 菇房设计	
3. 培养料和水源选择	
4. 菌种生产及选择	
5. 病虫害防治	
6. 采收、分级、包装、运销	
7. 加工及储存	
8. 其他（　　　）	

B3. 您所在的研究团队获得的资金有（　　）

1 = 科研成果转化服务费（　　）万元

2 = 公益性创新、转化、推广资金（　　）万元

3 = 其他（名称：　　　　万元）

B4. 与原科研单位相比您的年收入（　　）

1 = 低 20% 以上　　2 = 低 10% 左右

3 = 差不多　　4 = 高 10% 左右

5 = 高 20% 以上

B5. 与原科研单位相比您的福利状况（社会保险等）（　　）

1 = 低 20% 以上　　2 = 低 10% 左右

3 = 差不多　　4 = 高 10% 左右

5 = 高 20% 以上

B6. 与原科研单位相比您的工作成就感（　　）

1 = 减弱了 50% 以上　　2 = 减弱了 20% 左右

3 = 差不多　　4 = 增强了 20% 左右

5 = 增强了 50% 以上

B7. 与原科研单位相比您的工作量（　　）

1 = 低 20% 以上　　2 = 低 10% 左右

3 = 差不多　　4 = 高 10% 左右

5 = 高 20% 以上

B8. 与原科研单位相比您获得的研发支持（　　）

1 = 减弱了 50% 以上　　2 = 减弱了 20% 左右

3 = 差不多　　4 = 增强了 20% 左右

5 = 增强了 50% 以上

B9. 您加入、领办（或服务）的农业经营主体为（　　）

1 = 合作社（　　）个　　2 = 家庭农场（　　）个

3 = 龙头企业（　　）个　　4 = 专业大户（　　）户

5 = 普通农户（　　）户

B10a. 您加入、领办（或服务）的合作社名称是（　　　　　　）

B10b. 您加入、领办（或服务）的家庭农场名称是（　　　　　　）

B10c. 您加入、领办（或服务）的龙头企业名称是（　　　　　　）

B10d. 您服务的最大专业大户是（　　　　　　）

附录2　农机专业合作社调查问卷

合作社所在地：________市县（区/市）________乡（镇）________村　合作社名称：________

受访人姓名：________　电话：________

调查员姓名：________　时间：________年________月________日

A 合作社基本情况

A－1. 合作社成立于________年，现有社员总人数________人，其中名义（登记在册）社员________人，实际社员（参与合作社实际业务）________人，截至目前，合作社自我种植经营面积________亩（主要品种种植是________；面积：________亩），其中转入耕地________亩，本村转入________亩，外村转入________亩，租赁年限________年，均价________元/年/亩。剩余期限________年，共________块耕地，土地是否进行调整（1＝是；0＝否），土地产权是否稳定（1＝是；0＝否），是否确权（1＝是；0＝否）。

A－2. 合作社发起人来源（　　）（可多选）

1＝单个能人　2＝农机专业户或种养专业大户　3＝农业种养专业合作社或农业企业　4＝供销社或集体经济组织　5＝村集体组织或地方政府　6＝其他（注明：　　　）

A－3. 合作社股权结构构成

股东类型	占股比例（%）	备注（个人股东 or 组织股东）	出资方式（机械设备、土地、资金）
股东1			
股东2			
股东3			

A－4. 截至目前，合作社主要资产构成情况：

资产项目	折价总额（万元）	备注
房屋及库房		当期转让价格估算
专利及其他科技成果		当期转让价格估算
流动资金		流动资金或存款总额

续表

资产项目	折价总额（万元）	备注
农机设备		以购价按折旧率计算总额
其他资产		注明：
共计		

A－5. 合作社主要劳动力构成情况

劳动力类型	人数	来源（雇佣＝1；家庭＝2 其他＝3）
管理人员		
农机手（专业）		
行政人员		
种植技术人员		
正式其他职工		
共计		

A－6. 2018 年初至目前，合作社收入情况

收入来源	金额（万元）	备注
生产销售		
委托加工服务		
仓储保存服务		
农机作业服务		
信息技术服务		
农资销售等		
其他		
共计		估计纯利润：万元

A－7. 合作社盈余分配方式

盈余分配方式	占比（%）	备注
提留公积金		
股东分红		
绩效奖励		
其他		
共计		

A－8. 合作社机械装配情况

机械装配	数量（台）	最小动力（千瓦）	购买年份
耕整机械			
播种机械			
植保机械			
收割机械			
烘干机械			
灌溉机械			

B 合作社作业服务、契约选择和服务效益情况

B－1. 合作社水稻机械化服务及情况

服务类型	面积及环节	平均成本（元/亩）	平均纯收益（元/亩）
耕整			
播种			
植保			
收割			
半托管			
全托管			

B－2. 在农机作业服务过程中选择那些契约？选择契约考虑的因素有哪些？在不同环节、服务形式、主体、区域、规模等因素约束下，契约选择的匹配关系和差异如何？

B－3. 地形、气候、作物规律和品种会影响服务契约选择吗？

B－4. 影响农机作业服务效益有哪些因素？这些因素影响途径是怎样？在农机作业服务过程中合作社针对降低交易成本或增加产出效益主要设定了哪些优惠性制度？

B－5. 在地形、不同规模、作业距离、契约选择等约束条件下，具体成本和产出带来差异是怎样？

C 其他问题

C－1. 合作社信息业务信息的发布和获取依靠哪些方式（　　）

1＝互联网平台　　　　　　　　2＝专业市场

3 = 通信联络　　4 = 传统纸质广告

5 = 熟人传播　　6 = 其他（注明：　　　　）

D 受访对象个人信息

D－1. 性别（　　）

1 = 男　　2 = 女

D－2. 年龄________岁。

D－3. 从事农机服务工作年限________年。

D－4. 学历（　　）

1 = 小学及其小学以下　　2 = 专科及其以上

3 = 其他

D－5. 拥有的证书（　　）（可多选）

1 = 新型职业农民证书　　2 = 绿色证书

3 = 农业职业经理人　　4 = 其他（注明：　　　　）

D－6. 您在合作社的主要身份是（　　）

1 = 管理者　　2 = 技术人员

3 = 普通职工　　4 = 社员

5 = 其他（注明：______________）

D－7. 当前合作社采取的入社（入股方式以及分红方式）和退社制度是什么，以及近两年来合作社内部社员变化情况是？

D－8. 您在合作社生产经营过程中还存在哪些困难？（建设用地、购置补贴、基础设施、人员流动、培训等）

D－9. 您觉得还需要政府或管理部门提供哪些政策保障？您认为未来农机合作社的发展方向是什么？（大而全的生产 + 服务兼业型；小而专的专业型）

D－10. 您在契约签订和执行过程中遇到哪些困难和阻碍？

D－11. 机械化生产同人工生产之间的效益对比情况（主要在成本和效益上的对比情况）如何？

第九章
构建现代农业体系推进农业绿色高质量发展的政策研究

党的十九大报告提出要落实新发展理念，构建现代化经济体系，实施乡村振兴战略。党的十九届四中全会通过了关于坚持和完善中国特色社会主义制度、推进国家治理体系和治理能力现代化若干重大问题的决定。就农业来讲，构建现代化农业体系是推进农业转型发展、推进农业农村治理体系和治理能力现代化、推进乡村振兴战略的重要内容，这个体系就是必须贯彻落实好绿色发展理念，具体构建好现代农业产业体系、现代农业生产体系、现代农业经营体系和现代农业服务体系，更好地推动农业农村体制机制创新和政策落实落地，才能更好地促进农业转型和绿色高质量发展。本章在第五至八章实证研究的基础上，主要结合在四川的调查，从产业体系、生产体系、经营体系和服务体系四个方面提出了构建现代化农业体系推进农业转型和绿色高质量发展的政策建议与制度保障，并把在调查中形成的六份政策建议放在本章附录部分，以便有关领导、专家学者和实际工作者参阅。

一　构建现代农业产业体系的政策建议

2017 年中央一号文件提出，要推进建设现代农业产业园、科技园、创业创新园和田园综合体（简称“三园一体”）。建设“三园”将形成现代农业产业集群，打造现代农业的创新高地，为回乡、下乡、返乡创业的人才提供创业创新的平台；建设“一体”是支持有条件的乡村建设以农业合作社为主要载体，让农民充分参与和收益，建设集循环农业、创意农业、农事体验于一体的田园综合体①。通过“三园一体”建设，总体目标就是优化农村的产业结构，促进三产的深度融合，把农村各种资金、科技、人才、项目等要素聚集在一起，加快推动现代农业的发展。2018 年中央一号文件提出要实施乡村振兴战略，首先就是要推进乡村产业振兴。因此，现代农业产业体系的构建要特别注重以新发展理念为导向，以乡村产业振兴为目标，以“三园一体”建设为重点，不断推进农业产业体系的优化与重构。

（一）坚持农业产业动态优化布局，推进种养加结构调整配套和一体化协调发展

要以绿色发展为导向，以农业供给侧结构性调整改革为主线，把各地自身的资源禀赋、特色优势与全国的区域经济格局和全面对外开放紧密结合，坚持在发展中优化农业产业布局，注重对接“一带一路”，因地制宜推进种养结合，实现产加一体，促进种养加结构调整配套和一体化协调发展。就四川而言，要深入践行新发展理念，用绿色发展理念进一步动态优化成都平原经济区、川南经济区、川东北经济区、攀西经济区、川西北生态经济区五大经济区农业空间布局，强化区域农业特色，既要推进区域间的错位发展，也要推进区域间的协同发展，促进产业兴旺。成都平原经济区重点发展都市现代农业，川南经济区重点推动农产品优质原料基地和农产品加工一体化发展，川东北经济区重点发展生态、绿色、有机、富硒等特色农产品生产和精深加工业，攀西经济区重点发展亚热带特色农业和立体特色农业，川西北生态经济区重点发展高原生态特色农牧业。要坚持绿色高质量发展目标导向，加快推动农业产业体系优化转型，进一步推进成都平原区做新现代都市农业，推进川南经济区做强产加一体化农业，推进山区、丘区种养结合，做优循环农业、立体农业、生态农业。当前要重点扶持深度贫困地区农业的转型提值增效，要特别注重培育主导农业产业的持续性和促进农民增收的长效机制，不能重复走资源过度开发和化学品投

---

① 《中共中央国务院关于深入推进农业供给侧结构性改革　加快培育农业农村发展新动能的若干意见》，《人民日报》2017 年 2 月 6 日。

入依赖的农业发展老路。如扶持凉山州加快做好马铃薯主粮化开发，着力打造全国最大的绿色有机马铃薯产业基地、西南最大的马铃薯主粮化示范区、西部最典型的马铃薯产业助推攻坚深度贫困的样板，助推乡村产业振兴和生态振兴。

（二）创新农业产业园（基地）聚集产业要素的方式与机制，增强先进要素进产业园、入产业链的吸引力，促进科技转化示范和产业发展扶贫

一是强化农业产业园（基地）建设力度，促进园区基地成为优化农业产业布局的动力源。建基地是促进农业产业发展非常有效的形式，对优化产业体系的作用巨大。例如，四川规划建设“四区四基地”①，分区、分层、分类推进农业产业园、科技园、创业创新园建设与协同发展，这对于四川优化农业产业布局发挥了显著的引领作用。各区域要以农业产业园区、产业基地建设为重要抓手，使其加快聚集各类产业要素，提升这些园区基地对先进高端要素的吸纳能力以及对产业延链增值的引领力，实现园区与区域主导特色产业紧密对接。

二是创新 PPP 模式，用活财政资金引导社会资本、信贷担保和保险等金融资本投入园区建设，吸引返乡下乡创业人员进园，稳定一批大学生在园区、基地搞农业。

三是高标准建设一批规模化、标准化、集约化的特色产业链，促进小农户入链，凸显聚集要素和科技示范作用；扶持贫困地区选好做强一大批扶贫产业基地，联牢贫困村、联准贫困户，凸显带农扶贫作用。

四是因地制宜推进市场演化型和政府推动型两种基地建设模式。盈利模式方面，可探索高效农业生产盈利模式、品牌盈利模式、科技服务盈利模式、多功能性盈利模式、社会公益性盈利模式等。建设模式上，如果选

① 四川省《关于印发〈全省农业四区四基地建设实施方案〉的通知》（川农业函〔2018〕16 号）提出，要在 2017～2022 年，建设全国农业绿色可持续发展示范区、全国农村三次产业融合示范区、全国农村改革示范区、全国农业休闲养生示范区、全国优质粮油产品生产基地、全国优质特色农产品供给基地、国家商品猪战略保障基地、全国优质农产品加工基地（简称“四区四基地”），这是四川建设农业强省的具体内涵和抓手。

择市场演化型，政府应着重从完善市场竞争秩序，搭建产业链战略协作平台，提供农业生产性服务体系等方面着力推动现代农业产业体系建设。如果选择政府推动型，政府应侧重从合理产业布局、持续财力投入、灵活市场干预等方面着力。不管采用哪种模式，都要正确处理政府与市场的关系，要通过推进农业治理体系和治理能力现代化促进产业园（基地）聚集产业要素能力的提升。

五是创新园区基地经营模式，优化园区基地管理。灵活运用“大园区＋小业主”“大园区＋小农场”“园区＋企业＋基地＋农户”、合作经营、股份经营等经营模式，密切园区基地产业链条上相关经营主体的利益联结机制，提高园区基地经营管理的效率。优化园区管理办法，完善考核指标体系，尤其是园区业主退出考核机制，规范园区管理制度，提高园区经营管理水平。

（三）筑牢农村三产融合发展的主体根基，以“三园一体”为平台加快培育新产业、新业态和农业产业集群，促进农村产业优化和交叉融合发展

新型农业经营主体是从事现代农业、新产业、新业态和促进农村三产融合发展的主力军，对优化农业农村产业体系是不可或缺的。而现代农业产业园、科技园、创业创新园和田园综合体（简称“三园一体”）又是催生新产业、新业态和农业产业集群的重要平台。

一是加快培育家庭农场、种养大户、农民合作社、农业产业化龙头企业等新型农业经营主体（简称“新农体”），筑牢农业产业优化发展和农村三产融合发展的主体根基。各区域要分类推进新农体发展壮大，引导新农体以土地流转为契机，以园区（基地）为平台，以加工转化为重点，以擦亮农业金字招牌为抓手，健全衔接小农户的利益机制，推进农业家庭经营、合作经营、企业经营、集体经营，不断促进新农体发展壮大。

二是要特别注重培育农产品加工领军企业，引领农业产业化企业发展，催生农业企业集群。搞加工是农业产业延链增值，从而提高农业比较效益的关键环节。各区域要围绕特色优势产业，开展原产地清洗、挑选、榨汁、烘干、保鲜、包装、贴牌、储藏等商品化处理和加工，加快培育农

产品精深加工领军企业，大力发展农产品加工业。

三是加快拓展农业产业功能，创新融合方式，促进延链增环，催生产业集群。发展多功能农业是促进新产业、新业态和实现农村三产有效融合的重要方式。各地要因地制宜实现产业融合发展：培育生态循环农业模式，促进产业内横向整合型融合；立足新型经营主体发展壮大，以农业为中心向前后链条延伸，推动产业内纵向延伸融合；打造成集休闲、观光、教育、生态、旅游为一体的新型农业产业形态和消费业态，促进产业间交叉型融合；构建“区块链 + 现代农业 + 可追溯体系”精准对接消费者促进产业间渗透型融合。

（四）优化农业产业发展的市场环境，搭建规范有序的农村综合产权交易平台，整合农业发展资金，引导科技创新与产业发展紧密结合

一是加快区块链技术在农业信息化体系、农业标准化体系、农业品牌体系、农产品可追溯体系、质量监管体系建设中的应用，进一步优化农业产业发展的市场环境，建设公平、公正、公开的竞争市场，促进更加科学有效的农业品牌打造和质量监管。强化农业信息化建设，及时、准确、对称披露信息，提升农产品交易的公平性和透明性，促进农产品市场交易的规范有序；工商、质检等政府职能部门要强化对市场上以次充好、假冒伪劣产品的检查和处罚，营造公平竞争的产业发展市场环境，加大“三品一标”和农业品牌的认证与保护力度，实现可追溯体系向农业产业前端不断延伸，提升品牌引导产业发展能力。

二是积极推进农村综合产权交易市场体系建设，完善农业生产要素合理流动与优化配置的体制机制。用政府购买农业社会化服务、PPP 模式等市场化手段促进农业生产要素向新型经营主体优化配置，提升新农体发展农业产业的能力。

三是加大省级涉农资金整合，精准安排农业产业化发展资金。用财政贴息、民办公助、公私合营、先建后补、以奖代补等灵活多样的市场化机制引导社会资本投入农业产业化项目，提升农业产业吸纳社会资金能力。

四是构建科技创新与产业发展紧密结合的现代农业产业技术体系。围

绕优势特色农产品，以产品为单元，以产业为主线，以科技园为平台，以解决制约产业发展瓶颈技术问题为导向，构建现代农业产业技术体系，开展技术集成与创新，在良种选育、种养高产优质关键配套技术、农业现代设施与装备、防灾减灾、农产品加工储运及质量安全、农业废弃物利用、农产品品牌打造及市场开拓等方面开展技术攻关，促进科技创新与产业发展紧密结合。

二　构建现代农业生产体系的政策建议

2017 年中央一号文件提出，要推进建设粮食生产功能区、重要农产品生产保护区、特色农产品优势区（简称“三区”）。建设“三区”是为了保障国家的粮食安全，并使大豆、棉花、油菜籽、糖料蔗、天然橡胶等重要农产品能够保持基本自给，同时满足市场的多样化需求，提高我国农业综合效益和竞争力。2018 年中央一号文件提出要推进乡村生态振兴。因此，现代农业生产体系的构建要特别注重以绿色发展理念为导向，以乡村生态振兴为目标，以“三区”建设、“一控两减三基本”推进、“智慧农业”建设、多功能农业发展为重点，不断推进农业生产体系的优化与重构。

（一）坚持市场需求导向，以“三区”建设为重点，进一步调整农业生产区域布局、生产结构和产品结构，从而推进农业增长模式不断优化

一是科学制定“三区”规划，进一步优化农业生产区域布局。就四川而言，要科学划定四大粮食生产功能区和豆、棉、油、糖等重要农产品生产保护区，以及川酒、川茶、川菜、川果、川药、川猪等特色农产品优势区。要聚焦攻坚深度贫困，更加重视凉山州等民族地区和秦巴山区马铃薯主粮化生产布局，支持这些区域优化生产方式，提升生产能力。加快实施优势特色农业提质增效行动计划，促进特色种植养殖等产品结构优化，把地方土特产和小品种做成带动农民增收的大产业。

二是统筹调整粮经饲种植结构。按照稳粮、优经、扩饲的要求，加快

构建粮经饲协调发展的三元种植结构[①]。要依据地方区域比较优势在经济作物上优化品种品质和区域布局，在经济作物上推广粮经结合，实施粮食作物与蔬菜、瓜果、食用菌等经济作物的间（复、套）种、水旱轮作、立体种植，大幅度提高粮田综合经济效益，在饲料作物上扩大种植面积，大力培育现代饲草料生产体系。

（二）坚持绿色发展导向，以农业标准化生产与监管为手段，以“一控两减三基本”[②]为目标，促进农业资源节约集约使用和永续利用，从而推进农业生产方式不断优化

一是强化农业标准化生产与监管。加快修订农业地方标准和农业生产技术操作规程，做到有标可依；规范农业投入品使用和农产品生产过程，建立健全生产记录、农业投入品进货和使用记录等标准化生产档案，确保生产规范化；加大无公害农产品产地认定和无公害农产品、绿色食品、有机食品认证力度，不断提高名优安全农产品的比重；执行农产品在加工、储藏、运输、销售各个环节中的质量安全标准，确保从根本上解决农产品质量安全问题。

二是扎实推进“一控两减三基本”。推广节约型农业技术，促进农业资源节约利用。主推测土配方施肥、水肥一体化等环境友好型技术。开展高效低毒低残留农药使用试点，加大现代高效植保器械补贴，示范推广全程绿色防控技术集成模式，推动精准施药和科学用药，推进病虫害专业化统防统治。节约集约使用农业投入品，重点推广微灌、喷灌、低压管道输水，大力促进农业节约用水。此外，按照立体化、循环化、无害化要求，不断创新种养结合、粮经结合等农作制度，推广农作物间作、套作、轮作和农机农艺结合等耕作技术，鼓励和支持发展“资源—产品（废弃物）—

① 《中共中央国务院关于深入推进农业供给侧结构性改革　加快培育农业农村发展新动能的若干意见》，《人民日报》2017 年 2 月 6 日。

② 2015年农业部提出到2020年，我国农业要实现“一控两减三基本”。“一控”即控制农业用水总量，要划定总量的红线和利用系数率的红线。“两减”即减少化肥、农药使用量，化肥、农药用量实现零增长。“三基本”即基本实现畜禽养殖排泄物资源化利用，病死畜禽全部实现无害化处理；基本实现农作物秸秆资源化利用，秸秆露天焚烧现象得到有效控制；基本实现农业投入品包装物及废弃农膜有效回收处理。

再生资源”的资源能源循环利用模式，集约、节约利用土地，提高复种指数和土地产出效率。

三是强化农产品质量安全监管。建立和完善区县级检测中心、乡镇和基地、企业检测点三级检测机构，形成较为完整的农牧业投入品、农产品生产和农业生产环境等全程监测网络；将农产品生产的产前、产中和产后诸环节纳入标准化管理轨道；提高“三品”认证的有效性和公信力，对“三品”认证给予奖励和扶持；建立农产品质量安全快速检测点；逐步推行农产品分级包装上市和产地编码制度，对有产地编码的农产品要优先进入市场销售；建立农产品生产、经营记录制度。

四是强化综合执法和监管责任。将分散在农业部门各相关单位的执法职能统一起来，专司执法工作，建立健全农业行政执法保障体系，建立懂农爱农的高素质的执法队伍；健全监管责任机制，促进各部门依法履行部门工作职责，形成无缝衔接的监管合力，进一步健全公众参与机制，全力营造农产品质量安全良好的社会环境。

（三）坚持创新驱动导向，把信息化作为农业现代化的制高点，以建设“智慧农业”为目标，强化农业物质装备和技术支撑，从而推进农业生产动力体系不断优化

《“十三五”全国农业农村信息化发展规划》提出，要把信息化作为农业现代化的制高点，以建设智慧农业为目标，着力加强农业信息基础设施建设，着力提升农业信息技术创新应用能力，着力完善农业信息服务体系。要以区块链技术应用为抓手，大力推进农业信息化。一是强化农业科技创新与推广信息化能力，加强信息技术与农业生产融合应用。二是强化农业信息资源开发利用能力，夯实农业农村信息化发展支撑基础。三是全面推进国家和省级现代农业示范区信息化建设，推动农业政务信息化提档升级，加快农业农村电子商务发展。四是完善信息服务体系，推进农业农村信息服务便捷普及。着力解决农产品滞销卖难、市场价格异常波动频繁等问题。五是强化农业科技人才队伍建设。建立健全农业、组织、人事、科技、教育、财政等部门密切配合，通力协作的工作机制，形成加强农业技术人才队伍建设的合力；加强涉农院校建设力度，鼓励农业院校毕业生

扎根农村基层创业；深化农技人员队伍管理体制改革，进一步强化优惠政策，促进农业技术人才合理配置与流动，支持农业人才从事技术创新和科技成果转化；加大农业科技经费投入，加强农业技术人员培训和继续教育，吸收一批专业对口的涉农院校毕业生，将其充实到乡镇农技推广机构工作。

（四）坚持满足人民美好生活需要导向，以发展绿色有机农业和拓展农业多种功能为重点，着力培育多样化农业新业态，从而推进农业生产业态体系不断优化

一是稳定保障粮油等重要农产品供给。以建立粮食生产功能区和重要农产品生产保护区为重点，以高标准农田建设和土地整治为依托，加大农田水利设施建设力度，为稳定粮油等重要农产品供给提供有力支撑。

二是加快发展生态低碳循环农业。按照生态宜居总要求，积极创建省级生态低碳循环农业示范县、示范区、示范企业和示范项目，以点带面推进省域生态低碳循环农业发展，充分满足无公害需要。

三是着力发展绿色有机农业。聚力主攻农业供给质量，统筹谋划绿色有机农业布局，科学规划绿色有机农业生产体系，创建一批国家、省级有机农产品认证示范区和特色农产品优势区，加快提高绿色有机农产品的占比，逐步满足中高端需要。

四是融合发展休闲创意农业。立体化全方位拓展农业多种功能，扩大田园综合体试点，满足休闲体验需要。

五是综合发展观光康养农业。规划建设森林公园、大熊猫公园、湿地公园、湖库田园，满足观光度假、游憩康养需要。

六是精准发展电商农业、智慧农业。深入实施“互联网+现代农业”，引入知名电商植入现代农业，引导小农户进网触电，精准发展电商农业，推进物联网和信息化设施建设，加快发展智慧农业，满足方便快捷需要。

七是分类发展科普农业。适应乡村旅游和科普教育需要，各地要因地制宜发展科普农业。重点是传承农耕文化，挖掘农产品传统加工技艺，重拾各地美食珍品，展示现代农业技术创新，满足学习教育需要。

八是整合发展品牌农业。培育“国字号”农产品品牌领头雁，筑牢

“省字号”区域品牌雁阵梯队，打造品牌整合业态、有效对接美好生活需要的多样化农业。要优先扶持民族地区、革命老区发展生态有机、观光康养等新业态，助推脱贫攻坚。

三 构建现代农业经营体系的政策建议

要构建现代农业经营体系，必须抓住乡村人才培育、新型经营主体培育、经营组织创新、土地经营要素流转、双层经营体制内涵拓展、经营规模适度化、经营市场体系优化等核心内容。

（一）以乡村人才振兴为导向，着力实施乡村人才培育工程，夯实壮大新型农业经营主体的人才根基

党的十九大提出要培养造就一支懂农业、爱农村、爱农民的“三农”工作队伍，2018 年中央一号文件提出要推进乡村人才振兴，这必将为构建现代农业经营体系提供强大的、持续的人才支撑，为培育壮大新型农业经营主体创造更加坚实的基础条件。现阶段，创业就业环境建设是培育壮大新型农业经营主体的重要平台。要创建乡村人才特区，制定有关人才下乡融农的特殊政策并形成长效机制。要瞄准农业领域类生物技术、工程技术和管理技术的新需求，制定特殊政策吸引这些人才搞农业、带农民、建农村。

一是实施乡村能人培养工程。大力培养乡村能人，能够有效加快壮大新型农业经营主体领办人队伍。培养乡村能人可以从三个方面着力。①建立稳住乡村能人在乡务农就业的政策支持体系。要进一步优化新型职业农民培育工作，培训农村劳动力全覆盖，达到村村有能人，不断壮大乡村能人队伍。②加大农民工“返乡创业”平台建设力度。③加大农业职业技术教育覆盖面。强化农业职高、高职高专教育，逐步实现在乡务农的年轻人大多数都能接受农业职业教育。

二是实施大学生在乡就业创业培育工程。要积极探索在相关高校开办“订单 + 定向”培养乡村急需人才的政策和模式，积极探索加快推进村官大学生化的实现形式，全面提升村级党组织的领导力和组织力。制定实施

对大学生村官和在农村创业大学生的优惠政策，鼓励大学生回乡下乡创业，力争达到大部分村有大学生村官任职、大部分合作社（尤其是示范合作社）有大学生加盟创业，不断壮大大学生返乡下乡就业创业队伍。

三是实施农业科技人才扎根乡村工程和乡村高端人才“引智”计划。构建农业科技人才扎根乡村的多维激励体系，引导农业科技人才服务乡村，特别鼓励扎根深度贫困地区，壮大驻村科技人才队伍，夯实乡村振兴的人才根基。建立灵活的收入分配激励机制，引导科研院所专业技术人才灵活地服务于农业生产经营。尊重和肯定农业科技人才的现实贡献，制定农业科技人员依据对农业农村发展的实际业绩评定专业技术职称的办法和农业科技人才突出贡献奖励办法。

四是实施农业职业经理人培养工程。贯彻新发展理念，聚焦新农业、新业态，进一步健全农业职业经理人的选拔和培养体系，壮大农业职业经理人队伍。强化绿色发展理念、管理能力和市场意识的培养，注重培养农村实用人才，扩大农业职业经理人队伍的来源与储备。

（二）以农业经营主体与农业服务体系有效结合为导向，着力培育壮大新型农业经营主体，不断创新农业经营组织制度与模式

实现农业经营主体与农业服务体系的有效结合是培育壮大新型农业经营主体的关键，壮大新型农业经营主体又是完善和创新农业经营组织的关键。要抓住这两个关键，着力培育家庭农场、专业大户、农民合作社、农业产业化龙头企业等新型农业经营主体，不断完善和创新农业家庭经营、农业合作经营、农业产业化经营、服务与治理等制度和模式。

一是完善农业家庭经营制度，重点培育壮大家庭农场和专业大户。多样性的农业家庭经营格局将长期存在，决定了我们必须坚持和完善农业家庭经营制度。①要进一步放活土地经营权、激活住宅等财产权、建立健全城乡融合发展体制机制和政策体系，为促进土地流转、新型农业经营者引入、适度规模经营创造条件。②把培育壮大家庭农场和专业大户作为发展家庭经营的重点。要继续实施发展家庭农场的支持政策，但要总结完善，消除借家庭农场名义套取补助资金等投机行为。各地要继续探索因地制宜按农业类型确定家庭农场规模标准和奖补政策体系。要把家庭农场和专业

大户的示范作用纳入确定奖补的依据。③要优化重构农业社会化服务体系，使农业家庭经营建立在完善的服务体系基础上，实现小农户和现代农业发展有机衔接。

二是创新农业合作经营制度，重点培育壮大农民合作社。要积极探索具有中国特色和各区域特点的农业合作经营制度。①探索农民合作社的联合发展和行业组织建构，推广发展股份合作组织模式，引导发展集生产、供销、信用为一体的综合合作社，优化治理结构。②推进农民专业合作社与村社区合作经济组织的相互融合，加快发展专业服务型、农业综合型合作社。③以回归“三农”为导向深化农村供销合作社、农村信用合作社的改革，进一步优化农民合作组织的政策与法律环境。④在深度贫困地区要强化并大力推广“合作社 + 贫困农户”模式，把产业扶贫资金投向合作社，再股份量化到贫困农户，构建贫困户基于产业持续发展的脱贫致富的长效机制。

三是创新农业产业化经营制度，发展产业化联合体，重点是增强龙头企业的带农助贫作用。关键是建立紧密型的纵向一体化的利益联结机制，并推进现代农业产业化联合体快速发展。要鼓励公司与合作社联合，共同主导农业产业化经营，同时积极探索合作社主导的农业产业化经营模式。

四是创新农业行业组织制度，构建政府和行业共同参与的经营服务与治理体系。农业行业组织的有效建构与运行必须基于家庭农场、专业大户、农民合作社的发展壮大与组织化程度的提高，同时需要政府机构改革与职能转换相配套（黄祖辉，2013）。政府农业管理职能要进一步向服务与监管转变，要与农业综合性服务平台的建设相结合，着重发挥为农服务及质量监管作用，促进农业行业组织发挥好行业自律作用。

五是创新农业经营组织模式，促进农业经营与农村三产融合发展有机结合。①探索“现代农业园 + 专业公司”模式。对于乡村人口多数已转变为城市人口的地区建立现代农业园，农田通过村集体土地流转平台转租给专业公司进行规模化种植，原乡居民多数到园区务工。②探索“供销社 + 种田大户”模式。对于乡镇非农经济发达、多数本地村民以务工为主的村庄，通过供销社托管耕地引进外来种田大户，实现适度规模经营。③探索“田园综合体 + 地产公司”模式。对于旅游资源好的村庄，通过土地使用权的流转，由有经验、实力强的地产公司对乡村地区的农业空间和产业空间进行整体建设。④探索“产业配套村+企业”模式。将村集体建设用地以及厂房建筑使用权出租给企业以获得村集体收入，部分村民将宅基地出租给外来务工人员。

（三）以深化农村承包地“三权分置”改革为导向，继续放活农村土地经营权，全面实现农业农村“凡权必确、权必有证”，加快健全农村产权流转交易体系和服务平台

“确权颁证”是建立完善的农村产权综合服务平台的前提，是推进农业合作经营、企业经营的基础，应加快开展。要以继续放活农村土地经营权为导向，全面实现农业农村“凡权必确、权必有证”。要全面推进农村土地、林权、水利工程、宅基地、房屋、生产设施、水域、草原等资源确权颁证，探索生态资产评价、共建共享机制及市场化实现形式，完善农村集体产权制度。加快农业领域内知识产权认定体系建设，构建起以专利权、著作权、商业机密、品牌保护等为主的知识产权保护制度体系。以农村产权交易平台为载体，积极鼓励建设区域间专业或综合性产权交易平台，细化交易管理制度中财务、法律、融资、契约等方面的制度建设，以土地经营权、房屋财产权、林权等抵押贷款试点为契机，构建起以价值评估、交易、处置、变更登记等内容为主的产权市场交易体系。

一是进一步探索共享经营权的实现形式。基于较长时期内小农户仍然是我国农业经营的主要主体这一客观事实，要推进家庭经营、合作经营、企业经营，必须进一步放活土地经营权，实现经营权充分共享。①共享土地经营权。土地股份合作社股权是共享土地经营权的一种可行途径，值得总结和推广。土地股份合作社股权固定租金保障了农户农地承包权的实现，同时也通过分红的形式享有了农地经营权活化的收益。②积极推进将土地经营权物权化。修订《农村土地承包法》，将土地经营权从承包权中独立出来，使其成为与承包权并列的物权，对符合条件的第三方颁发农村土地经营权证。③共享农业生产活动经营权。通过合作或购买服务等方式，承包农户与社会化服务组织共享土地经营权。可以通过建立规范的合作社实施紧密共享模式，如统一销售等，或者通过发挥小规模社会化服务

主体如农机示范户（含专业大户、家庭农场等）的作用实施较为松散的共享模式，如完成承包耕地的部分田间作业等。

二是拓展农村产权交易中心功能，建立农村产权综合服务平台。①全面加快开展农村土地承包经营权、农村集体土地所有权、农村集体建设用地使用权、农民房屋所有权、小型水利工程产权、农村集体林权等“多权同确”工作，为产权交易和抵押融资等创造条件。②借鉴武汉农交所相关经验，设计推出水域滩涂养殖权、林权、“四荒地”使用权、农业设施、农业知识产权等可抵押产权品种，进一步拓宽融资渠道。③积极探索大宗农产品、农业订单、农村集体经济股权、农业企业股权、农业生产用房、农村工业固定资产、生物资产等抵押融资制度。④结合农村产权收储机制，设立风险防范基金与农村土地回购基金。⑤引入各类优质农业项目中介公司，结合各地区乡村振兴建设规划、特色乡镇规划、现代都市农业发展规划等，将交易项目、信息进行策划组装，形成具有竞争力的特色项目向投资人推介。⑥构建农业科技成果库、专家库、设备仪器库、评估评价师库、优质农业科技企业库等基础数据库，以成果遴选、评估、评价、交易担保等服务为手段，推进农业科技成果、科技资源与新型农业经营主体对接，利用特许经营等多种形式有效进行成果的交易和转移转化。

三是采用多种形式，深化农村产权抵押融资制度。①多途径降低违约风险。农村产权流转交易和抵押融资主要有三方面风险：产权转入方对土地用途的改变风险，转入方拖欠农民流转金风险，在实现抵押融资后贷款方存在的还贷违约风险。要多途径降低这些风险，可开发“农村产权抵押登记系统”，实现不同部门、金融机构之间的信息共享，防止出现同一农村产权的恶意重复抵押；待付清流转金后，颁发农村土地经营权证；对抵押融资方进行贷款贴息，减轻他们的还款压力；采用仓单质押、核心企业担保、高端家庭成员担保方式，降低违约风险。②扩大抵押融资试点。主要是寻求具有显著优势的主体扩大试点。如成都市温江区“花乡农盟”合作社在 2016 年获得成都市温江区“推进农村土地承包经营权及地面附着物抵押融资试点单位”主体资格，从而被赋予了以强大的销售网络及工程渠道通过市场化手段解决苗木资产处置问题的新能力。这一新的服务模式，有利于高效盘活农村存量资源和资产，应积极推行。

（四）以促进小农户和现代农业发展有机衔接为导向，着力构建新型农业双层经营体制，实现农业家庭经营与农业合作经营更加广泛、更有深度的结合，推进传统小农户向现代小农户转变

党的十九大提出，要实现小农户和现代农业发展有机衔接。为扶持小农户，提升小农户发展现代农业能力，2019 年 2 月，中共中央办公厅、国务院办公厅印发了《关于促进小农户和现代农业发展有机衔接的意见》。2019 年的中央一号文件也明确提出，要坚持家庭经营基础性地位，赋予双层经营体制新的内涵。可见，以有机衔接小农户为导向，着力构建新型农业双层经营体制，是在新时代构建现代农业经营体系的根基。以传统小农户为特征的农业家庭经营与现代农业合作经营是相辅相成的，二者更加广泛、更有深度地结合，即农民合作组织与社员（农民）更加紧密地联系在一起，就构成了新型农业双层经营体系。

一是建立和完善小农户与新型农业经营主体并存的农业新型双层经营体系与制度。在家庭经营这个“分”的层面，出现了小农户与新农体并存的新形态，这种新形态有利于实现农地三权分置，即在小农户保留土地承包权的基础上通过向新农体出让经营权而实现土地配置效率的提高。长期的改革实践证明，合作社更能有效衔接广大小农户，使“分”这个层面的经营效率和经营效益得到大幅度提升。因此，在广泛培育壮大新农体的基础上，要特别推进农民合作社跨地区发展，实现服务的更高质量的规模化效率。要推进合作社经营从生产领域扩展到加工、流通领域，实现产销合作经营，使销售环节的利润前移到合作社。要重点支持农民合作社提高自身经营管理综合能力。要优化政策促进农业实质性的合作经营，避免空壳合作社，而农民合作社的生命力也完全取决于“＋农户”这一层是否真正有实效。这就需要借鉴国际股份合作经验，优化农民合作社治理结构，促进规范运行，实现小农户这个“分”的层面能够实质合作、充分合作，使合作社真正成为促进传统小农户向现代小农户转变的重要平台，真正成为小农户与现代农业发展有机衔接的重要载体。当然，发挥农业产业化龙头企业服务小农户的巨大作用不能弱化。

二是推进新型农业双层经营体制中“统”的功能不断增强与延伸。

“集体统一经营”的实现机制要在以“村两委”为代表的行政组织基础上增强经济属性，延伸经济管理职能，使“集体”的范围得到拓宽，如对村级土地规划和整治、对小农户和新型农业经营主体的公共产品供给等。现阶段要推动集体资产、支农资金和扶贫资金股权量化入社到户，壮大集体经济，做实精准脱贫；赋予合作社融资、保险、抵押等功能，实现信用合作经营，鼓励兴办资金互助社。探索合作社跨区发展、联盟化发展。

（五）以农业适度规模经营为导向，着力构建新型农业规模经营体系，大力提升多种形式适度规模经营的综合效益

《关于促进小农户和现代农业发展有机衔接的意见》指出，发展多种形式适度规模经营，是增加农民收入、提高农业竞争力的有效途径，是建设现代农业的前进方向和必由之路。要打破对农业规模经营就是土地集中经营的认识局限，构建新型农业规模经营体系。也就是充分认识到并重视各经营主体的联合与合作所带来的产业、区域或服务规模优势。既要重点支持基于土地流转的家庭农场、专业大户的适度规模经营，也要大力支持基于服务共享的其他经营主体的服务规模经营或综合规模经营。

一是继续有序推动农户家庭承包土地的流转，促进家庭农场、专业大户的适度规模经营。主要针对土地密集型、资本密集型、劳动密集型三种农业类型，采用综合评价方法衡量经营主体进行农业规模经营的适度性，对优选出的经营主体进行奖补，在农业基础设施、技术、信息、生产资料购买、产品销售、信贷和资本融资等方面，整合各类项目资金，因地制宜地制定扶持政策。

二是支持种粮农户开展粮经结合、粮畜结合等农作制度创新，推进综合经营，提高综合经营规模效益。这种综合经营能够实现稳粮与增收的双重目标的有机统一。

三是支持农业龙头企业实现产业化规模经营。支持和鼓励下游的农业龙头企业积极向上游延伸，通过建基地、连合作社扩大农业产业化经营，聚集产业规模优势，实现产业规模经营。

四是支持合作社横向联合组建联盟，聚集区域规模优势，实现区域规模经营。最初可以是同业生产型合作社之间的联合，逐步可以扩展为关联

性合作社之间的联合，也还可以是区域内相关合作社之间的联合。

五是支持集约化、专业化基础上的多元服务体系建构，实现“区域种植，统种分管”等形式的服务规模经营。打捆合作社社员（包括连接农户）的不同生产环节的作业量，再交由专业化的服务主体分别完成作业，聚集服务规模优势，实现服务规模化，走“生产小规模、服务大规模”的规模经营之路。

（六）以深入推进品牌强农为导向，着力构建现代农业经营市场体系，打造农业品牌雁阵，开创农业“品牌整合产能，合作对接市场，物流保障销售”新格局

打造农业品牌雁阵，锻造高纯度农业金字招牌，是构建现代农业经营市场体系的重要抓手，也是农业绿色高质量发展的助推器。要以深入推进品牌强农为导向，全面推进农业基地化、标准化、品牌化、电商化、物流专业化。要创农业区域公用品牌，全面整合“小、多、散、乱”品牌，打造一批企业品牌和乡土品牌，形成品牌雁阵，开创“品牌整合产能，合作对接市场，物流保障销售”新格局。

一是实施区域公用品牌塑造推进计划，用区域品牌整合农业产能，用品牌集群合作对接市场，发挥大品牌对农业上游经营主体的“指挥棒”作用。例如，四川全面实施农产品品牌孵化、提升、创新、整合、信息“五大工程”，培育壮大“川”字号农产品品牌体系，加快推动“川”字号农产品享誉国内外，实现四川向农业品牌大省跨越的步伐。为了促进农业绿色高质量发展，各地要特别注重培育有机、绿色农产品高端品牌经营新业态，深入推进全域基地化、基地标准化、标准高端化创建，充分发挥区域品牌关联“三品一标”的“头雁效应”，依托特色农产品优势区创建农产品地理标志培育样板，推行面向基地标准化生产的全程化科学监管，推进面向市场实体销售、电商销售的全领域散乱品牌有效治理，推动政府主导的可追溯体系向全域全主体全面延伸，从而带动一批“土字号”“乡字号”特色产品品牌打造，增强“走出去”能力，融入“一带一路”大市场。

二是构建集信息、展会、交易、物流于一体的高标准农产品产地市场网格体系。要规划建设高标准、现代化的农产品产地批发与零售市场，引

进优势品牌企业运营市场。要高起点规划建设“三区三州”等深度贫困地区和其他民族地区、革命老区特色生态农产品产地市场，全面打通生态扶贫的关键节点。

三是全面打通物联网、互联网建设的“最后一公里”，加快发展农产品销售新业态。①利用农业价值链金融，创新农超对接。②利用PPP模式引导知名电商植入农业，打造供需“传感器”。电商平台就像一个传感器，不仅能实时感知搜集市场需求结构的变化，同时也能将市场需求第一时间传递给农业经营者，及时引导农业供给侧结构性调整。农业电商能够在产业链前端大力推广有机种植，在中端推行基地直购，在末端加强质量监测把控，在售后加强消费理念引导，是大力发展绿色有机农业至关重要的新业态，要做好政策支持引导。③借鉴国外农业发展经验，积极推进预售制农业、“农场-机构”计划等新模式在我国的实践创新。预售制农业符合“互联网+农业”的大方向，“农场-机构”计划适合生鲜食品供应，要多探索，加快发展。这些模式能够助推有机、绿色农产品的生产经营。

四是培育壮大专业农业物流企业（园区），打造“中心枢纽+区域节点”现代农业物流圈链。①政府投资与企业运作结合，培育一批有影响的专业农业物流企业（园区）。制定物流企业培育政策，推动农业物流行业的整合与重组，走综合化、规模化道路。制定优惠政策，鼓励外资企业进驻。利用PPP模式在交通大枢纽打造现代化综合性农业物流园区。要特别重视以猪肉冷冻库为重点的冷链物流能力建设。②要进一步深化供销社综合改革，充分发挥其在农业物流中的结构系统性功能。改造、扩建现有的货运场站设施，新建一批区域农业物流中心、仓储中心、配送中心。投资兴建物流信息平台，实现区域节点物流圈层与中心枢纽物流点链的信息整合与共享，推进商机快速配置和物流产能有效利用。

四　构建现代农业服务体系的政策建议

2017年的中央一号文件提出，要持续加强农田基本建设，推进重大水利工程建设，抓紧修复水毁灾损农业设施和水利工程，加强水利薄弱环节和“五小水利”[①] 工程建设。这是深入实施藏粮于地、藏粮于技战略，严守耕地红线，保护优化粮食产能的重要举措，也是补齐农业基础设施服务短板、增强农业发展后劲的根本要求。2019 年中央一号文件提出，要继续夯实农业基础，保障重要农产品有效供给；要发展乡村新型服务业，支持供销、邮政、农业服务公司、农民合作社等开展农技推广、土地托管、代耕代种、统防统治、烘干收储等农业生产性服务；要加快培育各类社会化服务组织，为一家一户提供全程社会化服务；要支持建立多种形式的创业支撑服务平台，完善乡村创新创业支持服务体系；要继续深化供销合作社综合改革；要打通金融服务“三农”各个环节，建立县域银行业金融机构服务“三农”的激励约束机制，切实降低“三农”信贷担保服务门槛。因此，要在创新农田水利设施建设、深化供销合作社综合改革、健全农业生产全程社会化服务、强化农业科技创新推广服务、优化金融保险服务等方面完善经营管理制度体系，用好政策引导，提升服务农业经营的综合效益。

（一）以夯实农业基础为导向，构建“建维一体”财政支持高标准农田建设体系，优化水利工程分类管理及用水户协会嵌入的多中心治理机制

一是要在创新投融资模式的基础上构建激励相容的建设与维护一体的财政支持体系，加快完成高标准农田建设任务。①创新建设模式。如在适当区域内对未利用土地资源进行改造，由土地开发运营公司作为实施主体进行投资，采用补贴方式向农发行申请贷款，地区担保机构免费提供保证。项目建成后产生的新增耕地，纳入省内国土部门耕地占补平衡系统库，根据既定标准获得开垦费，土地开发运营公司和地区财政共享开垦费，农发行获得利息收入，农户获得高标准农田。②在 PPP 项目中，明确各方关系，将高标准农田最终经营成果与农户共享。③多元化培育项目建设主体。在有条件的地区探索集体经济参与项目的建设和维护，将产村融合、一村一品的产业发展规划与高标准农田建设有机结合。④推进龙头企业基地建设与高标准农田建设的有机融合。

---

① “五小水利”工程是小水窖、小水池、小泵站、小塘坝、小水渠的总称。

二是优化水利工程分类管理制度，多形式落实经营管理责任。①对于经营性的水利工程，如灌溉站、村镇供水工程等，可采取拍卖的形式，由管理者取得其所有权。②对于公益性的水利工程如排涝站、桥、涵等，应纳入各级财政预算或采取承包的形式落实经营管理责任。③对于兼有双重属性的水利工程如堤坝、河道工程等，可以采取租赁的形式落实经营管理责任。

三是完善用水户协会制度，提升其参与水利工程运行治理能力。①制定政策支持用水户协会高效运行。②支持在产业协会、专业合作社基础上建立用水户协会，增强协会有效运行的内生动力。③完善村社管理制度、用水户协会制度和市场制度，实现集体治理制度与市场制度的融合运行。

（二）以深化供销合作社综合改革为导向，积极培育各类社会化服务组织，构建新型农资供销服务体系和现代农产品流通服务体系

一是构建多主体、多渠道、多模式的新型农资供销服务体系。①加快深化供销合作社综合改革，畅通优质农资流通渠道，促进农资供销整体转型升级。按照推进农业供给侧结构性改革的要求，聚焦农业转型与绿色高质量发展，拓展供销社经营服务领域，积极推广有机肥、低残留农药和高标准农膜等优质农资，落实对农资企业销售符合标准的绿色农资按销售量进行奖补政策。②推行“农资企业 + 新型农业经营主体 + 散农”供销模式。依托供销社联社或新型农业经营主体整合区域农户、农民合作社的农资需求，进行农资代购或是集中采购，降低采购成本。③优化分类补贴，优化政策支持效果。根据不同类型农业经营主体的特征，分类利用补贴等多种政策工具，发挥政策支持的积极作用。如针对普通农户，可免费发放疫苗，针对新型农业经营主体可对其购买的符合标准的疫苗进行定额补贴。④探索农资供应商与基层农技推广服务机构的融合发展，促进农资销售服务和使用服务有机结合。

二是优化重构新业态明显、物流体系健全、区域品牌引领的现代农产品流通服务体系。①积极培育电商企业丰富农产品流通业态。加快制定实施“互联网 +”农产品出村进城工程的政策。要支持培育县级电商龙头企

业，同时培育产业基础较好、应用意识先进、操作能力较强的示范企业和合作社，使这些示范企业、合作社都能够具备独立进行网店、微店经营管理和媒体营销的能力，发挥示范、带动作用。②依托新型农业经营主体搞加工破解生鲜农产品流通难题并提升价值。③整合现有物流资源优化农业物流体系。制定落实加强农产品物流骨干网络和冷链物流体系建设的政策。合理进行物流网络布局，建立县级仓储物流中心、乡（镇）物流节点、村级物流网点的三级农村物流体系。积极培育专业化物流龙头企业，强化冷链物流建设，推广现代物流管理技术，推进物流信息化建设，城乡配送体系与服务周边的配送体系建设相结合，形成现代物流体系框架。此外，要整合万村千乡市场工程、供销社的新网工程、邮政运输、农村乡村交通体系，形成大公司去得了乡镇、快递去得了村户的流通服务新格局。④合理打造区域公用品牌引领农产品流通，提升服务体系效率效益。细化区域公共品牌的农产品准入标准，建立类别各异的区域性行业协会。有效治理农产品区域品牌，持续强化引领力和竞争力。

（三）以农业新型经营主体与农业社会化服务体系融合发展为导向，着力打造服务的“中央厨房”，健全农业生产全程社会化服务政策体系

农业经营主体与农业社会化服务体系相结合，是当今发达国家实现农业现代化的重要经验，也是我国构建现代农业经营体系和服务体系的必然选择。当前，我国农业服务体系发育明显滞后，是“补短板、强弱项”的重点领域，必须强力推进建设。大力培育新型服务主体，加快发展农业生产性服务业。制定政府购买服务、以奖代补、先服务后补助等方式的具体措施和办法，把支持农业服务企业、农民合作社等开展农技推广、土地托管、代耕代种、烘干收储等面向小农户的生产性服务政策落实落地。

一是加快农业新型经营主体与农业社会化服务体系的融合发展，支持农业社会化服务主体搞加工增值，纵向一体化发展。延长各服务环节的产业链，支持新型农业经营主体通过纵向一体化把控高利润环节，降低单一环节经营带来的风险，最终蜕变为龙头企业，带动小农户发展。

二是积极探索服务项目的拓展与深化，构建共享“中央厨房”机制，

不断优化农业生产全程社会化服务体系。①深化农业生产全程社会化服务项目的内容。因地制宜地选择农业产业推行生产全程社会化服务，切实提高相关产业的土地生产率、劳动生产率、资本产出率。②拓展农业生产全程社会化服务项目的范围。积极探索将农资、农业信息化、防污治污等服务全部纳入社会化服务环节，降低生产成本。③补齐中小规模社会化服务的短板。我国山（丘）区比重大，家庭小规模土地经营特征明显，特别需要中小规模主体具有灵活的社会化服务供给与之相适应。因此，优化财政资金，培育中小规模社会化服务主体并支持他们为中小规模农户提供部分或全程社会化服务，能够更加有效助推多种形式适度规模经营，实现小农户和现代农业发展有机衔接。④补齐为农业绿色高质量发展服务的短板。创新农业 PPP 模式，培育壮大农业废弃物资源化利用多元服务主体，共同参与防污治污体系，系统解决农业经营主体分散治污投入大、成本高、技术差、效率低等一系列问题。开展畜禽粪污无害化处理与综合利用、作物秸秆资源化利用、农用薄膜农药包装物回收利用等区域统一集中作业服务经营，创建一批“一控两减三基本”精品工程。完善农业面源污染治理项目融资方案的多维评价指标体系，进一步探索整体外包、经营外包、建设外包、政府回租、政府回购、TOT、部分私有、完全私有等不同合作方式的适用性。

三是优化为农业生产经营活动提供各类社会化服务的补贴或补助政策。要重点推进农机化转型升级，分类支持农机合作社等新型农机服务组织发展，推广“全程机械化 + 综合农事服务”等社会化服务模式，按照作业量对各种机械化作业服务给予补贴；对农机公司或融资租赁公司通过开展大型农机具的融资租赁业务进行的作业服务给予补助；将机耕道建设纳入补贴范围，给予建设资金和年度维护补助。

（四）以强化农业科技创新推广为导向，构建“科技 - 产业”联动创新转化、“多主体 - 多产业”融合协同服务新机制，优化农业科技人员政策体系，要特别激励农业科技人员扎根深度贫困地区持续推进科技扶贫

各区域要以强化农业科技创新推广为导向，以现代农业产业技术体系

和现代农业产业科技创新中心建设为重点，因地制宜地制定落实“实施乡村振兴科技支撑行动”的政策，支持“科技－产业”联动创新转化、“多主体－多产业”融合协同服务新机制构建，落实科研与推广转化人员的支持政策，强化机制保障。

一是增强“科技－产业”联动创新转化，充分发挥经营性科技服务的潜力。积极探索以下科技－产业联动模式。①探索成立农业产业技术研发推广公司推动科技向农业产业渗透。鼓励涉农产业研究院、科研机构涉农协同研发中心等单位与“一村一品”建设单位之间的融合，通过研发机构与集体经济的共同出资，成立产业技术研发推广类公司，以农产品的市场需求为导向，将科技实力渗入“一村一品”的产业发展中。②引导农业农村发展研究机构采取多种科技服务方式向生物种业、现代农机、智慧农业、绿色投入品等领域的关键核心技术环节渗透。鼓励支持高校新农村发展研究院与各地合作建立新农村发展研究分院，重点开展与家庭农场联盟、产销合作联社等新型农业经营主体的实质性合作，渗入农业经营的关键技术环节。③完善国家级、省级农业科技示范园的功能，试点多产业融合互动的新机制。例如，四川宜宾市国家农业科技园区在规划调整过程中，将川南粮油农资交易中心项目纳入国家农业科技园核心区统筹引领发展，增强了农业科技园区的辐射带动能力。

二是要制定落实为小农户开展科技服务的激励政策，分类细化公益性科技服务，构建农业科技支撑到户的精准服务网络。不同地区应详细分析现有公益性科技服务网络，对照详细的农户科技需求网络，合理输出适宜的农业科技，做到户户农业生产都有科技支撑。

三是优化农技推广人员考评激励机制，培育造就一支懂农业、爱农村、爱农民的服务创业、融入产业、扎根扶贫的农业科技人员队伍。探索引入第三方评估，优化农技推广人员考评标准，普遍提高推广人员薪资待遇，重奖业绩突出人员，重构农技推广人员激励新机制。制定完善的政策体系，引导科研院所农业科技人员（包括大学毕业生）与新型农业经营主体深度融合，总结现代农业产业技术体系岗位专家、专家大院、科技小院、科技扶贫等经验，鼓励他们服务创业、融入产业、扎根扶贫。要针对深度贫困县专门制定科技扶贫政策，推进科技扶贫资金、项目、举措向深度贫困县集中，激励农业科技人员怀揣“惠农”初心，扎根深度贫困乡村，服务建档立卡贫困户发展产业脱贫。

（五）以回归本源服务“三农”为导向，完善优化金融保险服务农业绿色高质量发展的政策支持机制，构建金融产品多样、担保方式灵活、保险指向精准的现代农业金融服务政策体系

2019年中央一号文件提出，要完善农业支持保护制度。凸显了以回归本源服务“三农”为导向，完善优化金融保险服务农业绿色高质量发展的政策支持机制，即健全农业信贷担保费率补助和以奖代补机制，完善农业保险政策，打通金融服务“三农”各个环节，建立县域银行业金融机构服务“三农”的激励约束机制，推动农村商业银行、农村合作银行、农村信用社逐步回归本源，为本地“三农”服务，用好差别化准备金率和差异化监管等政策，切实降低“三农”信贷担保服务门槛等。

一是基于农业产业链设计多元金融产品，开发综合管理平台提高服务与督导水平。①基于农业产业链不同节点的资金需求特点，提供不同的金融产品。②基于农业产业链服务模式推出多样化的信贷产品。应特别基于农业绿色发展提供针对绿色农资供销服务、农业面源污染防治服务的专门性信贷产品。③建立服务平台，实时监测产业链上客户的相关信息。④成立农业产业链专家组，提升专业服务水平。⑤出台更有效的还款保证措施，加快推进去担保化。

二是优化设计农业担保基金、农业信贷担保、风险补偿基金，加快推行分级再担保运行模式，分区制定担保机构资本金投入等相关标准，分类预测调控担保风险。①优化设计农业担保基金。在财政预算中明确作为农业担保基金的投入比例，规定资金投入逐年变动的计算方法和基金使用的权限。②优化设计农业信贷担保区域。可根据实际情况扩大农业信贷担保的地区。③进一步探索不同地区担保机构允许亏损的年度最高额度或比例，优化设立风险补偿基金。④加快推行分级再担保运行模式。⑤分区制定农业信贷担保机构的相关标准。⑥分类预测调控担保风险。担保机构应积极进行分类风险预测和调控，如通过恰当的制度设计降低龙头企业的道德风险，探索更多切实可行的反担保途径，有效破解农户抵押品不足的

困境。

三是优化分散农业大灾风险及开发保险新品种试点的支持政策，积极探索“贷－保”结合、“收－保”结合等新模式，引导农业保险资金精准投入。①中央财政应承担分散农业大灾风险的重要功能，引导保险资金精准投入。②积极探索农业信贷与保险的结合模式。③借鉴国外经验，探索将收入保护计划与农业保险相结合。④鼓励开发农业保险新品种试点。扩大试点地区，鼓励开发保险新品种试点，鼓励积极开展符合市场需求的保额补充型商业保险、收入保险、价格指数保险等新品种。⑤积极引导农业保险优先投资领域。要优先投资农村基础设施、大型公益项目、农村金融机构及农业产业化龙头企业等新型农业经营主体，助推农业农村发展和脱贫攻坚工作。

本章附录

本章附录部分是课题组在对四川广泛调查的基础上形成的六份政策建议报告：一是针对四川深度贫困地区凉山州主导的农业产业——马铃薯产业转型升级提出建议，期望对深度贫困地区通过开展产业扶贫打好脱贫攻坚战有所借鉴；二是针对四川小农户和新型农业经营主体绿色生产行为的调查，提出了以培育壮大新农体引领小农户为抓手推进四川农业绿色生产的建议，期望对贯彻落实中共中央办公厅、国务院办公厅《关于创新体制机制推进农业绿色发展的意见》和农业农村部《农业绿色发展技术导则（2018—2030 年）》等有关文件精神有所借鉴；三是针对四川优化重构农业体系提出建议，期望对促进四川农业转型升级有所借鉴；四是对加快推进四川农业绿色高质量发展提出建议；五是综合施策加快推进四川生猪产业转型升级的建议；六是坚定用“绿水青山就是金山银山”加快促进四川产业绿色高质量发展的建议。

（一）关于推进四川马铃薯供给侧结构性改革助推深度贫困地区脱贫攻坚的建议

为摸清四川马铃薯种植和产业发展现状，推进马铃薯产业供给侧结构性改革，促进深度贫困地区脱贫攻坚，课题组深入凉山州农业部门、西昌市、冕宁县、峨边县、朝天区、万源市、宣汉县、射洪县、彭州市等地，对马铃薯种植经营户、种薯企业、加工企业和县乡农业管理部门开展问卷调查或访谈，在具体分析四川马铃薯产业发展现状和存在问题的基础上，提出了加快推进马铃薯供给侧结构性改革促进产业开发和助推深度贫困地区脱贫攻坚的建议。

1. 加快马铃薯产业化发展意义重大

（1）加快马铃薯产业化发展是四川加快实施马铃薯主粮化战略的需要。农业部发布的《关于推进马铃薯产业开发的指导意见》（2016 年）提出到 2020 年马铃薯主食消费占马铃薯总消费量的 30%，说明马铃薯将逐渐成为我国第四大主粮作物。2017 年中央 1 号文件提出，要按照稳粮、优经、扩饲的要求，增加优质薯类等生产，大力发展马铃薯主食产品。2017 年四川省委政府 1 号文件也指出，要大力发展优质专用农产品，其中，也包括重点发展加工专用马铃薯等专用农产品。四川初步确定通过产供销一体化发展，到 2020 年马铃薯种植面积稳定在 1200 万亩，产量达 1620 万吨，主食消费占马铃薯总消费量的 30%。因此，加快马铃薯产业化发展是四川实施马铃薯主粮化战略的需要。

（2）加快马铃薯产业化发展是四川加快推进农业供给侧结构性改革优化重构现代农业体系的需要。作为全国马铃薯种植面积、鲜薯产量第一大省，四川的马铃薯主食开发起步较好，从 2015 年开始实施“马铃薯主食产品及产业开发试点项目”，择优选择在马铃薯优势产区和马铃薯主食产品消费潜力区的成都市、绵阳市和凉山州开展试点工作，是农业部马铃薯主食产品及产业开发试点省份之一。扩大马铃薯种植面积，推进马铃薯产业开发，不仅有助于四川加快推进农业供给侧结构性改革，优化重构农业生产体系、产业体系、经营体系和服务体系，提高农业生产经营效益，而且能够为其他区域发展马铃薯产业提供经验借鉴。

（3）加快马铃薯产业化发展是四川加快推进深度贫困地区攻坚脱贫的需要。四川马铃薯种植大多在凉山、甘孜、阿坝等偏远民族地区和秦巴山区。这些区域种植历史悠久，种植习惯已经深入人心。马铃薯种植收益明显，调研区域亩均纯收入为 1250～2500 元，马铃薯种植收入占家庭农业收入的30%～50%，在凉山州的比例要高很多，马铃薯种植收益是这些区域家庭农业收入的主要来源之一。以凉山州为例，近年来，该州把马铃薯产业作为农民增收、精准脱贫的支柱产业来抓，产业发展取得了长足进步，多项指标稳步增长，良性发展局面初步形成，建成了全国最大绿色食品原料马铃薯基地，2016年该州小春马铃薯亩均纯收入达到2500元。可见，引导深度贫困地区农户扩大马铃薯种植面积，调整品种结构，大力发展加工食用马铃薯，推进马铃薯主食产品开发，实现全产业链增值，对深入实施马铃薯主粮化战略加快推进马铃薯供给侧结构性改革，对深度贫困的民族地区和盆州山区脱贫攻坚来说，有特别重要的意义。

2. 四川马铃薯产业发展现状

（1）基本情况

第一，四川是全国马铃薯生产第一大省，也是马铃薯产品的主食化加工试点省份。2016年四川马铃薯种植面积为1210.5万亩，比2015年增长1.2%，产量为322.3万吨（折粮），比2015年增长4.8%。2017年较上年同期增加20多万亩。四川从2007年开始就把马铃薯作为十大特色产业之一，主要从四方面着力。一是开发多种主食产品。产品包括马铃薯面条类、馒头、饼干、糕点类（薄脆饼干、土豆酥、马铃薯四季饼、迷你饼、月饼）、米粉类（粉丝、粉条、粉皮）。二是大力开拓产品市场。各主食开发企业依托批发市场、农贸市场、超市、商店、饭店、特产店、学校以及网店等，努力拓宽销售渠道，产品除在当地和本省销售，还销往上海、北京等大中城市。其中，紫金都市的马铃薯馒头和干湿面条销往成都市的市场、超市、学校，光友马铃薯粉丝销往全国大中超市，川蒲派立的马铃薯薄脆饼干、土豆酥等系列产品销往全国，天伦开发的多风味马铃薯四季饼等销往全国并上伊藤店。三是优化产品加工工艺。10家企业与科研机构合作密切，积极进行产品关键技术攻关，克服马铃薯全粉黏着性弱、成形能力差等难题，开发了市场认可度高的系列产品。四是推动标准化生产。随着马铃薯主食化的发展，将显著地促进马铃薯标准化生产发展。

第二，在主要工作措施上，四川加强行政推动、加大项目投入、强化科技支撑。四川省委、省政府高度重视，将马铃薯纳入重点发展的特色优势种植业和四川省新增100亿斤粮食生产能力建设规划纲要，制定并发布了马铃薯产业发展规划。依托四川省马铃薯良繁体系建设及科技示范推广项目等，切实加大投入。此外，通过实施有关项目，加大示范力度，大力推广新品种、新技术、新模式。

第三，优势区域雏形显现，深度贫困地区马铃薯产业发展快。四川马铃薯种植形成了各具特色和优势的四大集中产区，其中，凉山州马铃薯的种植面积、产量、商品量和经济效益四项指标均居全省首位。目前，深度贫困地区面积超过300万亩，占四川总面积的比例超过25%，见表9-1。

表9-1　2016年四川主要深度贫困地区马铃薯产业发展情况

地区	播种面积（万亩）	占粮食作物面积（%）	总产量（万吨）	占粮食总产量的比例（%）	亩产（公斤/亩）
凉山州	236.3	32.8	371.1	33.9	1570
甘孜州	17	15	4.6	16.4	270
阿坝州	24.86	15	36.2	16.4	1456
峨边县	10.8	27	15.12	45.8	1512

从表9-1可以看出，凉山州是四川最大的马铃薯产区。2016年，凉山州马铃薯种植面积为236.3万亩，鲜薯产量为371.1万吨，平均亩产为1570公斤，分别比上年增加4.1万亩、10万吨、15公斤。

第四，马铃薯的良繁体系建设加强。一是品种引育加强。育成川芋系列、川凉薯系列、达薯1号等多个不同熟期、不同用途的品种，引进米拉、费乌瑞它等品种。审定（或认定）品种30多个。二是种薯生产能力提高。目前全省微型薯生产能力达到1.6亿粒以上，是2007年的8倍以上。基本建成了“周年生产、周年供应”的种薯田间扩繁基地，年生产脱毒种薯40多万吨，全省脱毒种薯推广面积达360多万亩，脱毒种薯推广率近30%。三是科技支撑能力增强。四川创新了全国领先的马铃薯脱毒技术、微型薯雾培技术、田间扩繁技术和储藏技术。四是种薯质量监控渐入正轨。在全国率先建立了基础苗统供制度和“马铃薯脱毒种薯病毒检测合格证”发放制度，种薯质量显著提高。五是种薯企业迅速增加。近年来四川马铃薯种薯企业迅速增加，目前已发展到10多家，其中原种生产能力达到1000万粒以上的企业有8家（2007年以前为0），建立原种和生产种生产基地规模在5000亩以上的企业达到6家以上（2007年以前仅1家）。

（2）调研区域马铃薯种植经营的概况

为了反映全省马铃薯产业从种薯培育、商品薯种植到销售加工一体化的全产业链发展情况，课题组首先采用典型抽样，选取乐山市峨边县、广元市朝天区、遂宁市射洪县作为川西南山地区、盆地周边山区和川中丘陵地区马铃薯主产区的典型；其次，利用分层随机抽样对上述马铃薯主产区内的种植经营户进行问卷调查；最后，剔除关键信息缺失的样本后，获得有效样本194份。调研地区受访的马铃薯种植经营户的主要统计特征如表9-2所示。此外，还重点走访了凉山州农业局，西昌市、冕宁县、万源市、彭州市等地部分种薯企业和马铃薯加工企业。

表9-2　调研地区马铃薯种植户的主要生产经营特征

变量	均值	中位数	标准差	最小值	最大值	样本个数
马铃薯种植面积（亩）	14.71	3	110.09	0.1	1500	194
马铃薯种植面积占比（%）	49.6	48.81	31.01	1.87	100	194
土地细碎化程度（亩/块）	2.24	1	8.55	0.035	104.67	194
常年从事马铃薯种植的劳动力人数（人）	2.04	2	0.83	1	6	194
马铃薯亩产量（斤）	1569.96	1200	1212.95	75	6000	194
亩均成本（元）	514.71	386.5	436.8	0	2500	194
鲜薯销售价格（元/斤）	0.80	0.96	0.46	0.50	2.00	194
亩均收益（元）	1865	1067	1843	-100	9625	194
所在村的人均年收入（元）	4491.51	3820	2660.45	20	11000	33
家庭非农收入占比（%）	44	41	25.03	0	98	194
马铃薯种植收入占农业收入的比例（%）	42.13	35	25.46	0	100	194

资料来源：根据课题组调研数据整理。

从表9-2可以看出，调研地区受访农户的马铃薯种植面积平均为14.71亩，占家庭耕地面积的49.6%，每一块地的面积为2.24亩，显然土地细碎化程度高；平均来看，常年从事马铃薯种植的劳动力人数为2人，马铃薯亩产量为1569.96斤，销售价格为0.80元/斤，亩均农资成本共计

514.71 元，亩均收入为 1865 元。可见，马铃薯种植收益明显，亩均纯收入约为 1350 元。此外，抽样地区受访农户所在村人均年收入中位数约为 3820 元，其中农业收入占比为 56%，马铃薯种植收入占家庭农业收入的 42.13%。这表明家庭收入主要来源于农业生产活动，且马铃薯种植是家庭农业收入的主要来源之一。

（3）调研区域马铃薯产业发展的主要特征

第一，马铃薯产业稳定发展，面积和产量均保持稳中有增态势，农户扩大种植面积意愿高。调研发现，62.59% 的农户下年愿意将玉米种植地改为净种或者套种马铃薯。在农户愿意扩大种植的原因方面，43% 的农户觉得马铃薯种植前景好，21.75% 的农户认为马铃薯种植成本低，14% 左右的农户觉得受益于政府的补贴政策。此外，调研发现各地马铃薯种植多采用“水稻 + 马铃薯”“马铃薯 + 玉米”“马铃薯 + 玉米 + 蔬菜 + 蔬菜”等轮作模式，不仅提高了土地复种指数，增加土地效益，而且有助于预防和控制马铃薯晚疫病。

第二，马铃薯价格虽有小幅波动，但薯农增收效果明显。2015 年鲜薯收购价格主要在 0.5 ~ 2 元/斤波动；2017 年上市的鲜薯销售均价为 1.23 元/公斤，较上年同期每公斤低 0.08 元，企业加工收购均价 0.70 元/公斤，较上年同期每公斤低 0.05 元。尽管价格有一定波动，但种植户亩均纯收益达到 1350 元。其中，小春马铃薯种植效益最为明显。以凉山州为例，2016 年该州小春马铃薯亩均纯收益达到 2500 元。

第三，马铃薯的种植模式主要是小户散种，缺乏规模化经营的新型经营主体。样本中，散户数量为 172 户，占到 88.7%，合作社、龙头企业等新型经营主体共 22 家，仅占到 11.3%。其中散户户均种植面积为 2.6 亩，土地细碎化程度为 0.97 亩/块；而新型经营主体平均的种植面积为 123 亩，土地细碎化程度为 8.9 亩/块。可见，专合社、种植大户等规模经营种植户发展滞后，龙头企业培育更是不足。

第四，政策支持效果明显，薯农对补贴政策较满意。政府政策支持主要体现在提供免费薯种，提供部分农资、农机，进行种植技术的培训和技术指导等方面。样本中农户薯种、肥料、农业机械设备的自费比例依次为 75%、90% 和 73%。种植户对政府马铃薯政策满意度的调查结果显示，

64.36%的种植户对政府马铃薯政策感到较满意，而不满意和非常不满意的农户仅占26.53%、9.11%。

第五，地方政府采用整体推进、集中连片发展马铃薯产业，积极实施马铃薯主粮化战略。在凉山州、广元市朝天区、乐山市峨边县、达州万源市等地，当地农业部门通过打造脱毒种薯繁育基地、马铃薯高产示范区、万亩马铃薯示范园等集中连片发展示范区，以期辐射带动地区马铃薯产业发展。扩繁基地典型的运作模式为“种薯公司+基地+合作社+农户”经营组织模式，即首先种薯公司流转农民土地，在农业部门项目支持下建立马铃薯扩繁基地，然后将原原种、农资免费发放给合作社，由合作社组织农民进行扩繁的田间管理，最后种薯企业负责统一回收扩繁的种薯，并销售至各地。此外，凉山州美姑县和乐山市峨边县采用“借薯还薯”模式整片整村推动脱毒马铃薯扩繁。各地也创造条件，积极实施马铃薯主粮化战略，如彭州市积极争取上级财政资金支持，依托当地三家加工企业生产马铃薯粉条，延伸马铃薯精深加工产业链，加快推进产业开发。

第六，马铃薯种植技术和病虫害防治技术获得有效推广。具体表现为，各地规范主推品种，推动种植技术的普及和规范化。例如，凉山州引进推广种植优质马铃薯新品种青薯9号等良种；峨边县主推青薯9号和米多两个品种，选用上述两个品种的农户数量分别占样本农户的52.38%、24.58%。此外，农户选用具有抗病毒病的种薯占42.38%、不易染病的种薯占40%左右，采用三膜覆盖栽培马铃薯技术的农户占36.96%。针对马铃薯晚疫病防治，四川省构建马铃薯晚疫病智能预警系统。目前该系统的21个监测预警站已实现对马铃薯种植集中区的全覆盖，并实时将检测结果通过四川病虫害智能预警应用平台向社会公布。

3. 马铃薯产业发展存在的主要问题

（1）政府补贴、产业支持等政策有待优化。目前我国虽然将马铃薯确定为第四主粮，但在马铃薯生产、商品薯储备和种子储备等方面却未得到与其他主粮同样的优惠政策和财政补贴。在万源市的调研发现，政府主要对产业链前端的原种、原原种扩繁基地建设进行扶持。主要表现为：第一，对扩繁基地的基础设施建设进行补贴；第二，对种薯企业的储藏库、原原种的培育室建设费用进行补贴，此外，储藏补贴费为200元/吨；第三，对基地统防统治马铃薯晚疫病；第四，2015 年以前对种薯企业扩繁产量进行补贴，补贴金额为 0. 1 元/斤；第五，从 2009 年开始，政府在 40 余个乡镇建成 2. 2 万立方米马铃薯贮藏库供薯农使用；第六，政府以招标的形式采购生产，然后发放给部分农户，但受限于资金，年度采购额不大。

在其他区域的调研中发现，由于补贴资金有限，政府会选择一些村庄免费发放一段时间的薯种。一般来说，农业局驻村干部会将其联系的村庄列入补贴发放对象。这样，一方面会增加补贴发放的不公平性；另一方面当驻村干部被调走，该地区的补贴政策消失，会增加农户对补贴政策的不满意程度，从而使其种植马铃薯的积极性受挫。同时，由于地方政府购买种薯和用作配套设施建设的资金主要来自四川省马铃薯产业提升行动和四川省粮油高产创建活动的项目资金，这些项目资金不具有可持续性，一旦项目资金用完，加上地方政府缺乏配套资金，那么后续产业投入的支撑政策就会中断。

此外，政府产业支持政策有待进一步优化。一是生产所需水电路等基础设施建设滞后，项目少、额度低，缺乏相应的污水处理和综合利用基础设施；二是政府补贴目前侧重于生产环节，而对上游的薯种繁育、下游的马铃薯加工环节补贴支持力度不够；三是政府补贴方式有待优化，目前政府集中招标种薯、免费发放的补贴方式效率低下；四是政府种薯采购计划滞后并缺乏持续性，滞后的、临时性采购计划通常会扰乱上游种薯企业的生产计划，增加种薯繁育成本；五是部分政府补贴项目申请门槛过高，脱离马铃薯生产经营主体发展现状。例如，四川省对种薯企业建设的马铃薯种薯贮藏库按照库存容量 200 元/吨的标准进行补贴。不过，享受该补贴项目的种薯企业需获得“中国种子行业信用评级 A 级及 A 级以上信用企业”认证。目前四川省暂无满足该资质的种薯企业。

（2）育种目标不适应主粮化战略的要求，种薯供给市场结构性矛盾比较突出。以高产、抗病、鲜食为主要育种目标，难以适应马铃薯主粮化的新要求。同时，种植品种结构也不尽合理，脱毒种薯推广面积还需大大增加。以凉山州会东县为例，2016 年全县马铃薯种植面积为 16 万亩，其中菜用型的大春马铃薯种植面积为 12. 52 万亩，占比为 78%；而主要生产淀粉加工型、粮用型的小春马铃薯种植面积仅为 4. 48 万亩，占比为 22%。

调研发现，目前有20.83%的受访农户采用原始的留种方式，57.63%的农户选用脱毒种薯。例如，万源市的脱毒种薯覆盖率仅为50%左右，其余为薯农自留种，主要原因是脱毒种薯价格高，政府对脱毒种薯推广的财政投入力度也有限。在选用脱毒种薯的农户中，仅有21.88%的农户选用了原原种，而61.46%的农户采用生产原种1～2代，此外还有16.66%的种植户选用生产原种3代及其以上的种薯。最突出的问题表现为低代种薯串换机制有待完善。目前种薯串换主要靠政府采购，而市场化的种薯企业直供、农户自种自扩的种薯串换机制相对缺乏。调研发现，薯种的提供方主要有合作社（48%）、农发局（35%）、流动商贩（16%）等。政府整合涉农资金集中采购免费发放种薯的模式，虽然有助于快速扩大马铃薯种植面积，但也存在以下几方面问题。一是采购种薯项目资金缺乏可持续性。二是种薯采购和需求结构不匹配。受项目资金约束，政府倾向于购买价格相对低、增产效果相对差的生产种，而低代原种采购不足。三是制约薯农根据产品质量对种薯企业进行“用脚投票”，导致企业主要对政府负责，而不是对薯农负责，种薯企业重视前端的采购招标环节，忽视后期的种薯发放和种植技术推广等环节。四是制约正规市场化供种渠道正常发展。在一些地方调研时发现，当地农发局免费发放的薯种品种杂、供给量少，再加上缺乏正规市场化的薯种供给渠道（如农资店、供销社等），部分农户会从流动商贩购买没有质量保证、价格高的杂牌种薯，从而增加种植经营的风险。

（3）生产的规模化、集约化和标准化水平亟须提高。马铃薯种植主要是小户散种，单户经营的马铃薯种植面积小，土地细碎化程度严重。调研发现，通过流转土地集约化种植马铃薯的现象较少，仅为16%左右的马铃薯种植地涉及土地流转。除此之外，为薯农提供社会化服务的部门亦很少，仅涉及农机租赁、专家咨询等环节。在种植模式上，多数地方种植粗放，主要表现为马铃薯换种率低，脱毒种薯推广面积小，配套高产栽培技术的落实差，尤其是忽视晚疫病的防治。调研发现，20%左右的农户不对晚疫病采取防疫措施，61%的农户不处理病毒株，95%左右的农户没有生产过程记录。

（4）市场化经营程度不高，紧密型利益联结机制不多，后续产业开发乏力。目前四川缺乏区域性马铃薯专业批发市场，这一方面制约了马铃薯商品化，另一方面削弱了四川省作为马铃薯生产大省对马铃薯价格形成的话语权。调研表明，马铃薯商品化率仅为61%，其主要以鲜薯方式销往省内市场（52%）、本地市场（43%）。市场化经营的联结机制方面，马铃薯产销以市场分散化的多对多买卖形式为主，“龙头企业 + 农户”模式仅占7.69%，“合作社 + 农户”模式占27.8%，“农户 + 农发局”统一销售模式的仅占1.3%。后续产业加工方面，29%的马铃薯用于后续加工，而71%直接用来食用。如彭州市有三家马铃薯粉条和面条等深加工的企业，但该市马铃薯上市时能成功避开北方马铃薯销售时段，具有价格优势，均以鲜薯形态售卖至成都等地，导致本地加工企业缺乏原材料，只能从甘肃、内蒙古等地采购原材料。可见，加工企业和薯农没有形成利益共同体，薯农也没有充分参与和分享产加融合发展的红利。马铃薯品牌化建设方面，68%的马铃薯为普通马铃薯，14.39%的马铃薯为地理标志产品，12%左右的马铃薯为无公害农产品，1%左右的马铃薯为有机农产品。可见，马铃薯市场化经营程度不高、加工能力和精深加工水平不高。

（5）产业链发育不全，加工瓶颈不能支撑全环节升级；产业融合发展不深，服务短板不能支撑全链条升值。产业链条相互配套不足，科研、种植、加工、营销一体化格局尚未形成。具体表现在：一是上游专用型种薯的研发和培育力度明显不足，这样限制了下游马铃薯主食产品开发。二是下游缺乏与产业发展相适应的保鲜贮藏设施。样本中只有5%的经营户采用冷库保鲜贮藏，而95%的农户采用传统的入窖保存。三是大型加工龙头企业不多，加工企业的数量和实力与产业主粮化开发需求不匹配。已有的加工企业基地建设不足，与薯农没有形成股份制、合作制等紧密型利益联结机制。四是下游马铃薯主食开发面临技术与市场推广制约等问题。五是生产社会化服务发展滞后。例如，马铃薯机播和机收面积仅占种植面积的15%和25%。平坝地区主要在开沟、收获环节采用机械化作业。在山区，受地形条件制约，马铃薯种植缺乏规模化经营，只能在耕地环节使用小型机械。六是配套乡村特色旅游开发明显不足，马铃薯观光产业园、特色创意加工创业园等旅游服务项目设计落后。如深度贫困的凉山州旅游业发展有较好条件，但马铃薯产业没有融合进去，下一步开发潜力巨大。

（6）经营户安全生产行为有待规范，产品质量安全水平亟须进一步提高。马铃薯种植环节安全生产行为控制主要体现在薯种切块消毒、薯苗催肥、病虫害防治和鲜薯贮藏等环节。调研显示，在采用薯块播种的农户中，仅有38%的农户对切割刀具进行消毒，而且消毒方式多采用传统方式，如草木灰、洗洁精、酒精。89%的农户未进行薯种病毒检测，检测的农户中将检测结果登记造册的比率仅为9%。薯苗催肥环节，亩均有机肥的投入量占比较低，仅为全部肥料的20%，而复合肥、化肥分别占64%、16%。病虫害防治环节，每季针对晚疫病的平均施药次数为4～5次，仅有16%左右的农户采用物理防治病虫害。鲜薯贮藏环节，64%的农户贮藏期翻动薯块的频率在20天以上，不符合标准化生产规程。马铃薯加工方面，商品薯清洗、脱汁、化浆、脱水等环节的安全生产行为也有待规范，产品质量安全追溯体系有待构建和完善。

（7）马铃薯品牌化建设滞后，市场销售渠道有待拓展。调研发现，主产区的马铃薯区域公用品牌、企业自主品牌和农产品品牌发展滞后，区域公用品牌使用不规范，品牌效应尚未覆盖全产业链。样本中，仅有20%的区域拥有无公害产地认证；1%的企业建立自有品牌；无公害农产品占12%，绿色农产品占4%，有机农产品仅占1%，优特农产品占2%。品牌建设的滞后性还体现在农户对“三品一标”的认知程度上，样本中了解无公害农产品、绿色农产品、有机农产品和地理标志产品的农户分别仅占样本数量的31.3%、25.2%、17.6%和15.8%。市场渠道方面，受访农户主要将鲜薯售卖给商贩（57%），“农超对接”“农户+集团消费者”等直接销售渠道有待拓展。

4. 建议

（1）进一步强化马铃薯主粮化战略实施力度，优化政策，优先支持凉山州等深度贫困地区通过马铃薯产业开发助推脱贫攻坚。

一是聚焦深度贫困，整合资金，因地制宜地加快推进凉山州等马铃薯主产区产业转型升级，实现惠农扶贫。把马铃薯产业作为贫困地区脱贫致富的主导农业产业，有效整合各项产业化扶贫资金，以“拨改投、拨改贷、拨改股权”等多元化资金使用方式，将马铃薯繁育基地、高产示范区、产业园（基地）、创业园等项目向凉山州等深度贫困民族地区和秦巴山区倾斜，通过项目载体有效连接建档立卡贫困户，创新“借种还种”等产业扶贫模式，帮助贫困户精准脱贫。在省级产业化发展基金中每年安排一定数量的资金，撬动社会资本，支持特色优势特别是适宜主粮化战略的马铃薯产品开发，重点支持马铃薯加工企业围绕主食产品开发、小型深加工机械研发、马铃薯固液分离技术研发与推广等环节进行技术改造和设备更新。

二是优化种薯繁育推广补贴政策。补贴环节上，侧重于对上游种薯企业进行补贴，尤其是对种薯企业建设试管苗组培室、原原种雾培室、原原种网室等基础设施进行补贴；补贴方式上，将政府集中采购、免费发放的模式转变为政府发放马铃薯券、薯农自由购买种薯的模式，增加种薯市场的市场化竞争，促进种薯企业的优胜劣汰；补贴标准上，将补贴发放标准由按种植面积补贴变成按产出量补贴，激发农户扩大种植面积、提高田间经营管理的积极性；规范政府种薯采购招标环节管理，通过对竞标企业设立准入门槛、上缴保证金、采用综合评分法，以质量取胜，避免最低价中标导致的恶性竞争。

三是强化马铃薯享受国家粮食直补政策。把马铃薯生产基地建设纳入国家商品粮基地建设项目，农业支持保护补贴要强化马铃薯种植，在享受粮食生产大县相关奖励等方面给予倾斜，对马铃薯生产加工企业的水电等实施价格优惠。

四是加大对合作社、龙头企业等新型经营主体开展品牌化、机械化建设的补贴。大力扶持龙头企业获取信贷、贷款贴息，开展品牌申报。对通过无公害农产品及绿色食品续展和有机食品转换认证的产品进行相应补贴，以便降低企业成本。支持培育农机合作社，加大对从事马铃薯农机作业的生产经营者购买农机具的补贴力度。

五是持续推动马铃薯政策性保险，将马铃薯保险纳入省级政策性补贴范围。依托商业保险公司利用财政保费补贴政策开展马铃薯保险，其中保费在中央财政补助、省级财政补贴、县（市、区）财政补贴和种植户之间分担。此外，以种植环节为出发点，围绕马铃薯制种、收购、仓储、加工、运输等环节，积极探索试点马铃薯“一揽子”保险。

（2）优化生产体系，突出区域特色，促进供给能力质量双提升，着力打造全国著名的绿色有机马铃薯生产基地。

强化规划引领，突出区域特色，着重建立大小凉山、秦巴山区、部分川中丘陵区等马铃薯重要生产功能区。通过绿色发展、创新驱动和产业扶贫，进一步优化区域布局，强化川西南加工型马铃薯、川东北种薯及兼用型马铃薯、川东南冬马铃薯和川西与川中秋马铃薯的特色和优势，形成绿色有机优势集中产区。要在凉山州已有的全国最大绿色食品原料马铃薯基地的基础上，加快建设绿色有机马铃薯原料基地和加工基地，推动全川马铃薯产业绿色发展，培育叫响"川薯"品牌，着力打造全国著名的绿色有机马铃薯生产基地。

一是激活种薯供给市场，完善低代种薯串换机制。根据"政府引导、科技支撑、企户繁育、余缺互补"的原则，构建多元化的良种繁育推广体系。要优化建设原原种（微型薯）、原种和一级种薯三级繁育基地。政府要多集中采购低代原种，同时采用"借种还种"，通过自繁自扩、与周边农户相互串换，扩大低代种薯覆盖面。依托地方现代农业投资发展公司，通过参股、控股等方式培育地方种薯企业，强力推进脱毒马铃薯产业扩能项目，强化马铃薯产业发展的科技支撑和良种繁育。要积极引进种薯企业，推动省内外种薯企业进行战略合作，研发四川急需的新品种，要特别支持推进主粮化加工薯生产基地建设。

二是完善马铃薯标准化体系，加快建设绿色有机马铃薯生产基地。2017 年 3 月，习近平总书记在参加十二届全国人大五次会议四川代表团审议时强调要加强绿色、有机、无公害农产品供给。凉山州等民族地区和四川很多区域都有这样的生态条件。要构建和完善国家标准、行业标准、地方标准、企业标准四级标准化体系。要在马铃薯集中产区进一步改良中低产田土，建设绿色有机高标准农田。现阶段应集中生态扶贫、产业扶贫各项目资金和人才、科技等要素资源，全力支持凉山州等深度贫困民族地区加快马铃薯生产基地建设。要针对小春、大春、晚秋马铃薯的季节差异和区域差异，优化区域布局和品种结构，强化川西南加工型马铃薯、川东北种薯及兼用型马铃薯、川东南冬马铃薯和川西与川中秋马铃薯的特色和优势，形成绿色有机优势集中产区。制定推广标准化种植技术和标准化控制体系，加强质量安全监管。

三是做响绿色川薯公用品牌，做强企业加工品牌。实施品牌塑造工程，培育大型龙头企业成为川薯公用品牌的领头雁，上连基地农户，下连加工物流，叫响川薯品牌。要规范区域公用品牌使用与管理，实施品牌使用许可管理、品牌形象统一推介、品牌信息统一披露的制度，定期公布“川薯”公用品牌企业和产品目录，建立“能上能下、优胜劣汰”的区域公用品牌动态管理机制。要组织好“三品一标”认证，重点突出地域品牌和企业自有品牌建设，下大力气推进申报绿色、有机食品认证，做强加工品牌。

（3）优化产业体系，突破加工瓶颈，促进融合发展，着力打造西南最大的马铃薯主粮化示范区。

立足四川马铃薯小户散种普遍、专业化水平低的实际，积极提高专业化、集约化水平，延长产业链条。集中突破加工瓶颈，形成马铃薯主粮化系列创新产品，大力推进产加销一体化经营，促进三次产业融合发展，提升全产业链价值，坚持“惠农”初心，创造让薯农在更多环节分享增值收益的条件。

一是创新组织模式及利益联结机制。以“种薯企业 + 生产基地 + 农民专业合作社 + 薯农”为新型良繁主要模式，逐步实现良种育、繁、推一体化发展。大力推广“公司 + 基地 + 农户”“公司 + 协会 + 基地 + 农户”等新型产业组织模式，积极引导龙头企业建基地联农户、创品牌接市场、搞加工促流通，形成股份制、合作制等紧密型利益联结机制，鼓励企业和薯农形成利益共同体，进一步提高薯农组织化程度和生产的集约化水平。

二是建立并发挥好马铃薯产业园、科技园、创业园的引领作用。积极支持龙头企业等新型主体，以马铃薯主粮化为主攻方向，选好品种，强化系列主食化新产品加工技术攻关，推进精深加工。扶持凉山州等民族地区建设马铃薯产业园、科技园、创业园，通过园区平台引领示范，促进马铃薯生产全环节升级。开发马铃薯烹饪创意比赛等特色项目和旅游产品，使马铃薯产业融入乡村旅游；广泛开展马铃薯加工新产品走进城市社区活动，增强市民对马铃薯主粮化的认识；大力发展“马铃薯 + 加工 + 电商”一体化产业模式促进马铃薯全链条升值。通过推进产加销融合发展，着力打造西南最大的马铃薯主粮化示范区。

（4）优化经营体系，补齐服务短板，促进适度规模经营，着力打造西南最典型的马铃薯助推攻坚深度贫困的样板。

根据凉山州等民族地区、秦巴山区等地实际，结合产业扶贫举措，进一步探索放活土地经营权，激活经营主体，鼓励薯农开展土地合作、入股、流转等，促进适度规模经营，推进家庭经营、合作经营、集体经营、企业经营。要特别支持各类新型经营主体开展全程社会化服务，健全马铃薯全产业链服务体系。

一是进一步放活土地经营权，培育新型经营主体，促进适度规模经营。规范和有序推进农村土地流转，促进主产区适度规模经营和集中连片开发。要特别强化新品种示范基地的作用，推动规模集中连片发展。鼓励农民开展土地合作、入股，支持生产加工企业与协会、合作社及薯农开展合作经营。扶持搭建企业－院校－农户有效联结的马铃薯主食产业开发联盟，促进政－产－学－研一体化，做强加工品牌，搞好企业经营。支持和鼓励高校、科研院所、农业部门等农业科技人员以科技入股、成果转化、自主创业等方式领办、创办、协办马铃薯新型生产经营主体，构建新型产学研推相结合的科技创新和成果转化应用模式。

二是强化科技、装备、信息、人才等服务体系建设，实现服务规模化，降低生产成本，提高产业质量和效益。探索成立四川马铃薯产业技术创新战略联盟，为全省薯农提供技术、信息、种薯和销售等服务，引导协会成员抱团协作发展。建立病虫害预测预报体系，积极探索适用于本区域病虫害综合防控技术。完善公益性技术培训体系，为基层农技人员、乡村干部、专业协会人员、种植大户、薯农开展综合防治技术培训。加快乐西高速等道路基础设施和贮藏设施建设，实施国家农产品产地初加工惠民项目，建设低代种薯贮藏库。依托天府商品交易所，积极创建四川马铃薯商品交易所。积极培育壮大中介组织、营销大户和农民经纪人队伍，组织“三品一标”生产企业与超市、学校、社区对接，通过电商促进主食产品直接配送，在马铃薯基地和市场之间建立“绿色通道”，促进产销衔接和市场流通。

三是聚集各类帮扶力量对接凉山州等深度贫困地区发展马铃薯产业，加快打造脱贫致富的可持续产业。把对口帮扶凉山州等民族地区攻坚脱贫作为机关、企事业单位的政治任务，动员城市社区、消费者等社会力量主动参与，汇集各方力量向贫困村合作社购买预售订单，全力支持贫困村发展绿色有机马铃薯。通过帮扶，加快培育绿色有机马铃薯稳定的产能，打出响亮的品牌，形成脱贫致富的持续产业。

（二）以培育壮大新农体引领小农户为抓手推进四川农业绿色生产的建议

农业绿色生产是农业绿色高质量发展的必然要求。课题组基于四川省20多县（市、区）的调查，提出了以培育壮大新农体引领小农户为抓手促进农业绿色生产的建议。

1. 推进农业绿色生产面临的主要问题

（1）“重产量、轻质量”的生产目标导向依旧明显，小农传统生产理念亟须向绿色发展理念转变。

一是传统农业生产观念仍广泛存在。根据我国第三次农业普查数据，小农户数量占农业经营主体数量的98%以上，小农仍然是我国农业经营的主体，以四川省为例，人均耕地1亩的小农户数量占总数的70%左右。基于小农生产方式“产量优先”的传统生产观念仍广泛存在，不注重质量，几乎不考虑生产对环境的破坏和资源的浪费。这样的生产方式难以充分满足人民对美好生活的需要。

二是农业绿色发展理念普及程度不高。绿色发展是实施乡村生态振兴的重要抓手。调研发现，农业生产中化学品过量投入、化学品不合理使用、绿色生产技术采纳率低等现象突出，小农户绿色生产水平较低。同时，基层管理人员不作为、违禁化学品出售、收购商隐瞒农产品质量等现象也时有发生。这说明农业绿色发展理念亟须在各类农业生产主体和基础管理人员中普及。

（2）“化学品依赖”的投入特征依旧凸显，要素投入结构亟须向生态化升级。

一是农业劳动力的大量转移，使得化学品成为劳动力不足的主要替代品。随着农村大量劳动力不断向非农产业转移，而土地有序流转规模、社会化服务供给水平又跟不上农业生产新形势，通过大量化学品的投入来替代农业劳动力成为小农户的普遍选择。小农户为了维持原有产量甚至追求更高水平，不断增加化学品的施用量，形成了依赖化学品投入的恶性循环。

二是农户绿色生产相关知识水平不高，导致化学品的过量、不合理投入。农户受教育程度普遍不高，严重缺乏农业绿色生产的相关知识，农户不能或没有能力根据相关标准要求使用化学、农药，施用不合理、不规范时常发生。为了避免农作物受到诸如虫害、病害等自然风险的影响，农户普遍选择施用大量的化学品来预防自然灾害，在与“天”斗的过程中逐渐形成对化学品的过度依赖。科学的化肥、农药等化学品的使用能提高农产品的产量，但过量、不合理的使用化学品却不利于农产品质量的安全提升和生态环境保护，直接影响农业的可持续发展。

（3）“高意愿、低行为”的技术采纳现象依旧普遍，生产行为背离绿色意愿的现实困境亟须加快化解。

一是采纳绿色技术意愿和行为亟待摸清。绿色技术落地是科技农业的着力点，也是推进农业绿色生产的核心内容。摸清经营主体采纳绿色技术的意愿及现实响应行为有助于绿色技术的推广、应用。然而，四川多为山丘地势（6°以上坡耕地占比高于60%）、自然环境分异度较大（各类地灾隐患点37716处），农作物种类众多。生活在不同地形区、面临着不同自然环境、从事不同作物生产的各类经营主体，有着不同的绿色技术采纳意愿及响应行为。因此，亟待摸清各类经营主体有着怎样的采纳意愿以及现实采纳行为的状况。

二是行为背离意愿的现实困境亟待突破。绿色技术的采纳意愿是采纳行为的前提。川渝入户调研数据显示，愿意采纳病虫害绿色防控技术的农户比例很高（90%），然而，实际采纳率较低（36%），而大部分采纳农户又是受政府采购驱动。可见，现实中绿色技术采纳行为背离绿色技术采纳意愿的困境普遍存在，亟须全面化解。

（4）“分散化、小规模”的生产特征依旧突出，新农体引领小农户适度规模经营的格局亟须加快构建。

一是山丘地形制约了“土地规模化”。四川耕地多为山丘地形，坡度大。在遂宁、广元、自贡的抽样调查显示，单户地块多（户均约7块）、地块小（块均为0.52亩）、分散零星（平均距居住地为611米）、灌溉条件较差（54%的地块灌溉困难），人均耕地少（0.11亩）。面对这样的土地资源状况如何推进适度规模经营，是实现农业绿色生产不可回避的难题。

二是“大省小农”亟须“服务规模化”。目前，对于规模化的认识多停留在土地规模化层面，政府补贴多与土地经营规模挂钩，对服务规模化认识不足。然而，短期内单纯的土地适度规模经营难以普遍实现，“大省小农”格局要求我们把推进“土地规模化”与推进“服务规模化”并重。当前从事绿色生产专业服务的新农体培育滞后，提供绿色生产服务的组织多为当地农户就地转化而成，或是外来的跨区服务机构，所提供的服务内容单一，特别是在病虫害绿色防治、灌溉高效节水等方面的服务匮乏，严重制约了小农户和现代农业的有效衔接。

（5）“信息不对称、优质难优价”的市场环境依旧难以根本转变，新型信息化引领的数字平台亟须加快建设。

一是产品质量、供需等信息需要进一步畅通。农产品的质量信息难以直观判断，加上农产品质量认证存在“最后一公里”，即分散的小规模生产经营者并未纳入统一检测范围，其产品质量信息很难有效传达到消费者，往往造成农产品市场的“逆向选择”问题，即因同价销售，低劣产品对优质产品形成挤压效应，出现“优质不优价”的情况。其主要原因，一方面是供给分散，数量较小，难以实现有效整合，同时物流分散化，造成交易成本极高；另一方面，消费者需求信息零散、分布不均匀的特征明显，农产品需求信息在现有网络平台的整合难以实现。

二是农资使用和推广等信息需要进一步普及。随着环保意识的增强，我国对部分高危害化学农资用品实行了禁用或限用，但广大小农户和部分新型农民因文化程度和信息来源渠道的不足，造成农资使用信息的不通畅，部分违禁农药还依旧在生产过程中被使用；新型低毒、低危害等生物农药或环保可回收农资等产品信息传播不及时，生产者对其了解程度较低，导致使用率低。

（6）“重终端、真空多”的监管体系依旧存在，安全农业推动的质监制度体系亟须加快完善。

一是生产环节的监管制度需要进一步补全。农产品的质量安全首先是生产出来的，而不仅仅是后续环节管出来的。以往的质量监管体系，以控制“终端产品”质量为主，通过销售环节的检查实现对农产品、农资等产品质量的监管，但该制度往往会因为寻租或制度执行成本高昂而不能充分发挥作用。况且在终端环节控制，即使发现问题，但既成事实的前端投入已成沉没成本，也依旧造成社会资源的浪费。

二是生产主体的监管制度还需进一步向小微主体延伸。原有的质量抽查和监管对象以规模化的龙头企业、大业主和大经销商为主，而“分散化、小规模”的小微主体却难以全覆盖。同时，农技推广部门、防疫部门、工商管理和质量监管等部门之间职能整合也难以一步到位，难以顾及对小微主体的监管。

2. 推进四川农业绿色生产的建议

（1）理念转变是推进农业绿色生产的根本前提，要瞄准面广形散的小农户，多渠道、多途径、多方面构建农业绿色生产理念培育体系。

一是加大对农业绿色发展的宣传力度和普及范围，促使各主体理念的根本转变。农业绿色发展是实现农业现代化发展的路径，是我国实施乡村振兴战略的要求。通过电视、手机、网络、纸质媒体、培训教育等多条途径加大对农业绿色发展的宣传，提高基层政府、企业、农户、社会组织等各主体对农业绿色发展的认知水平，促使农业生产理念的转变，引导社会各界能够积极参与到农业绿色发展中，通过理念的转变来推进农业绿色生产的进程。

二是鼓励和支持产业化组织、企业等积极参与农户的培训和教育，形成多主体、多途径、多视角的农户教育培训体系。要构建“政府＋市场＋组织”等多元主体培训体系，全面推广绿色发展理念。有效推进产业化组织和农业企业与小农户的联结，产业组织和企业通过培训教育、经验交流等方式，将绿色发展理念融入技术交流和培训当中，牵引小农户走上现代农业轨道。

（2）优化要素投入是推进农业绿色生产的物质基础，要积极搭建农业化学品施用学习平台，促进化肥、农药等化学品的合理使用，引导小农户实施环境友好和资源节约型的绿色生产行为。

一是加大对小农户化学品投入的培训和教育，提高认知水平。目前，教育培训仍是促使小农户合理使用化学品、提高农户农业绿色生产能力的有效途径。由于教育培训的公共物品特征，政府成为提供该产品的主要主体。同时，为了进一步扩大培训范围，增加受益农户数量，要鼓励和支持社会团体、企业和产业组织等主体参与到农户生产的培训中。通过理论学习、现场教学、追踪指导等多种教学方式的有效结合，提高农户对化学品及其运用的认知水平，推进小农户逐步实现农业绿色生产。

二是不断优化和完善农业社会化服务体系，提高服务水平和质量。通过公益性服务和经营性服务相结合、专项服务和综合服务相协调，不断完善绿色农业社会化服务体系，分类、分阶段为不同农户提供所需服务，促进农业的绿色生产。一方面，大力发展农民合作社统一为农户提供化肥、农药等农业生产要素，确保农户所使用的化肥、农药等化学品的质量和数量；另一方面，在生产过程中为农户提供技术指导和咨询，有效解决农户农业生产中所遇到的问题，缓解农户对化学品的依赖性，避免农户实施违规操作。

三是建立以绿色生产为导向的农业补贴机制，提高农户绿色生产水平。一方面，明确对农业绿色生产的补贴导向，农户实施相应行为才能纳入补贴范围，激发农户合理施用化学品，拒绝盲目“加量不加质”；另一方面，加大对有机肥、生物农药等投入品的补贴力度，降低农户实施绿色生产的成本，提高农户实施绿色生产行为的能力。

四是加大对农业生产的规制力度，促使农户实现绿色生产行为。首先，制定和完善农业绿色生产标准，使其兼具现实性和可操作性，并将生产标准和具体操作通过多种渠道及时传播给农户。其次，严格规范农业生产中化学品投入行为，对违规使用化学品的农户要明确处罚。最后，加大对农产品质量安全的检测力度，建立严格的监督制度，对于违反相关规定造成农产品质量安全问题的，要坚决查处，并通过相关平台进行披露，通过政府和社会的双重监管来规范农户的化学品投入行为，促使农业的绿色生产。

（3）科技创新是推进农业绿色生产的重要支撑，要遵循绿色生产技术需求导向，构建完善的科技创新和推广体系，促进以综合服务为主导的种子、农资、病虫害防治等农技与农艺的有机融合。

一是摸清不同经营主体采纳技术的需求意愿与采纳技术的关键障碍。重点关注水肥一体、病虫害绿色防治、节水灌溉技术在山地丘陵区、地质灾害频繁区的农户采纳意愿与实际采纳情况，特别是要找准采纳行为背离采纳意愿的驱动因素与驱动机制。

二是围绕经营主体现实需求推进绿色技术创新研究，为农业绿色生产提供有效技术供给。重点以资源趋紧为导向，开展农田水利工程和水肥一体化工程建设、保护性耕作、农艺节水、品种选育、营养配方、种植模式、全程机械化等节水农业新技术和绿色专用型资源利用新技术研究，有效支撑节水农业示范区建设并复制推广。

（4）新农体培育是推进农业绿色生产的关键抓手，要积极培育匹配农业绿色生产要求的组织主体，多措并举促进新农体的发展壮大。

一是全面贯彻农业绿色发展理念，系统深入地推进社会化服务体系建设。建立由合作社、龙头企业、中介服务机构或非营利组织等提供的多元农业社会化服务供给模式；大力培育各类新农体参与农业社会化服务，特别是在推动农业绿色生产环节发力，实现“土地规模化”与“服务规模化”协同并进；创新政府补贴方式，推动农业绿色社会化服务项目落地，实现服务导向的连块成片规模化；因地制宜，打破身份限制，鼓励农业科技人员以技术入股、带薪兼职等方式，离岗承包、领办创办经济实体，对接农业生产经营主体的科技服务需求；鼓励农业生产能人、“土专家”参与到农业绿色科技创新中，避免农业科技创新脱离实际需要。

二是政府基层农技推广体系要聚焦新农体发力，重点推广绿色专用型技术。要支持新农体对农户积极开展绿色技术示范服务，形成技术扩散“头羊效应”。通过以上政策措施，加快构建绿色农业技术创新体系，促进对水资源、土地资源、林业资源、生物资源节约利用，促进种植业、养殖业集约发展，并分类推进向绿色生产方式转变。

（5）数字农业平台是推进农业绿色生产信息沟通的主要传感器，要遵循新型信息化导向，构建信息发布交流、产权产品交易、电商物流配套的数字化农业平台，促进信息对称和产销对接。

一是积极推进乡村地区或农业主产区网络光纤等基础工程建设。以县域为整体，以村为单位，以公共财政为杠杆，以市场投资为重要补充，全方位推进网络光纤、智能设备、气象网络等基础工程建设，为数字信息化平台建设提供基础条件。

二是多方位搭建各主体沟通、协作的专业化平台。以互联网和物联网技术发展为契机，以政府、企业和新农体为主，充分依托区块链技术优势搭建信息、产品、物流和产权交易等专业化平台，特别是以农产品生产信息采集和传输平台、市场供需信息以及要素整合交易平台为重点，积极实践“点对点”的巢状市场和农业绿色生产示范区的建设，通过大主体和大园区引领专业化平台建设。

三是构建完整的农产品、农资、机械设备等产品流通体系。利用邮政、淘宝、快递、乡镇运输等物流主体，积极建设联结产区和深入乡村地区的物流体系，通过公共性或经营性平台，发布产品信息，促进各要素在生产领域的流通，利用好地方农技推广部门和地方信息平台，尤其注重对禁用、限用农资的发布。

（6）体制机制创新是推进农业绿色生产的必要保障，要依据现代化农业体系实现路径，构建保障农业绿色生产可持续的质监制度与政策体系，促进农业多方治理。

一是强化政府质监部门的监督，约束职能部门的寻租行为。通过建立明确的职能分工制度，明确各部门的职责范围，提高质监部门在粮油、果蔬等领域和生产过程的监督范围和抽检频率，同时，加强纪检部门对职能部门的监督，杜绝徇私舞弊和质监寻租行为的发生。要在化学品投入、废弃物处理、产品有毒和有害物质含量等方面重点督查，将督查结果纳入地方政府绩效考核和对经营主体进行政策扶持的依据。

二是适时引入第三方督查制度，构建多方评估机制。利用科研院校、专业公司等主体，构建第三方督查制度，通过科学规范的督查评估，实现对生产经营主体生产过程的约束。

三是积极鼓励园区或基地建立统一生产标准制度。以园区或基地标准化带动小农户生产的标准化，尤其注重粮油、果蔬等品种的生产标准化和专业化管理制度，以“大园区（基地）+小农户”的经营管理模式，对生产主体进行监督约束。

四是建立各生产经营主体之间，特别是小规模生产主体之间的相互监督机制。设立严重违法使用禁止农药举报制度，积极引导各主体之间的相互监督约束。同时，通过区域品牌建设，实现品牌共用和利益联结共享。五是建立对质监机构人力、物力和财力的动态支持制度。根据督查范围和职能的调整，及时配足必要的人、财、物，保障质监体系的高效运行。

（三）关于构建四川现代农业产业体系、生产体系、经营体系，健全农业社会化服务体系的建议①

实施乡村振兴战略，必须构建现代农业产业体系、生产体系、经营体系，健全农业社会化服务体系。课题组先后深入四川五大经济区 20 余县（市、区）进行调研，提出了本建议。

1. 四川农业四大体系存在的主要问题

（1）产业体系存在的主要问题。

第一，产业结构层次不高，种养结合循环发展仍需进一步加强。各区域协作与统筹滞后于产业发展新形势，农业主导产业错位发展不明显；粮经饲协调不够，种养结合循环发展还须强化；部分农产品产销结构矛盾突出，其中以果蔬类农产品情况较为严重；品质结构不协调，优势特色、绿色有机农业发展不充分；贫困地区农业产业结构单一，层次低，发展模式落后。

第二，示范园区引领力不够，加工转化的动力仍需进一步加强。各地产业园、科技园、创业园平衡发展不够，重点特色凸显不足，对产业链增值的引领力不够；农产品精深加工企业数量还不多、规模偏小，市场竞争力不强，不少地方主导农产品缺乏配套加工的较普遍；部分产业潜力巨大但加工转化明显乏力，产业链条短，加工值低，产业对农民增收的效果不明显。

第三，产业交叉融合程度层次不高，新业态培育仍需进一步加强。农

---

① 本建议报告获得中共四川省委常委、农工委主任的肯定性批示（批示时间：2017年12月27日），并被中共四川省委农村工作委员会办公室牵头编制《关于实施乡村振兴战略开创新时代“三农”全面发展新局面的意见》（2018年四川省委1号文件）时部分采纳，同时被四川省发展和改革委员会牵头编制《四川省乡村振兴战略规划（2018—2022年）》时部分采用。

业与第二、第三产业交叉融合程度不够紧密，层次低，附加值不高；新型农业经营主体对产业融合的引领动力不强，新产业培育仍需加强；合作经营缺乏高端要素，农户与新型农业经营主体形成紧密型利益联结的比例不高，让农民分享收益、增加收入的环节不充足、不稳定；农村产业融合领办型人才缺乏，制约着新业态的培育。

第四，农业生产性服务业发展不平衡，服务支撑功能仍需进一步增强。新型农业经营主体还不能全面形成对农业社会化服务的规模化需求，制约了农业生产性服务业的发展，服务主体小、散，难以形成明显的服务规模优势，缺乏竞争力；农业科技社会化服务供给跟不上新型农业经营主体需求转化的节奏；农产品的标准化、信息化、物流配送等服务业配套发展跟不上，专业化、市场化程度低；农业生产性服务业在地区之间、品种之间发展不平衡。

第五，产业市场培育不平衡，产业扶持政策仍需进一步优化。现代农业产业市场培育不够，各产业通过品牌对接市场能力不平衡，导致农产品、农资优质不一定优价；产业扶持政策不够完善，持续性不够，扶持方式需要优化，例如，在园区建设中对投机、骗补的行为不能完全有效防控，先建后补、以奖代补等补贴方式也需在实践中进一步总结；产业发展人才环境宽松度不够，人才流动机制和考评机制的有效性还需大大增强。

（2）生产体系存在的主要问题。

第一，调整生产结构和产品结构的任务依然艰巨，以市场需求为导向的农业增长模式仍需进一步优化。四川农业生产数量型特征依然明显，向质量第一、效益优先的农业增长模式转变的力度亟须加强。农业生产区域结构同质化、低端化特征还一定程度存在，各区域重复投入、过度投入，协调发展不够；粮食口粮基本自给有余，但饲草、饲料、加工用粮等主要靠调入，农区草食牲畜比重较低，种养结构、粮经结构、农牧结构等不尽合理；低端过剩、中高端不足的产品结构还未根本改变。

第二，促进农业资源永续利用的压力空前凸显，以绿色发展为导向的农业生产方式仍需进一步优化。创新应用绿色增产技术模式不多；大力推进标准化生产的力度需要增强；农业投入品管理和农业环境突出问题治理需进一步强化，“一控两减三基本”还须加快推进。适应新发展理念的农业标准化体系仍需进一步优化，质量安全监管机制模式也需相应创新。

第三，强化农业物质装备和技术支撑的要求更加突出，以创新驱动为导向的农业生产动力体系仍需进一步优化。五大经济区农业生产基础设施建设和农业技术创新不平衡，凉山州等深度贫困民族地区和秦巴山区普遍远远落后于平原区，全要素生产率提高的压力大。盆州山区农业物质装备现代化水平较低，机械化水平不高；绿色有机农产品园区建设投入不足，单靠财政奖补并不能激发生产主体的积极性；农业生产技术革新不快，成本较高，乡村的农业科技人员队伍不稳定。

第四，培育生态循环、绿色有机、休闲康养农业的呼声日益高涨，以满足人民美好生活需要为导向的农业生产业态体系仍需进一步优化。新型农业生产经营主体发育不够，生产响应市场需求的节奏跟不上，仍需加快构建政府引导、农民主体、多方参与的多样化生产业态体系。民族地区、盆州山区、革命老区等地都确立了走生态发展之路，但循环、生态、有机、观光、康养等农业业态不丰富，档次不高，亮点不突出。"川字号"农业品牌"头雁效应"不显著，品牌梯队不稳固，引领多样化业态发展对接市场的效果不明显。

（3）经营主体体系存在的主要问题。

第一，经营主体体系内生动力不足、结构不平衡，制约了新型农业经营主体的培育壮大。新型农业经营主体发展后劲不足，主要是乡村"能人逃逸"惯性太大，想要刹车不容易，务工能人"返乡创业"引力太小，想要加速制约多，农民合作社实力普遍较弱，"合而不作"并不少见；各类经营主体结构单一，产业趋同，新型经营主体数量依然偏少，在地区、产业之间的发展不平衡。

第二，农村资源产权市场化程度不高，制约了农村要素市场培育。资源产权界定不够明确，权能不完整，仍需加快推进各种形式的农村资源产权、确权、颁证等一系列问题，使得农村资源市场化缺乏交易的基础要件；农村社会保障体系和风险保障机制不完善也明显阻碍了农村资源产权市场化进程；现有法律对农村资源产权流动规定不明确、部分农村资源产权流动门槛较高等瓶颈仍然制约着流动的效率效果。

第三，经营市场体系"品牌化、产地化、电商化、专业化"不够，制约了农产品出川效率。农产品商品化、标准化、品牌化建设还处在攻坚突破阶段，有机、绿色、特优农产品的市场知名度和占有率与农业强省的目标距离不小；农产品有形市场体系还不完全具备实现大市场大流通的功能，高标准农产品产地市场建设还不能完全匹配区域特色农业发展的需要；农产品无形市场体系还不能高效利用物联网、互联网新技术，销售新业态还需加快发展；农产品各环节冷链物流体系建设也赶不上农产品出川的节奏，农产品专业物流企业亟须培育壮大。

第四，经营组织体系利益联结不紧，制约了新型经营主体带农助贫效果。各地创新经营组织新机制、新模式不平衡，有的地方政策供给没有充分瞄准农业供给侧结构性改革目标；利益机制不科学，难以聚集最佳动能；新型经营主体特别是部分龙头企业带农助贫效果不明显，当前亟须优化政策从而把“+农户”的命题作文做好；政府在鼓励、引导和有效维护新型组织模式、强化合理利益联结上发挥服务与治理功能还不够。

第五，经营规模体系形式类型不多、评价方式单一，制约了政策的有效供给。规模经营的形式类型还不丰富，不能涵盖农业全产业链、所有农业类型和所有经营主体。在探索“产业区域化、服务网格化”区域规模优势、“生产小规模、服务大规模”服务规模优势、“业态多样化、服务全程化”产业规模优势等方面，有效政策供给还不够，机制体制还需要更灵活；科学评价经营规模适度性的指标体系缺乏。

（4）服务体系存在的主要问题。

第一，农业基础设施服务体系的多元投入与运行机制仍需健全。丘陵区高标准农田建设资金投入和工作量严重“倒挂”，资金投入与耕地资源禀赋不匹配；在新型农业经营主体处于发展初期的地区，难以筹集的高标准农田建设所需资金参与先建后补；多数地区新型农业经营主体缺乏担保条件，担保渠道缺失；农民用水户协会的管理制度缺乏操作性，跨村成立的协会因不同村融资能力的差异可能导致部分水利设施维护不及时。

第二，农资服务体系的多元主体培育机制仍需健全。一般农户因信息不对称不得不选择“被动信任”农资零售商；农资批零差价较小，多数合作社农资需求总规模并不大，导致农民合作社农资统购难以实现；部分公益性农资供应存在主体错位的现象，如通过政府购买供给的疫苗能够较好满足大部分普通农户的需求，但并不能达到部分大规模新型农业经营主体的要求。

第三，农业生产性服务体系的多元服务与配套政策机制仍需健全。生产服务的内容和范围需要扩展，农业面源污染防治服务项目还不能形成对绿色、有机农产品生产的配套支撑，亟须补齐为农业绿色发展服务的短板；小规模服务主体能对中小规模农户的服务发挥重要作用，但未能得到足够扶持，亟须补齐为中小规模农户服务的短板；亟须优化对服务主体的支持政策和补贴方式。

第四，农业科技服务体系的多元成果转化与人才激励机制仍需健全。竞争力强的科研成果供给不足，专业化的成果转化平台较少，市场机制作用弱化，主要原因是成果转化渠道有限，公益性科技服务在商品率较高、市场竞争激烈的产业内收效甚微；采用技术入股、科企联合的科技人员数量较少、作用有限，校县合作方式的层面较高，项目辐射范围有限；科技人员扎根乡村、融入产业、服务脱贫的持续性不强。

第五，农产品流通服务体系的多元专业经营主体培育机制仍需健全。由于物流企业、金融企业与电商平台的结合不紧，市场细分不够，模式雷同，目标客户群体重复，普遍存在快递物流费用高、冷链运输能力不足、缺乏产品质量认证等问题，农产品流通仍然以传统方式为主；物流通道分散，效率不高，整合难度大，尚未形成多元但专业化的农产品物流体系。

第六，农业金融服务体系的多元担保与保险机制仍需健全。资金封闭运行的特点决定了龙头企业始终处于优势地位，农户不能实施对贷款资金的支配和监督，承担的风险更大；担保费用较高，推高农户的融资成本；农业保险品种难以满足农业多样化的生产需求；财政困难的地方政府无力分散农业风险。

2. 主要建议

（1）优化农业产业布局和示范园区（基地）建设，推进种养结合、加工转化及三产融合，加快构建现代农业产业体系。

第一，优化农业产业布局，推进种养结合、产加一体发展。用新发展理念进一步优化五大经济区农业空间布局，强化区域特色，推进区域间的差异化协调发展，促进产业兴旺。推进成都平原区做新现代都市农业，推进川南经济区做强产加一体化农业，推进山区、丘区做优循环农业、低碳农业、立体农业、生态农业。当前要重点扶持深度贫困地区农业的转型提值增效。例如，扶持凉山州加快做好马铃薯主粮化开发，着力打造全国最大的绿色有机马铃薯产业基地、西南最大的马铃薯主粮化示范区、西部最典型的马铃薯产业助推攻坚深度贫困的样板。

第二，增强产业基地（园区）引领力，促进先进要素进园入链，推进科技示范和产业扶贫。加快建好“四区四基地”，分区分类推进产业园、科技园、创业园建设与平衡发展，提升对产业延链增值的引领力，实现园区与区域主导特色产业紧密对接。用活财政资金引导社会资本、金融资本投入园区建设，吸引返乡下乡创业人员进园。高标准建设一批规模化、标准化、集约化的特色产业链，促进农户入链。扶持贫困地区建强一批扶贫产业基地，连牢贫困村、连准贫困户。因地制宜推进市场演化型和政府推动型两种基地建设模式，创新园区合作经营、股份经营。

第三，筑牢三次产业融合发展的主体根基，培育新产业和产业集群，立体化提升产业交叉融合。分类推进新型经营主体发展壮大，引导经营主体以土地流转为契机、以基地（园区）为平台、以加工转化为重点、以擦亮农业金字招牌为抓手，构建联系农户的利益机制。围绕川酒、川茶、川菜、川果、川药、川猪、川薯等特色优势产业，加快培育加工转化领军企业，促进延链增环，催生产业集群。发展生态循环农业促进产业内横向整合型融合；立足新型经营主体壮大促进产业内纵向延伸型融合；打造新型农业形态和消费业态促进产业间交叉型融合；构建“互联网＋现代农业＋可追溯体系”精准对接消费者促进产业间渗透型融合。

第四，健全多元服务供给机制，引导科技人员有效对接三次产业融合。建立由合作社、龙头企业、中介服务机构或非营利组织等提供的多元农业生产性服务供给模式；大力培育各类经营性服务组织，推动适度规模经营；探索政府购买服务等方式，创新农业社会化服务供给机制和实现形式；因地制宜，打破身份限制，鼓励农业科技人员以技术入股、带薪兼职等方式，离岗承包、领办创办经济实体，对接农业生产经营主体的科技服务需求。

第五，营造规范有序的产业市场环境，搭建农村综合产权交易平台，整合产业资金，引导科技创新与产业发展紧密结合。加大农业信息化体系、品牌体系、质量监管体系建设力度，进一步营造公平竞争的市场环境；积极推进农村综合产权交易市场体系建设，完善农业生产要素合理流动与优化配置的机制体制；加大省级涉农资金整合，精准安排农业产业化发展资金，用灵活多样的市场化机制引导社会资本投入农业产业化项目；构建科技创新与产业发展紧密结合的现代农业产业技术体系。

（2）强化区域布局、资源永续利用、农业物质装备和技术支撑，着力培育新业态，加快构建现代农业生产体系。

第一，坚持市场需求导向，进一步调整区域布局、生产结构和产品结构，优化农业增长模式。完善“三区三园”规划，科学划定四大粮食生产功能区和豆、棉、油、糖等重要农产品生产保护区，以及川酒、川茶、川菜、川果、川药、川猪等特色农产品优势区。推广粮经结合，大幅度提高粮田综合经济效益。当前要聚焦攻坚深度贫困，更加重视凉山州等民族地区和秦巴山区马铃薯主粮化生产布局。完善功能区和保护区建设标准、激励机制及支持政策，加快推进信息化精准化管理，鼓励各地争创特色农产品优势区。

第二，坚持绿色发展导向，促进农业资源永续利用，优化农业生产方式。扎实推进“一控两减三基本”。创新绿色增产技术模式；大力推进农业标准化建设，全程从严执行农产品质量安全标准；推广高效低毒低残留农药使用试点，示范推广全程绿色防控技术集成模式，节约集约使用农业投入品，强化农业环境突出问题治理；不断创新种养结合、粮经结合等农作制度，支持资源能源循环利用；规范“三品一标”认证体系和农产品质量安全监管体系。

第三，坚持创新驱动导向，强化农业物质装备和技术支撑，优化农业生产动力体系。一是大力推进农业机械化和农业信息化进程。加快推进有四川特色的农业机械创新与应用推广研究，推广农业生产全程机械化试点；全面推进国家现代农业示范区信息化建设；着力强化乡、村农业信息服务站（点）建设。二是深化农业科技体制改革，激发科技人员的内生动力。完善政策促进人才合理配置与流动，支持技术创新和科技成果转化；加大农业科技经费投入，加强涉农高校建设力度，着力加强基层农技推广机构和人才队伍建设。

第四，坚持满足人民美好生活需要导向，着力培育多样化农业新业态，优化农业生产业态体系。按照生态宜居总要求，加快创建一批省级生态循环农业示范县、示范区、示范企业和示范项目，重点发展生态低碳循环农业；聚力主攻农业供给质量，创建一批国省级有机农产品认证示范区、特色农产品优势区，着力发展绿色有机农业；立体拓展农业功能，扩大田园综合体试点，融合发展休闲创意农业；规划建设森林公园、湿地公园、湖库田园，综合发展观光康养农业；深入实施“互联网+”，引导农户进网触电，精准发展电商农业、智慧农业；传承创新巴蜀农耕文明，展示现代农业文明，分类发展科普农业。培育“川字号”农产品品牌领头雁，筑牢区域品牌雁阵梯队，打造品牌整合业态、有效对接美好生活需要的多样化农业。当前，要优先扶持民族地区、革命老区发展生态有机、观光康养等新业态，助推脱贫攻坚。

（3）培育壮大新型农业经营主体，推进新型农业双层经营和多种形式适度规模经营，加快构建现代农业经营体系。

第一，着力“+创业”实施乡村人才培育工程，着力“+服务”培育壮大新型农业经营主体。创业就业环境建设、实现农业经营主体与农业服务体系的有效结合是培育壮大新型农业经营主体的重要平台和关键。一是实施乡村骨干干部培育、乡村能人培育、大学生在乡就业创业培育、农业科技人才扎根乡村培育和农业职业经理人培育五大工程，筑牢做实农村创业平台，引导大学生任职“村官”、加盟合作社创业，激励科技人才扎根乡村创业，培养农业职业经理人融入农村三产创业。二是培育壮大新型农业经营主体，不断创新农业经营组织模式。完善农业家庭经营制度，重点培育壮大家庭农场和专业大户；创新农业合作经营制度，重点培育壮大农民综合合作社，探索农民合作社的联合发展和行业组织建构；创新农业产业化经营制度，重点是增强龙头企业的带农助贫效果，关键是建立纵向一体化的紧密型利益联结机制；探索构建将现行的农技推广服务体系、基层农业供销合作体系、农业信用合作体系有机整合（蒋文龙，2014），并与农业行业组织相结合的经营服务与治理体系；完善“现代农业园+专业公司”“供销社+种田大户”“田园综合体+地产公司”“产业配套村+企业”等农业经营组织模式，探索乡村振兴特色发展新路。

第二，着力“+确权”继续放活农村土地经营权，健全农村产权流转交易服务体系。“多权同确”是建立完善的农村产权综合服务平台的前提，应加快开展。探索共享土地经营权、共享农业生产活动经营权的实现形式，推进土地经营权物权化。拓展农村产权交易中心功能，健全农村产权综合服务平台。扩大抵押融资试点，推出水域滩涂养殖权、林权、“四荒地”使用权、农业设施、农业知识产权等可抵押产权品种；探索大宗农产品、农业订单、生物资产等抵押融资制度；推动省内农村集体资金采购项目融入农村产权交易中心；构建农业科技成果库、专家库、设备仪器库、评估评价师库、优质农业科技企业库等基础数据库。

第三，着力“+农户”构建新型农业双层经营体系，实现小农户和现代农业发展有机衔接。建立和完善农民合作组织与农民（社员）互为一体、统分结合的新型农业双层经营体系。一是推进“统”的功能增强与延伸。推动集体资产、支农资金和扶贫资金股权量化入社到户，壮大集体经济，做实精准脱贫；扩展经营领域，赋予合作社融资、保险、抵押等功能，实现信用合作经营，鼓励兴办资金互助社；探索合作社跨区发展并与村社区合作经济组织融合发展。二是优化农民合作社治理结构，引导农户全员进社入链，促进小农户这个“分”的层面能够实质合作、充分合作，使合作社真正成为小农户与现代农业发展有机衔接的重要载体。要特别做好“+贫困农户”这篇命题作文，确保所有农户在发展现代农业路上不掉队。

第四，着力“+合作”构建新型农业规模经营体系，推进适度规模经营。构建新型农业规模经营体系必须充分重视各经营主体的联合与合作所带来的产业、区域或服务规模优势。继续推动承包土地有序流转，科学衡量土地密集型、资本密集型、劳动密集型农业规模经营的适度性，因地制宜地制定扶持政策，促进家庭农场、专业大户的适度规模经营；支持种粮户创新农作，开展粮经结合、粮畜结合，实现“千斤粮、万元钱”，提高综合经营规模效益；支持农业龙头企业建基地、连合作社带农户发展产业化联合体，聚集产业规模优势，实现产业化规模经营；支持合作社横向联合聚集区域规模优势，实现区域规模经营；支持集约化、专业化基础上的多元服务体系建构，实现多种形式的服务规模经营。

第五，着力“+新业态”开创“品牌整合产能、合作对接市场”新格局，构建现代农业经营市场体系。现代农业经营市场体系构建必须以品牌为引领、以培育营销新业态为抓手。一是用区域品牌整合农业产能，用品牌集群合作对接市场，发挥大品牌对农业上游经营主体的“指挥棒”作用。要特别注重培育有机农产品高端品牌经营新业态，增强“走出去”能力，抢占“一带一路”大市场。二是规划建设高标准、现代化的农产品产地批发与零售市场，构建集信息、展会、交易、物流于一体的农产品产地市场网格体系。高起点规划建设民族地区、盆周山区、革命老区特色生态农产品产地市场，全面打通生态扶贫的关键节点。三是利用农业价值链金融、PPP等模式引导知名电商植入四川农业，打造供需“传感器”，加快发展预售制农业、“农场-机构”计划等营销新业态。四是政府投资与企业运作结合，培育壮大专业农业物流新业态。

（4）坚持与新型农业经营主体的互促共进，着力农业生产全过程、三产融合全领域，服务农业绿色发展，加快健全农业社会化服务体系。

第一，健全“建维一体”财政支持高标准农田建设体系，优化水利工程分类管理及用水户协会嵌入的多中心治理机制。创新投融资模式构建“建维一体、激励相容”的财政支持体系，推进高标准农田建设与“一村一品、一乡一业”等发展规划、龙头企业基地建设有机结合，促进最终经营成果与农户共享；优化经营性、公益性水利工程分类管理制度，落实经营管理责任；支持在产业协会、专业合作社基础上建立完善农民用水户协会，提升其参与水利工程运行治理能力。

第二，健全多主体、多渠道、多模式农资供销服务体系。加快深化供销社综合改革，聚焦保障农产品质量安全，打通优质农资流通渠道，促进区域农资供销转型升级；依托新型农业经营主体代购或集中采购农资，推行“农资企业+新型农业经营主体+散农”供销模式；跨区整合农民合作社农资需求，提效降费；根据农业经营主体类型优化分类补贴，强化政策支持效果；探索农资供应商与基层农技推广服务机构的融合发展。

第三，健全农业生产全程社会化服务体系，着力打造“中央厨房”，加快培育农业面源污染综合防治多元服务主体，优化政策支持全程全域各类社会化服务经营活动。将农资、农业信息化、污染防治等服务全部纳入社会化服务环节，不断完善补贴或补助政策支持服务项目拓展与内容深化，补齐中小规模社会化服务短板和为农业绿色发展服务短板，探索构建共享“中央厨房”机制。加快服务主体与农业新型经营主体的融合发展，支持服务主体搞加工增值，纵向一体发展。创新农业PPP模式，培育壮大农业废弃物资源化利用多元服务主体，共同参与防污治污体系，创建一批“一控两减三基本”精品工程，完善农业面源污染治理项目融资方案的多维评价指标体系，系统解决农业经营主体分散治污投入大、成本高、技术差、效率低等问题。

第四，构建“科技－产业”联动创新转化、“多主体－多产业”融合协同服务机制，优化农业科技人员政策体系，特别激励农业科技人员扎根深度贫困地区开展科技扶贫。探索成立农业产业技术研发推广公司推动科技向农业产业渗透，引导农业农村发展研究机构采取多种服务方式向农业经营的关键技术环节渗透，完善国省级农业科技示范园功能，增强科技与产业联动、多主体与多产业协同的服务能力，充分发挥经营性科技服务的潜力；分类细化公益性科技服务，构建科技支撑到户的精准服务网络；优化农技推广人员考评激励机制，培育造就一支服务创业、融入产业、扎根乡村的科技人员队伍。

第五，积极培育多元专业主体，有效整合物流资源，精心创建区域品牌，重构新业态明显的现代农业流通服务体系。积极培育县域电商企业丰富农产品流通业态；支持新型服务主体和新型经营主体融合搞加工破解生鲜农产品流通难题；建立县级仓储物流中心、乡（镇）物流节点、村级物流网点的三级农村物流体系，积极培育专业物流龙头企业，整合万村千乡市场工程、供销社新网工程、邮政运输、农村乡村交通体系，形成大公司去得了乡镇、快递去得了村户的流通服务新格局；精心创建并有效治理区域公用品牌，引领农产品流通提升服务体系效率效益。

第六，健全农业金融服务政策支持机制，构建金融产品多样、担保方式灵活、保险指向精准的现代农业金融服务体系。基于农业产业链设计多元金融产品，开发综合管理平台提高服务与督导水平；优化设计农业担保基金、农业信贷担保、风险补偿基金，加快推行分级再担保运行模式，分区制定担保机构资本金投入等相关标准，分类预测调控担保风险；优化分散农业大灾风险及开发保险新品种试点的支持政策，积极探索“贷 - 保”“收 - 保”结合等新模式，引导农业保险资金精准投入。

（四）关于加快推进四川农业绿色高质量发展的建议①

为进一步贯彻落实农业绿色发展，加快推进四川农业高质量发展，课题组先后深入四川五大经济区 20 余县（市、区）进行调研，提出了本建议。

1. 主要问题

（1）“大省小农”的农业经营特征依然明显，由新农体带动的绿色发展理念仍需全员培育。

一是土地资源利用水平有待提升。目前，我国“大国小农”的农业国情没有根本改变，农业生产经营仍以小农为主，而四川“小农”情况更凸显。比如经营耕地 10 亩以下的农户户数占比（94.3%）高于同期全国水平（85.5%）；家庭承包耕地流转总面积占全省家庭承包耕地面积（33.9%）低于同期全国水平（35.1%），签订流转合同的耕地流转面积占耕地流转总面积的比例（59.5%）也低于同期全国水平（68.2%）；农户有耕地被抛荒（22.9%）远远高于全国水平（12.0%）。可见，全省土地细碎化程度较高，抛荒现象较严重，土地资源利用水平有待提升，“大省小农”的农业经营特征还比较明显。

二是亟须壮大的新型农业经营主体对农户贯彻绿色发展理念的带动力明显不够。乡村能人难留乡村，懂农业、爱农民、爱农村的人才极度匮乏，制约了新农体培育壮大，也是农业高质量发展面临的刚性的要素约束；务工能人“返乡创业”面临城乡体制机制融合不够以及持续提升农业比较效益难度增大的现实困境；参加农民合作组织的农户只有 30%，现有

① 本建议报告的核心内容入选四川省哲学社会科学研究《重要成果专报》（2019 年第 20 期），并在《四川日报》上发表（2019 年 6 月 13 日），先后被四川省人民政府、四川省农业农村厅、四川新闻网、川报观察、天府评论等 30 余家省市县政府或部门官网和中共重庆市委机关刊物《新重庆》转载。

农民合作社实力也普遍较弱，“合而不作”并不少见，分散小农情况没有根本改变；新农体与小农利益联结不紧，制约了带动小农走绿色发展之路的效果，也难以将分散的小农挂上联合体的战车并牵引上农业高质量发展的轨道。

（2）农业资源环境持续承压增压，由绿色技术创新体系支撑的绿色生产方式亟须分类推进。

人民对美好生活的需要倒逼农业资源环境持续承压增压。现阶段，要求我们必须打赢农业面源污染治理攻坚战，重点抓好“一控两减三基本”，分类推进生产方式变革。从“一控”来看，全省 2017 年农业用水占比为 59.8%，实现连续 4 年下降，控制农业用水的总量效果明显，但与 2020 年农业的用水利用系数要提高到 0.55 相比还有较大差距。从“两减”来看，2016 年，全省化肥施用量达 256 公斤/公顷，高于国际上为防止水体污染而设置的 $225kg/hm^2$ 的安全上限；化肥综合利用率在 35% 左右，低于全国平均水平；全省农药施用量达 $5.91kg/hm^2$，远高于世界的 1.1 公斤/公顷。从“三基本”来看，畜禽污染处理问题、地膜回收问题、秸秆焚烧的问题都有较大改善，农业废弃物回收利用水平有明显提高，但与全国比有些指标也有差距，内部看也不平衡。例如，2017 年全省农膜回收利用率为 69.2%，低于全国的 70%，与 2020 年农膜回收利用率 80% 以上的目标还有较大差距。又如秸秆综合利用在地区间、秸秆资源种类间不平衡，成都平原区明显优于山区，水稻、玉米、小麦等秸秆的利用率明显高于油菜、薯类、豆类等。

可见，推进“一控两减三基本”，纵向上成效显著，横向比仍有差距。尽管四川大力开展有机肥替代化肥、生物农药施用、测土配方施肥技术、病虫害防控技术等系列行动，取得了可喜成绩，但与高质量发展的目标相比，绿色技术供给还明显不够，不能有效支撑绿色有机等中高端农产品与服务的供给，强烈呼唤农科研究与推广转化瞄准市场导向，加快构建绿色技术创新体系。

（3）产业结构高端化不显著，由农村三产融合引领的绿色产业链模式亟须分区探索。

一是产业结构层次不高，种养结合、农牧协同的安全生态循环发展仍需进一步加强。农业同质化、低端化依然凸显，而主导产业错位发展不明显；粮经饲协调不够，种养结合循环发展还须强化。当前四川粮食口粮基本自给有余，但饲草、饲料、加工用粮等主要依靠外省调入，每年从省外调入粮食1500万吨左右；部分农产品产销结构矛盾突出，其中以果蔬类农产品情况较为严重；品质结构不协调，突出表现为绿色有机农业发展不充分。

二是产业融合模式不丰富，加工转化助推第一、第二产业融合的绿色低碳循环模式仍需进一步探索。各地产业园、科技园、创业园重点特色凸显不足，农产品精深配套加工不够，特别是绿色产业链体系还很不完善，对农业延链增值促进绿色供给的作用不明显。例如，四川竹林产业居全国第一位，但加工产值只有同类型的福建省的三分之一。

三是三产融合程度层次不平衡，绿色集约高端业态仍需分区培育、五区协同。绿色产业、高端业态培育一方面需要配置足量高端要素，另一方面需要农业生产性服务业平衡充分发展，但四川“五区”并不平衡，也导致三产融合效果差异大。例如，平原区的崇州“1+4”农业共营制模式在山丘区很难推广，主因是山丘区缺乏农村产业融合领办型人才——农业职业经理人这一核心高端要素，必然制约着绿色产业和高端业态的培育。多数地方农业生产性服务业仍然主要依靠个体农资经销商、个体农机手、农产品经纪人等提供的低端服务来满足，并且在地区间、品种间发展也不平衡、不充分，同时农村金融服务、农业科技服务、农产品流通服务等供给侧质量瓶颈也尤其明显，难以实现延链融产增值。目前以政府基层农业科技推广系统供给的实用型推广技术难以跟上产业融合绿色发展对绿色专用型创新技术（如有机肥替代化肥技术、病虫害绿色防控技术、种植模式创新等）的新需求；农业服务业配套发展跟不上绿色有机农产品对标准化、品牌化、信息化、物流快捷化等新要求。

（4）中高端基地建设不充分与品牌“小、多、散、乱”拉低了“川产”影响力，由区域公用品牌统领的绿色品牌体系亟须立体整合。

一是农业中高端供给生产基地标准化建设仍需加码。农业标准化生产基地建设是从源头解决农产品质量安全和提高农产品质量的重要措施，也是绿色品牌体系构建的载体。目前，四川农业标准化生产基地建设发展迅猛，无公害农产品产地（2017 年占全省耕地面积的 56.7%）比例高，但绿色有机农产品或绿色食品原料标准化基地、畜禽养殖标准化示范场、水产健康养殖示范场等占比较低。

二是农业绿色品牌体系创建仍需强化区域公用品牌整合引领。品牌整合更有利于实现农业高质量供给与人民美好生活需求的信息对称，是推动高质量农业有效对接市场的重要抓手。目前，虽然四川农产品“三品一标”居全国前列，西部第一，却体现出品牌“小、多、散、乱”的特征，尤其是影响力强劲的区域公用品牌明显不多，例如，四川只有 3 个品牌入选农业部评选的 2017 中国百强农产品区域公用品牌，与农业大省的金字招牌不相称。又如，面积、产量居全国前三的川茶近六成是原料出售。可见，推进原料出川向品牌出川跨越正在滚石上山，区域公用品牌在地域上、产业链上、产业融合上必须立体整合引领绿色品牌体系创建，才能助推四川农业爬坡过坎擦亮金字招牌。

三是农业监管体系仍需加快完善创新。科学的监管是推进农业标准化生产和提高品牌美誉度、认可度的不可或缺的制度安排。目前，农产品质量安全监管体系难以从上到下“一插到底”，基层“挂牌机构”现象还比较突出，主因是缺人员、缺手段、缺经费。2017 年，只有近 140 个县（市、区）2500 余家生产经营主体的 3000 多个产品入驻省级追溯平台，比例仍需提高；其中，农户参与度只有 35%，比例较低，可见农产品可追溯体系建设也需加力推进。同时，产地环境安全控制与农产品生产过程控制标准缺失，不能充分满足农业高质量发展的新要求。

（5）农业体制机制改革仍需全面深化，由乡村振兴战略驱动的绿色政策体系亟须全面落地。

一是人才制度体系强城弱乡的格局难以根本扭转。长期以来，人才不断重复着“在城留城，在乡进城”的单向流动模式，而“在乡留乡，在城下乡”的反向流动难成气候，筑牢农业高质量发展和乡村振兴的人才根基压力重重。根本的原因还在于城乡二元结构的制度性缺陷，也就是城乡融合发展的体制机制和政策体系构建依然需要加快推进和落实。

二是农村产权制度体系重实物产权轻知识产权格局亟须优化。按照产权明晰对农业农村的实物产权改革力度大，但对生态资产产权、知识产权的确权和保护力度不足。农地、宅基地、林权、水利工程产权、集体财产和生态资源等基本生产物资要素的产权还未完全明确，部分要素产权纠纷较大；产权市场交易制度不完善，交易费用居高难下；农业领域类知识产权保护制度不规范，重专利保护，轻商业秘密和品牌等保护。

三是金融供给制度体系重工商轻农业的“魔咒”难以彻底打破。“资本逐利”的经济属性似乎难以包容农业“期长效慢”的天然特性，尽量避“农”就“工（商）”的强大金融供给惯性也似乎难以一下消减。事实上，多数银行、保险以及其他商业性金融机构的金融供给，甚至也包括一些地方政府的投资去主动对接农业的积极性还没有真正激发出来。

四是价格政策体系不健全难以激励新农体引领高质量发展。实现农业绿色发展的制度性障碍主要表现为定价机制、补偿机制、惩罚机制不健全，农产品价格、资源价格、投入品价格政策不利于绿色发展，农业生产活动中提供正外部效应主体未得到溢价补偿，造成负外部效应主体也未付出应有代价。缺乏有效激励导致农业组织制度体系形散力弱。绝大多数小农散而难聚，以家庭农场、合作社、农业龙头企业、农业协会等为代表的新农体的组织力弱而难合，难以形成强大的组织合力来引领农业的高质量发展。

2. 建议

（1）绿色发展是推进农业高质量发展的内在要求，要着力发挥新农体促进质量兴农的“头羊效应”，全域示范带动广大农户践行绿色发展理念。

推动农业大省向农业强省转变，必然要把先进要素注入传统小农生产要素实现要素重构再配置，提高全要素生产率。

一是以绿色发展为根本导向，持续培育壮大新农体促进质量兴农。要优化政策，特别是用好财政、金融资金支持新农体全面贯彻落实绿色发展，引导新农体真正担当高质量发展的排头兵，最大化释放“头羊效应”。

二是创新模式进一步推动家庭承包地有序流转和农业服务外包，实现内涵式、更广泛、更高效、更优质的适度规模经营。新农体是土地流转的主力军，要规范流转，监管用途，评价质量，提升效率。要充分发挥供销社在土地流转中的强大功能。实践证明，供销社为主体托管承包地模式有强大生命力，应鼓励供销社探索创新耕地全部托管与部分托管、生产全程托管与部分作业托管、产业链全程托管与部分环节托管等模式，推动承包地内涵式流转，既促进土地资源利用水平提升，也为培育壮大新农体及其适度规模经营创造更好条件。同时，也应积极培育以农业服务公司和农民专业合作社（特别是农机专合社）为主的市场化的农业生产性服务组织，促进小农户和现代农业有机衔接。

三是在农村开展绿色发展理念教育全覆盖。省级财政支持，县级财政主体，通过夜校、田间培训、外出考察、集中送培等形式，探索实在管用的培训模式，在一定时期内做到农民绿色发展理念教育全覆盖。

（2）科技创新是推进农业高质量发展的根本途径，要瞄准美好需要导向开展农科研究与推广转化，加快构建绿色技术创新体系，分类推进农业资源利用高效化和农业生产清洁化。

绿色农业，本质上是以科技为支撑、以现代投入品为基础的集约农业。高水平集约利用农村资源，高效率减量和替代使用化肥农药，高质量利用农业废弃物资源，是提升全要素生产率、根本解决农业面源污染和美化农业资源环境的着力点，而科技创新是根本途径。

一是围绕节约集约利用农村资源推进绿色技术创新研究，为农业绿色发展提供有效技术供给。重点开展农田水利工程和水肥一体化工程建设、保护性耕作、农艺节水、品种选育、营养配方、种植模式、全程机械化等节水农业新技术和绿色专用型资源利用新技术研究，有效支撑节水农业示范区建设并复制推广。

二是围绕“两减”开展高效减量和替代使用化肥农药新技术研究，有效支撑耕地质量提升行动。推进有机肥替代化肥、测土配方施肥，强化病虫害统防统治和全程绿色防控等新技术普及应用，探索耕地轮作休耕新模式。开展规范限量使用饲料添加剂、减量使用兽用抗菌药物新技术研究和推广，支持低消耗、低残留、低污染农业投入品生产。

三是围绕“三基本”开展高质量利用农业废弃物资源新技术研究。开展秸秆肥料化和能源化利用，畜禽粪污减量化排放、无害化处理、资源化利用的新技术研究与推广，更好支撑秸秆全域综合利用和整县推进畜禽粪污资源化利用试点示范。

四是要进一步加大涉农科技计划项目支持力度，强化应用研究。省科技计划项目要瞄准新农体对绿色新技术的实际需求，重点鼓励研究院所与新农体联合申报立项，坚持问题导向开展联合攻关，强化成果转化应用。

五是政府基层农技推广体系要聚焦新农体发力，重点推广绿色专用型技术。要支持新农体对农户积极开展绿色技术示范服务，形成技术扩散“头羊效应”。通过以上政策措施，加快构建绿色农业技术创新体系，促进对水资源、土地资源、林业资源、生物资源节约利用，促进种植业、养殖业集约发展，并分类推进向绿色生产方式转变。

（3）产业融合是推进农业高质量发展的关键方式，要遵循“五区协同”共推产业结构高端化、产业模式生态化，分区探索基于绿色产业链的农村三产融合模式。

要始终抓牢农村供给侧结构性改革主线，进一步强化安全生态循环农业产业化发展、融合发展，积极培育绿色集约高端业态，分区探索农村三产融合新模式。要坚持农业与畜牧业安全生态配套，持续推进农牧结合；坚持种植业与养殖业就地就近消纳互补，持续推进种养循环；坚持清洁生产与生态加工衔接，持续推进绿色有机加工转化；坚持农业兴旺与生态振兴协同，持续推进农旅融合互促。

成都平原经济区要做强做精成都都市休闲观光农业，要大力发展环成都经济圈标准化优质粮油、蔬菜、果茶等产业园、科技园、创业园、农业公园和健康养殖，形成“生态种养循环＋绿色产加一体＋创意农旅相融＋精品展销配套”的高端综合型产业融合模式。

川南经济区要加快发展竹、茶、生猪、肉牛、肉羊等特色农业，打造国际白酒产业高地，拉动专用型农业生产基地建设，深挖酒文化、恐龙文化，形成“猪牛羊－竹茶”结合＋“白酒产业集群”＋“酒龙文化旅游”的农村特色产业融合模式。

川东北经济区要大力发展无公害农产品、绿色食品、有机农产品和富硒等特色农产品，打造优质特色农产品精深加工基地，形成“优质生产基地－精深加工基地”衔接＋“绿色食品产业集群”＋“红色文化生态康养旅游”的农村三产融合模式。

攀西经济区要依托光热资源大力发展优质农业和草食畜牧业，形成“经作－粮油－畜牧”循环＋“攀枝花－大凉山区域品牌”协同＋“工业文明阳光康养旅游”的现代农业产业融合模式。

川西北生态示范区要大力发展生态经济，着力打造高原无公害、绿色生态农牧业精品产业链，打造特色草原、牧园旅游观光，形成“农－牧”结合＋“藏羌彝文化生态旅游”的高原生态产业融合模式。

（4）品牌整合是推进农业高质量发展的重要抓手，要遵循“全域开放”建高标准基地，创绿色“雁阵”品牌，完善监管，整体锻造高纯度农业金字招牌。

一是全面系统贯彻绿色发展理念，深入推进全域基地化、基地标准化、标准高端化创建。要瞄准农业高质量发展的新要求和“四向拓展”大方向加快推进全域农业标准化生产基地创建，加快推进农业标准的细化、高端化，加快推动无公害农产品基地升级提档，加快促进绿色有机农产品基地增量扩容。

二是实施区域公用品牌塑造推进计划，立体整合新农体经营品牌，全面提升“川产”品牌行业领导力和国际知名度。要瞄准“一带一路”建基地创品牌，做优做强供港澳农产品基地大品牌，充分发挥区域品牌“头雁效应”，高度关联“三品一标”，高效整合小散品牌，形成绿色农业品牌“雁阵”，锻造辨识度显著、竞争力强劲、美誉度广泛的高纯度农业金字招牌。

三是进一步完善农业监管体系，加快第三方监测队伍建设，依托现代信息技术创新监管和治理方式。强化乡镇基层监管的人员和经费保障，推行面向基地标准化生产的全程化科学监管，推进面向市场实体销售、电商销售的全领域散乱品牌有效治理，推动政府主导的可追溯体系向全域全主体全面延伸，鼓励依托有关研究院所成立第三方检测机构，适时出台相关管理办法。

（5）制度创新是推进农业高质量发展的必要保障，要依据乡村振兴城乡融合发展目标导向，加快人才、产权、金融等重大体制机制创新，构建驱动农业高质量发展的绿色政策体系，促进高端要素持续下乡融农。

一是建农村人才特区，制定有关人才下乡融农的特殊政策并形成长效机制。在推进乡村振兴第一个五年，要瞄准农业领域类生物技术、工程技术和管理技术的新需求，制定特殊政策吸引这些人才搞农业、带农民、建农村。要积极探索在相关高校开办“订单+定向”培养农村急需人才的政策和模式，积极探索加快推进村官大学生化的实现形式，全面提升村级党组织的领导力和组织力。要制订实施农村高端人才“引智”计划，要专题化送培新农体，田间化培训新农民，形成人才下乡和培训提高的长效机制。

二是全面实现农村“凡权必确、权必有证”，探索生态资产市场化实现形式，强化农业知识产权认定和保护。全面推进农村土地、林权、水利工程、宅基地、房屋、生产设施、水域、草原等资源确权颁证，探索生态资产评价、共建共享机制及市场化实现形式，完善农村集体产权制度。加快农业领域内知识产权认定体系建设，构建起以专利权、著作权、商业机密、品牌保护等为主的知识产权保护制度体系。以农村产权交易平台为载体，积极鼓励建设区域间专业或综合性产权交易平台，细化交易管理制度中财务、法律、融资、契约等方面的制度建设，以土地经营权、房屋财产权、林权等抵押贷款试点为契机，构建起以价值评估、交易、处置、变更登记等内容为主的产权市场交易体系。

三是加快推进农业农村金融改革，强化政府金融配给向农业农村倾斜，构建多层多元农业金融服务组织体系、产品体系和信用体系。各级金融部门要积极推进向农业农村中科技创新转化、产业升级转型、三产联动融合、装备更新优化等领域倾斜的金融配给政策，凸显农发银行、农商银行、农业银行、村镇银行等金融机构的支农功能，积极引导其他小微金融支农。要构建起以政府部门、国有银行、商业银行、保险公司以及其他信贷公司为主的多元金融支农组织体系，以普惠金融、商业信贷、政策性金融补贴、商业保险等服务产品为主的多元服务产品体系，积极发展农机、农业收入、特色农产品以及设施农业保险服务，以银行、信贷公司、保险公司等为主，建立起农业发展主体的信用制度体系，建立健全信用信息的共享机制。

四是完善农产品价格形成机制和生态补偿机制，促进生产经营主体组织制度建设，有效发挥新农体对农业高质量发展的引领作用。建立农业绿色发展导向的生产者激励机制、消费者付费机制、第三方治理机制和政府补贴机制，充分发挥目标价格机制的调节作用、补贴机制的激励作用和惩罚机制的约束作用，形成以高价格覆盖高成本、以高品质支撑高价格，以消费者对国产农产品的高支付意愿增强小规模农业竞争力之间的良性循环。科学计量生态资产及绿色生产溢价，靶向实现生态补偿和精准扶贫。通过政策优化落地，保障各类农业经营主体的利益，实现良性竞争，促进农业市场组织现代化，促进主体内部制度规范化，发挥家庭农场的基础作用，发挥合作社、行业协会的互助功能以及农业企业的引领作用。

（五）综合施策加快推进四川生猪产业转型升级的建议①

当前，非洲猪瘟疫情与周期性因素叠加助推猪肉价格上涨。作为全国最大的生猪养殖大省，四川生猪稳产保供事关民生和大局。兼顾眼前和长远综合施策，加快稳定和恢复四川生猪生产，推进川猪产业转型升级，既能为全国生猪保供稳价做出四川贡献，也有利于深化四川农业供给侧结构性改革和助推乡村振兴。

1. 四川生猪产业发展面临的严峻形势

目前四川生猪产业发展面临着非常复杂的形势。“不敢养、不愿养、不让养、没人养、没地养、没钱养”是现实困境；产能修复缓慢、流通体系瓶颈约束明显、产业聚合度不高、地方政府发展养猪业积极性不够等是根本原因。具体表现为以下几点。

一是生猪存栏锐减与补栏意愿不强，川猪产能修复缓慢。有些地方政府在生猪“禁养限养”方面层层加码，导致“不让养”“没地养”；非洲猪瘟疫情防控形势严峻、疫苗研发仍需时间，不少养殖户面对疫情出现严重恐慌心理而导致“不愿养”；同时，能繁母猪因感染非洲猪瘟存栏量锐减、疫情区跨区调运限制和疫情区养殖户因扑杀“失血过多”，客观上也导致了部分地区“无猪可补”、部分养殖户“无钱补栏”。

二是生猪主产区和主销区分离明显，区间匹配以“临缺临补”机制为主，缺乏“点对点，面对面”稳定匹配关系，物流成本高，冷链物流明显

① 本建议报告的主要内容已在《四川日报》上发表（2019 年 9 月 10 日），四川省人民政府网、四川省农业农村厅网、新浪网等数十家媒体进行了转载。本建议的撰写得到了四川农业大学动物医学院徐志文教授、左之才教授的大力指导。

滞后，疫情控制压力增大，以鲜活品长距离运输为主的传统流通体系瓶颈效应愈加凸显。

三是散户养殖约占六成，与生猪大省相匹配的大型生猪生产集团数量太少，养殖、流通、加工和营销等环节融合不深，品牌建设相对滞后，一定程度上出现了生猪产业聚合度不高、精深加工太少、产业融合水平不足等问题。

四是在地方财政吃紧、食品安全责任压实的形势下，一些地方政府推动生猪产业发展的动力不足。为了破解这些问题，确保百姓碗里不缺肉、困难群众生活有保障，从中央到地方，从政府到企业，围绕猪肉保供稳价的工作全面展开，多部门相继印发文件，出台 17 条硬措施支持生猪生产发展。四川省 15 个部门也联合出台 9 条措施促生猪生产保市场供应。目前，四川应积极采取“稳预期、补短板、压责任、优布局、调结构、降成本”等综合举措，既立足当前，又着眼长远推进生猪产业转型升级。

2. 对策建议

（1）稳预期——提振养猪信心是前提，要迅疾发挥非洲猪瘟监管预警机制作用，着力解决“不敢养”的问题。

当前生猪产业面临国家和地方一系列支持政策及肉价高利润空间大的双重利好，需要进一步把严格落实国家相关部门 17 条措施以及四川“猪九条”等政策放在极其重要位置，构建省、市、县、乡镇、村综合一体的多层级快速响应机制，融合传统与现代媒体开展非洲猪瘟防控宣传，动态调整非洲猪瘟疫情防控级别，用好《非洲猪瘟感染后生猪复养技术手册》[①]；对养殖户正常防疫成本进行补贴，提供便捷疫情监测渠道，让养殖户吃上复产增养、稳产扩能的定心丸；实施“藏猪于技”计划，依托生猪产业技术创新战略联盟，搭建科研机构与养殖户（公司）对接平台，攻关非洲猪

① 在当前非洲猪瘟防控既无有效疫苗又无针对性治疗药物的情况下，四川省农业农村厅组织省内生猪繁育、疫病防控、动物营养等领域的专家成立了“四川省稳定生猪生产专家指导组”，四川农业大学副校长陈代文教授任组长，专家组在总结经验、借鉴同行、吸收企业意见的基础上，经多次讨论，几易其稿，编写了《非洲猪瘟感染后生猪复养技术手册》，旨在为非洲猪瘟形势下恢复生猪生产提供相关技术指南，主要供不同规模养殖场和散养农户，在感染非洲猪瘟后拟恢复生猪生产进行参考。

瘟防控关键技术，实现“一场一策”防控，共同研发标准化、智能化养猪场圈，构建现代疫情防控体系，用科技养猪提振信心，用实用技术支撑产业转型升级。

（2）补短板——增强养猪能力是基础，要强化生猪产业转型升级支持政策，着力解决“不愿养”的问题。

落实好生猪生产的机具品目纳入本省补贴范围的政策，对种猪生产单位和规模养殖场从省内持证种猪场引进种猪，对种猪场完善防疫建设等给予补助，补好种猪、母猪繁育的短板；支持建设现代化冻库促进冻猪肉储备收储和冷鲜肉品流通配送，推进养殖屠宰冷链物流一体化发展，完善加工流通配送体系，促进“少调猪、多调肉”和“运得出、供得上”，补好冻猪肉储备收储和流通配送环节短板；通过政府购买服务，培育生猪粪污社会化有偿治理服务组织推进生态养猪，补好生猪养殖社会化服务短板；对规模养殖户进行培训示范，促进快速复产增养扩能，补好养殖技术短板；探索构建生猪全产业链数字资源体系，服务和促进智能养猪、产销对接、平抑市场、产品质量安全可追溯、全程监管、疫病防控、疫情预警等，补好资源数字化短板。

（3）压责任——落实养猪政策是核心，要压实地方政府责任，着力解决“不让养”的问题。

督查考核将最低生猪出栏量纳入“菜篮子”市长负责制的落实情况，加快提升生猪本地自给率；加快探索各地市间生猪自给量指标的流通交易机制，充分调动地方政府稳产扩能的积极性；全面梳理现行地方条例，坚决落实中央和省委政府系列政策措施，彻底取消不符合中央和省委政府相关规定的地方限制，积极营造生猪复产增产氛围和条件；地方政府要以生猪稳产保供为契机，敢担当善作为，着眼长远，坚持农林牧结合与三次产业融合，坚持集约化、标准化养殖与品牌化经营，坚持绿色、循环、低碳发展，加快构建现代化养殖体系。

（4）优布局——科学规划养猪区域是关键，要优化国土空间生猪养殖区域布局，着力解决“没地养”的问题。

坚持“法不禁、规不限、即可养”的原则，纠正禁养限养区划定过大等行为，对相关业主在环评中出现的不规范情况应分类治理，不搞“一刀切”，促进生猪养殖科学规划布局；地方政府要严格落实简化生猪生产建设用地手续、帮助生猪养殖户节约用地成本等相关规定，鼓励有条件的村集体以农村集体建设用地建设养猪场，确保生猪养殖用地需求；要为合理利用废旧工厂、学校等场地发展生猪养殖创造条件，对充分利用低丘缓坡、荒山荒坡、灌草林丛和集体建设用地等各林木空间发展生猪生态养殖、特种养殖和循环养殖模式提供全面和专门的指导；引进新业主或扶持原业主，对现有弃养猪场进行标准化改造，扩宽养殖空间，恢复养殖；优先安排当地急需配套建设的大型标准化生猪屠宰企业、大型病死动物专业集中无害化处理厂建设用地。

（5）调结构——培育养猪组织是支撑，要构建多层级经营主体体系，着力解决“没人养”的问题。

配套引进大型生猪龙头企业，提升生猪行业顶层集中度，带动生产、屠宰、流通、加工、营销等全产业链一体化发展，促进川猪、川肉品牌化建设和全产业的转型升级；积极带动中小养猪场（户）发展，科学引导散户和农村小农户养殖生猪，培育以集体经济带动的散养户联合养猪新农体，扩展养殖广度和内部补充机制灵活度，构建多元化、多层级的养猪主体结构体系，降低饲养密度，分散市场风险；优化生猪品质结构，规范生猪原种场、扩繁场、商品场相互配套的畜禽良种繁育体系，加快生猪良种化进程；优化生猪生产方式，大力发展生态养殖，推进清洁生产，促进生猪养殖从影响环境向环境友好转变。

（6）降成本——落实养猪资金是保障，要多渠道筹措资金，提高项目执行效率，着力解决“没钱养”的问题。

除了土地成本外，资金成本也是拦路虎。落实强制扑杀补助，经济发展水平较高的县可适当提高补助标准，提高财政资金对生猪保险保费的补贴标准，降低养猪主体的损失，提高其恢复养殖的能力和信心；落实各类项目资金，统筹中央财政支持资金，建立省、市和县（区）三级财政配套机制，合理安排生猪调出大县、新兴养殖大县资金，提高项目落实效率，财政项目要瞄准母猪繁育场、仔猪育肥、补栏、产业链延伸等环节以恢复生产和产业转型升级；采取财政贴息等多种形式，鼓励金融机构向大户、龙头企业或企业集团放贷，对符合授信条件但暂时遇到经营困难的核心养殖户，不盲目限贷、抽贷、断贷，扩大生猪生产设施抵押贷款试点，创新担保方式，除传统担保形式外，也支持活体质押、保单质押；积极鼓励国有资本、工商资本、集体经济资本等各路资金投入生猪行业，适度鼓励产业扶贫资金发展生猪养殖，尽快形成完善的生猪养殖投融资与担保体系。

（六）坚定用“两山论”[①]加快促进四川产业绿色高质量发展的建议[②]

农业转型和绿色高质量发展决不能孤立地局限在产业内部进行，必须放在建立现代化经济体系促进国民经济高质量发展的总体布局当中协调推进。也就是说，不能只在农、林、牧、副、渔等第一产业内推动转型发展，还要统筹与第二产业、第三产业的协同发展。四川只有三次产业都坚定以习近平生态文明思想为指导，以习近平“两山论”为引领，同步协同走向生态化、绿色化，同时持续推进打赢蓝天、碧水、净土保卫战，农业才能顺利走向转型和绿色高质量发展。因此，四川只有坚定不移走“两山论”引领的敬畏自然、尊重规律的发展之路，坚定不移走“两山论”引领的更有质量和效益的发展之路，坚定不移走“两山论”引领的造福人民的发展之路，坚定不移走“两山论”引领的保护和发展生产力之路，才能加快推进农业、工业和服务业协同转型，促进美丽四川建设，从而推动绿色高质量发展。

（1）进一步实施巩固生态保护与修复工程，坚定不移走“两山论”引领的敬畏自然、尊重规律的发展之路。

20 世纪末，四川率先启动实施资金投入最多、建设规模最大、民众参与度最高的天保工程、退耕还林还草工程，大力实施川滇、秦巴、大小凉山等重点生态工程，森林覆盖率快速提升至 38.8%。“五位一体”总体布

---

① 习近平总书记强调：“我们既要绿水青山，也要金山银山。宁要绿水青山，不要金山银山，因为绿水青山就是金山银山。”这一“两山论”深刻阐述了经济发展与生态环境保护的关系，指明了实现保护与发展协同共生的新路径，既是重要的发展理念，也是推进现代化建设的重大原则。

② 2019 年 10 月 10 日，在四川省社科理论界学习贯彻习近平总书记在庆祝中华人民共和国成立 70 周年大会重要讲话精神座谈会上，本部分主要内容作为座谈会主题发言之一进行了交流，并在《四川日报》上发表（2019 年 10 月 11 日）。

局催生了全国首个省级国土绿化方案，大规模绿化全川行动蔚然成风，绿化覆盖率达68%。自然保护区不断扩大，牵头推进大熊猫国家公园体制试点，生态多样性保护开启国家模式。青山总满蜀，绿水长流川。长江上游最大一片天然林得到休养生息，重要的水源涵养地得到有效保护。

习近平总书记指出，必须从中华民族长远利益考虑，把修复长江生态环境摆在压倒性位置。前进征程上，要继续坚定走“两山论”引领的敬畏自然、尊重规律的发展之路，持续实施生态保护与修复工程，巩固退耕还林还草还湿成果，构建国家公园与社区协同发展新机制，探索自然资源资产国家所有、全民共享实现形式，统筹山水林田湖草系统治理，更好实现人与自然更高质量的和谐共生。

（2）进一步提高产业生态化水平，坚定不移走“两山论”引领的更有质量和效益的发展之路。

党的十八大以来，着力调结构、转方式、促转型，四川加快推进产业生态化步伐，绿色高质量发展驶入快车道。围绕构建“一干多支、五区协同”区域发展新格局，统筹布局全省城市群、产业发展、交通设施和生态功能，主体功能区战略布局更加完善，产业结构持续优化，绿色产业加快壮大。走农业生态化之路，探索现代农业生态循环发展，形成了多样化的农林牧结合、种养加整合、三产融合的绿色发展模式；走工业生态化之路，形成了优势明显的绿色工厂、绿色园区、绿色产品和绿色供应链；走服务业生态化之路，形成了特色鲜明的生态旅游区、绿色低碳森林城市公园和循环共生的湿地公园、多彩田园。

习近平总书记指出，生态环境问题归根结底是发展方式和生活方式问题，生态环境保护的成败，归根结底取决于经济结构和经济发展方式。前进征程上，要继续坚定走“两山论”引领的更有质量和效益的发展之路，持续固化主体功能区布局，严守生态红线，坚守生态本位，深入推进供给侧结构性改革，加快五区协同共推产业结构高端化、经济体系现代化，实现国民经济更高质量的绿色低碳循环发展。

（3）进一步提高生态产业化水平，坚定不移走“两山论”引领的造福人民的发展之路。

党的十八以来，四川回应人民群众所想、所盼、所急，四川实施水污染治理、水生态修复、水资源保护，全面实施污染防治行动计划，“蓝天、碧水、净土”三大保卫战取得显著成效，环境空气质量明显改善，水清岸绿的美景加快打造，农村人居环境逐步改善，与老百姓生产生活息息相关的环境问题得到切实解决。以“小规模、组团式、微田园、生态化”为代表的山水相依、自然和谐的绿色小城镇建设稳步推进，以“彝家新寨、藏区新居、巴山新居、乌蒙新村、水美乡村”为特色的幸福美丽新村建设统筹推进，以川西北生态示范区为代表的生态扶贫、生态旅游、特色农牧业等绿色产业重点推进，以位居全国前列、西部第一的“三品一标”为代表的绿色有机农产品生产加快推进。四川大力提供更多的优质生态产品，不断满足人民群众日益增长的优美生态环境需要。保护与厚积生态优势，让喜山乐水有更多去处，利用与转化生态优势，让生态产品开发有更大市场，生态产业化格局正加快形成。

习近平总书记指出，人民对美好生活的向往是我们党的奋斗目标，良好生态环境是最普惠的民生福祉。前进征程上，要继续坚定走“两山论”引领的造福人民的发展之路，坚持生态惠民、生态利民、生态为民，坚定做厚生态优势不动摇，坚定打赢污染防治“八大战役”态势不动摇，高水平打造国家公园、湿地公园、湖库乐园、多彩田园，大力推动生态优势转变为产业优势，提供更多生态产品，高质量满足人民美好生态需要。

（4）进一步完善生态文明建设顶层设计和政策体系，坚定不移走“两山论”引领的保护和发展生产力之路。

党的十八大以来，四川坚定推动中央生态文明建设和“一盘棋”思想谋划长江经济带发展的决策部署在川具体化，强力推进绿色发展建设美丽四川。制订实施生态文明建设改革方案 19 个，58 个重点生态功能区县不再只看 GDP，地方政绩考核突出“以生态文明建设论英雄”。“指挥棒”的变化折射出生态文明建设状况已经是经济社会发展评价体系的必要内容和重要尺度。推进林草、滩涂、水域“凡权必确、权必有证”，启动省、市、县、乡、村五级河湖长制，引入社会资本参与污染防治。跨省水环境横向补偿、沱江流域横向生态保护补偿、省级湿地生态补偿，一系列敢为人先的探索折射出体制机制创新的责任担当和精准施策。生态保护红线、《四川省长江水源涵养保护条例》《四川省天然林保护条例》《四川省沱江流域水环境保护条例》，一系列走在前列的立法折射出规范管理、依法治理。顶层设计与法规体系建设有力促进了产业生态化和生态产业化。体制变革与政策创新更好地保护和改善了生态环境、发展了生产力。

习近平总书记指出，保护生态环境就是保护生产力、改善生态环境就是发展生产力。前进征程上，要继续坚定走“两山论”引领的保护和发展生产力之路，加快生态环境治理与保护立法，从严落实自然资源资产离任审计，从严追究生态环境损害责任，加大纵向生态建设与补偿力度，加快探索市场化生态补偿机制，把横向补偿创新，引向纵深、推向多元，铸就新时代四川生态屏障更有厚度、更有力度、更有高度，为四川产业绿色高质量发展奠定坚实的基础条件，也为农业转型和绿色高质量发展创造更加厚实的外部环境。

附　录

国家社会科学基金项目（14XGL003）公开发表的部分阶段性论文成果目录[①]

[1] 余华，漆雁斌，于伟咏，严玉宝．四川猪肉生产、出口及影响因素研究——基于11家猪肉出口企业的调研分析［J］，农村经济，2014（10）：37－41.（CSSCI）

[2] 余华，漆雁斌，严玉宝，崔鹏博．中国对美国农产品贸易关系的持续时间分析［J］，经济问题探索，2015（2）：102－108.（CSSCI）

[3] 戴小文，漆雁斌，陈文宽．农业现代化背景下大数据分析在农业经济中的应用研究［J］，四川师范大学学报（社会科学版），2015，42（2）：70－77.（CSSCI）

[4] 吴华，漆雁斌，于伟咏．养殖户安全饲料采用意愿及其影响因素分析——基于613户养殖户的实证研究［J］，农村经济，2015（3）：104－109.（CSSCI）

[5] 王来宾，吴华，漆雁斌，余华．我国出口食品安全问题博弈分析及政策建议［J］，学术论坛，2015，38（1）：60－63.（CSSCI）

[6] 宋彬菡．西部山区农民纯收入增长分析——以四川省石棉县为例［J］，农村经济，2015（3）：54－58.（CSSCI）

[7] 明辉，漆雁斌，李阳明，于伟咏．林农有参与林业碳汇项目的意愿吗——以CDM林业碳汇试点项目为例［J］，农业技术经济，2015

① 本项目公开发表相关学术论文60余篇。其中，SSCI/SCI收录论文7篇，CSSCI/CSCD收录论文29篇，北大核心收录论文及报刊论文17篇。此处仅列出了SSCI、SCI、CSSCI/CSCD、北大核心及报刊论文共53篇。

(7)：102－113.（CSSCI）
[8] 戴小文，何艳秋，钟秋波．基于扩展的Kaya恒等式的中国农业碳排放驱动因素分析［J］．中国科学院大学学报，2015，32（6）：751－759.（CSCD）
[9] 戴小文，漆雁斌，唐红．1990－2010年中国农业隐含碳排放及其驱动因素研究［J］，资源科学，2015，37（8）：1668－1676.（CSSCI/CSCD）
[10] 于伟咏，漆雁斌，李阳明．碳排放约束下中国能源效率及其全要素生产率研究［J］，农村经济，2015（8）：28－34.（CSSCI）
[11] 李金航，明辉，于伟咏．四川省林业碳汇项目实施的比较分析［J］，四川农业大学学报，2015，(3)：332－337.（CSCD）
[12] 张宽，漆雁斌．财政支出、经济发展水平、投资结构对城乡收入差距影响研究［J］，商业经济研究，2016（3）：127－129.（核心）
[13] 杨庆先，漆雁斌，曹正勇．农业科技推广与农业科技类图书出版发行的互动融合探析［J］，出版发行研究，2016（8）：50－53.（CSSCI）
[14] 明辉，漆雁斌，外出务工对农户家庭种植业生产的作用研究——基于2101个农户的实证分析［J］，统计与信息论坛，2016（7）：99－106.（CSSCI）
[15] 张宽，董杰，漆雁斌．中国农村居民消费函数的实证研究［J］．商业经济研究，2016（22）：24－26.（核心）
[16] 邓鑫，漆雁斌，于伟咏．城镇化率与农机化程度的关系研究［J］，农机化研究，2017（2）：42－46.（核心）
[17] 张宽，漆雁斌，邓鑫．农业机械化、能源消费与经济增长耦合关系研究［J］，农机化研究，2017（3）：1－6.（核心）
[18] 邓鑫，漆雁斌，陈蓉．散养农户退出生猪养殖会改善家庭收入水平吗？——来自四川省543户农户的实证调研［J］，农村经济，2016（12）：46－52.（CSSCI）
[19] 任丹，漆雁斌，于伟咏，何悦，邓鑫，傅丽．农户机械使用程度及其影响因素研究——基于四川省205户猕猴桃种植户的调查［J］，四川农业大学学报，2016（4）：528－534.（CSCD）
[20] 张宽，漆雁斌．基于时变参数模型的能源回弹效应研究［J］，科技

管理研究，2017（6）：191－197.（CSSCI）
[21] 于伟咏，漆雁斌，余华．农资补贴对化肥面源污染效应的实证研究［J］，农村经济，2017（2）：89－94.（CSSCI）
[22] 于伟咏，漆雁斌，明辉，任丹，邓鑫，傅丽．中国农业系统碳汇和碳源的省域差异及影响研究［J］，西部林业科学，2016（10）：1－7.（核心）
[23] 张宽，邓鑫，沈倩岭，漆雁斌．农业技术进步、农村劳动力转移与农民收入——基于农业劳动生产率的分组 PVAR 模型分析［J］，农业技术经济，2017（6）：28－41.（CSSCI）
[24] 于伟咏，漆雁斌，韦锋，邓鑫．水旱轮作模式和灌溉方式对西南地区水稻灌溉用水效率的影响［J］．资源科学，2017，39（6）：1127－1136.（CSSCI/CSCD）
[25] 于伟咏，漆雁斌，何悦，邓鑫．水稻灌溉用水效率和要素禀赋对化肥面源污染的影响——基于分位数回归的分析［J］．农业环境科学学报，2017，36（7）：1274－1284.（CSCD）
[26] 王玉峰，张瑞瑶，漆雁斌．农产品加工企业质量安全控制水平评价：基于四川 79 家企业的调查［J］，农村经济，2017（7）：103－109.（CSSCI）
[27] 严中成，漆雁斌，关于我国农机发展的研究综述［J］，中国农机化学报，2017（4）：123－128.（核心）
[28] 张宽，漆雁斌，沈倩岭．基于扩展生产函数北京市能源消费与经济增长关系——Toda-Yamomoto 因果检验和脱钩视角下的分析［J］．系统工程，2017（9）：79－86.（CSSCI/CSCD）
[29] 严中成，漆雁斌．科技培训对农产品安全生产行为的影响——基于四川的调查［J］，江苏农业科学，2017（14）：289－293.（核心）
[30] 廖俊，漆雁斌．合作社引导、邻里示范与农户安全生产行为［J］．江苏农业科学，2017（19）：316－321.（核心）
[31] 何悦，范云峰，漆雁斌，于伟咏．环境压力下城镇化对我国粮食生产技术效率的影响［J］．南方农业学报，2018（3）：599－605.（CSCD）
[32] 于伟咏，漆雁斌．退耕还林工程对农业产业结构和人口流动的影响研究［J］．林业经济，2018（3）：80－87.（核心）

[33] 严中成，漆雁斌，谭玉莲．我国农机专业合作社功能审视和业务选择——来自四川的调查分析［J］．中国农机化学报，2018（2）：93－98.(核心)

[34] 梁岚清，漆雁斌．基于DEA模型的四川省农机专业合作社经营效率研究［J］．中国农机化学报，2018（3）：87－92.(核心)

[35] 严中成，漆雁斌，廖俊，我国农业机械化水平评价方法的对比分析［J］．农机化研究，2018（10）：1－7，74.(核心)

[36] 明辉，漆雁斌，邓鑫．农业技术支持、生产行为规范性与农产品质量提升［J］．财经论丛，2019（2）：1－11.(CSSCI)

[37] 何悦，漆雁斌．城镇化发展对粮食生产技术效率的影响研究——基于我国13个粮食主产区的面板数据［J］．中国农业资源与区划，2019（3）：101－110.(CSCD)

[38] 何悦，漆雁斌．我国粮食生产化肥利用效率的区域差异与收敛性分析［J］．江苏农业学报，2019（3）：729－735.(CSCD)

[39] 何悦，漆雁斌．农户过量施肥风险认知及环境友好型技术采纳行为的影响因素分析——基于四川省380个柑橘种植户的调查［J］．中国农业资源与区划，待刊.(CSCD)

[40] 邓鑫，张宽，漆雁斌．文化差异阻碍了农业技术扩散吗？——来自方言距离与农业机械化的证据［J］．中国经济问题，2019（6）：58－71.(CSSCI)

[41] 漆雁斌，韩绍粪，邓鑫．中国绿色农业发展：生产水平测度、地区空间差异及收敛性分析［J］．农业技术经济，待刊.(CSSCI)

[42] 廖家惠，陈光燕，汪建．我国粮食进口依存度影响因素分析［J］．商业经济研究，2016，（17）：141－143.(核心)

[43] 韩绍粪，漆雁斌．居民消费函数的收入决定论——中国农村居民家庭的实证研究［J］．商业经济研究，待刊.(核心)

[44] 漆雁斌．把握加快推进四川农业高质量发展的着力点［N］．四川日报，2019－06－13（6）.

[45] 漆雁斌，韦锋．综合施策加快推进四川生猪产业转型升级［N］．四川日报，2019－09－10（8）.

[46] 漆雁斌．以“两山论”为引领推进美丽四川建设 [N]．四川日报，2019-10-11 (7)．

[47] Xin Deng, Dingde Xu, Yanbin Qi and Miao Zeng Labor off-farm employment and cropland abandonment in rural china: spatial distribution and empirical analysis [J]. International Journal of Environmental Research and Public Health. 2018, 15 (9): 1808-1825. (SCI/SSCI)

[48] Xin Deng, Dingde Xu, Miao Zeng and Yanbin Qi . Landslides and cropland abandonment in china's mountainous areas: spatial distribution, Empirical Analysis and Policy Implications [J] . sustainability. 2018, 10 (11): 3909-3925. (SCI/SSCI)

[49] Xin Deng, Dingde Xu, Miao Zeng, Yanbin Qi. Does early-life famine experience impact rural land transfer? evidence from china [J]. Land Use Policy. 2019, 81 (2): 58-67. (SSCI)

[50] Xin Deng, Dingde Xu, Miao Zeng, Yanbin Qi, Does labor off-farm employment inevitably lead to land rent out? [J]. Evidence from China, Journal of Mountain Science, 2019, 16 (3): 689-700. (SCI)

[51] Xin Deng, DingdeXu, Miao Zeng, and Yanbin Qi. Does Internet use help reduce rural cropland abandonment? Evidence from China [J]. Land Use Policy, 2019, 89: 104243. (SSCI)

[52] Xin Deng, Miao Zeng, DingdeXu, Feng Wei, and Yanbin Qi. Household Health and Cropland Abandonment in Rural China: Theoretical Mechanism and Empirical Evidence [J]. International Journal of Environmental Research and Public Health, 2019, 16 (19): 3588. (SCI/SSCI)

[53] Xin Deng, DingdeXu, Miao Zeng, and Yanbin Qi. Does Outsourcing Affect Agricultural Productivity of Farmer Households Evidence from China [J]. China Agricultural Economic Review, 待刊 . (SSCI)

参考文献

[1] 蔡键，唐忠，朱勇.2017. 要素相对价格、土地资源条件与农户农业机械服务外包需求 [J]. 中国农村经济 (8)：18 – 28.

[2] 蔡键，唐忠.2013. 要素流动、农户资源禀赋与农业技术采纳：文献回顾与理论解释 [J]. 江西财经大学学报 (4)：68 – 77.

[3] 蔡荣，蔡书凯.2013. "公司 + 农户" 模式：风险转移制度与农户契约选择 [J]. 南京农业大学学报 (社会科学版) 13 (2)：19 – 25.

[4] 蔡荣，蔡书凯.2014. 农业生产环节外包实证研究——基于安徽省水稻主产区的调查 [J]. 农业技术经济 (4)：34 – 42.

[5] 蔡荣，易小兰.2015. 合同生产模式与农产品质量：一个综述及启示 [J]. 财贸研究 (3)：32 – 41.

[6] 蔡荣.2012. 农业生产决策权配置的理论分析与实证检验——基于 "合作社 + 农户" 模式 [J]. 农业技术经济 (8)：46 – 55.

[7] 陈超，李寅秋，廖西元.2012. 水稻生产环节外包的生产率效应分析——基于江苏省三县的面板数据 [J]. 中国农村经济 (2)：86 – 96.

[8] 陈飞，范庆泉，高铁梅.2010. 农业政策、粮食生产与粮食生产调整能力 [J]. 经济研究 (11)：419 – 429.

[9] 陈欢，周宏，吕新业.2018. 农户病虫害统防统治服务采纳行为的影响因素——以江苏省水稻种植为例 [J]. 西北农林科技大学学报 (社会科学版) 18 (5)：104 – 111.

[10] 陈丽华，张卫国，田逸飘.2016. 农户参与农产品质量安全可追溯体系的行为决策研究——基于重庆市 214 个蔬菜种植农户的调查数据 [J]. 农村经济 (10)：106 – 113.

[11] 陈林，龙自云.2010. 规模化生产：中国农业的产业转型对策 [J]. 山西财经大学学报 32 (3)：75 – 80.

[12] 陈梅，茅宁.2015. 不确定性、质量安全与食用农产品战略性原料投资治理模式选择 [J]. 管理世界 (6): 125-140.

[13] 陈明仁.1986. 生态农业与农业现代化 [J]. 中国农村经济 (1): 53-56.

[14] 陈强.2014. 高级计量经济学及 Stata 应用 (第二版) [M]. 高等教育出版社.

[15] 陈儒，姜志德，赵凯.2018. 低碳视角下农业生态补偿的激励有效性 [J]. 西北农林科技大学学报 (社会科学版) 18 (5): 146-154.

[16] 陈通，王伟.2010. 基于政府视角的初级农产品食品安全机制研究 [J]. 中国农机化 2 (28): 31-35.

[17] 陈卫平，王笑丛.2018. 制度环境对农户生产绿色转型意愿的影响：新制度理论的视角 [J]，东岳论丛 39 (6): 114-123+192.

[18] 陈锡文.2011. 工业化、城镇化要为解决"三农"问题做出更大贡献 [J]. 经济研究 46 (10): 8-10.

[19] 陈锡文.2010. 农村改革三大问题 [J]，中国改革 (10): 14-18.

[20] 陈锡文. 农业供给侧结构性改革的几个重大问题 [N]. 中国经济时报，2016-07-15.

[21] 陈彦彦.2008. 论政府在农产品质量安全政府监管中的职能定位 [J]. 中国行政管理 (6): 79-81.

[22] 陈义媛.2019. 农业技术变迁与农业转型：占取主义/替代主义理论述评 [J]. 中国农业大学学报 (社会科学版) (2): 24-34.

[23] 陈义媛.2017. 土地托管的实践与组织困境：对农业社会化服务体系构建的思考 [J]. 南京农业大学学报 (社会科学版) 17 (6): 120-130+165-166.

[24] 陈媛媛，傅伟.2017. 土地承包经营权流转、劳动力流动与农业生产 [J]. 管理世界 (11): 79-93.

[25] 程杰贤，郑少锋.2018. 农产品区域公用品牌使用农户"搭便车"生产行为研究：集体行动困境与自组织治理 [J]. 农村经济 (2).

[26] 程琳，郑军.2014. 菜农质量安全行为实施意愿及其影响因素分析——基于计划行为理论和山东省 497 份农户调查数据 [J]. 湖南农业大学

学报（社会科学版）15（4）：13－20.

[27] 仇焕广，栾昊，李瑾，等.2014. 风险规避对农户化肥过量施用行为的影响［J］. 中国农村经济（3）：85－96.

[28] 仇童伟，罗必良.2018. 种植结构“趋粮化”的动因何在？——基于农地产权与要素配置的作用机理及实证研究［J］. 中国农村经济（2）：65－80.

[29] 淳伟德.2005. 农村社会化服务体系建设的问题及对策［J］. 宏观经济管理（10）：31～33.

[30] 崔宝玉.2019. 充分发挥合作社在推动小农户与现代农业发展有机衔接中的重要作用［J］. 中国农民合作社（3）：48.

[31] 崔元锋，严立冬，陆金铸，等.2009. 我国绿色农业发展水平综合评价体系研究［J］. 农业经济问题（6）：29－33.

[32] 代云云，徐翔，向晶.2015. 经营规模对农产品质量安全影响的研究——基于省级动态面板数据的市政分析［J］. 求索（1）：58－62.

[33] 邓心安，刘江.2016. 农业形态演变与绿色转型的目标模式［J］. 东北农业大学学报（社会科学版）14（1）：1－6.

[34] 邓鑫，漆雁斌，陈蓉.2018. 非农就业对散养户生猪养殖决策的影响研究——基于四川省543户农户的实证［J］. 新疆农垦经济（1）：21－27.

[35] 邓鑫，漆雁斌，陈蓉.2016. 散养农户退出生猪养殖改善家庭收入水平吗？——来自四川省543户农户的实证［J］. 农村经济（12）：46－52.

[36] 邓鑫，漆雁斌，于伟咏.2017. 城镇化率与农机化程度的关系研究［J］. 农机化研究39（2）：42－46.

[37] 邓鑫，漆雁斌，于伟咏.2016. 新型城镇化背景下的农业发展方式转型［J］. 重庆工商大学学报（社会科学版）33（6）：42－48.

[38] 丁克奎，钟凯文.2015. 基于“3S”的精准农业管理系统设计与实现［J］. 江苏农业科学43（1）：399－401.

[39] 丁文珺，伍玥.2018. 湖北省加快新旧动能转换的路径研究［J］，湖北社会科学（12）：56－67.

［40］董欢，郭晓鸣．2014. 生产性服务与传统农业：改造抑或延续——基于四川省501份农户家庭问卷的实证分析［J］. 经济学家（6）：84－90.

［41］董银果，黄俊闻．2018. SPS措施对出口农产品质量升级的影响——基于前沿距离模型的实证分析［J］. 国际贸易问题（10）：45－57.

［42］杜朝晖．2017. 经济新常态下我国传统产业转型升级的原则与路径［J］. 经济纵横（5）：61－68.

［43］杜运伟，景杰．2019. 乡村振兴战略下农户绿色生产态度与行为研究［J］. 云南民族大学学报（哲学社会科学版）36（1）：95－103.

［44］樊翔，张军，王红，等．2017. 农户禀赋对农户低碳农业生产行为的影响——基于山东省大盛镇农户调查［J］. 水土保持研究（1）：265－271.

［45］范太胜，潘津．2018. 农业产业链组织演化视角下农产品源头质量安全约束机制设计［J］. 农村经济（4）：65－69.

［46］斐汉青．2005. 农业产业化经营中的违约行为及其矫正［J］. 经济问题探索（12）.

［47］费洪平．2017. 当前我国产业转型升级的方向及路径［J］. 宏观经济研究（2）：3－8.

［48］丰雷，杨跃龙，姚丽．2013. 分权与激励：土地供应中的中央—地方关系研究［J］. 中国土地科学27（10）：4－10＋23.

［49］冯伟，徐康宁．2014. 外商直接投资对提升地区生产率存在溢出效应吗？——来自我国省级动态面板数据的实证分析［J］. 财经科学（2）：114－121.

［50］冯小．2014. 农民专业合作社制度异化的乡土逻辑——以“合作社包装下乡资本”为例［J］. 中国农村观察（2）：2－8.

［51］冯小．2015. 新型农业经营主体培育与农业治理转型——基于皖南平镇农业经营制度变迁的分析［J］. 中国农村观察（2）：23－32.

［52］冯之浚，刘燕华，金涌，等．2015. 坚持与完善中国特色绿色化道路［J］. 中国软科学（9）：1－7.

［53］傅超，杨曾，傅代国．2015. “同伴效应”影响了企业的并购商誉

吗？——基于我国创业板高溢价并购的经验证据［J］. 中国软科学（11）：94－108.

［54］傅新红，宋汶庭.2010. 农户生物农药购买意愿及购买行为的影响因素分析——以四川省为例［J］. 农业技术经济（6）：120－128.

［55］盖庆恩，朱喜，程名望，等.2017. 土地资源配置不当与劳动生产率［J］. 经济研究（5）：117－130.

［56］盖庆恩，朱喜，史清华.2014. 劳动力转移对中国农业生产的影响［J］. 经济学：季刊 13（2）：1147－1170.

［57］高鸣，迟亮，宋洪远.2018. 发达国家保障农产品质量安全的经验与启示［J］. 农业现代化研究 39（5）：19－27.

［58］高强，孔祥智.2013. 我国农业社会化服务体系演进轨迹与政策匹配：1978～2013 年［J］. 改革（4）：5－18.

［59］葛继红，周曙东，朱红根，等.2010. 农户采用环境友好型技术行为研究——以配方施肥技术为例［J］. 农业技术经济（9）：57－63.

［60］龚强，张一林，余建宇.2013. 激励，信息与食品安全规制［J］. 经济研究（3）：135－147.

［61］古川，罗峦.2016. 消费者质量识别对农产品供应链质量和价格决策的影响［J］. 管理评论 28（12）：225－234.

［62］古川，曾福生，刘雯.2017. 安全农产品认知影响产品和渠道选择的差异研究——基于消费认知行为模型的分析［J］. 北京工商大学学报（社会科学版）32（1）：50－60.

［63］顾和军，纪月清.2008. 农业税减免政策对农民要素投入行为的影响［J］. 农业技术经济（3）：37－42.

［64］关锐捷，周纳.2016. 政府购买农业公益性服务的实践探索与理性思考［J］. 毛泽东邓小平理论研究（1）：44－51＋93.

［65］郭峰，胡军.2016. 地区金融扩张的竞争效应和溢出效应——基于空间面板模型的分析［J］. 经济学报（2）：1－20.

［66］郭敏，屈艳芳.2002. 农户投资行为实证研究［J］. 经济研究（6）：86－96.

［67］郭晓鸣，廖祖君，孙彬.2006. 订单农业运行机制的经济学分析［J］.

农业经济问题（11）：15－18.

［68］郭晓鸣，廖祖君．2010．公司领办型合作社的形成机理与制度特征——以四川省邛崃市金利猪业合作社为例［J］．中国农村观察（5）：48－55.

［69］韩长赋．积极推进新型农业经营体系建设［N］．人民日报，2013－08－07.

［70］韩朝华．2017．个体农户和农业规模化经营：家庭农场理论评述［J］．经济研究52（7）：184－199.

［71］韩海彬，赵丽芬，张莉．2014．异质型人力资本对农业环境全要素生产率的影响：基于中国农村面板数据的实证研究［J］．中央财经大学学报1（5）：105.

［72］韩海彬，赵丽芬．2013．环境约束下中国农业全要素生产率增长及收敛分析［J］．中国人口·资源与环境23（3）：70－76.

［73］韩青．2011．消费者对安全认证农产品自述偏好与现实选择的一致性及其影响因素术——以生鲜认证猪肉为例［J］．中国农村观察（4）：2－13.

［74］韩杨，陈建先，李成贵．2011．中国食品追溯体系纵向协作形式及影响因素分析——以蔬菜加工企业为例［J］．中国农村经济（12）：54－67.

［75］何安华，楼栋，孔祥智．2012．中国农业发展的资源环境约束研究［J］．农村经济（2）：3－9.

［76］何安华．2013．技术性贸易壁垒对我国农产品贸易的影响分析［J］．生产力研究（6）：24－26.

［77］何可，张俊飚，丰军辉．2014．自我雇佣型农村妇女的农业技术需求意愿及其影响因素分析——以农业废弃物基质产业技术为例［J］．中国农村观察（4）：84－94.

［78］何磊．2010．中国传统农业向现代农业转变的制度障碍及其变革［J］．未来与发展31（4）：9－13.

［79］和丽芬，赵建欣．2010．政府规制对安全农产品生产影响的实证分析——以蔬菜种植户为例［J］．农业技术经济（7）：91－97.

［80］贺振华．2015．劳动力迁移、土地流转与农户长期投资［J］．经济科

学，28（3）：10－18.

[81] 洪燕真，冯亮明．2017. 木本粮油补贴政策实际效果分析及其经济学解释［J］. 林业科学（8）：113－119.

[82] 胡冰川，周竹君．2015. 城镇化背景下食品消费的演进路径：中国经验［J］. 中国农村观察（6）：2－14.

[83] 胡定寰，Fred Gale，Thomas Reardon. 2006. 试论"超市＋农产品加工企业＋农户"新模式［J］. 农业经济问题（1）：36－39.

[84] 胡浩，杨泳冰．2015. 要素替代视角下农户化肥施用研究——基于全国农村固定观察点农户数据［J］. 农业技术经济（3）：84－91.

[85] 胡凌啸．2018. 中国农业规模经营的现实图谱："土地＋服务"的二元规模化［J］. 农业经济问题（11）：20－28.

[86] 胡新艳，朱文珏，罗必良．2016. 产权细分、分工深化与农业服务规模经营［J］. 天津社会科学（4）：93－98.

[87] 胡亦琴，王洪远．2014. 现代服务业与农业耦合发展路径选择——以浙江省为例［J］. 农业技术经济（4）：25－33.

[88] 胡煜，李红昌．2015. 交通枢纽等级的测度及其空间溢出效应——基于中国城市面板数据的空间计量分析［J］. 中国工业经济（5）：32－43.

[89] 黄炎忠，罗小锋，李兆亮．2017. 我国农业绿色生产水平的时空差异及影响因素［J］. 中国农业大学学报 22（9）：183－190.

[90] 黄炎忠，罗小锋．2018. 既吃又卖：稻农的生物农药施用行为差异分析［J］. 中国农村经济（7）：63－78.

[91] 黄英，江艳军．2019. 新时代耕地利用转型对农业产业结构升级的影响［J］. 广西社会科学（3）：65－70.

[92] 黄颖．2011. 产业转型升级的方向、途径和思路［J］. 中国经贸导刊（22）：21－22.

[93] 黄映晖，孙世民，史亚军．2010. 北京都市型现代农业社会化服务体系创新模式研究［J］. 中国农学通报 26（20）：444－447.

[94] 黄祖辉，王建英，陈志钢．2014. 非农就业、土地流转与土地细碎化对稻农技术效率的影响［J］. 中国农村经济（11）：4－16.

[95] 黄祖辉，王祖锁．2002. 从不完全契约看农业产业化经营的组织方式

[J]. 农业经济问题 (3): 28 - 31.

[96] 黄祖辉，钟颖琦，王晓莉. 2016. 不同政策对农户农药施用行为的影响 [J]. 中国人口·资源与环境 (8): 148 - 155.

[97] 黄祖辉，钟颖琦，吴林海. 2016. 生猪养殖户安全生产行为及其影响因素分析 [J]. 中国畜牧杂志 52 (20): 1 - 5 + 11.

[98] 黄祖辉. 2013. 现代农业经营体系建构与制度创新——兼论以农民合作组织为核心的现代农业经营体系与制度建构 [J]. 经济与管理评论 (6): 5 - 16.

[99] 黄祖辉. 2016. 重视农业供给侧的制度性改革 [J]. 农村经营管理 (10): 1.

[100] 霍红，卜宇超，徐玲玲. 2015. 多代理系统嵌入的新型农资经营服务体系构建 [J]. 江苏农业科学 43 (11): 540 - 544.

[101] 霍鹏，魏修建. 2017. 新产业革命视角下我国产业转型升级的对策思考 [J]. 中州学刊 (6): 23 - 26.

[102] 霍瑜，张俊飚，陈祺琪，等. 2016. 土地规模与农业技术利用意愿研究——以湖北省两型农业为例 [J]. 农业技术经济 (7): 19 - 28.

[103] 纪龙，徐春春，李凤博，等. 2018. 农地经营对水稻化肥减量投入的影响 [J]. 资源科学 (12): 2401 - 2413.

[104] 纪月清，王许沁，陆五一，刘亚洲. 2016. 农业劳动力特征、土地细碎化与农机社会化服务 [J]. 农业现代化研究 37 (5): 910 - 916.

[105] 纪月清，王亚楠，钟甫宁. 2013. 我国农户农机需求及其结构研究——基于省级层面数据的探讨 [J]. 农业技术经济 (7): 19 - 26.

[106] 纪月清，钟甫宁. 2011. 农业经营户农机持有决策研究 [J]. 农业技术经济 (5): 20 - 24.

[107] 江南大学食品安全风险治理研究院. 2018. 2017 年中国食品安全事件研究报告 [R], 12.

[108] 姜长云. 2015. 创新驱动视野的农业发展方式转变 [J]. 改革 (12): 83 - 93.

[109] 姜长云. 2016. 关于发展农业生产性服务业的思考 [J]. 农业经济问题 37 (5): 8 - 15 + 110.

[110] 姜宇博，李爽 . 2016. 粮食主产区农机合作社生产效率与适度规模经营研究——以黑龙江省玉米生产为例 [J]. 农业现代化研究 37 (5)：902 – 909.

[111] 蒋文龙，新型农业经营体系构建亟须五大制度创新——访浙江大学中国农村发展研究院院长黄祖辉 [J]. 农村经营管理，2014 – 01 – 06.

[112] 金碚 . 2018. 关于“高质量发展”的经济学研究 [J]. 中国工业经济 (4)：5 – 18.

[113] 孔祥智，黄博，张效榕 . 2017. 家庭农场适度规模与收入均等化测算方法——来自三省一区的证据 [J]. 现代管理科学 (5)：9 – 11.

[114] 孔祥智，楼栋，何安华 . 2012. 建立新型农业社会化服务体系：必要性、模式选择和对策建议 [J]. 教学与研究 (1)：39 – 46.

[115] 孔祥智，穆娜娜 . 2018. 实现小农户与现代农业发展的有机衔接 [J]. 农村经济 (2)：1 – 7.

[116] 孔祥智 . 2016. 农业供给侧结构性改革的基本内涵与政策建议 [J]. 改革 (2)：104 – 115.

[117] 邝佛缘，陈美球，李志朋，等 . 2018. 农户生态环境认知与保护行为的差异分析——以农药化肥使用为例 [J]. 水土保持研究 (2)：321 – 326.

[118] 黎家远 . 2013. 统筹城乡背景下财政支持新型农业社会化服务体系面临的挑战及对策 [J]. 农村经济 (10)：59 – 61.

[119] 李彬 . 2013. 订单农业契约内部治理机制与风险防范 [J]. 农村经济 (2)：46 – 50.

[120] 李彬 . 2009. “公司 + 农户” 契约非完全性与违约风险分析 [J]. 农村经济 (4)：29 – 31.

[121] 李波，梅倩 . 2017. 农业生产碳行为方式及其影响因素研究——基于湖北省典型农村的农户调查 [J]. 华中农业大学学报 (社会科学版) (6)：51 – 58，150.

[122] 李博伟，徐翔 . 2018. 农业生产集聚、技术支撑主体嵌入对农户采纳新技术行为的空间影响——以淡水养殖为例 [J]. 南京农业大学学报 (社会科学版) (1)：124 – 136.

[123] 李长健，干静．2011．完善我国农产品质量安全政府监管的对策——以服务型政府理念为理论基础［J］．青岛农业大学学报：社会科学版，23（1）：23－27．

[124] 李长健，江晓华．2006．行政视野下的我国食品监管问题研究［J］．西华大学学报（3）：45－51．

[125] 李春海．2011．新型农业社会化服务体系：运行机理、现实约束与建设路径［J］．经济问题探索（12）：76－80．

[126] 李恩，张志坚，李飞．2012．影响农民参加农业技术培训行为因素的分析——基于长春市郊区的调查数据［J］．管理学刊（3）：66－72．

[127] 李功奎，应瑞瑶．2004．“柠檬市场”与制度安排——一个关于农产品质量安全保障的分析框架［J］．农业技术经济（3）：15－20．

[128] 李光．2005．浅谈我国农产品质量安全问题［J］．河南农业科学（8）：109－111．

[129] 李广瑜，赵子健，史占中．2017．基于新结构经济视角的产业转型升级研究［J］．现代管理科学（4）：76－78．

[130] 李恒．2015．中国农村家庭社会资本的结构与绩效——基于山东、河南、陕西三省调查［J］．农业经济问题 36（9）：39－45＋110．

[131] 李鸿儒．1992．农村社会化服务体系的概念化．见四川省农学会，等．农业社会化服务体系建设的探索与实践［M］．成都：西南财经大学出版社．

[132] 李鸿儒．1992．农业社会化服务体系建设的探索与实践［M］．成都：西南财经大学出版社，148－153．

[133] 李静，陈永杰．2013．匿名食品市场交易的政府监管机制——现代食品市场的信息披露制度设计［J］．中山大学学报：社会科学版，53（3）：171－178．

[134] 李凯，周洁红，陈潇．2015．集体行动困境下的合作社农产品质量安全控制［J］．南京农业大学学报（社会科学版）（4）：70－77．

[135] 李旻，赵连阁．2009．农业劳动力“女性化”现象及其对农业生产的影响——基于辽宁省的实证分析［J］．中国农村经济（5）：61－69．

[136] 李明贤，刘宸璠．2019．农村一二三产业融合利益联结机制带动农

民增收研究——以农民专业合作社带动型产业融合为例 [J]. 湖南社会科学 (3): 106-113.

[137] 李明艳, 陈利根, 石晓平. 2010. 非农就业与农户土地利用行为实证分析: 配置效应、兼业效应与投资效应——基于2005年江西省农户调研数据 [J]. 农业技术经济 (3): 41-51.

[138] 李俏, 郭儒鹏, 李久维. 2015. 农产品安全生产视角下农民科技需求及其提升研究——基于全国十省275个样本农户的调查 [J]. 农村经济 (8): 103-108.

[139] 李俏, 张波. 2011. 农业社会化服务需求的影响因素分析——基于陕西省74个村214户农户的抽样调查 [J]. 农村经济 (6): 83-87.

[140] 李俏. 2012. 农业社会化服务体系研究 [D]. 西北农林科技大学, 咸阳.

[141] 李荣耀. 2015. 农户对农业社会化服务的需求优先序研究——基于15省微观调查数据的分析 [J]. 西北农林科技大学学报 (社会科学版) 15 (1): 86-94.

[142] 李荣耀. 2015. 农户对农业社会化服务的需求优先序研究——基于15省微观调查数据的分析 [J]. 西北农林科技大学学报 (社会科学版) 15 (1): 86-94.

[143] 李容容, 罗小锋, 薛龙飞. 2015. 种植大户对农业社会化服务组织的选择: 营利性组织还是非营利性组织? [J]. 中国农村观察 (5): 73-84.

[144] 李世刚、李晓萍、江飞涛. 2018. 收入分配与产品质量前沿 [J], 中国工业经济 (1): 24-40.

[145] 李世杰, 朱雪兰, 洪潇伟, 等. 2013. 农户认知、农药补贴与农户安全农产品生产用药意愿——基于对海南省冬季瓜菜种植农户的问卷调查 [J]. 中国农村观察 (5): 55-69.

[146] 李武, 胡振鹏. 2009. 试论我国农村社会化服务组织发展 [J]. 江西社会科学 (2): 169~174.

[147] 李宪宝, 高强. 2013. 行为逻辑、分化结果与发展前景——对1978年以来我国农户分化行为的考察 [J]. 农业经济问题 (2).

［148］李香菊，赵娜 . 2017. 税收竞争如何影响环境污染——基于污染物外溢性属性的分析［J］. 财贸经济（11）：131 – 146.

［149］李想，石磊 . 2014. 行业信任危机的一个经济学解释：以食品安全为例［J］. 经济研究（1）：169 – 181.

［150］李想 . 2012. 食品安全的经济理论研究：基于企业行为的视角［D］. 复旦大学 .

［151］李想 . 2011. 信任品质量的一个信号显示模型：以食品安全为例［J］. 世界经济文汇（1）：87 – 108.

［152］李雪松，黄彦彦 . 2015. 房价上涨、多套房决策与中国城镇居民储蓄率［J］. 经济研究（9）：100 – 113.

［153］李勇，任国元，杨万江 . 2004. 安全农产品市场信息不对称及政府干预［J］. 农业经济问题（3）：62 – 64.

［154］李兆亮，罗小锋，薛龙飞，等 . 2017. 中国农业绿色生产效率的区域差异及其影响因素分析［J］. 中国农业大学学报 22（10）：203 – 212.

［155］梁江艳，马海霞 . 2018. 资本下乡、要素置换与农业生产体系转型［J］. 西部论坛 28（3）：11 – 16.

［156］梁流涛，翟彬，樊鹏飞 . 2016. 基于 MA 框架的农户生产行为环境影响机制研究——以河南省传统农区为例［J］. 南京农业大学学报（社会科学版）16（5）：145 – 153 + 158.

［157］梁明 . 农民按需“下单”合作社照单“上菜”［N］. 绵阳日报，2017 – 09 – 19.

［158］廖洪乐 . 2012. 农户兼业及其对农地承包经营权流转的影响［J］. 管理世界（5）：62 – 70.

［159］林亦平，滕秀梅 . 2013. 关于中国传统农业、农民、农村三个论断的辨析［J］. 湖南农业大学学报（社会科学版）14（3）：78 – 82.

［160］刘成，方向明 . 2018. 我国城镇居民对农产品质量安全信息的偏好及支付意愿研究［J］. 当代财经（7）：35 – 45.

［161］刘承芳，张林秀，樊胜根 . 2002. 农户农业生产性投资影响因素研究——对江苏省六个县市的实证分析［J］. 中国农村观察（4）：35 – 42.

[162] 刘芳，李成友，张红丽.2017. 农户环境认知及低碳生产行为模式[J]. 云南社会科学（6）：58－63.

[163] 刘凤芹.2006. 农业土地规模经营的条件与效果研究：以东北农村为例[J]. 管理世界（9）：71－79＋171－172.

[164] 刘刚，肖璐熠.2014. 推进农业绿色转型的农业补贴政策的建构[J]. 农业开发与装备（10）：20－21.

[165] 刘晗.2017. 农户生产分工差别化影响研究[D]. 西南大学.

[166] 刘任重.2011. 食品安全规制的重复博弈分析[J]. 中国软科学（9）：167－171.

[167] 刘守英，王一鸽.2018. 从乡土中国到城乡中国——中国转型的乡村变迁视角[J]，管理世界 34（10）：128－146＋232.

[168] 刘守英.2013. 中国的农业转型与政策选择[J]. 行政管理改革（12）：27－31.

[169] 刘天军，蔡起华.2013. 不同经营规模农户的生产技术效率分析——基于陕西省猕猴桃生产基地县 210 户农户的数据[J]. 中国农村经济（3）：37－46.

[170] 刘魏，张应良，李国珍，田红宇.2018. 工商资本下乡、要素配置与农业生产效率[J]. 农业技术经济（9）：4－19.

[171] 刘兴，王启云.2009. 新时期我国生态农业模式发展研究[J]. 经济地理 29（8）：1380－1384.

[172] 刘英华，吕志轩.2011. 农产品供应链的纵向一体化：理论基础与实证分析[J]. 华东经济管理 25（4）：22－26.

[173] 刘颖娴，郭红东.2012. 资产专用性与中国农民专业合作社纵向一体化经营[J]. 华南农业大学学报（社会科学版）（10）：47－56.

[174] 柳凌韵，周宏.2017. 正规金融约束、规模农地流入与农机长期投资——基于水稻种植规模农户的数据调查[J]. 农业经济问题（9）：65－76.

[175] 龙云，任力.2016. 农地流转对农业面源污染的影响——基于农户行为视角[J]. 经济学家（8）：81－87.

[176] 芦千文，吕之望，李军.2019. 为什么中国农户更愿意购买农机作

业服务——基于对中日两国农户农机使用方式变迁的考察［J］. 农业经济问题（1）：113－124.

［177］芦千文，吕之望．2019. 中国农机作业服务体系的形成、演变与影响研究［J］. 中国经济史研究（2）：124－135.

［178］鲁礼新．2007. 1978 年以来我国农业补贴政策的阶段性变动及效果评价［J］. 改革与战略（11）：5－16.

［179］吕美晔，王凯．2008. 菜农资源禀赋对其种植方式和种植规模选择行为的影响研究——基于江苏省菜农的实证分析［J］. 农业技术经济（2）：64－71.

［180］吕韬，陈俊红．2011. 发达国家现代农业服务体系建设对我国的启示［J］. 广东农业科学 38（20）：175－180.

［181］吕新业，李丹，周宏．2018. 农产品质量安全刍议：农户兼业与农药施用行为——来自湘赣苏三省的经验证据［J］. 中国农业大学学报（社会科学版）35（4）：70－79.

［182］罗必良，秦明周．2013. 中国农业面源污染问题研究［M］. 北京：中国社会科学出版社，33－58.

［183］罗必良，温思美．1996. 山地资源与环境保护的产权经济学分析［J］. 中国农村观察（3）：13－17＋23.

［184］罗必良．2019. 从产权界定到产权实施——中国农地经营制度变革的过去与未来［J］. 农业经济问题（1）：17－31.

［185］罗必良．2017. 论服务规模经营——从纵向分工到横向分工及连片专业化［J］. 中国农村经济（11）：2－16.

［186］罗超平，牛可，但斌．2017. 粮食价格、农业补贴与主产区农户福利效应［J］. 宏观经济研究（4）：124－137.

［187］罗浩轩．2016. 要素禀赋结构变迁中的农业适度规模经营研究［J］. 西部论坛 26（5）：9－19。

［188］罗明忠，陈江华，唐超．2019. 农业生产要素配置与农机社会化服务供给行为——以水稻劳动密集型环节为例［J］. 江苏大学学报（社会科学版）21（1）：35－43＋56.

［189］骆永民，樊丽明．2012. 中国农村基础设施增收效应的空间特征——基

于空间相关性和空间异质性的实证研究 [J]. 管理世界 (5): 71 -87.
[190] 马骥, 秦富. 2009. 消费者对安全农产品的认知能力及其影响因素——基于北京市城镇消费者有机农产品消费行为的实证分析 [J]. 中国农村经济 (5): 26 -34.
[191] 孟奎. 2013. 我国农业转型所处阶段、面临问题与对策思考 [J]. 商业时代 (19): 109 -112.
[192] 米运生, 廖祥乐, 吴怡. 2018. 农业转型升级、信贷可得性与农户融资渠道正规化: 基于农地流转的背景 [J]. 华中农业大学学报 (社会科学版) 136 (4): 67 -76 +174 -175.
[193] 明辉, 漆雁斌, 邓鑫. 2019. 农业技术支持、生产行为规范性与农产品质量提升 [J]. 财经论丛 (8): 1 -11.
[194] 倪国华, 蔡昉. 2015. 农户究竟需要多大的农地经营规模? ——农地经营规模决策图谱研究 [J]. 经济研究 50 (3): 159 -171.
[195] 倪国华, 郑风田. 2014. "一家两制"、"纵向整合" 与农产品安全——基于三个自然村的案例研究 [J]. 中国软科学 (5): 1 -10.
[196] 倪学志. 2012. 我国绿色农产品有效供给研究 [J]. 农业经济问题 (4): 18 -21.
[197] 倪学志. 2016. 我国农业 "三品" 认证制度的发展困境及对策 [J]. 经济纵横 (3): 41 -45.
[198] 聂辉华. 2018. 社会主要矛盾转化的经济学分析 [J]. 经济理论与经济管理 (2): 17 -19.
[199] 聂辉华. 2012. 最优农业契约与中国农业产业化模式 [J]. 经济学 (季刊) 12 (1): 313 -330.
[200] 聂文静, 李太平, 华树春. 2016. 消费者对生鲜农产品质量属性的偏好及影响因素分析: 苹果的案例 [J]. 农业技术经济 (9): 60 -71.
[201] 牛晓冬, 罗剑朝, 牛晓琴. 2017. 农户分化、农地经营权抵押融资与农户福利——基于陕西与宁夏农户调查数据验证 [J]. 财贸研究 (7): 21 -35.
[202] 欧阳峣, 傅元海, 王松. 2016. 居民消费的规模效应及其演变机制 [J]. 经济研究 51 (2): 56 -68.

[203] 潘丹，应瑞瑶 .2013. 资源环境约束下的中国农业全要素生产率增长研究［J］. 资源科学，35（7）：1329－1338.

[204] 潘丹 .2014. 农业技术培训对农村居民收入的影响：基于倾向得分匹配法的研究［J］. 南京农业大学学报（社会科学版）14（5）：62－69.

[205] 潘文卿 .2012. 中国的区域关联与经济增长的空间溢出效应［J］. 经济研究（1）：54－65.

[206] 朋文欢，黄祖辉 .2017. 契约安排、农户选择偏好及其实证——基于选择实验法的研究［J］. 浙江大学学报（人文社会科学版）47（4）：143－158.

[207] 彭代彦，文乐 .2016. 农村劳动力老龄化、女性化降低了粮食生产效率吗——基于随机前沿的南北方比较分析［J］. 农业技术经济（2）：32－44.

[208] 彭建仿 .2011. 农产品质量安全路径创新：供应链协同——基于龙头企业与农户共生的分析［J］. 经济体制改革（4）：77－80.

[209] 彭望禄，Pierre Robert，程惠贤 .2001. 农业信息技术与精确农业的发展［J］. 中国农业信息快讯（8）：6－7.

[210] 浦徐进，吴林海 .2010. 农户合作经济组织的增收效应分析：一个新的委托－代理视角［J］. 软科学（12）.

[211] 钱龙，洪名勇 .2016. 非农就业、土地流转与农业生产效率变化——基于 CFPS 的实证分析［J］. 中国农村经济（12）：2－16.

[212] 钱龙 .2017. 非农就业、农地流转与农户农业生产变化［D］. 浙江大学 .

[213] 乔慧，普莫喆，郑风田 .2017. 农户规模、政府抽检与农户施药行为——基于山东省蔬菜产区 837 个农户的调研数据［J］. 农林经济管理学报（4）：419－429.

[214] 乔金杰，穆月英，赵旭强等 .2016. 政府补贴对低碳农业技术采用的干预效应——基于山西和河北省农户调研数据［J］. 干旱区资源与环境 30（4）：46－50.

[215] 秦天，彭珏，邓宗兵 .2018. 中国区域农业生产性服务业发展差异

及驱动因素研究［J］. 产业经济评论（6）：63－75.
［216］青平，朱信凯，李万君，等 . 2013. 产品伤害危机对竞争品牌的外溢效应分析——以农产品为例［J］. 中国农村经济（2）：12－22.
［217］屈艳芳，郭敏 . 2002. 农户投资行为实证研究［J］. 上海经济研究（4）：17－27.
［218］任国元，葛永元 . 2008. 农村合作经济组织在农产品质量安全中的作用机制分析——以浙江省嘉兴市为例［J］. 农业经济问题（9）：61－64.
［219］阮荣平，曹冰雪，周佩 . 2017. 新型农业经营主体辐射带动能力及影响因素分析——基于全国 2615 家新型农业经营主体的调查数据［J］. 中国农村经济（11）：19－34.
［220］申云，贾晋 . 2016. 土地股份合作社的作用及其内部利益联结机制——以崇州“农业共营制”为例［J］. 上海经济研究（8）：55－66.
［221］沈雪，张露，张俊飚，骆兰翎 . 2018. 稻农低碳生产行为影响因素与引导策略——基于人际行为改进理论的多组比较分析［J］. 长江流域资源与环境 27（9）：2042－2052.
［222］沈雪，张露，张俊飚等 . 2018. 稻农低碳生产行为影响因素与引导策略——基于人际行为改进理论的多组比较分析［J］. 干旱区资源与环境 27（9）：144－154.
［223］沈宇丹，张富春，王雅鹏 . 2012. 农产品、食品安全标准演化与现代农业发展［J］. 经济问题（8）：82－85.
［224］史常亮，郭焱，朱俊峰 . 2016. 中国粮食生产中化肥过量施用评价及影响因素研究［J］. 农业现代化研究 37（4）：671－679.
［225］舒尔茨 . 1987. 改造传统农业［M］. 梁小民，译 . 北京：商务印书馆 .
［226］四川省农业厅 . 2016. 宣汉县多举措推动农业科技人员创新创业试点［J］. 四川农业科技（1）：47.
［227］宋茂华 . 2009. 传统农业的特征及其现代化改造——读舒尔茨《改造传统农业》的思考［J］. 襄樊学院学报（3）：79－82.
［228］宋修一 . 2009. 农户采用农机作业服务的影响因素分析［D］. 南京农业大学 .

[229] 苏群，汪霏菲，陈杰.2016. 农户分化与土地流转行为［J］. 资源科学38（3）：377－386.

[230] 苏卫良，刘承芳，张林秀.2016. 非农就业对农户家庭农业机械化服务影响研究［J］. 农业技术经济（10）：4－11.

[231] 苏昕，王可山.2013. 农民合作组织：破解农产品质量安全困境的现实路径［J］. 宏观经济研究（2）：76－79.

[232] 孙斌栋，丁嵩.2016. 大城市有利于小城市的经济增长吗？——来自长三角城市群的证据［J］. 地理研究35（9）：1615－1625.

[233] 孙新华.2017. 村社主导、农民组织化与农业服务规模化——基于土地托管和联耕联种实践的分析［J］. 南京农业大学学报（社会科学版）17（6）：131－140＋166.

[234] 谭亮.2018. 金融资本在农业转型升级中的作用分析［J］. 农业经济（7）：105－107.

[235] 谭明交，向从武，王凤羽.2018. 中国农业产业在乡村振兴中的转型升级路径［J］. 区域经济评论（4）：121－128.

[236] 谭翔，欧晓明，陈梦润.2017. 安全农产品是如何生产出来的［J］. 南方经济（5）：50－65.

[237] 唐博文，罗小锋，秦军.2010. 农户采用不同属性技术的影响因素分析——基于9省（区）2110户农户的调查［J］. 中国农村经济（6）：49－57.

[238] 唐浩.2011. 农户与市场之间的契约联接方式研究——交易费用经济学理论框架的应用与完善［J］. 经济经纬（3）：113－117.

[239] 唐学玉，李世平，姜志德.2010. 安全农产品消费动机、消费意愿与消费行为研究——基于南京市消费者的调查数据［J］. 软科学24（11）：53－59.

[240] 田传浩，方丽.2013. 土地调整与农地租赁市场：基于数量和质量的双重视角［J］. 经济研究48（02）：110－121.

[241] 田苗，严立冬，夏庆利，等.2013. 农业资源丰度对经济增长与经济稳定的影响［J］. 农村经济（5）：13－18.

[242] 田云，张俊飚，何可，等.2015. 农户农业低碳生产行为及其影响

因素分析——以化肥施用和农药使用为例［J］. 中国农村观察(4): 61-70.

［243］万俊毅，黄瓅.2010. 农产品质量安全控制的产业化组织运作机制：以温氏模式为例［J］. 南方农村（5）：16-22.

［244］万俊毅，罗必良.2011. 风险甄别、影响因素、网络控制与农产品质量前景［J］. 改革，(9)：78-85.

［245］汪普庆，熊航，瞿翔，等.2015. 供应链的组织结构演化与农产品质量安全——基于NetLogo的计算机仿真［J］. 农业技术经济（8）：64-72.

［246］王爱民.2015. 劳动力转移、采纳成本与农户新技术采纳［J］. 农林经济管理学报（3）：302-308.

［247］王长宇，王偲桐，杜浩然.2015. 地方外溢性公共产品的供给问题探讨［J］. 经济科学37（4）：44-53

［248］王常伟，顾海英.2017. 规模化、农户能力对农产品合格率影响的实证分析［J］. 农业技术经济（11）：6-17.

［249］王德章，王甲樑.2010. 新形势下我国食品消费结构升级研究［J］. 农业经济问题31（6）：75-79.

［250］王定祥，李虹.2016. 新型农业社会化服务体系的构建与配套政策研究［J］. 上海经济研究（6）：93-102.

［251］王定祥，谭进鹏.2015. 论现代农业特征与新型农业经营体系构建［J］. 农村经济（9）：23-28.

［252］王恩胡，李录堂.2007. 中国食品消费结构的演进与农业发展战略［J］. 中国农村观察（2）：14-25.

［253］王方红.2007. 产业链视角下现代农业服务模式研究［D］. 长沙. 中南大学.

［254］王芳，王可山，钱永忠.2008. 食品安全政府规制理论分析［J］. 食品研究与开发29（12）：139-141+148.

［255］王芳，王宁，隋明姜，钱永忠.2013. 合作社实施农业标准化分析——基于河北、吉林、陕西、浙江四省份调查［J］，农业技术经济（9）：67-75.

[256] 王国敏，翟坤周.2014. 确权赋能、结构优化与新型农业经营主体培育［J］. 改革（7）：150-159.

[257] 王建华，马玉婷，李俏.2015. 农业生产者农药施用行为选择与农产品安全［J］. 公共管理学报 12（1）：117-126，158.

[258] 王建华，马玉婷，王晓莉.2014. 农产品安全生产：农户农药施用知识与技能培训［J］. 中国人口．资源与环境（4）：54-63.

[259] 王建华，马玉婷，朱湄.2016. 从监管到治理：政府在农产品安全监管中的职能转换［J］. 南京农业大学学报（社会科学版）16（4）：119-129+159.

[260] 王可山.2012. 食品安全信息问题研究评书［J］. 经济学动态（8）：92-96.

[261] 王利清.2013. 农民视角下的农业科技推广困境与出路研究［J］. 科学管理研究（2）：67-70.

[262] 王鸥，杨进.2014. 农业补贴对中国农户粮食生产的影响［J］. 中国农村经济（5）：20-28.

[263] 王思琪，陈美球，彭欣欣，等.2018. 农户分化对环境友好型技术采纳影响的实证研究——基于554户农户对测土配方施肥技术应用的调研［J］. 中国农业大学学报（6）：187-196.

[264] 王思舒，王志刚，钟意.2011. 我国农业补贴政策对农产品生产的保护效应研究［J］. 经济纵横（4）：59-62.

[265] 王文信，王艺璇，张跃.2017. 基于PMP模型的农户苜蓿种植补贴效果实证分析——以河北省黄骅市为例［J］. 中国农业大学学报（7）：221-228.

[266] 王小楠，朱晶，薄慧敏.2019. 家庭农场质量安全多重认证行为研究［J］. 统计与信息论坛 34（3）：102-109.

[267] 王晓兵，侯麟科，张砚杰，等.2011. 中国农村土地流转市场发育及其对农业生产的影响［J］. 农业技术经济（10）：40-45.

[268] 王笑丛.2018. 绿色生产决策的影响因素与效果分析［J］，社会科学家（2）：76-81.

[269] 王秀丽，王士海.2018. 农户农业清洁生产行为的影响因素和实施

效果对比分析——以测土配方施肥和高效低毒农药技术为例［J］. 新疆农垦经济（5）：16－23.
［270］王亚芬，周诗星，高铁梅 . 2017. 我国农业补贴政策的影响效应分析与实证检验［J］. 吉林大学社会科学学报（1）：43－53＋205.
［271］王瑜，应瑞瑶 . 2008. 垂直协作与农产品质量控制［J］. 经济问题探索（4）：128－131.
［272］王瑜，应瑞瑶 . 2008. 养猪户的药物添加剂使用行为及其影响因素分析——基于垂直协作方式的比较研究［J］. 南京农业大学学报（社会科学版）（2）：48－54.
［273］王雨濛，张效榕，张清勇 . 2018. 社会关系网络能促进新型农业经营主体流转土地吗？——基于河北、安徽和山东三省的调查［J］. 中国土地科学 32（1）：51－57.
［274］王钊，刘晗，曹峥林 . 2015. 农业社会化服务需求分析——基于重庆市 191 户农户的样本调查［J］. 农业技术经济（9）：17－26.
［275］王志刚，申红芳，廖西元 . 2011. 农业规模经营：从生产环节外包开始——以水稻为例［J］. 中国农村经济（9）：4－12.
［276］王志刚，杨胤轩，刘和，林美云 . 2013. 消费者对农产品认证标识的认知水平、参照行为及受益程度分析——基于全国 20 个省市自治区的问卷调查［J］. 农业经济与管理（6）：38－44＋59.
［277］王志刚，于滨铜 . 2019. 农业产业化联合体概念内涵、组织边界与增效机制：安徽案例举证［J］. 中国农村经济（2）：60－80.
［278］韦鸿 . 2003. 资源数量、制度环境与农民增收问题［J］. 农业技术经济（3）：10－14.
［279］韦克游 . 2013. 农民专业合作社信贷融资治理结构研究——基于交易费用理论的视角［J］. 农业经济问题（5）：62－69.
［280］魏后凯，刘同山 . 2017. 论中国农村全面转型——挑战及应对［J］. 政治经济学评论（5）：84－116.
［281］魏后凯 . 2017. 中国农业发展的结构性矛盾及其政策转型［J］. 中国农村经济（5）：4－19.
［282］魏金义，祁春节 . 2015. 中国农业要素禀赋结构的时空异质性分析

[J]. 中国人口·资源与环境 25 (7).

[283] 魏欣，李世平，张忠潮，等.2012. 基于农地产权制度视角的农户农业面源污染行为分析 [J]. 农村经济 (5): 108-112.

[284] 文晓巍，李慧良.2012. 消费者对可追溯食品的购买与监督意愿分析——以肉鸡为例 [J]. 中国农村经济 (5): 41-52. 韩长赋.2018. 积极推进小农户和现代农业发展有机衔接 [J]. 农业工程技术 38 (3): 8-10.

[285] 翁鸣.2017. 农业供给侧结构性改革的现实意义 [J]. 区域经济评论 (6): 26-27.

[286] 吴林海，郭娟.2010. 我国城乡居民食品消费结构的演化轨迹与未来需求趋势 [J]. 湖湘论坛 23 (3): 66-71.

[287] 吴淼，王家铭.2012. 家户经营模式下的农产品质量安全风险及其治理 [J]. 农村经济 (1): 21-25.

[288] 吴伟伟，刘耀彬.2017. 非农收入对农业要素投入结构的影响研究 [J]. 中国人口科学 (2): 70-79+127-128.

[289] 吴小伟，陈新华，武文娟，等.2013. 信息技术在农机技术推广中的应用 [J]. 中国农机化学报 34 (5): 217-223.

[290] 吴学兵，乔娟，宁攸凉.2013. 生猪屠宰加工企业纵向协作形式选择分析——基于对北京市 6 家屠宰加工企业的调查 [J]. 农村经济 (7): 52-55.

[291] 吴雪莲，张俊飚，何可.2016. 农户高效农药喷雾技术采纳意愿——影响因素及其差异性分析 [J]. 中国农业大学学报 (4): 137-148.

[292] 吴玉鸣.2010. 中国区域农业生产要素的投入产出弹性测算——基于空间计量经济模型的实证 [J]. 中国农村经济 (6): 25-37+48.

[293] 吴仲斌.2011. 以合作生产促质量安全 [J]. 农村工作通讯 (3): 28-29.

[294] 西奥多·W·舒尔茨.1987. 改造传统农业 [M]. 梁小民，译. 北京: 商务印书馆.

[295] 希夫曼.2011. 消费者行为学 [M]. 北京: 中国人民大学出版社.

[296] 夏英，宋伯生．2001．食品安全保障：从质量标准体系到供应链综合管理［J］．农业经济问题（11）：59－62．

[297] 向德平，刘风．2017．农民专业合作社在反脆弱性发展中的作用和路径分析［J］．河南社会科学（5）：120－124．

[298] 肖国安．2005．粮食直接补贴政策的经济学分析［J］．中国农村经济（3）：14－17．

[299] 肖欢．2014．农企双边纵向协作对农产品质量安全的影响机制研究［D］．长沙：湖南农业大学．

[300] 辛良杰，李秀彬，朱会义，刘学军，谈明洪，田玉军．2009．农户土地规模与生产率的关系及其解释的印证——以吉林省为例［J］．地理研究，28（5）：1276－1284．

[301] 新华网，中共中央国务院关于深化供销合作社综合改革的决定［J］．中国合作经济，2015（4）：5－9．

[302] 邢新丽，祁士华，张凯，等．2009．地形和季节变化对有机氯农药分布特征的影响——以四川省成都经济区为例［J］．长江流域资源与环境，18（10）：985－991．

[303] 徐成龙，杨建辉．2017．农产品质量安全管制中的公共品牌建设—基于消费者的地理标志农产品品牌信任研究［J］．政府管制评论（1）：43－58．

[304] 徐家鹏．2011．蔬菜种植户产销环节纵向协作与质量控制研究［D］．华中农业大学．

[305] 徐玲玲，山丽杰，吴林海．2011．农产品可追溯体系的感知与参与行为的实证研究：苹果种植户的案例［J］．财贸研究 22（5）：34－40．

[306] 徐毅，张二震．2008．外包与生产率：基于工业行业数据的经验研究［J］．经济研究（1）：103－113．

[307] 徐玉婷，杨钢桥．2011．不同类型农户农地投入的影响因素［J］．中国人口·资源与环境 21（3）：106－112．

[308] 徐志刚，宁可，钟甫宁，等．2018．新农保与农地转出：制度性养老能替代土地养老吗？——基于家庭人口结构与流动性约束的视角［J］．管理世界 34（5）：86－97．

[309] 许庆，尹荣梁，章辉 .2011. 规模经济、规模报酬与农业适度规模经营——基于我国粮食生产的实证研究 [J]. 经济研究 46 (3): 59 -71 +94.

[310] 许秀川，李容，李国珍 .2017. 小规模经营与农户农机服务需求——一个两阶段决策模型的考察 [J]. 农业技术经济 (9): 45 -57.

[311] 薛宝飞，郑少锋 .2019. 农产品质量安全视阈下农户生产技术选择行为研究——以陕西省猕猴桃种植户为例 [J]. 西北农林科技大学学报 (社会科学版) 19 (1): 104 -110.

[312] 严立冬，邓远建，蔡运涛，等 .2009. 绿色农业发展的外部性问题探析 [J]. 调研世界 (8) : 11 -14.

[313] 严立冬 .2003. 绿色农业发展与财政支持 [J]. 农业经济问题 (10): 36 -39.

[314] 严中成，漆雁斌，廖俊 .2018. 四川农业科技人员创新创业专项改革实践分析——以宣汉县为例 [J]. 粮食科技与经济 43 (5): 111 -114.

[315] 严中成，漆雁斌 .2017. 科技培训对农产品安全生产行为控制的影响——基于四川的调查 [J]. 江苏农业科学 45 (14): 289 -293.

[316] 杨彩艳，齐振宏，黄炜虹，左志平 .2018. 农业社会化服务有利于农业生产效率的提高吗？——基于三阶段 DEA 模型的实证分析 [J]. 中国农业大学学报 23 (11): 232 -244.

[317] 杨朝峰，赵志耘，许治 .2015. 区域创新能力与经济收敛实证研究 [J]. 中国软科学 (1): 88 -95.

[318] 杨朝慧，文晓巍 .2017. 我国食品消费结构变迁及其对农业产业转型发展的启示 [J]. 消费经济 33 (4): 12 -19.

[319] 杨连波 .2007. 现代农村经济呼唤金融产品创新 [J]. 农村经济 (7): 57 -58.

[320] 杨明洪，李彬 .2009. 中国订单农业违约风险因素评估——来自山东的经验 [J]. 财经科学，12 (261): 107 -116.

[321] 杨骞，刘华军 .2012. 中国二氧化碳排放的区域差异分解及影响因素——基于 1995—2009 年省际面板数据的研究 [J]. 数量经济技术经济研究 (5): 36 -49.

[322] 杨天和.2006. 基于农户生产行为的农产品质量安全问题的实证研究——一江苏省水稻生产为例 [D]. 南京：南京农业大学.
[323] 杨晓明.2009. 基于博弈视角的农产品质量安全分析 [J]. 经济体制改革 (3)：83－85.
[324] 杨艺，朱翠明，王霞.2019. 我国农业信息化建设存在的问题、成因与发展对策研究 [J]. 情报科学 37 (5)：53－57.
[325] 杨颖.2010. 新产业区理论与湖北产业转型升级研究 [J]. 湖北社会科学 (12)：56－58.
[326] 姚文，祁春节.2016. 茶叶主产区订单农业有效性及契约稳定性研究——以西南地区茶叶生产为例 [J]. 农业现代化研究 38 (1)：89－95.
[327] 姚洋.1998. 农地制度与农业绩效的实证研究 [J]. 中国农村观察 (6)：1－10.
[328] 叶敬忠，贺聪志.2019. 基于小农户生产的扶贫实践与理论探索——以"巢状市场小农扶贫试验"为例 [J]，中国社会科学 (2)：137－158＋207.
[329] 叶敬忠，贺聪志.2019. 基于小农户生产的扶贫实践与理论探索——以"巢状市场小农扶贫试验"为例 [J]. 中国社会科学 (2)：137－158＋207.
[330] 叶茂，兰欧，柯文物.1993. 传统农业与现代化：传统农业与小农经济研究评述（上）[J]. 中国经济史研究 (3)：107－122.
[331] 尹成杰.2018. 农村金融改革需从五方面创新 [J]. 农村经营管理 (7)：26.
[332] 尹恒，徐琰超.2011. 地市级地区间基本建设公共支出的相互影响 [J]. 经济研究 (7)：55－64.
[333] 尹世久，高杨，吴林海.2017. 构建中国特色的食品安全社会共治体系：理论与实践 [M]. 北京：人民出版社.
[334] 应瑞瑶，王瑜.2009. 交易成本对养猪户垂直协作方式选择的影响 [J]. 中国农村观察 (2)：46－56.
[335] 于法稳.2018. 新时代农业绿色发展动因、核心及对策研究 [J]. 中

国农村经济 401（5）：21－36.
［336］于冷.2004. 农业标准化与农产品质量分等分级［J］. 中国农村经济（7）：4－10.
［337］于晓华，武宗励，周洁红.2017. 欧盟农业改革对中国的启示：国际粮食价格长期波动和国内农业补贴政策的关系［J］. 中国农村经济（2）：86－98.
［338］袁国龙，林金忠.2013. 农业土地制度变迁对我国农业转型的影响［J］. 华南农业大学学报（社会科学版）12（2）：11－20.
［339］袁雪霈，刘天军，闫贝贝.2018. 合作社对农户安全生产行为的影响——基于我国苹果主产区的调研［J］. 西北农林科技大学学报（社会科学版）18（6）：97－106.
［340］苑鹏.2013. "公司＋合作社＋农户"下的四种农业产业化经营模式探析. 中国农村经济（4）：8－13.
［341］岳柳青，刘咏梅，陈倩.2017. C2C 模式下消费者对农产品质量信号信任及影响因素研究——基于有序 Logistic 模型的实证分析［J］. 南京农业大学学报（社会科学版）17（2）：113－122＋153－154.
［342］曾伟，潘扬彬，李腊梅.2016. 农户采用环境友好型农药行为的影响因素研究——对山东蔬菜主产区的实证分析［J］. 中国农学通报 32（23）：199－204.
［343］曾寅初，全世文.2013. 我国生鲜农产品的流通与食品安全控制机制分析——基于现实条件、关键环节与公益性特征的视角［J］. 中国流通经济（5）：16－21.
［344］詹晶，叶静.2013. 日本技术性贸易壁垒对我国农产品出口贸易的影响——基于 VAR 模型实证分析［J］. 国际商务（对外经济贸易大学学报）（3）：25－33.
［345］展进涛，张燕媛，张忠军.2016. 土地细碎化是否阻碍了水稻生产性环节外包服务的发展？［J］. 南京农业大学学报（社会科学版），16（2）：117－124＋155－156.
［346］张蓓，高惠姗，吴宝姝，等.2019. 价值认同、社会信念、能力认知与果蔬农户质量安全控制行为［J］. 统计与信息论坛 34（3）：

110 – 118.

[347] 张蓓，黄志平，杨炳成．2014. 农产品供应链核心企业质量安全控制意愿实证分析——基于广东省 214 家农产品生产企业的调查数据 [J]. 中国农村经济 (1)：62 – 75.

[348] 张琛，赵昶，孔祥智．2019. 农民专业合作社的再联合 [J]. 西北农林科技大学学报（社会科学版）(3)：96 – 103.

[349] 张福锁．农业绿色发展战略与挑战 [EB/OL]. http://www.h2o – china.com/news/282165.html，2018 – 10 – 24.

[350] 张红宇．2013. 农村土地制度需要大的改革和创新 [A]. 中国农村杂志社．坚持走中国特色农业现代化和新型城镇化协调发展道路——2013 全国农村改革与发展座谈会论文集 [C]. 中国农村杂志社：《农村工作通讯》编辑部，3.

[351] 张建雷，席莹．2018. 基于嵌入性视角的新型农业经营主体发展研究 [J]. 改革 292 (6)：117 – 128.

[352] 张俊飚，赵博唯．2017. 供给侧改革背景下绿色食品产业转型升级的思考 [J]. 中南民族大学学报（人文社会科学版）37 (4)：131 – 134.

[353] 张宽，邓鑫，沈倩岭，等．2017. 农业技术进步、农村劳动力转移与农民收入——基于农业劳动生产率的分组 PVAR 模型分析 [J]. 农业技术经济 (6)：28 – 41.

[354] 张利国．2011. 食用农产品安全政府规制体系存在的问题及对策探讨 [J]. 科技与经济 24 (3)：11 – 15.

[355] 张淼．2005. 农业产业化：一种长期合约的违约问题 [J]. 边疆经济与文化 (12)：19 – 20.

[356] 张社梅，冉瑞平，蒋远胜．2014. 当前构建新型农业生产经营体系面临的问题与对策 [J]. 现代经济探讨 (10)：49 – 52，56.

[357] 张桃林．2012. 以农业机械化支撑和引领农业现代化 [J]. 求是 (14)：41 – 43.

[358] 张喜才，张利庠．2009. 农业产业发展与政府规制——中国奶业产业的案例研究 [C]. 中国奶业协会 2009 年会．

[359] 张小蒂，李晓钟．2004. 论技术性贸易壁垒对我国农产品出口贸易

的双重影响［J］. 管理世界（6）：26－32＋58.
［360］张雅. 2017. 劳动力匹配视角下我国产业升级困境剖析［J］. 商业经济研究（10）：177－179.
［361］张颖熙，夏杰长. 2010. 农业社会化服务体系创新的动力机制与路径选择［J］. 宏观经济研究（8）：12－17.
［362］张永华. 2019. 基于乡村绿色发展理念的农业产业结构优化驱动力分析［J］. 中国农业资源与区划 40（4）：22－27.
［363］张云华，马九杰，孔祥智，等. 2004. 农户采用无公害和绿色农药行为的影响因素分析——对山西、陕西和山东15县（市）的实证分析［J］. 中国农村经济（1）：41－49.
［364］张正斌，王大生，徐萍. 2011. 中国绿色农业指标体系建设指导原则和构架［J］. 中国生态农业学报 19（6）：1461－1467.
［365］赵大伟. 2012. 中国绿色农业发展的动力机制及制度变迁研究［J］. 农业经济问题 33（11）：72－78.
［366］赵丹丹，周宏. 2018. 农户分化背景下种植结构变动研究——来自全国31省农村固定观察点的证据［J］. 资源科学 40（1）：64－73.
［367］赵德起. 2013. 权利配置、契约完备、政府约束视角下的中国农村经济组织化发展研究［J］. 经济理论与经济管理（4）：100－112.
［368］赵华林. 2018. 高质量发展的关键：创新驱动、绿色发展和民生福祉［J］. 中国环境管理 10（4）：5－9.
［369］赵建欣，张晓凤. 2008. 交易方式对安全农产品供给影响的实证分析——基于河北定州和浙江临海菜农的调查［J］. 乡镇经济（3）：25－27.
［370］赵建欣，张忠根. 2008. 对农户种植安全蔬菜的影响因素分析：基于对山东、河北两省菜农的调查［J］. 国际商务（2）：52－57.
［371］赵立泉，徐娜. 2009. 生产契约对农户心理的影响：政府鼓励与产量选择［J］. 现代财经 12（29）：77－81.
［372］赵丽娜，吕擎. 2016. 我国产业转型升级与构建产业新体系［J］. 理论学刊（6）：54－62.
［373］赵连阁，蔡书凯. 2013. 晚稻种植农户 IPM 技术采纳的农药成本节

约和粮食增产效果分析［J］. 中国农村经济（5）：78－87.

［374］赵素燕，武婷 . 2019. “三农”强则国强：实施乡村振兴战略的系统思考［J］. 系统科学学报（4）：81－85.

［375］赵文，程杰 . 2014. 农业生产方式转变与农户经济激励效应［J］. 中国农村经济（2）：4－19.

［376］赵西亮，吴栋 . 2005. 农业产业化经营中商品契约稳定性研究［J］. 当代经济研究（2）：42－44.

［377］赵学刚 . 2009. 统一食品安全监管：国际比较与我国的选择［J］. 中国行政管理（3）：103－107.

［378］赵卓，于冷 . 2009. 农产品质量分级与消费者福利：原理、现实及政策含义［J］. 农业经济问题 30（1）：20－24.

［379］郑风田，胡文静 . 2005. 从多头监管到一个部门说话：我国食品安全监管体制急待重塑［J］. 中国行政管理（12）：51－54.

［380］郑风田，赵阳 . 2003. 我国农产品质量安全问题与对策［J］. 中国软科学（2）：16－20.

［381］郑黎义 . 2010. 劳动力外出务工对农户农业生产的影响——基于江西省四个县的实地调研［D］. 浙江大学 .

［382］郑鑫 . 2010. 丹江口库区农户氮肥施用强度的影响因素分析［J］. 中国人口·资源与环境 20（5）：75－79.

［383］郑旭媛，徐志刚 . 2017. 双重约束下的农户生产投入结构调整行为研究［J］. 农业技术经济（11）：28－39.

［384］郑旭媛，徐志刚 . 2017. 资源禀赋约束、要素替代与诱致性技术变迁——以中国粮食生产的机械化为例［J］. 经济学（季刊）（1）：45－66.

［385］郑旭媛 . 2015. 资源禀赋约束、要素替代与中国粮食生产变迁［D］. 南京农业大学 .

［386］中共四川省委 . 四川省人民政府关于深化供销合作社综合改革的意见［N］. 四川日报，2016－09－03（004）.

［387］钟春平，陈三攀，徐长生 . 2013. 结构变迁、要素相对价格及农户行为——农业补贴的理论模型与微观经验证据［J］. 金融研究

(5): 167 -180.

[388] 钟钰.2018. 向高质量发展阶段迈进的农业发展导向 [J]. 中州学刊 257 (05): 46 -50.

[389] 钟真, 陈淑芬.2014. 生产成本、规模经济与农产品质量安全——基于生鲜乳质量安全的规模经济分析 [J]. 中国农村经济 (1): 49 -61.

[390] 钟真, 孔祥智.2012. 产业组织模式对农产品质量安全的影响: 来自奶业的例证 [J]. 管理世界 (1): 86 -99.

[391] 钟真, 穆娜娜, 齐介礼.2016. 内部信任对农民合作社农产品质量安全控制效果的影响——基于三家奶农合作社的案例分析 [J]. 中国农村经济 (1): 40 -52.

[392] 钟真, 张琛, 张阳悦.2017. 纵向协作程度对合作社收益及分配机制影响——基于4个案例的实证分析 [J]. 中国农村经济 (6): 16 -29.

[393] 周彬.2016. 农业支持政策相关研究进展和方向 [J]. 理论月刊 (3): 121 -126.

[394] 周德翼, 杨海娟.2002. 食物质量安全管理中的信息不对称与政府监管机制 [J]. 中国农村经济 (6): 29 -35, 42.

[395] 周栋良.2010. 环洞庭湖区两型农业生产体系研究 [D]. 湖南农业大学.

[396] 周峰, 徐翔.2008. 无公害蔬菜生产者农药使用行为研究: 以南京为例 [J]. 经济问题 (1): 94 -96.

[397] 周宏, 王全忠, 张倩.2014. 农村劳动力老龄化与水稻生产效率缺失——基于社会化服务的视角 [J]. 中国人口科学 (3): 53 -65.

[398] 周洁红, 李凯, 陈潇.2015. 集体行动困境下的合作社农产品质量安全控制 [J]. 南京农业大学学报 (社会科学版), 15 (4): 70 -77 +133.

[399] 周洁红, 唐利群, 李凯.2015. 应对气候变化的农业生产转型研究进展 [J]. 中国农村观察 (3): 74 -86 +97.

[400] 周洁红, 幸家刚, 虞轶俊.2015. 农产品生产主体质量安全多重认证行为研究 [J]. 浙江大学学报 (人文社会科学版) 45 (2): 55 -67.

[401] 周洁红.2006. 农户蔬菜质量安全控制行为及其影响因素分析——基

于浙江省396户菜农的实证分析［J］. 中国农村经济（11）：25－34.
［402］周立群，曹利群．2002. 商品契约优于要素契约——以农业产业化经营中的契约选择为例［J］. 经济研究（1）：14－19.
［403］周绍东．2016. “互联网＋”推动的农业生产方式变革——基于马克思主义政治经济学视角的探究［J］. 中国农村观察（6）：75－85.
［404］周小梅，范鸿飞．2017. 区域声誉可激励农产品质量安全水平提升吗？——基于浙江省丽水区域品牌案例的研究［J］. 农业经济问题（4）：85－92.
［405］周应恒，赵文，张晓敏．2009. 近期中国主要农业国内支持政策评估［J］. 农业经济问题5（6）：4－11.
［406］朱烈夫，王图展．2014. 农产品企业营销渠道纵向协作机制建构策略探析［J］. 农业经济（12）：133－134.
［407］朱萌，齐振宏，邬兰娅，等．2016. 种稻大户资源禀赋对其环境友好型技术采用行为的影响——基于苏南微观数据的分析［J］. 生态与农村环境学报32（5）：735－742.
［408］朱素蓉，熊健．2008. 农业企业化经营促进现代农业发展［J］. 中国集体经济（13）：59－60.
［409］朱文涛，孔祥智．2008. 以宁夏枸杞为例探讨契约及相关因素对中药材质量安全的影响［J］. 中国药房（21）：1601－1603.
［410］朱哲毅，邓衡山，应瑞瑶．2016. 价格谈判、质量控制与农民专业合作社农资购买服务［J］. 中国农村经济（7）：48－58.
［411］邹传彪，王秀清．2004. 小规模分散经营情况下的农产品质量信号问题［J］. 科技和产业4（8）：6－11.
［412］Abhilash, P C, Nandita, S. 2009. Pesticide use and application: an Indian scenario［J］. Journal of Hazardous materials, 165（3）: 1－12.
［413］Adams Jr R H, Cuecuecha A. 2010. Remittances, household expenditure and investment in guatemala［J］. World Development, 38（11）: 1626－1641.
［414］Ahmad, M, Chaudhry, G M, Ipbal, M. 2002. Wheat productivity, efficiency and sustainability: a stochastic production frontier analysis

[J]. The Pakistan Development Review, 41 (4): 643 -663.

[415] Ajay Bhalla, RichardGrieve, Anthony G. Rudd, Charles D. A. Wolfe. 2008. Stroke in the Young: Access to Care and Outcome; A Western Versus Eastern European Perspective [J]. Journal of Stroke and Cerebrovascular Diseases, 17 (6) .

[416] A Levy, T Vukina. 2002. Optimal Linear Contracts with Heterogeneous Agents [J]. European Review of Agricultural Economics, 29 (2): 205 -217.

[417] Anselin L. 2010. Local lndicators of spatial association—LISA [J]. Geographical Analysis, 27 (2): 93 -115.

[418] Antle J M. 2000. No Such thing as a free safe lunch: the cost of food safety regulation in the meat industry [J]. American Journal of Agricultural Economics, 82 (2): 310 -322.

[419] Asfaw S, Mithöfer D, Waibel H. 2009. EU food safety standards, pesticide use and farm-level productivity: the case of high-value crops in kenya [J]. Journal of Agricultural Economics, 60 (3): 645 -667.

[420] Atanu S, Love H A, Schwart R. 1994. Adoption of emerging technologies under output uncertainty [J]. American Journal of Agricultural Economics, 76 (4): 836 -846.

[421] Auernhammer H. 2001. Precision farming—the environmental challenge [J]. Computers & Electronics in Agriculture, 30 (1): 31 -43.

[422] Baker M J. 2005. Technological progress, population growth, property rights, and the transition to agriculture [C]. United States Naval Academy Department of Economics.

[423] Bianco A. 2016. Green jobs and policy measures for a sustainable agriculture [J]. Agriculture&Agricultural Science Procedia. (8): 346 -352.

[424] Boarnet M G. 1998. Spillovers and the locational effects of public infrastructure [J]. Journal of Regional Science, 38 (3): 381 -400.

[425] Boehlje M. 1999. Structural changes in the agricultural industries: How do we measure, analyze and understand them? [J]. American Journal of

Agricultural Economics, 81 (5): 1028 -1041.

[426] Burgess R. 2001. Land and welfare: theory and evidence from china [J]. London School of Economics working paper.

[427] Cai Y, Liu X. 2013. The empirical analysis of income and food consumption structure of urban residents in china [J]. Research Journal of Applied Sciences Engineering & Technology, 5 (13): 3594 -3598.

[428] Cao M, Xu D, Xie F, et al. 2016. The influence factors analysis of households' poverty vulnerability in southwest ethnic areas of China based on the hierarchical linear model: A case study of Liangshan Yi autonomous prefecture [J]. Applied Geography, 66: 144 -152.

[429] Carica M M, FearneA, Caswell J A, et al. 2007. Co-regulation as a possible model for food safety governance: opportunities for public-private partnerships [J]. Food Policy, (32): 299 -314.

[430] Carpenter S R. 2008. Phosphorus control is critical to mitigating eutrophication [J]. Proceedings of the National Academy of Sciences, 105 (32): 11039 -11040.

[431] Carter M R, Yao Y. 2002. Local versus global separability in agricultural household models: the factor price equalization effect of land transfer rights [J]. American Journal of Agricultural Economics, 84 (3): 702 -715.

[432] Caswell J A, Hooker N H. 1998. How quality management metasystems are affecting the food industry [J]. Review of Agricultural Economics, 20 (2).

[433] Chambe, R G, M D Weiss. 1992. Revisiting minimum-qualitystamdards [J]. Economics Letters, 40 (2): 197 -201.

[434] Chang H, Dong X Y, Macphail F. 2011. Labor migration and time use patterns of the left-behind children and elderly in rural China [J]. World Development, 39 (12): 2199 -2210.

[435] Chen, A Z, Huffman, W E, Ro Zelle, S. 2003. Technical efficiency of Chinese grain production: a stochastic production frontier approach

[R]. Paper sulmitted to annual meeting of American agricultural economics association, montreal, Canada.

[436] Chen C, Yang J, Findlay C. 2008. Measuring the effect of food safety standards on China's agricultural exports [J]. Review of World Economics, 144 (1): 83 - 106.

[437] Cheng Y S, Chung K S. 2017. Designing property rights over land in rural China [J]. Economic Journal.

[438] Che Y. 2016. Off-farm employments and land rental behavior: evidence from rural China [J]. China Agricultural Economic Review, 8 (1): 37 - 54.

[439] De Brauw A, Huang J, Zhang L, et al. 2013. The feminisation of agriculture with Chinese characteristics [J]. The Journal of Development Studies, 49 (5): 689 - 704.

[440] Deininger K, Jin S. 2005. The potential of land rental markets in the process of economic development: Evidence from China [J]. Journal of Development Economics, 78 (1): 241 - 270.

[441] Deininger K. 2003. Land markets in developing and transition economies: Impact of liberalization and implications for future reform [J]. American Journal of Agricultural Economics, 85 (5): 1217 - 1222.

[442] De Magistris T, GraciaA. 2008. The decision to buy organic food products in Southern Italy [J]. British Food Journal, 110 (9): 929 - 947.

[443] Doss C R, Morris M L. 2000. How does gender affect the adoption of agricultural innovations? The case of improved maize technology in Ghana [J]. Agricultural economics, 25 (1): 27 - 39.

[444] Dou L, Yanagishima K, Li X, et al. 2015. Food safety regulation and its implication on Chinese vegetable exports [J]. Food Policy, 57: 128 - 134.

[445] D'souza G, Cyphers D, Phipps T. 1993. Factors affecting the adoption of sustainable agricultural practices [J]. Agricultural and Resource Economics Review, 22 (2): 159 - 165.

[446] Enrique Fatas, Francisca Jimenez-Jimenez, Antonio J. Morales. 2010.

Blind fines in cooperatives [J]. Applied Economic Perspectives and Policy, 32 (4).

[447] Epstein L, Bassein S. 2003. Patterns of pesticide use in California and the implications for strategies for reduction of pesticides [J]. Annual Review of Phytopathology, 41 (1): 351 - 375.

[448] F. Dabbene, B. T. Polyak, R. Tempo. 2006. On the complete instability of interval polynomials [J]. Systems & Control Letters, 56 (6).

[449] Fleur Wouterse. 2010. Migration and technical efficiency in cereal production: evidence from Burkina Faso [J]. Agricultural Economics, 41 (5).

[450] Gale, H. Frederick and Huang, Kuo. Demand for Food Quantity and Quality in China (January 1, 2007) . USDA Economic Research Report No. 32. Available at SSRN: https://ssrn.com/abstract=1739091.

[451] Geary R C. 1954. The contiguity ratio and statistical mapping [J]. Incorporated Statistician, 5 (3): 115 - 146.

[452] Getis A, Ord J. 1992. The analysis of spatial association by use of distance statistics [J]. Geographical Analysis, 24 (3): 189 - 206.

[453] Gillespie J, Nehring R, Sandretto C, et al. 2010. Forage outsourcing in the dairy sector: the extent of use and impact on farm profitability. [J]. Agricultural & Resource Economics Review, 39 (3).

[454] Goodhue R E, Klonsky K, Mohapatra S. 2010. Can an education program be a substitute for a regulatory program that bans pesticides? Evidence from a panel selection model. American Journal of Agricultural Economics, 83 (1) : 83 - 97.

[455] Gray C L, Bilsborrow R E. 2014. Consequences of out-migration for land use in rural Ecuador [J]. Land use policy, 36: 182 - 191.

[456] Grunert K G. 2005. Food quality and safety: consumer perception and demand [J]. European review of agricultural economics, 32 (3): 369 - 391.

[457] Hall B H. 1987. Empirical Analysis of the Size Distribution of Farms: Discussion. American Journal of Agricultural Economics, 69 (2):

486 –487.

[458] Hayami, Y, Ruttan, V. 1985. Agricultural development: an international perspective [M]. Baltimore and London: the John Hopkins University Press.

[459] Hayami Y, Ruttan V W. 1971. Agricultural Development: an International Perspective [M]. Baltimore, Md/London: The Johns Hopkins Press.

[460] Heckman J J, Vytlacil E J. 2007. Chapter 70 Econometric Evaluation of Social Programs, Part I: [482] Causal Models, Structural Models and Econometric Policy Evaluation [J]. Handbook of Econometrics, 6: 4779 –4874.

[461] Heckscher E F, Ohlin B G, Flam H, et al. 1991. Heckscher-Ohlin trade theory [M]. MIT Press.

[462] Hennessy, D. 1996. Information asymmetry as a reason for food industry vertical integration [J]. American Journal of Agricultural Economics, 78 (4): 1034 –1043.

[463] Hennessy D A, Wolf CA. 2018. Asymmetric information, externalities and incentives in animal disease prevention and control [J]. Journal of Agricultural Economics. 69 (1): 226 –42.

[464] Hennessy D A. 1996. Information asymmetry as a reason for food industry vertical integration [J]. American Journal of Agricultural Economics, 78 (4): 1034 –1043.

[465] Hou N., Wang Z. W., Ying R. Y. 2016. Pesticide residues and wheat farmer's cognition: a China scenario [J]. Agricultural Research, 5 (1): 51 –63.

[466] Huang J, Gao L, Rozelle S. 2012. The effect of off-farm employment on the decisions of households to rent out and rent in cultivated land in China [J]. China Agricultural Economic Review, 4 (1): 5 –17.

[467] Huang J, Wu Y, Rozelle S. 2009. Moving off the farm and intensifying agricultural production in Shandong: a case study of rural labor market

linkages in China [J]. Agricultural Economics, 40 (2): 203 - 218.

[468] Hubbell B J. 1997. Estimating insecticide application frequencies: a comparison of geometric and other count data models [J]. Journal of Agricultural and Applied Economics, 29 (2): 225 - 242.

[469] IAASTD. 2009. Agriculture at a crossroads, international assessment of agricultural knowledge, science and technology for development global report [M]. Washington, DC: Island Press.

[470] Ito H. 2000. EIA and agriculture: measures to mitigate adverse enviromental effects for sustainable agricultural development [C]. Environmental Impact Assessment for Farms: Report of the Apo study Meeting on Adoption of Environmental Impact Assessment. 53 - 73.

[471] Jacquet F, Butault J P, Guichard L. 2011. An economic analysis of the possibility of reducing pesticides in French field crops [J]. Ecological Economics, 70 (9): 1638 - 1648.

[472] Jiao X, Lyu Y, Wu X, et al. 2016. Grain production versus resource and environmental costs: towards increasing sustainability of nutrient use in China [J]. Journal of experimental botany, 67 (17): 4935 - 4949.

[473] Jiao X, Mongol N, Zhang F. 2018. The transformation of agriculture in China: looking back and looking forward [J]. Journal of Integrative Agriculture, 17 (4): 755 - 764.

[474] Ji X, Qian Z, Zhang L, et al. 2018. Rural labor migration and households' land rental behavior: evidence from China [J]. China & World Economy, 26 (1): 66 - 85.

[475] Ji X, Rozelle S, Huang J, et al. 2016. Are China's farms growing? [J]. China & World Economy, 24 (1): 41 - 62.

[476] Juscinski S, Piekarski W. 2009. Analysis of seasonal character of the demand for post-warranty service repairs of agricultural tractors [J]. Annals of Agricultural University, (54): 27 - 33.

[477] Kasahara, Hiroyuki, and Bingjing Li. 2017. The causes of China's Great Famine, 1959 - 1961: County-Level Evidence. CESifo Group Munich.

[478] Katchova A. 2010. Structural changes in US agriculture: financial performance of farms in transition [R]. 114th EAAE: 15 - 16.

[479] K G Grunert, W I Sonntag, V Glanz-Chanos, S. Forum. 2018. Consumer interest in environmental impact, safety, health and animal welfare aspects of modern pig production: Results of a cross-national choice experiment. Meat Science, (137), 123 - 129.

[480] Klerkx L, Leeuwis C. 2008. Matching demand and supply in the agricultural knowledge infrastructure: experiences with innovation intermediaries [J]. Food Policy, 33 (3): 260 - 276.

[481] Kohls R L, Uhl J N, Kohls R L, et al. 1998. Marketing of agricultural products. [J]. American Economic Review, 11 (2): 207 - 213.

[482] Koohafkan P, Altieri M A, Gimenez E H. 2012. Green Agriculture: foundations for biodiverse, resilient and productive agricultural systems [J]. International Journal of Agricultural Sustainability, 10 (1): 61 - 75.

[483] Kuehne G. 2013. My decision to sell the family farm [J]. Agriculture and Human Values, (30): 1 - 11.

[484] Kumari L P, Reddy K G. 2013. Knowledge and practices of safety useof pesticides among farm workers [J]. IOSR Journal of Agriculture and Veterinary Science, 2013, 6 (2) : 1 - 8.

[485] Lange, Kelly Y, et al. 2011. Equal or just? intergenerational allocations within family farm businesses [R]. No. 98814. Southern Agricultural Economics Association.

[486] Lin J Y. 1990. Collectivization and China's agricultural crisis in 1959 - 1961 [J]. Journal of Political Economy, 98 (6): 1228 - 1252.

[487] Lin J Y. 1991. Prohibition of factor market exchanges and technological choice in Chinese agriculture [J]. Journal of Development Studies, 27 (4): 1 - 15.

[488] Liu X, Zhang Y, Han W, et al. 2013. Enhanced nitrogen deposition over China [J]. Nature, 494 (7438): 459 - 462.

[489] Lokshin M, Sajaia Z. 2004. Maximum likelihood estimation of endogenous switching regression models [J]. 4 (3): 282 - 289.

[490] Loureiro M L, Mc Cluskey J J. 2000. Consumer preferences and willingness to pay for food labeling: A discussion of empirical studies [J]. Journal of Food Distribution Research, 34 (3): 95 - 102.

[491] Lutz E, Young M. 1992. Integration of environmental concerns into agricultural policies of industrial and developing countries [J]. World Development, 20 (2): 241 - 253.

[492] MacDonald J, Perry J, Ahearn M, et al. 2004. Contracts, markets and prices: organizing the production and use of agriculture commodities [G]. Agricultural Economic Report No. 837, USDA.

[493] Marette S. 2007. Minimum safety standard, consumers' information and competition [J]. Journal of Regulatory Economics, 32 (3): 259 - 285.

[494] Marsden T. 2018. Theorising food quality: some key issues in understanding its competitive production and regulation [M]//Qualities of food. Manchester University Press.

[495] Ma W, Abdulai A. 2016. Does cooperative membership improve household welfare? Evidence from apple farmers in China [J]. Food Policy, 58: 94 - 102.

[496] Mekonnen Y, Ejigu D. 2005. Plasma cholinesterase level of Ethiopian farm workers exposed to chemical pesticide [J]. Occupational Medicine, 55 (6): 504 - 505.

[497] M'hand Fares, Luis Orozco. 2014. Tournament Mechanism in Wine-Grape Contracts: Evidence from a French Wine Cooperative [J]. Journal of Wine Economics, 9 (3).

[498] Miluka J. 2007. The vanishing farms? the impact of international migration on Albanian family farming [R]. World Bank-free PDF.

[499] Moran P A. 1950. Notes on continuous stochastic phenomena [J]. Biometrika, 1950, 37 (1/2): 17 - 23.

[500] Morris M L, Doss C R. 1999. How does gender affect the adoption of ag-

ricultural innovations? the case of improved Maize technology in Ghana [C]. //Annual Meeting of the American Agricultural Economics Association. Nashville: AAEA: 8 - 11.

[501] Naziri, Aubert, Codron, Loc, Moustier. 2014. Estimating the Impact of Small-Scale Farmer Collective Action on Food Safety: The Case of Vegetables in Vietnam [J]. Journal of Development Studies, 50 (5).

[502] Nelson, p. 1970. Information and Consumer Behavior. Journal of Political Economy 78: 311 - 329.

[503] Norse D, Ju X. 2015. Environmental costs of China's food security [J]. Agriculture, Ecosystems & Environment, 209: 5 - 14.

[504] Ohlin B G. 1933. Interregional and international trade [J]. Journal of Political Economy.

[505] Otsuka K, Ki jima Y, Ajakaiye O, et al. 2010. Technology policies for a Green Revolutionand agricultural transformation in Africa [J]. Journal of African Economies, 19 (2): 60 - 76.

[506] Otsuka K, Liu Y, Yamauchi F. 2016. The future of small farms in Asia. Development Policy review, 34 (3): 441 - 461.

[507] Papyrakis E, Gerlagh R. 2007. Resource abundance and economic growth in the United States [J]. European Economic Review, 51 (4): 1011 - 1039.

[508] Picazo-Tadeo A J, Reig-Martínez E. 2006. Outsourcing and efficiency: the case of Spanish citrus farming [J]. Agricultural Economics, 35 (2): 213 - 222.

[509] Pingali P. 2007. Agricultural mechanization: adoption patterns and economic impact [J]. Handbook of Agricultural Economics, 3: 2779 - 2805.

[510] Pouliot, S, D A Sumner. 2008. Traceability, liability and incentives for food safety and quality [J]. American Journal of Agricultural Economics, 90 (1): 15 - 27.

[511] Rahm M R, Huffman W E. 1984. The adoption of reduced tillage: the role of human capital and other variables [J]. American journal of agri-

cultural economics, 66 (4): 405 -413.

[512] Roitner-Schobesberger B, Darnhofer I, Somsook S, et al. 2008. Sonsumer perceptions of organic foods in Bangkok, Thailand [J]. Food Policy, 33 (2): 112 -121.

[513] Sachs J D, Warner A M. Fundamental sources of long-run growth [J]. The American economic review, 1997, 87 (2): 184 -188.

[514] Sachs J D, Warner A M. Natural resource abundance and economic growth [R]. National Bureau of Economic Research, 1995.

[515] Sachs J D, Warner A M. The big push, natural resource booms and growth [J]. Journal of Development Economics, 1999, 59 (1): 43 -76.

[516] Saphores J D M. 2000. The economic threshold with a stochastic pest population: a real options approach [J]. American Journal of Agricultural Economics, 82 (3): 541 -555.

[517] Sarah K. Lowder, JakobSkoet, Terri Raney. 2016. The Number, Size, and Distribution of Farms, Smallholder Farms, and Family Farms Worldwide [J]. World Development, 87.

[518] Savastano, S, and Scandizzo, P L. 2009. Optimal farm size in an uncertain land market: the case of Kyrgyz Republic. Agricultural Economics, 40: 745 -758.

[519] Schultz, T W. 1964. Transforming traditional of agriculture [M]. New Haven: Yale University Press.

[520] Shi, Xiangyu, and Tianyang Xi. 2018. Race to safety: Political competition, neighborhood effects, and coal mine deaths in China. Journal of Development Economics 131: 79 -95

[521] Soares W L, de Souza Porto M F. 2009. Estimating the social cost of pesticide use: An assessment from acute poisoning in Brazil [J]. Ecological Economics , 68 (10): 2721 -2728.

[522] Solow R M. 1956. A contribution to the theory of economic growth [J]. The Quarterly Journal of Economics, 1956, 70 (1): 65 -94.

[523] Song Y, Vernooy R. 2010. Seeds of empowerment: action research in

the context of the feminization of agriculture in southwest China [J]. Gender, technology and development, 14 (1): 25 - 44.

[524] Starbird, S A. 2005. Moral hazard, inspection policy and food safety [J]. American Journal of Agricultural Economics, 87 (1): 15 - 27.

[525] Stark O, Bloom D E. 1985. The new economics of labor migration [J]. The American Economic Review, 75 (2): 173 - 178

[526] Sumner D A . 2014. American farms keep growing: Size, productivity, and policy. Journal of Economic Perspectives, 28 (1): 147 - 166.

[527] Taylor J E, Lopezfeldman A, Davis B, et al. 2010. Does migration make rural households more productive? Evidence from Mexico [J]. Journal of Development Studies, 46 (1): 68 - 90.

[528] Thapinta A, Hudak P F. 2000. Pesticide use and residual occurrence in Thailand [J]. Environmental Monitoring and assessment,, 60 (1): 103 - 114.

[529] Theil H. 1967. Economics and information theory [M]. Amsterdam: North Holland Publishing Company.

[530] Theodoros S, Stefanou S E, Oude L A. 2012. Can economic incentives encourage actual reductions in pesticide use and environmental spillovers [J]. Agricultural Economics, 43 (3): 267 - 276.

[531] Thomas L. 1995. Brand capital and incumbent firms' position in evolving markets [J]. The Review of Economics and Statistics, 77 (3): 522 - 534.

[532] Tobler W R. 1970. A computer movie simulating urban growth in the detroit region [J]. Economic Geography, 46: 234 - 240.

[533] Tong T, Yu T H E, Cho S H, et al. 2013. Evaluating the spatial spillover effects of transportation infrastructure on agricultural output across the United States [J]. Journal of Transport Geography, 30 (3): 47 - 55.

[534] Verbeke W. 2005. Agriculture and the food industry in the information age [J]. European review of agricultural economics, 32 (3): 347 - 368.

[535] Vernimmen T, Verbeke W, Huylenbroeck G V. 2000. Transaction cost analysis of outsourcing farm administration by Belgian farmers [J]. Euro-

pean Review of Agricultural Economics, 27 (3): 325 - 345.

[536] Vitousek P M, Naylor R, Crews T, et al. 2009. Nutrient imbalances in agricultural development [J]. Science, 324 (5934): 1519 - 1520.

[537] Wang W, Jin J, He R, et al. 2017. Gender differences in pesticide use knowledge, risk awareness and practices in Chinese farmers [J]. Science of the Total Environment, 590: 22 - 28.

[538] West P C, Gerber J S, Engstrom P M, et al. 2014. Leverage points for improving global food security and the environment [J]. Science, 345 (6194): 325 - 328.

[539] W. Hennessy. 1996. New Zealand's unique blend of emissions mitigation and sinks enhancement policies [J]. Fuel and Energy Abstracts, 37 (3).

[540] Williamson Oliver. 1991. Comparative economics organization: the analysis of discrete structural alternatives [J]. Administrative Science Quarterly, 36 (2): 269 - 296.

[541] Xu D, Guo S, Xie F, et al. 2017. The impact of rural laborer migration and household structure on household land use arrangements in mountainous areas of Sichuan Province, China [J]. Habitat International, 70: 72 - 80.

[542] Xu D, Peng L, Liu S, et al. 2017. Influences of migrant work income on the poverty vulnerability disaster threatened area: a case study of the Three Gorges Reservoir area, China [J]. International Journal of Disaster Risk Reduction, 22: 62 - 70.

[543] Xu D, Zhang J, Rasul G, et al. 2015. Household livelihood strategies and dependence on agriculture in the mountainous settlements in the Three Gorges Reservoir Area, China [J]. Sustainability, 7 (5): 4850 - 4869.

[544] Xu D, Zhang J, Xie F, et al. 2015. Influential factors in employment location selection based on "push-pull" migration theory—a case study in Three Gorges Reservoir area in China [J]. Journal of Mountain Science, 12 (6): 1562 - 1581.

[545] Yang J, Huang Z, Zhang X, et al. 2013. The rapid rise of cross-regional agricultural mechanization services in China [J]. American Journal of Agricultural Economics, 95 (5): 1245 - 1251.

[546] Young, L., J. Hobbs. 2002. Vertical linkages in agri-food supply chains: Changing roles for producers, commodity groups and government Policy [J]. Review of Agricultural Economics, 24 (2): 428 - 441.

[547] Young L M, Hobbs J E. 2002. Vertical linkages in agri-food supply chains: changing roles for producers, commodity groups, and government policy [J]. Review of Agricultural Economics, 24 (2): 428 - 441.

[548] Y. Sonoda, K. Oishi, Y. Chomei, H. Hirooka. 2018. How do human values influence the beef preferences of consumer segments regarding animal welfare and environmentally friendly production? [J]. Meat Science, 146: 75 - 86.

[549] Yue B, Sonoda T. 2012. The effect of off-farm work on farm technical efficiency in China [R]. Working paper, Nagoya University. Furi-cho, Chikusa-ku, Nagoya, Japan.

[550] Yue N, Kuang H, Sun L, et al. 2010. An empirical analysis of the impact of eu's new food safety standards on china's tea export [J]. International journal of food science & technology, 45 (4): 745 - 750.

[551] Zhang J. 2011. China's success in increasing per capita food production [J]. Journal of Experimental Botany, 62 (11): 3707 - 3711.

[552] Zhao L, Wang C, Gu H, et al. 2018. Market incentive, government regulation and the behavior of pesticide application of vegetable farmers in China [J]. Food Control, 85: 308 - 317.

[553] Zhao Y. 2002. Causes and consequences of return migration: Recent evidence from China [J]. Journal of Comparative Economics, 30 (2): 376 - 394.

[554] Zhu Y, Wu Z, Peng L, et al. 2014. Where did all the remittances go? Understanding the impact of remittances on consumption patterns in rural China [J]. Applied Economics, 46 (12): 1312 - 1322.

后　记

本书是国家社会科学基金项目“农产品食品安全视阈下的农业生产模式转型问题研究（项目编号：14XGL003）”的最终成果。该项目的阶段性成果“关于构建四川现代农业产业体系、生产体系、经营体系，健全农业社会化服务体系的建议”获得中共四川省委常委、农工委主任的肯定性批示（批示时间：2017 年 12 月 27 日），并被中共四川省委农村工作委员会办公室牵头编制《关于实施乡村振兴战略开创新时代“三农”全面发展新局面的意见》（2018 年四川省委 1 号文件）时部分采纳，同时被四川省发展和改革委员会牵头编制《四川省乡村振兴战略规划（2018—2022）》时部分采用；“关于加快推进四川农业高质量发展的建议”入选四川省哲学社会科学研究《重要成果专报》，并在《四川日报》上发表；“综合施策加快推进四川生猪产业转型升级的建议”“坚定用“两山论”加快促进四川产业绿色高质量发展的建议”先后在《四川日报》上发表。该项目的最终成果在结项时申请免于鉴定，并获得全国哲学社会科学规划办公室批准结项。

在本项目的研究过程中，课题组得到了中共四川省委农村工作委员会办公室相关领导、四川省发展和改革委员会相关领导、四川省部分市州县（区）农办与农口部门相关领导和具体负责同志的关心和大力支持；研究所涉及的所有调查与访谈对象给课题组调研提供了很大的帮助；四川农业大学经济学院庄天慧教授、杨锦秀教授、蒋远胜教授、曾维忠教授等对研究内容和相关论文的撰写提供了详细建议；四川农业大学 100 余名研究生、本科生参与了课题调研，付出了辛勤劳动。在此，我们谨向以上单位和相关领导、具体负责同志、专家教授、同学们等表示衷心感谢！

在本项目的结项过程中，课题组得到了全国哲学社会科学规划办公室、四川省社科联规划办、四川农业大学科技管理处相关领导和具体负责同志的大力关心支持。在此，我们谨向以上单位和相关领导、具体负责同志等表示衷心感谢!

本书在撰写过程中，我们得到了许多专家学者和党政部门领导的指导与帮助，他们提出了很多宝贵的意见或建议。我们也参考了很多专家学者的论文、著作等成果，还包括在互联网上发表的文章。本书尽可能以脚注或参考文献的方式标注引用或参考的资料的来源，但也可能还存在遗漏，没有一一注明。在此，我们对所有提供意见建议的专家学者、党政部门领导、资料来源的作者及出版单位和相关网站表示衷心感谢!

本书的出版得到了社会科学文献出版社的大力支持，在此，我们谨向出版单位和相关领导及具体负责同志等表示衷心感谢!

最后，要特别感谢为本书作序的著名农业经济学家郑景骥教授和郭晓鸣研究员。

书中错漏在所难免，敬请读者批评指正。

著者

2019 年 11 月

图书在版编目(CIP)数据

农业转型与绿色高质量发展研究 / 漆雁斌，韦锋等著. -- 北京 : 社会科学文献出版社，2019.12
ISBN 978-7-5201-5039-2

Ⅰ. ①农… Ⅱ. ①漆… ②韦… Ⅲ. ①农业经济-转型经济-研究-中国 ②绿色农业-农业发展-研究-中国 Ⅳ. ①F323

中国版本图书馆 CIP 数据核字(2019)第 296756 号

农业转型与绿色高质量发展研究

著　　者 / 漆雁斌　韦　锋 等

出 版 人 / 谢寿光
组稿编辑 / 陈凤玲
责任编辑 / 宋淑洁

出　　版 / 社会科学文献出版社 · 经济与管理分社（010）59367226
地址：北京市北三环中路甲 29 号院华龙大厦　邮编：100029
网址：www.ssap.com.cn
发　　行 / 市场营销中心（010）59367081　59367083
印　　装 / 三河市龙林印务有限公司

规　　格 / 开 本：787mm × 1092mm　1/16
印 张：29.75　字 数：469 千字
版　　次 / 2019 年 12 月第 1 版　2019 年 12 月第 1 次印刷
书　　号 / ISBN 978-7-5201-5039-2
定　　价 / 168.00 元